KIRCHE & SEX
Mein Körper gehört mir

Inhalt

Alles nur eine Frage des Standpunktes...
Anstatt eines Vorwortes 9
von Michael Müller

I. Allgemeiner Teil

1. **Fieberthermometer und Weihwasser**
   Das Christentum ist keine Morallehre 35
   von Guido Horst

2. **In der Nacht sind alle Katzen grau**
   Zur moralischen Qualität des Sexuellen 41
   von Rüdiger Kinsky

3. **Was heißt eigentlich Moral?**
   Zur Sittenlehre, Sozialethik und Sexualmoral 49
   von C.S. Lewis

4. **Liebe – und tu, was Du willst**
   Anthropologische Aspekte der Sexualität 73
   von Klaus M. Becker

5. **Liebe, Lust und Verzicht**
   Das Christentum ist keine Morallehre 89
   von Johannes B. Torelló

II. Zeitgeist, Kirche und Klischees

1. Ein Riß geht durch die Kirche
   Zum Streit um die katholische Sexualmoral 101
   von Andreas Laun

2. Die ganzheitliche ökologische Sicht von Sexualiät
   Zur Leibfeindlichkeit der katholischen Kirche 115
   von Manfred Lütz

3. Mit 14 hat doch wohl jeder Verkehr...
   Let's talk about Sex 133
   von Christa Meves

4. Was mischt sich da die Kirche ein?
   Ein Priester im Gespräch mit
   jungen Menschen über konkrete Alltagsfälle 151
   von Axel Schmidt

5. Die edle Prüde und der moralische Rohling
   Kulturgeschichtliche Skizzen über
   die Prüderie des 18.–20. Jahrhunderts 175
   von Beate Beckmann

6. Verwechselt mich vor allem nicht!
   Brief an den eigenen Sohn 191
   von Michaela F. Heereman

7. One-night-stands, Gewissensbisse und Schuldgefühle
   Zur Fremderlösung in Psychotherapie und Beichte 205
   von Christa Meves

8. Die Zauber-Pille oder Pillen-Zauber?
   Medizinische Ethik und katholische Lehre 213
   von Rudolf Müller

9. Diskriminiert die Kirche Homosexuelle?
   Anmerkungen zum Thema Homosexualität und Kirche 233
   von Manfred Lütz

10. Ein Labyrinth ohne Ariadnefaden
    Von der sexuellen Befreiung zum Leistungspinzip 239
    von Wolfgang Schmidbauer

11. „Zölibatär leben bringt doch überhaupt nichts!"
    Die charismatische Ehelosigkeit
    und ihre Bedeutung für die Gesamtkirche 251
    von Josef Arquer

III. Ehe und Familie

1. Sexualität und Keuschheit in der Ehe
   Ein persönliches Zeugnis 273
   von Michaela F. Heereman

2. Die Ehe als besonderer Ort der Menschenwürde
   Versuch einer metaphysischen Grundlegung 287
   von Martin Rothweiler

3. Elternschaft
   Persönliche Erfahrungen und Perspektiven 313
   von Martine Liminski

4. Liebe, Ehe und Partnerschaft
   aus der Sicht der katholischen Kirche 323
   von Andreas Laun

IV. Überbevölkerung

1. Brief von Papst Johannes Paul II. an den
   Generalsekretär der Vereinten Nationen 369

2. Projektionen, Implosionen, Explosionen
   Zur Überbevölkerung und Weltbevölkerungspolitik 375
   von Hans Thomas

V. Klartext

Klipp und klar 401
Was die Kirche sagt:
  I. Der Kampf um die Reinheit
  II. Die Ehe und die Liebe
  III. Die Empfängnisverhütung
  IV. Der außereheliche Geschlechtsverkehr
     1. Das Verhältnis
     2. Der Ehebruch
  V. Die Homosexualiät
  VI. Die Verstöße gegen die Keuschheit
     1. Selbstbefriedigung
     2. Unzucht (s.o.)
     3. Pornographie
     4. Prostitution
     5. Vergewaltigung
  VII. Die Abtreibung

Autorenverzeichnis 417

Alles nur eine Frage des Standpunktes...
Anstatt eines Vorwortes

von Michael Müller

„Magst Du das?
Ich meine nicht bloß mich – ich meine *die Sache an sich.*"
(Quelle: *1984* von Georges Orwell)

Anormal. Antiquiert. Faschistisch. Frauenfeindlich. Intolerant. Leibfeindlich. Mittelalterlich. Persönlichkeitsdegenerierend. Pervers. Prüde. Totalitär. – Attribute, die der katholischen Sexualmoral tagein, tagaus verliehen werden.

Diese einzigartige Beachtung, die sie genießt, sagt zweifellos nichts über die Berechtigung solcher Kritik aus. Die Frage steht, ob es sich hierbei um Vorurteile und Klischees, um Unwissenheit und Dummheit oder aber um eine zutreffende Charakterisierung längst überkommener Moraltheorien handelt. Zunächst scheint die Beurteilung wohl eine Frage von Standpunkt und Perspektive zu sein; denn naturgemäß sind die Prämissen des Katholiken andere als die des Atheisten, Hedonisten oder Materialisten. Vier Beispiele:

1. „Am besten ist, Du knallst 'ne Jungfrau, dann ist das AIDS-Risiko gleich null!", heißt es da im Zeitgeist-Magazin TEMPO vom Mai 1994, ein Magazin, das vornehmlich „die unter 35" lesen, die für sich in Anspruch nehmen, doch irgendwie bewußter zu leben, eher den Durchblick zu haben als ihre Zeitgenossen. Was ist gegen das Zitat einzuwenden? Es mag manchen grausen, doch es ist logisch, die Kausalität stimmt ebenso wie die zynische menschenverachtende Kälte, die es bezeugt.

2. Vor einigen Jahren organisierte ich als Leiter einer Jugendgruppe eine Fahrt nach Irland. Auf Einladung eines Jugendclubs nahmen wir an einem Fußballturnier teil. Abends feierten wir die Siegermannschaft. Es herrschte eine phantastische Stimmung wie wir sie zu Hause selten erlebt hatten. Wir lachten, tanzten, tranken irisches Bier und amüsierten uns. Die jungen Irinnen und Iren hatten offene, frohe Gesichter. Ich erklärte dem Leiter der Gruppe meinen Eindruck und seine Antwort überraschte mich: „Hier wird halt noch gesündigt!" Ein Sündenbewußtsein als Grund von Freude? Wie gesagt, es kommt auf den Standpunkt an.

3. Zwei Menschen in einer Disco auf der Suche nach Abenteuer. Beide wollen die Nacht nicht alleine verbringen. Sie tanzen, trinken reichlich, lachen und gehen schließlich in die Wohnung der jungen Frau gleich um die Ecke. Sie verbringen die Nacht miteinander. Sie wissen, daß sie sich gegenseitig benutzen und wollen es. Das Wort Liebe fällt nicht, die Sache ist ehrlich. Bei Sonnenaufgang erwacht der junge Mann. Der Rausch ist verflogen, die Realität brutal. Die Frau, deren Namen er vergessen hat, schläft noch. Es graut ihm vor einem gemeinsamen Frühstück, vor dem Sich-in-die-Augen-sehen, vor dem Sich-Unterhalten-Müssen. Worüber auch? Er schleicht sich aus der Wohnung, zieht leise die Türe hinter sich zu. Die Straße zeugt von der Nacht: Erbrochenes, Kippen, Frittenschalen und Zigarettenschachteln liegen aufgeweicht im Nieselregen auf Trottoir und im Rinnstein. Es fröstelt ihn, er schlägt den Kragen seiner Bomberjacke hoch und geht schnellen Schrittes nach Hause. Er schlendert nicht. Es ist Samstagmorgen 7.00 Uhr und es ist nicht der erste Samstagmorgen, an dem er um 7.00 Uhr nach Hause schleicht. Er fühlt sich einsam und leer, irgendetwas nagt. Wie so oft „danach". – Ist das verwerflich, menschenunwürdig oder nur eine lästige Nebenwirkung?

4. In einer brandneuen Publikumszeitschrift mit dem selbstkritischen oder selbstlobenden (auch eine Frage des Standpunktes) Titel *EGO* springt dem Leser gleich auf Seite 3 eine knallige Anzeige ins Auge: „Sex gehört zum Urlaub wie die Butter auf das Brot. Aber Vorsicht: Andere Länder, andere Sitten. Erlaubt ist nicht immer, was gefällt. EGO zeigt Ihnen, welcher Sex wo verboten ist." Und es folgt eine Tabelle, die Aufschluß darüber gibt, ob in Kenia und

Thailand, Marokko und Australien Prostitution, Anal-, Oral- und vorehelicher Sex „erlaubt sind". Wer sollte sie dort verbieten? Die Religion? Der Staat? Das Brauchtum? Mit welcher Autorität? Auch die Beurteilung einer solchen Anzeige hängt vom Standpunkt ab: Für den einen ist sie ein nützlicher Reisetip, für den anderen eine ungeheure Geschmacklosigkeit.

Hier soll nichts mit dem unsinnigen und populären Motto „Jeder soll nach seiner Façon glücklich werden" entschuldigt, sondern lediglich ein Phänomen erklärt werden: Es ist schwierig, über den Wert und die Richtigkeit von Inhalten und Lebensentwürfen fruchtbringend zu diskutieren, wenn die Voraussetzungen grundauf verschieden sind. Ich komme noch hierauf zurück. Jedenfalls scheint es, als dürfe sich jeder noch so unbedarfte Schauspieler und verquerte Psychotherapeut, jeder Sektenguru und Bordellkönig, jede Tantra-Meisterin und Nutte *offiziell* zum Thema Liebe und Sexualität äußern, Therapien gutheißen, Praktiken empfehlen – nur nicht die Kirche. Sie ist und bleibt verdächtig.

Besuch vom anderen Stern

„Die beiden ehemaligen Moslems Abdallah Medani und Mohammed Medani sind in der sudanesischen Hauptstadt Khartoum wegen „Abfall vom Islam und Übertritt zum Christentum" Mitte Juli verhaftet und anschließend zu Auspeitschung und Kreuzigung verurteilt worden. Die Verwandten der beiden Verurteilten mußten bei dem Ritual der Auspeitschung zusehen. Proteste wurden offiziell zurückgewiesen, da das islamische Staatsgesetz, die Scharia, kein anderes Urteil zulasse."

Soweit eine Zeitungsmeldung vom 22. August 1994. Ob sie *Betroffenheit*, Widerspruch oder gar Zorn hervorgerufen hat? Mag sein. Sicher aber ist, daß die Reaktionen von Medien und Lesern wohl kaum jene Stärke hervorrufen dürften, die die päpstlichen Verlautbarungen zu Themen der Sexualität immer wieder provozieren. Dies sind halt die Gesetze des Islams, wird mancher achselzuckend und entschuldigend einräumen. Man versteht ja irgendwie, daß fernöstliche Religionen eigene Gesetze haben müssen.

Wären Heftigkeit und Brutalität von Protest und Kampf gegen die katholische Sexualmoral gerechtfertigt, so müßte diese Moral in der Tat abartig und menschenverachtend sein. Ein Besucher eines fremden Planeten, der ohne Kenntnis dieser Moral nur Stil und Vehemenz der Opposition erlebte, müßte den Eindruck gewinnen, die Kirche verlange Unglaubliches von ihren Schäfchen: Ihre Moral knechte den Menschen, fördere Prostitution, Masochismus und Sodomie. Sie erwarte, daß der Mensch seine Identität, seine Würde aufgebe, sich der Sexualität versklave und ohne Rücksicht auf den Partner den egoistischen Lustgewinn maximiere. Der Besucher müßte glauben, Ziel der Kirche sei es, den Menschen mit der Knute zu gängeln und zu kontrollieren und ihm jede Freude an der körperlichen Liebe zu verbieten.

Unser Besucher macht sich kundig. Er beginnt, die Quellen zu studieren und mit Katholiken zu sprechen. Und er stellt fest, daß da von Hingabe und Opfer, Verzicht und Enthaltsamkeit, Rücksichtnahme auf den Partner und Freude an der Sexualität die Rede ist. Er ist verwirrt, denn so viele haben ihn doch gewarnt.

Wie ist das zu erklären? Entweder unsere Gesellschaft ist paradox genug, Gutes als Böses, Richtiges als Falsches auszugeben, oder sie versteht die Kirche ganz einfach nicht, weil ihr die Voraussetzungen für dieses Verständnis fehlen. Entweder sie ist *frei* und pluralistisch genug, daß sie der kirchliche Absolutheitsanspruch stören muß, oder sie ist ganz einfach gekränkt und sauer, daß ihr jemand mit Nachdruck empfiehlt, von alten Gewohnheiten loszulassen.

Der Haken steckt im Unterleib

Die Kritik an der katholischen Kirche konzentriert sich bei den meisten Menschen erfahrungsgemäß auf Aspekte der Sexualität: der Unterleib genießt hier klare Priorität vor Kopf und Herz. Vor allem bei denjenigen, die sich im Grunde um Kirche und Glauben kaum scheren. Kein Wunder angesichts der Übersexualisierung unserer gesamten Gesellschaft. Der Mensch ist autonom geworden – die „Selbstregulierung" hat den Platz der kirchlichen Empfehlungen, Verbote und Beschränkungen eingenommen. Nur – wer sich selbst regulieren soll oder will, der muß dann erleben, daß an die Stelle des „Du sollst" oft keine Freiheit, sondern Unsicherheit tritt.

Natürlich, auch Unfehlbarkeitsdogma, Jungfrauengeburt oder Zentralismus sind Gegenstand der Kritik. Diskussionen und Gespräche aber, die sich solchen Themen widmen, enden rasch beim Thema Nr. 1 und sind oft nur vorgeschoben. Immer wieder ist zu beobachten, daß persönliche Probleme bei der Beachtung kirchlicher Gebote verallgemeinert werden und zu folgendem Argumentationsschema führen: Wenn mein Freund Mark und meine Bekannte Susi und auch ich noch Schwierigkeiten mit der katholischen Sexualmoral haben, dann kann sie ja wohl so richtig nicht sein. Ein interessantes Phänomen.

Schaut man sich diese Diskussion näher an, muß man den Eindruck gewinnen, die Lehre der Kirche sei im Kern ein Sittenkodex der Körperlichkeit und provoziere nur entsprechende Fragen: Ist etwa die Kritik Drewermanns berechtigt, daß die Kirche nach Art von Verwaltungsbeamten die Liebe stranguliert? Mit welchem Recht mischt sich ein Papst in Schlafzimmerangelegenheiten ein? Gönnt er den Menschen keinen Spaß? Handelt es sich bei der kirchlichen Sexualmoral um eine Gebots- oder Verbotsmoral? Gelten die Forderungen der Moraltheologie absolut oder räumt die Pastoraltheologie dem Beichtvater für den *individuellen Fall* Freiheiten ein? Gestattet die Kirche den Beischlaf nur dann, wenn ein Kind gewollt ist? Ist Selbstbefriedigung denn nun Sünde? Ist schon die homosexuelle Veranlagung oder erst das Ausleben verwerflich? Und wie kann Homosexualität etwas Böses sein, wenn es von Gott kommt? Gibt es in der Sexualität Perversionen, Krankheiten und Anormalitäten oder ist einfach alles erlaubt, was Spaß macht? Was ist mit Verhütung, was mit der drohenden Bevölkerungsexplosion? Was heißt „personale Liebe" und was ist die „ordo rationalis"?

Demgegenüber bleibt zunächst einmal festzuhalten, daß die Mahnung zur Keuschheit im Dekalog den sechsten und nicht den ersten Platz einnimmt. Auch wenn das so mancher deutsche Theologe und Laie bislang nicht so recht verstanden zu haben scheint. Im gesamten Alten und Neuen Testament wird die Sexualität nicht als Selbstzweck, sondern stets im Hinblick auf die Bewahrung der Liebesfähigkeit behandelt – sei es Gott oder den Menschen gegenüber. Auch wenn das Bemühen um Keuschheit als „conditio sine qua non" des Glaubenslebens gilt, beschreibt die Bibel sie keinesfalls als Fluchtpunkt der gesamten Askese. Und wer die katholische Sexualmoral als eine Art bürgerliche Therapie für ein Leben von Zucht und Maß und die vor dem Traualtar geschlossene Ehe als eine Art Lebensversicherung für ein „irdisches Glück zu zweit" begreift, mag Nutzen im Alltag hieraus ziehen, hat aber sicher nicht alles verstanden.

Bei näherem Hinsehen ist die katholische Sexualmoral denn auch kein ethisches Sondergut für Katholiken. Vielmehr entspricht sie in ihrem Kern der Natur und psychosomatischen Realität des Menschen und bewahrt ihn sowohl vor egozentrischer Lustfixierung wie vor prüder Verstiegenheit. Geschlechtlichkeit erscheint hier als ein in sich guter Wert, der als solcher nach Einordnung in die gesamtmenschlichen Bedürfnisse verlangt.

Perversion als exotische Spielart des Normalen

Doch die uns umgebende Wirklichkeit ist anders: In Medienveröffentlichungen, die sich mit religiösen Themen befassen, werden mit beinahe obsessiver Beharrlichkeit Fragen der Geschlechtlichkeit in den Vordergrund gerückt. Aber das ist kein Wunder:

Sex ist das deutsche Medienthema Nr. 1. Es scheint, als kenne unsere Gesellschaft keine größeren Probleme und Sorgen als die der sexuellen Befindlichkeit und Zufriedenheit. Zweifellos ein Zeugnis für ein hohes kulturelles Niveau. Wie, wer es wo und wie mit wem am liebsten hat und macht und tut, wird in Talkshows und Magazinen am Nachmittag und Abend tagein, tagaus bis zum Erbrechen erörtert. Oft geistlos, ohne Niveau. Ich übertreibe nicht und möchte auch nicht provozieren – es geht mir um die Beschreibung des täglichen Einer- und Allerleis, das das Fernsehen den Menschen zu Kaffee und Kuchen, Chips und Bier im Wohnzimmer serviert:

Da fragt der Moderator vor einem Millionenpublikum den professionellen „Paar-Berater", warum wir eigentlich in Zweierbeziehungen und nicht zu dritt, viert oder fünft wie in anderen Kulturen zusammenlebten? Der Paarberater stockt, stottert und strauchelt – bis der Moderator die Frage schließlich selbst beantwortet: Es sei halt eine gesellschaftliche Verabredung, die man da getroffen habe, eine andere Erklärung gäbe es ja nicht. Oder? Jaja, natürlich, ergänzt der Paarberater dankbar. – Aufschlußreich. Wir haben dazugelernt.

Da ist der Talkmaster, der mit interessiertem und einfühlsamem Gesicht den 33jährigen Mann in Latex nach Orgasmus und Vaseline fragt. Die Pornokönigin Theresa Orlowski plaudert zur besten Sendezeit ein wenig über ihre letzten Produktionen und Schwierigkeiten des männlichen Hauptdarstellers bei der 12. Einstellung. Sie wird begrüßt als prominenter Gast, auf den sich ja alle freuen und nicht als Pornoproduzentin, also als Produzentin von „Schweinskram" (pornos = das Schwein). Die 36jährige Soziologin, die mit einem trockenen Weißen in der Hand plaudert, daß sie oft ins Kino geht, eigentlich grün denkt und es gerne mit ihrer Schwester oder Putzfrau bei Vollmond unter Restauranttischen oder Garderoben treibt. Der Oberstudienrat mit den grauen Schläfen, der sich zu einem homophilen Verhältnis zu seinem Dackel bekennt und der frühpensionierte Postbeamte, der nur in der hellblauen Unterwäsche seiner Nachbarin mit einer körperlichen Erregung rechnen kann.

Bei der Beurteilung dieses täglichen Einerleis geht es wohl zunächst einmal kaum um kirchliche oder theologische Aspekte, sondern ganz banal um Geschmack und Sensibilität. Vieles ist hier einfach albern und peinlich. Und ohne diese Thesen demoskopisch oder gar wissenschaftlich belegen zu wollen: Menschen mit einem „normalen", gesunden Empfinden für Intimität, Erotik und Scham kann es speiübel bei solchen Moderationen werden! Und sie werden souverän genug sein, mit der Kritik zu leben, für „prüde" zu gelten.

Die Perversion wird als exotische Spielart des Normalen verkauft. Und niemand im Publikum, niemand der meist fünfzig- und sechzigjährigen Damen und Herren mit Lockenfrisuren, rosa Wangen, Kinnbärtchen und weißen Tennissöckchen, dem man eine stumme Opposition oder gar ein Empfinden von Ekel anmerken würde. Sie sitzen da, hören gehorsam zu – so als ginge es um ihre ganz persönlichen Belange und Interessen. Und natürlich wird hiernach heftig applaudiert.

Perversionen und Verwirrungen sind selbstverständlich nichts Neues, neu ist der Umgang mit ihnen. Ihre postmoderne Präsentation aber birgt zumindest einen Vorteil: sie offenbart trefflich die Abschaffung von Diskretion, Intimität und Individualität. Sie offenbart den Tod der Erotik (laut Statistiken ist in den deutschen Schlafzimmern „nichts mehr los"), den Sieg des Voyeurismus und vor allem ein Chaos von Begriffen, Projektionen und Prioritäten.

Die Betroffenen feiern diese Präsentation sexueller Irritationen und Perversionen als langersehnten Akt der Befreiung. (Wovon eigentlich?). Man darf gespannt sein, welche Befreiungen folgen werden. Ob Sex mit sechsjährigen Kindern oder mit Tieren „gesellschaftsfähig" werden wird oder ob wir hier bald noch ein paar Schritte weitergehen dürfen und der Mord als einziger Weg zur sexuellen Befriedigung oder die Leichenschändung halt als „Thema" in den Talkshows diskutiert werden. Warum auch nicht? Wer soll hier Grenzen stecken? Der „gute Geschmack" einer Elite? Die Quoten oder „gesellschaftliche Verabredungen"?

So stellt sich die Situation dar. Gibt es „Modelle", „Moralwerke", die so etwas regeln? Zunächst einmal sollte man ehrlich genug sein und darauf hinweisen, daß sich sowohl bürgerliche und aufklärerische Moralvorstellungen ebenso als trügerisch erwiesen haben (siehe Beitrag von B. Beckmann) wie jene Modelle, die Befreiung vom bürgerlichen Mief versprachen: die Hippiebewegung, die Moral der 68er beziehungsweise der Frankfurter Schule, die anschließenden alternativen Wohngemeinschaften inclusive freier Liebe oder auch das Bhagwan-Paradies Poona. Treffend, wie Matthias Horx im Kapitel „Kleines Wörterbuch des gesunden Menschenverstandes" (Quelle: „Aufstand im Schlaraffenland") die „Doppelmoral" definiert:

„Das Menschenideal des Politfreaks ist ein heroisches: *Du widersprichst Dir selbst* ist immer noch ein hartes Urteil, der Vorwurf der Inkonsequenz ein Dauerbrenner. Der Kern dieses Menschenbildes basiert auf dem Theorem der Abschaffung: das Böse im Menschen, die Korruption, die Unehrlichkeit, die Lüge gehören abgeschafft. Beispiel: In einer fortgeschrittenen Liebesgeschichte (Beziehung) kommt es zwangsläufig zu sexuellen Ermüdungserscheinungen. Manchmal gelingt es nicht, der Versuchung zu widerstehen, mit einem anderen ins Bett zu gehen. Im Stammland der Politfreak-Kultur zeugt dies endlose Komplikationen, weil der Sündenfall meist sofort gestanden wird, mit anschließenden Versuchen, das Problem zu dritt „auszudiskutieren" (siehe auch „seelische Grausamkeiten", „Psychoterror"). In der verlogenen Welt der Doppelmoral (bürgerliche) gibt es gegen solche Unannehmlichkeiten vor allem ein Mittel: Diskretion. Sie ist hilfreich, weil sie oft wahrer ist als die sogenannte Ehrlichkeit. Erst durch die Beichte entsteht oftmals jenes Gewicht, das aus einem Abenteuer eine Affaire macht." Ein feines Gespür hat der Mann jedenfalls...

Die Kraft von Eros und Sexus

Der Sexualtrieb des Menschen besitzt eine unbändige Macht und ungeheure Faszination. Seine anderen Triebe stehen hier weit zurück. Sexualität ist eine enorme Energie, die in der Regel den ganzen Menschen, seine Wünsche, Sehnsüchte, Gedanken, Entscheidungen und Handlungen beeinflußt. So etwas läßt sich nicht hinwegreden oder herunterspielen. Kaum jemand kann sich hiervon vollkommen befreien. Das Erfahren der Geschlechtlichkeit hat die Menschen aller Zeiten zutiefst bewegt und geprägt. Und die These scheint unsinnig, Eros und Sexus durchdrängten und prägten nur das Biologische, das Vitale des Menschen: auch sein Geist, Intellekt und Herz werden von ihr bewegt und ergriffen. Die Malerei, Literatur, Bildhauerei oder der Film – sie alle wären ohne Eros und auch Sexus furchtbar arm. Auf dem Titel des Buches findet sich die Ablichtung der Skulptur „Der Kuß" des Bildhauers Auguste Rodin. Ein Mönch, der diesen Kräften nicht ganz gewachsen war und den Konvent verließ.

Im Kapitel über die Religionen seiner „Neuen Paralipomena" (401) schreibt der Philosoph des Idealismus, Arthur Schopenhauer: „Wenn man mich fragt, wo denn die intimste Erkenntnis jenes inneren Wesens der Welt, jenes Dinges an sich, das ich den Willen zum Leben genannt habe, zu erlangen sei, (...) so muß ich hinweisen auf die Wollust im Akt der Kopulation. Das ist das wahre Wesen und der Kern aller Dinge, das Ziel und Zweck alles Daseins."

Schopenhauer spricht hier sicherlich recht übersteigert das aus, was auf viele Menschen zumindest bedingt zutrifft.

Angesichts dieser Macht, die Eros und Sexus zweifellos besitzen, sind die Ordnung, in der sie ihren Platz haben, und die Funktion und Rolle, die sie einnehmen und ihnen vom einzelnen Menschen, von der Gesellschaft, der Öffentlichkeit, Kirche und Kultur zugewiesen werden, umso wichtiger. Wie also sieht es hiermit aus?

Alltag

Auch wenn sich die tatsächliche Wirklichkeit und die simulierte Medien-Wirklichkeit unterscheiden und die meisten Menschen der Sexualität einen angemessenen und keinen götzenähnlichen Status in ihrem Alltagsleben verleihen, so schließt das nicht aus, daß das Ausleben der eigenen Sexualität heute als Menschenrecht gilt. Ein Priester muß deshalb für viele ebenso krank sein wie so mancher konsequente Katholik – zumindest aber müssen sie verdächtig erscheinen.

Jugendmagazine führen Pubertäre, die noch keinen „Vollkontakt" hatten, als zumindest bedenklich vor. Aufklärungsschriften für Jugendliche und Kinder tragen pornographische Züge. An Homosexuelle, die Adoptionsrechte und rechtliche Gleichstellung mit der Ehe fordern, haben wir uns ebenso gewöhnt wie an Partnerschaften ohne und mit Vertrag, an Männer und Frauen mit mehreren gleichzeitigen sexuellen Beziehungen. Regula Heinzelmann etwa, die Autorin des Buches „Die neuen Paare – Anleitung zur Polygamie", ein Buch, das auflagenstarke Publikumszeitschriften gerne rezensieren, unterhält vier „Beziehungen" zugleich und definiert den Vorteil der Polygamie eher fundamentalwissenschaftlich: „Wenn der Mann zur Freundin marschiert, hat die Frau Zeit, den Töpferkurs zu besuchen, den sie immer schon belegen wollte." Prima!

Kondome in allen Farben und Geschmacksrichtungen hängen in den Supermärkten neben Bonbontüten und Bananenstauden, werden im Fernsehen getestet und in Schulen verteilt. Junge Mädchen sollen im Aufklärungsunterricht das Überstreifen der Gummis über

Phalli aus Plastik trainieren. Cybersex-Anzüge, die die Wirklichkeit endgültig simulieren helfen und das sexuelle Erlebnis per Videospiel gefühlsecht erscheinen lassen, werden als Errungenschaften des Future-Sex stolz präsentiert. Die Föten ungeborener Kinder werden als Verkehrs-Komplikationen abgesaugt, zerstückelt und in den Gulli geworfen.

Sexfanatiker und Perverse haben ihre Medien-Lobby, nicht aber die Kinder. Kaum jemand fragt, was die wechselnden Partner des Elternteils, bei dem sie leben, für die kindliche Psyche bedeuten. Ob und wie sie leiden. Ob rüde Aufklärungsmethoden ihr Schamgefühl verletzen, ob der latente Druck von Öffentlichkeit und Medien, doch möglichst früh den Beischlaf zu praktizieren, ihnen psychisch schadet. Ungewollt erinnern sie ein wenig an jene jungen Frauen, die vor 25 Jahren bereitwillig zu Opfern des studentischen Slogans „Wer zweimal mit derselben pennt, gehört schon zum Establishment" wurden. Natürlich wird es vielen auch Spaß gemacht haben, doch das Wort „Opfer" sticht. Denn diese Frauen, die heute als Endvierzigerinnen nach manchen gescheiterten Beziehungen psychisch kaputt auf den Bänken der Psychiater liegen, weil sich ihre Kläuse, Holgers oder Volkers nach einigen Jahren des Zusammenlebens dann doch in so 'ner engen Zweierbeziehung nicht mehr finden, suchen oder entdecken konnten – und auf die Matrazen der nächsten Generation der Susis, Heikes und Uschis zogen. Emanzipation und Gleichberechtigung hin und her – die Frauen sind in der Regel die Opfer und nicht die Männer.

Jede dritte Ehe wird geschieden. Tendenz steigend. Und wenn der 45jährige Dieter, immer noch recht attraktiv, sich von seiner 43jährigen Frau Elfi nach 19 Jahren Ehe, aus der drei Kinder hervorgegangen sind, trennt, um fortan mit der jüngeren Steffi zusammen zu leben, so zeigt man natürlich Verständnis für Dieter. Was soll er auch machen, der arme Dieter, wenn er sich mit Elfi nichts mehr zu sagen hat? Ist doch das Gespräch in unserer Kommunikationsgesellschaft der entscheidende Faktor. Die größere sexuelle Attraktivität der kinderlosen und jüngeren Steffi, deren Beine vermutlich keine Krampfadern und deren Busen keine Spuren vom Stillen verunschönern – all dies war selbstverständlich für Dieters Entscheidung unbedeutend. Die Kinder von Elfi und Dieter, die nun auf den Vater verzichten müssen, das gebrochene Treueversprechen gegenüber seiner Frau, die sich zumindest schwer tun wird, in ihrem Alter mit drei Kinder einen neuen Partner zu finden – sie spielen „gesellschaftlich" keine Rolle.

Svende Merians Kultbuch der frühen achtziger Jahre „Der Tod des Märchenprinzen", das zum Bestseller der Alternativszene avancierte, steht als Zeitdokument. „Hier wird nichts an seelisch-körperlichen Regungen und Reaktionen unterschlagen, dieser Text erscheint als authentisches Dokument für die Denk- und Fühlweisen derer, die derzeit „unter 30" sind", schrieb die Frankfurter Rundschau damals. Armes Deutschland! Arme Generation „unter 30". Es lohnt, bei diesem Buch kurz zu verharren.

Die Autorin ist eine 25jährige Hamburger Studentin. Ihr Roman, ein autobiographischer Erlebnisbericht, handelt von Liebe, enttäuschter Liebe, Frustration, Depression, von enttäuschter Sehnsucht nach erfüllter Liebe und der Suche nach dem richtigen Mann. Svende nennt das anders: sie sucht nicht nach dem richtigen Mann, sondern nach dem „unmännlichen" Mann. Nach Dienstschluß jedenfalls macht sie Feierabend von der Emanzipation, um in den Armen ihres Frauenfeindes für eine Nacht die Anstandsregeln der Frauen- und KB-Gruppen zu verraten. Auf beinahe jeder Seite zelebriert sie ihre egozentrische Nabelschau. Da geht es nur um das Ich, Mir, Mich, Mein und die mikroskopische Untersuchung des zuletzt erlebten oder nicht erlebten Orgasmus. Das Buch spaltete die Alternativen in zwei Lager: in empörte und begeisterte Feministinnen, in betroffene Männer und cool abwinkende Chauvis.

In eine solche Situation platzt Christus: „Wer die Frau seines Nächsten nur schon lüstern ansieht", ... Ein unglaublicher Anspruch, den wohl kaum jemand erfüllen kann! In einer solchen Situation warnt der Papst vor Unzucht und Unkeuschheit, predigt *alternativ*, daß sich wahre Liebe pharmakologisch nicht entfremden lasse, bekämpft die Tötung der ungeborenen Leibesfrucht und preist die Ehe als Teil der göttlichen Ordnung. – Müssen die Menschen sich nicht lautstark empören, ja vor Wut kochen, wenn ihnen jemand, den sie eigentlich doch irgendwie gut finden, sagt, sie lebten nicht korrekt? Ist es nicht verständlich, daß sie dann vehement den neuen selbsternannten Herren der Welt applaudieren, die das Recht auf sexuelle Selbstbestimmung und Abtreibung als Mittel der Familienplanung proklamieren? – Gut nur, daß sie sich erregen, daß sie heftig protestieren. Blieben sie stumm, so wären Papst und Kirche ihnen wohl vollkommen gleichgültig. So aber darf man hoffend und dankbar sagen: Touché!

Die Frage des Standpunktes

Diese *Verwirrung der Gefühle* aber ist zugleich eine große Chance für die Kirche, für ihre Sicht von Sexualität zu *werben*. Diese Sicht den vornehmlich jungen Menschen neu zu erklären, ohne Abstriche und Anbiederung. Und ein wenig Ordnung, Sinn und Richtung in dieses Chaos zu bringen, erscheint da so manchen Katholiken wichtiger als die zweifellos notwendigen und leidenschaftlich geführten Binnendiskussionen um Natürlichkeit und Fieberthermometer oder die Frage, ob der Geschlechtsverkehr, der 24 Stunden vor der Trauung erfolgt, nun schwere oder läßliche Sünde ist.

„Aber das ist doch nur eine Frage des Standpunktes", wird so mancher einwenden. – Die eigentliche Kardinalfrage ist rasch gestellt: „Wißt Ihr nicht, daß Euer Leib ein Tempel des Heiligen Geistes ist, der in Euch wohnt und den Ihr von Gott habt? Ihr gehört nicht Euch selbst", mahnt Paulus im Korintherbrief. Eine unglaubliche Wertschätzung der Körperlichkeit und ein Schlag ins Gesicht all derer, die der Kirche vorwerfen, sie sei leibfeindlich! Viele mögen über den Pathos dieses Mannes lachen. Doch die These steht. Wer sie akzeptiert, trägt eine hohe Verantwortung im Umgang mit seiner Sexualität. Wer sie leugnet, wem sie gleichgültig ist, wer die Geschöpflichkeit seiner Natur, die Existenz von Sünde bestreitet und sich selbst als souverän betrachtet – warum sollte der sich nach Papst und Kirche richten? Er mag ja die Grenzen selber stecken, seinen Körper nach den eigenen Gesetzen gebrauchen und verbrauchen dürfen. Doch sollte er zumindest akzeptieren, daß der Papst gegenüber gläubigen Katholiken Empfehlungen und Forderungen aussprechen darf und muß.

„Mit Staunen ersah ich aus einer Notiz unter vermischten Nachrichten, daß Abtreibung ein Verbrechen sei: was sich in meinem

Körper zutrug, ging doch niemanden außer mir etwas an," schreibt die Feministin Simone de Beauvoir im ersten Band Ihrer Autobiographie „Memoiren einer Tochter aus gutem Hause" in den 50er Jahren. Eine Position, die in der Folge zur „Mein Bauch gehört mir"-Parole heranreifte. Nur eine Frage des Standpunktes?

Oder nehmen wir das Beispiel Aids: Der Papst ist nun einmal nicht der Weltgesundheitsminister. Ich persönlich könnte mir einen Afrikaner als Weltgesundheitsminister gut vorstellen, der die Bevölkerung über Aids und Kondome aufklärt. Der Papst hingegen predigt Treue und Enthaltsamkeit als anerkanntermaßen beste Aids-Prophylaxen, die selbst die medizinische Forschung kennt. Man wird wohl kaum von ihm erwarten, daß er den Menschen erläutert, wie sie ansteckungsfrei sündigen können!

Doch zurück zum Thema: Alles nur eine Frage des Standpunktes? Zunächst einmal muß man diese Frage bejahen: Wie der einzelne sein Leben gestaltet, wie er seine Sexualität auslebt, muß er selbstverständlich selbst entscheiden. Wer Christus und seine Kirche nicht akzeptiert, für den braucht die kirchliche Sexualmoral selbstverständlich nicht verbindlich zu sein. Der mag in der Tat Sexualität und Orgasmus rein funktional als Austausch von Körperflüssigkeiten verstehen und auch dementsprechend leben. Unabhängig von dieser subjektiven Ebene aber bleibt die entscheidende Frage: die nach der Wirklichkeit.

Es gibt nur eine Wirklichkeit und somit auch nur eine objektive Wahrheit. Christus war entweder Gottes Sohn oder ein Scharlatan mit ungeheurem Anspruch. Und Gott kann nicht für den einen existieren und für den anderen nicht. Sagt also der eine „Gott hat die Welt erschaffen", und der andere leugnet dies, so muß einer der beiden irren. Auch ein noch so fester Glaube macht aus einem Irrtum keine Wahrheit, er macht den Irrtum höchstens entschuldbar. Und selbst eine noch so feste Überzeugung läßt aus einem Irrtum keine Wahrheit werden. Die Wurzel und die Gefahr des Pluralismus bleiben der Irrtum.

Gott existiert oder er existiert nicht. Eine dritte Möglichkeit gibt es nicht. Es geht also bei der Frage um die Existenz Gottes nicht um subjektive Meinungen, Standpunkte und Befindlichkeiten, sondern um die Frage nach der einen objektiven Wahrheit. Und diese

Wahrheit sollte doch für die eigene Existenz Konsequenzen haben. Konsequenzen, die für den, der die christliche Offenbarung als objektive Wahrheit betrachtet, weitreichend sein können.

Hier ist nun nicht der Ort, um über die Fähigkeit zur natürlichen Erkenntnis der Existenz Gottes zu streiten. Es geht nur darum, die Bedeutung des „eigenen Standpunktes" zu relativieren. Susi akzeptiert keinen Unterschied zwischen dem Vergnügen, das ihr ein gutes Essen zu zweit oder ein gelungener Beischlaf bereiten. Holger möchte Lust und Orgasmus von Liebe und Partnerschaft getrennt, ja isoliert betrachtet wissen. Und für Beate ist Sex ganz, ganz wichtig und die Regelmäßigkeit des Verkehrs Primärvoraussetzung für ihre positive Biokurve. Wie Susi, Holger, Beate oder gleich wer aber etwas sehen oder empfinden, spielt letztlich keine Rolle ...

Wie die Kirche Sexualität sieht, erläutern die Autoren dieses Buches ausführlich. Ich möchte deshalb hier nur kurz auf wenige Aspekte eingehen: Menschliche Sexualität ist für die Kirche im Gegenteil zu einigen anderen Religionen und -ismen etwas vollkommen Natürliches und Schönes. Zugleich aber auch etwas Besonderes, denn es geht um den Menschen: Wenn ein Kater eine Katze bespringt, wird niemand sagen, der Kater liebe die Katze. Nein, man wird sagen, der Kater folge seinem Geschlechtstrieb: etwas völlig Natürliches. Beim Menschen aber spielen nun einmal noch andere Dinge eine Rolle, auf die doch hingewiesen werden darf.

Das Christentum besitzt Exklusivität. Abgesehen von gelegentlichen Entgleisungen und falschen Akzentsetzungen einiger Theologen und kirchlicher Enthüllungsautoren geht die kirchliche Sexualmoral von einem ganzheitlichen Menschenbild aus und bietet genau die ganzheitliche Lösung, nach der so viele suchen. Eine Lösung, die die Einzigartigkeit jeder Person ernstnimmt, gleichermaßen Körper und Seele berücksichtigt und die Vernunft wie das Gefühl anspricht. Eine Lösung, die Verzicht und Rücksichtnahme kennt, die häufiger vom Du und dem Partner als vom Ich spricht. Sie geht vom Dualismus von Leib und Seele aus, begreift den Körper nicht als Gefängnis der Seele (wie beispielsweise der Platonist) – und ist eben nicht nur irgendeine „nette These".

Der Leser dieses Buches wird mir vielleicht recht geben: Wenn heute ein Guru oder Psychologe die katholische Sexualmoral unter anderem Namen als neuen „Weg zum Glücklichsein" proklamierte, als „Weg fort vom Ich und hin zum Du" – die Begeisterung und der Applaus der Massen wären ihm sicher. Der Katholik hat allen Grund zu der selbstbewußten These: Wenn es die katholische Sexualmoral nicht gäbe, so müßte man sie erfinden!

Der wunde Punkt

Ein Katholik, der sich zu seiner Kirche bekennt, wird peinlich genau von seiner Umgebung beobachtet. Man vergleicht ihn gerne mit sich selbst: Wo ist er besser? Wo karitativer oder sozialer? Sündigt er wirklich weniger als ich? Da will man schon detailliert wissen, wie denn der eine verhütet und ob der andere schon vor der Hochzeit mit seinem späteren Ehepartner geschlafen hat.

Natürlich ist das persönliche Vorleben in der Praxis die beste Werbung für die „Theorie". Und es ist selbstverständlich für den Christen erstrebenswert, „sauber" zu bleiben. Trotzdem geht es hier um eine falsche Sicht des „Christseins". Der Christ ist selbstverständlich nicht der bessere Mensch. Er kann gar ein größerer Egoist sein als sein Nachbar, der nie zur Kirche geht. Er kann größere und ein Mehr an Fehlern besitzen. Christsein ist zunächst einmal ein Akt der Auserwählung, ist unverdiente Gnade (siehe Beitrag von G. Horst). Christus hat seine Kirche nicht als Kirche der Guten, Gerechten und Perfekten gegründet, sondern als Kirche der Sünder und Armen.

Was den Katholiken auszeichnet, ist gerade dieses Wissen um Schwächen und Fehlbarkeit. Er ist sich seiner Geschöpflichkeit bewußt und weiß, daß er der Gnade bedarf, die Gott ihm im Empfang der Sakramente schenkt. Es ist die Haltung der Demut, die ihn auszeichnen sollte. Die Haltung der Gotteskindschaft, des steten Bemühens um ein christliches Leben, trotz des täglichen (!) Scheiterns. Gott will unseren Glauben, unsere Treue und unser Vertrauen, nicht unsere Perfektion! Für ihn zählt nicht die moralische Spitzenleistung, sondern das Bemühen und der Wille, seine Gebote zu beachten. Die Kirche geht nicht davon aus, daß der Mensch im Bereich der Sexualität unfehlbar bzw. „fehlerlos" leben kann. Ihr geht es um die Grundhaltung des Menschen: Welchen Platz nimmt Gott im Leben des einzelnen Menschen ein? Bemüht er sich zumindest, seine Gebote zu beachten? Bemüht er sich um Keuschheit oder lebt er nach seinen eigenen Gesetzen und Geboten?

Was aber heißt dies nun konkret für Selbstbefriedigung, den vorehelichen Verkehr, für die Frage der Verhütung im Falle des 18jährigen Mädchens oder der verheirateten Mutter von fünf Kindern? Müssen sich hier Katholiken stets an die Weisungen von Kirche und Papst halten?

Zweifellos ja. Man mag das bedauern, sich darüber ärgern, doch man hat kaum eine Chance. Auch wenn die Kirche keine moralische Planwirtschaft kennt, so bleibt für den Katholiken zunächst einmal maßgeblich, was der Papst sagt. Als der neue Katechismus erschien, klagte der Theologe Dietmar Mieth, was er und seine Kollegen in den letzten dreißig Jahren auf ethischem Gebiet erforscht hätten, komme im Katechismus ja gar nicht vor. Das kann passieren und ist letztlich kaum beklagenswert.

Zugleich aber sollte man folgendes bedenken: Der Papst trägt die Verantwortung für eine Weltkirche, seine Verlautbarungen müssen folglich allgemeine Gültigkeit besitzen, die nicht für dieses Land so interpretiert und für jenes so ausgelegt werden können. Immer aber hat es deshalb in der Seelsorge vor Ort einen Freiraum für den einzelnen und seine ganz konkreten Lebensumstände gegeben.

Der Vorwurf der älteren Generationen, wir lebten alleine schon ob all der „wilden Ehen" in einer „moralisch verkommenen Zeit", ist bekannt. Faktum ist, daß vor fünfzig Jahren kaum jemand in „wilder Ehe" lebte. Daß die Scheidungsrate sehr viel kleiner war. Und daß der voreheliche Verkehr nicht die heutige Popularität genoß. Aber lassen sich die Situationen vergleichen? War die Umgebung der „Jugend von damals" ebenso sexualisiert wie heute? Vermieden viele Paare das Zusammenleben vor der Ehe nur aus religiöser Überzeugung und aus Liebe zu Gott oder vielleicht eher weil „so etwas gesellschaftlich unmöglich" gewesen wäre? Weil es der Norm entsprach, zunächst zu heiraten und eine „wilde Ehe" eigentlich unvorstellbar war? Und verweigerten sich vor der Pillenrevolution nicht viele Frauen aus berechtigter Angst vor dem Kind dem Mann? – Der berufstätige Mann sitzt heute acht Stunden täglich der Kollegin in Minirock und Nahtstrumpfhose gegenüber. Sobald die Sonne lacht, sind eine Reihe Frauen bemüht, ihre körperlichen Reize so zu präsentieren als seien sie Professionelle. Dies schafft zumindest ein anderes Reizklima, eine andere Atmosphäre als die Mode der fünfziger Jahre.

Es geht hier keineswegs darum, die Anstrengungen der Bemühungen, die Gebote der Kirche zu erfüllen, herunterzuspielen. Mir liegt aber daran, Schuld und Schuldfähigkeit derjenigen zu relativieren, die in einer Zeit heranwachsen, die andere Gesetze und Götter kennt als die ihrer Eltern, Großeltern und Urgroßeltern. Von jungen Menschen, die kaum etwas wissen von Kirche, Christus und der Frage, worum es hier auf Erden überhaupt geht. Es ist gar erstaunlich, wie liebesfähig und treu viele junge Menschen trotz der Umgebung heute sind.

Die Situation der Kirche

Die Kirche steht vor einem gewaltigen Problem: Sie muß Ideale und Inhalte vermitteln, die so gar nicht in diese Welt zu passen scheinen. Da ist zunächst das Problem des Klimas, der Atmosphäre und der Umgebung: In Konkurrenz zum Gottesdienst stehen heute Gameboy und Videowelt. Die Teilnahme an einer Liturgie muß für junge Leute, an Hektik und Nervosität mehr gewöhnt als jede Generation zuvor, ein Leiden oder ein Exotismus par excellence bedeuten. Da ist die kurzlebige, schillernde, action- und sexreiche Realität, die Kurzweil und Erregung bietet, dort eine Liturgie, womöglich lateinische Verse, Männer in eigenartigen Gewändern, die nicht nur ihre Pflicht tun, nämlich die offiziellen Zeremonien bei den üblichen Familienfesten wie Taufe, Erstkommunion und Hochzeit abzuhalten, für die die Kunden ja Kirchensteuern zahlen, sondern die sich zudem noch anmaßen, Tips und Verbote für die Schlafzimmer auszusprechen.

Desweiteren gilt es neben den durch die bekannten Anbiederungen moderner Theologen verursachte Verwirrung auch gegen die ungewollte Kälte der „anderen Seite" zu kämpfen. Es kann einen schon grausen, wenn so mancher Theologe mal eben die christliche

Ehe sauber juristisch durchsubsumiert: Zack, zack, zack – wer diese Punkte erfüllt, auf dieses achtet und jenes dreimal täglich prüft, der führt eine christliche Ehe. Wer sie nicht erfüllt, der steht im Regen. Wer nach langjähriger Partnerschaft vor der Ehe miteinander geschlechtlich verkehrt, benutzt, ja konsumiert sich. Geschieht dies nach einer Zeit der Prüfung und des Wartens in der Ehe, so ist es Ausdruck der Liebe. Die Pille ist selbstverständlich verboten, gleichermaßen für das Paar, das aus materiellen oder hedonistischen Gründen die Zeugung von Kindern grundsätzlich ablehnt, wie für die verheiratete Mutter von fünf Kindern, deren unregelmäßiger Zyklus eine Sicherheit bei der natürlichen Empfängnisverhütung nicht zuläßt, die aber einfach einmal eine Kinderpause benötigt. Und das christliche Verständnis von Sexualität setzt selbstverständlich voraus, daß die Ehepartner den Geschlechtsverkehr aus reiner Hingabe vollziehen. – Hand auf's Herz: Welche Ehepartner schlafen eigentlich nur miteinander, um sich gegenseitig hinzugeben und zu verschenken?

Das dritte Problem betrifft die Sprache. Jugendliche tun sich bekanntlich besonders mit der kirchlichen Sexualmoral schwer. Das ist verständlich, denn gerade hier fordert die Kirche von Menschen, die noch keine besondere Verantwortung in Beruf und Familie tragen müssen, und zugleich Zärtlichkeit, Liebe und Sexualität entdecken, ein Verhalten, das den Neigungen und Interessen junger Leute scheinbar zuwiderläuft. Will man ihnen nun Sinn und Wert der katholischen Sexualmoral erklären, so gestaltet sich dies schon deshalb sehr schwierig, weil es schlicht vielfach an geeigneter Lektüre fehlt. Denn die kirchlichen Verlautbarungen und moraltheologischen Traktate befleißigen sich zumeist dann einer äußerst blumigen, verklärenden und feierlich wirkenden Sprache, wenn von Sexualität die Rede ist. Es ist für Heranwachsende die Sprache eines fernen Planeten. Dadurch wird Sexualität in eine Sphäre gehoben, in der sie junge Menschen nicht ansiedeln wollen und können. Natürlich wäre es obsolet, würden sich Geistliche und Theologen im Jugendjargon artikulieren. Auch sollte man tunlichst vermeiden, ein bestimmtes Niveau zu verlassen. Doch geht es nicht einfacher als beispielsweise im folgenden Zitat eines deutschen Theologen:

„In der leiblichen Ganzhingabe schenken sich Mann und Frau einander rückhaltlos in allem, was sie als Person sind und haben. Sie werden füreinander Quelle unendlicher Freude und Entzückung, bis hin zu einer Verklärung des Daseins, in der die ganze Welt neu erscheint. In der Hingabe aneinander, durch die sich Mann und Frau in ihrer Freiheit auf das großartigste beschenkt wissen, offenbart sich ihnen die unendliche Herrlichkeit und Güte des Seins. Sie begreifen sich als hineingenommen in ein sich selbst transzendierendes, sie umfassendes und bergendes Geschehen, so, als würde das Wesen der Dinge still zu sprechen beginnen und mit ihnen einstimmen in den Jubel der gemeinsam erfahrenen Liebe"?

Dem Mann sollte man die beste Absicht unterstellen. Aber was hat das mit dem Alltag einer Ehe zu tun? Man fragt sich ernsthaft, ob nicht der Inhalt katholischer Sexualmoral eine sprachlich sehr viel andere, nüchterne, pragmatischere Form annehmen könnte. Eine Sprache, die die Menschen verstehen und nachempfinden können.

Gestatten Sie mir in diesem Zusammenhang eine persönliche Bemerkung: Ich bin seit fünf Jahren glücklich verheiratet und Vater von drei Kindern im Alter von drei, zwei und einem halben Jahr. Meine Frau und ich betrachten unsere Kinder als Geschenke, die uns viel Freude und Glück bescheren. Zugleich bringen sie naturgemäß viel Arbeit und Geschrei mit sich. Vor allem für meine Frau. Während der Hälfte unserer Ehe war meine Frau schwanger. Schwangerschaft bedeutet für Frauen, dick und unförmig zu sein, sich im Vergleich mit anderen Frauen unattraktiv zu fühlen. Die Schwangerschaft kann Übelkeit, latente Nervosität ob der bevorstehenden Geburt und Verzicht im Bereich der Sexualität mit sich bringen. Der Mann, der selbstverständlich denselben Verzicht übt, muß neben seinem Beruf seiner Frau mehr als üblich zur Hand gehen, mehr anpacken. Solche Opfer sind selbstverständlich, für viele unserer Freunde wie auch für uns. Fast alle befreundeten Eltern mit mehreren Kindern, die sich um das Leben einer christlichen Ehe bemühen, haben aber zugleich (vielleicht) verständlicherweise manchmal „die Nase voll", wünschen sich vielleicht ein wenig mehr Freiräume für sich – was keineswegs ausschließt, daß sie glücklich sind. Doch für Entzückungen und Verklärungen des Daseins, wie sie oben beschrieben wurden, bleibt im Alltag recht wenig Luft und

Zeit. Ich wehre mich gegen solche Verherrlichungen von Ehe und Familie – als wäre die christlich gelebte Ehe nur das Paradies auf Erden, um das einen die ganze Welt beneiden müßte. Der Alltag von Ehen, die nicht konsequent christlich gelebt werden, kann durchaus angenehmer sein, wenn auch nicht zu höherem Glück führen.

Vertrauen zu Christus

All dies mögen zweifellos wichtige Aspekte sein. Und man sollte schon gründlich überlegen, welche Barrieren es sind, die vornehmlich jungen Menschen von vorneherein den Zugang zur Welt von Christentum und Kirche versperren. Das Wichtigste aber scheint doch zu sein, ihnen die Schönheit, das Positive und den Reichtum dieser Welt zu eröffnen, ohne in pharisäische Gesetzeskrämerei zu verfallen, aber auch ohne Anbiederung und Verrat der Substanz. Und ihnen dabei zu helfen, Christus und seiner Kirche glauben und vertrauen zu können. „Man muß schon viel glauben, um nicht glauben zu müssen", sagte einmal ein befreundeter Priester. Ein Zitat, das sicherlich schon viele Menschen nachdenklich gestimmt hat.

Die kirchliche Sexualmoral, die Auffassung von Ehe oder die Forderung von Verzicht und Rücksichtnahme – all dies kann letztlich nur der begreifen, der an Christus und die Lehre der Kirche glaubt und sie auch kennt. Nur eingebettet in das Ganze hat das einzelne Stück auch Sinn. Wie geht das aber, einfach zu glauben?

Natürlich gibt es kein Patentrezept. Glauben ist nicht machbar, man kann ihn nicht kaufen, nicht abonnieren. Den Sinn des Lebens findet man nicht in der Bibliothek. Glauben bedeutet auch nicht, einen Versicherungsvertrag zu unterzeichnen, für schlechte Zeiten und Momente. Um Glauben muß man in Demut bitten, Glauben muß man lernen. Man muß sich bemühen, hinhören wollen – und vertrauen.

Vertrauen: Wie schwer fällt es oft schon, selbst demjenigen, den wir gut kennen, zu vertrauen? Wie schwer fällt es dann erst, jemandem zu glauben, den man nicht sieht und nicht deutlich hört? Vertrauen ist nicht einfach – und doch ist der Christ „den anderen" ein Stück voraus; denn im Zentrum seines Glaubens steht eine

Person: Christus. Eine historische Persönlichkeit, die tatsächlich gelebt hat. Dies unterscheidet den Glauben von anderen Weltreligionen und kalten, unpersönlichen Ideologien und Therapien.

Der Mensch kann Christus ablehnen, ignorieren – oder Ihm vertrauen. Vertraut er Ihm, so muß dieses Vertrauen seiner ganzen Person gelten, seinem Leben, Handeln und der von Ihm gegründeten Kirche. Auf jeden Fall aber muß er sich entscheiden; denn Christus erwartet eine Entscheidung – und Er hat klar gesagt, was es bedeutet, sich für Ihn zu entscheiden, Ihn zu lieben: „Wer meine Gebote hat und sie hält, der ist es, der mich liebt" (Joh 14,21). – Es dürfte kaum an den Menschen sein, mit Ihm zu feilschen und zu ringen, ob sie denn dieses Gebot nicht ausklammern, jenes hinzunehmen könnten oder über anderes grundsätzlich einmal abstimmen sollten.

Von Papst Johannes XXIII. heißt es, er habe es sich zur Gewohnheit gemacht, auf seinen Spiegel im Badezimmer einen kleinen Zettel mit den Worten zu kleben: „Nimm Dich nicht so wichtig!" Der sanfte Imperativ habe ihm im Umgang mit der Kirche, den Menschen und sich selber stets sehr geholfen. Vielleicht lohnt es ja, hier und da auch einmal die Angewohnheit eines Papstes zu übernehmen...

Warum dieses Buch?

Wir haben dieses Buch nicht erarbeitet, weil der Sexualität im Christentum erste Priorität zukäme, sondern weil das Image der kirchlichen Sexualmoral vielen Menschen von vorneherein den Zugang zu Kirche und Glauben versperrt. Das Buch will erklären. Leise und ohne den moralischen Zeigefinger zu heben. Es will zeigen, welcher Stellenwert der Sexualität im Christentum zukommt. Es will Argumente gegen Vorurteile und Klischees liefern und vor allem zeigen, daß die katholische Sexualmoral unabhängig von theologischen, metaphysischen und anthropologischen Begründungen schon „rein menschlich" sehr klug ist.

Stil und Konzeption der Beiträge sind so unterschiedlich wie die Autoren selbst. Einige schreiben sehr persönlich, engagiert, erfrischend, andere eher abstrakt, wissenschaftlich, nüchtern. Einige

Beiträge sind für junge Menschen geschrieben, andere für reifere. Einige Autoren wählen das Essay oder die Dialogform, andere den wissenschaftlichen Aufsatz. Auf jeden Fall haben wir uns bemüht, möglichst alle Themen rund um das Thema „Kirche und Sexualität" zu berücksichtigen. Daß aber nicht jedes Thema im Rahmen eines solchen Buches erschöpfend behandelt werden kann, versteht sich von selbst.

Bei einer solchen Fülle an Themen und Autoren muß es thematische Überschneidungen, ja hier und da auch gegensätzliche Analysen geben. Dies ist unvermeidbar, denn eine angemessene Behandlung einzelner spezieller Fragen bedarf, will sie nicht auf dem üblichen Niveau der Talkshows und Bestseller-Theologen verharren, der Erörterung grundsätzlicher Themen.

Dieses Buch ist nicht für die eigene Galerie geschrieben. Es will nicht die Menschen vor dem Altar, sondern von der Straße abholen. Natürlich kennt das Buch deutliche Worte und klare Positionen. Doch wer hofft, in diesem Buch endlich eine Abrechnung mit der „ach so moralisch verkommenen Gesellschaft", mit diesen „Ferkeln, die ohne Trauschein zusammenleben" oder mit „der schamlosen Jugend von heute" zu finden, der wird bei der Lektüre sicher enttäuscht werden. (Übrigens: Empfinden, Wünsche und Projektionen der jungen Generation haben sich inzwischen stark verändert. Die meisten Jugendlichen heute suchen den festen Partner, möchten treu und monogam leben, wenn auch Sexualität für sie von Beginn an mit der größten Natürlichkeit zu einer *Beziehung* dazu gehört.)

Vor allem geht es dem Buch darum, daß der eine oder andere Leser, der es vielleicht unter Vorbehalt, ja widerwillig zur Hand genommen hat, bei der Lektüre ein wenig nachdenklich wird. Man kann nur hoffen, daß es ihm dabei helfen mag, die Voraussetzungen für den Glauben an Liebe und Ehe neu zu verstehen.

„Liebe und Dauer sind augenscheinlich nicht mehr kompatibel. Während sich Ratgeberautoren und Ehetherapeuten mit Partnerschaftserhaltungsmaßnahmen nach wie vor eine goldene Nase verdienen, ist die gute alte Liebe in der monomanischen Singlegesellschaft längst zur gesuchten Utopie verkommen – jeder wünscht sie sich, keiner glaubt an sie" (Focus 24/94).

Erstes Kapitel

Allgemeiner Teil

Fieberthermometer und Weihwasser
Das Christentum – keine Lehre über Moral

von Guido Horst

Es war das Kirchenurteil des Jahrhunderts – zumindest von einem weltlichen Standpunkt aus betrachtet. Als sich Paul VI. in der ersten Hälfte des Jahres 1968 dazu durchrang, seine geliehene Autorität der bereits losgetretenen sexuellen Revolution in den Weg zu stellen und deren medizinisch-technische Voraussetzung, nämlich die künstliche Empfängnisverhütung, als mit der katholischen Sittenlehre unvereinbar zu erklären, brachen für viele die Brücken ein, die die Kirche in den Jahren zuvor zur modernen Welt geschlagen hatte.

Daß derselbe Papst im gleichen Jahr in seinem feierlich verkündeten „Credo des Volkes Gottes" Dogmen bekräftigte wie die Lehre von der Erbsünde, die Jungfrauengeburt, die Auferstehung Christi oder die Heiligkeit der Kirche, geriet dagegen sofort wieder in Vergessenheit. Bei der Wahrnehmung des Phänomens Kirche verhält sich die Welt selektiv: „Humanae vitae" wurde zum publizistischen Dauerbrenner – das „Credo" Pauls VI. ging ohne Spuren zu hinterlassen in die dicken Sammelbände päpstlicher Ansprachen ein.

Wie elektrisiert reagieren seither die Medien, wenn sich herausragende Vertreter der Kirche und vor allem der Papst zu Fragen der Sexualität äußern. Und auch heute noch, ob auf „Spiegel"-Titeln oder in der publizistischen „Begleitung" der Weltbevölkerungs-Konferenz in Kairo, muß die Kirche ihre Rolle als universal arbeitende Lust-Verhinderin weiterspielen, bis hin zu der erst kürzlich von einer deutschen Tageszeitung wiederholten Vermutung, die

Sexualmoral der Kirche diene einzig und allein der Disziplinierung und geistigen Unterdrückung.

Doch das Pillen-Syndrom hatte auch eine beträchtliche Innenwirkung. Für eine ganze Generation von Katholiken wurden die um das sechste Gebot schwirrenden Fragen wie Pille und Kondom zum Prüfstein, zum Gradmesser der eigenen Katholizität. Ob man sich selbst als papsttreuen oder romkritischen, als treuen, progressiven oder gar dissidenten Katholiken empfand, definierten viele durch ihre Einstellung zu „Humanae vitae". Was früher die Pilgerfahrt nach Rom bedeutete, war nun der Besuch einer Tagung über natürliche Familienplanung. An die Stelle des Weihwassers in katholischen Schlafzimmern trat das Fieberthermometer. Eine solcherart auf das Pillen-Problem verkürzte Ehemoral verschmolz zudem mit einigen bürgerlichen Wertvorstellungen, die man über den Kulturschock der 68er-Bewegung hinwegretten wollte: Zucht und Anstand im öffentlichen Leben, ein zumindest nach außen hin als vorbildlich zu geltendes Familienleben, der Sinn für Autorität, Recht, Ordnung und persönliche Verantwortung. So bereitete sich der Humus für den härtesten Kampf, den katholische Aktivisten im Zeichen ihres Glaubens zu führen begannen, denn da ging es nun um Grundfragen des christlichen Menschenbildes. Es war der Kampf gegen die Abtreibung beziehungsweise deren rechtliche Legalisierung. Ein Kampf, der selbstverständlich geboten und sinnvoll war und ist, der aber mit dazu führte, die Christen immer mehr in die Rolle der Hüter einer dem Untergang geweihten Moral- und Sittenordnung hineinzudrängen. Wie gesagt, die Wahrnehmung der Kirche durch die Welt ist selektiv, und so stand schließlich vor allem das katholische Christentum als reine Sittenlehre da, was sich nicht zuletzt bei der „Behandlung" bestätigte, die die Medien dem vor zwei Jahren erschienenen „Katechismus der katholischen Kirche" zuteil werden ließen.

Beide Kämpfe, den gegen Pille/Kondom und den gegen die Freigabe der Abtreibung, haben die katholischen Moralisten verloren. Und das mit unseligen Nebenfolgen. Die Kirche ist in den Augen vieler zu einer moralischen Lehranstalt geworden. Das war nicht die Absicht der kämpfenden Katholiken, sondern zunächst einmal eine Instrumentalisierung allererster Güte: Indem eine

Gesellschaft, das heißt die den Ton angebenden Medien und ihre Protagonisten, eine vollkommene Liberalisierung sexueller Normen propagierte, benötigte sie einen Popanz, das abschreckende Gegenbild, an dem sich die Richtigkeit der eigenen Position demonstrieren ließ. Und zu diesem Popanz geriet die Kirche, das heißt jenes Bild von zölibatär lebenden Herren, die die Abstinenz von sexuellen Vergnügungen predigen und dabei selber alles andere als glücklich aussehen. Die Kirche als Hort der Leibfeindlichkeit, als letztes Bollwerk überholter Moralvorstellungen, als mißgünstig neidvolle Verfolgerin jeglichen befreienden Lustempfindens.

Es ist wohl eins der unglücklichsten Kapitel der jüngsten Kirchengeschichte, daß sich viele gutmeinende Katholiken diesen ihr hingereichten Schuh angezogen haben. Die Reduzierung des Christentums auf eine Sittenlehre ist – sicherlich neben der Entsakralisierung der Liturgie und der heute üblichen Hohlrednerei in der kirchlichen Verkündigung – einer der Grabsteine unserer einstmals christlichen Gesellschaft.

Die Unbefangenheit, mit der das Alte Testament von den sexuellen Verfehlungen der Patriarchen und Stammväter des auserwählten Volkes spricht, mag dagegen manchem als ein Zeichen frühgeschichtlicher Unreife oder gar als Laxheit erscheinen. Eher beiläufig wird uns geschildert, wie Jakob, der große Patriarch, nicht nur mit seinen beiden Frauen, sondern auch mit deren Sklavinnen Kinder zeugt, Abraham sein Weib Sara freiwillig Fremden zur Schändung übergibt, Lot trunken vor Wein mit seinen Töchtern Inzest begeht und Juda sich mit einer Dirne vereint, ohne zu bemerken, daß diese seine Schwiegertochter ist. Ganz zu schweigen dann von den Ausschweifungen, denen sich David hingab, der Stammvater des Geschlechtes Jesu. Und nicht nur das Alte, auch das Neue Testament gibt Moralisten manche Nuß zu knacken auf, muß man doch bei der Lektüre der vier Evangelien den Eindruck haben, daß Zöllner, Prostituierte und Ehebrecherinnen nicht nur recht milde, sondern regelrecht bevorzugt behandelt werden. Zwar billigen die Heiligen Schriften nicht das Verwerfliche, zu dem sich die Auserwählten hinreißen lassen. Aber weder bei Jakob, Abraham, Lot, Juda, David noch bei Matthäus, dem Zöllner, bei Maria Magdalena oder der Samariterin am Brunnen bei Sychar ist das moralische

Fehlverhalten ein Hinderungsgrund für die Auserwählung, für jenen Akt der Gnade, mit dem der einzelne aus der breiten Masse herausgehoben wird, ohne dies durch eigenes Zutun besonders zu rechtfertigen. Es scheint, daß für den Gott der Christen die Schwächen und Untaten seiner Auserwählten nicht das Wichtigste sind. Daß es nicht das Wichtigste ist, ob jemand mit Vernunft und Willen sich und sein Leben „in den Griff" bekommt. Und daß dies offensichtlich ebensowenig für die Sexualität gilt – auch wenn in der Neuzeit manche christlichen Denkschulen von jenem „unheiligen" Menschenbild der Aufklärung infiziert wurden und glauben, die menschliche Sexualität lasse sich heute doch durch Vernunft (Moraltheologie) und Wille (Askese) in den Griff bekommen.

Ein Christ, der um seine Berufung zur Nachfolge Christi weiß, wird sich natürlich davor hüten, Machthunger, Geldgier, Sex-Besessenheit, Völlerei oder andere Übersteigerungen menschlicher Triebe an die Stelle dessen treten zu lassen, was ihn allein zum Glück führen kann: die immer konkreter werdende Realisierung der Gegenwart Christi im Hier und im Jetzt. Darum wird er all das ernstnehmen: den Sex, die Macht, das Geld und alle möglichen Objekte menschlicher Begierden. Aber er wird sich nicht darauf fixieren oder fixieren lassen. Wenn dieses Buch das Thema Kirche und Sex behandelt, so auch um zu zeigen, daß Christen wissen, warum und wie sie die Sexualität in ihr Leben integrieren, während gerade diejenigen, die der Kirche Sexualfeindlichkeit vorwerfen, vielleicht eine Vorstellung über die Befreiung von sexuellen Normen haben, jedoch passen müssen, wenn sie sich vorstellen sollen, wozu diese Befreiung führen soll.

Die Kirche hat eine Vorstellung von dem, was das Wesentliche, was das für jeden Christen Entscheidende ist – und Sex gehört nun einmal nicht dazu. Die Patriarchen des Alten sowie die Apostel und Jünger des Neuen Testamentes zeigen es stellvertretend für alle anderen, denen die Gnade der Begegnung mit dem Geheimnis dieser Welt zuteil wurde: Das Wichtigste am Christentum ist jene Erwählung, jener Akt der besonderen Vorliebe, mit dem Gott die von ihm Auserwählten zu seinem Sohn, zu Jesus Christus, führt, so wie dieser selber nur wenige berief, aus „der breiten Masse hervorhob", um ihnen die Erfahrung der Gotteskindschaft zu schenken. Sie allein läßt die Erfüllung der tiefsten Sehnsüchte des menschlichen Herzens erahnen, hier auf Erden und über den Tod hinaus.

Wer über Kirche spricht, muß hier beginnen, und nicht bei Dingen, die zweit- oder drittrangig sind oder gar wie im Falle der Sexualität – folgt man der Zählung der Zehn Gebote – den sechsten Rang belegen.

In der Nacht sind alle Katzen grau
Zur moralischen Qualität des Sexuellen

von Rüdiger Kinsky

Es steht außer Frage, daß die katholische Sexualmoral den Menschen heutzutage nicht zusagt. Sie stellt gleichsam den heißesten Brennpunkt der Kritik an der Kirche dar und liefert das weitaus beliebteste und vermeintlich zwingendste Austrittsargument. Was an der katholischen Sexualmoral, ja an der Morallehre der Kirche insgesamt, als störend empfunden wird, ist nicht schwer zu ermitteln.

Da wird zunächst der generelle Einwand vorgebracht, diese erhebe als materiale Wertethik den vernunftwidrigen Anspruch auf absolute Objektivität, Gültigkeit und Verbindlichkeit. Doch ließen sich bereits die moralischen Basistermini Gut und Böse gar nicht definieren, weshalb die Frage gestellt werden könne und müsse, ob es überhaupt das Gute und das Böse gebe. Genau besehen, hänge die inhaltliche Bestimmung dessen, was gut und was böse sei, von zeitlichen, kulturellen und sozialen Faktoren ab, von Konventionen näherhin, die durchaus wandlungsfähig und immer neu zu konkretisieren seien. Dabei vollziehe sich bisweilen ein völliger Aus- oder Umtausch der Inhalte von Gut und Böse. Was vormals als gut qualifiziert worden sei, erscheine unter veränderten Bedingungen als böse und umgekehrt. Kurz: Wenn überhaupt, dann besäßen der Begriff des Guten wie der des Bösen allenfalls formale Qualität.

Die katholische Morallehre hingegen versuche aus diesen formalen Begriffen inhaltlich absolut bestimmte und bestimmbare zu machen. Dazu verwende sie ein Begründungsschema, das zwar in sich geschlossen und stringent sei, aber von Voraussetzungen abhänge, die kritischer Infragestellung entzogen würden und nur dadurch Kohärenz- und Konsistenzgaranten der katholischen Ethik zu sein vermöchten. Hierzu zähle die Rede von der „Natur" des Menschen ebenso wie vor allem die Berufung auf Gott, der als Schöpfer der Welt angesetzt werde und ihr eine sinn- und zweckgebundene, objektive und allgemein verpflichtende sittliche Ordnung gegeben habe, die durch die Vernunft einerseits und durch Glaube und Offenbarung andererseits erkannt werden könne.

Mit Gott komme jedoch eine Instanz ins Spiel, die freilich nur als Hypothese, bestenfalls als „Postulat der praktischen Vernunft" die Geltungsdifferenz von Gut und Böse begründbar mache. Das Problem der absoluten inhaltlichen Bestimmbarkeit und Bestimmtheit der ethischen Normen und Werte werde dadurch allerdings bloß metaphysisch verschleiert und nicht gelöst. Weil sich dieses Problem auch nicht lösen lasse und alle Lösungsversuche nur Scheinlösungen hervorbrächten, dürfe man es getrost verabschieden.

Natürlich beantwortet dies keineswegs die Frage, was zu tun und wie zu handeln sei. Abhilfe soll daher eine Ethik schaffen, die auf Letztbegründungen verzichtet, sich pragmatisch auf die Feststellung der relevanten Problemfelder des Sittlichen konzentriert, diese beschreibt und Handlungsregeln formuliert, die so allgemein sind, daß sie zu Konsensfähigkeit und -stabilisierung, befähigen, dabei so vernünftig, daß sie als Argumente im Streit um die Gestaltung der Lebenspraxis taugen.

Mein Körper gehört mir

Speziell wird nun gegen die katholische Morallehre der Einwand vorgebracht, sie enthalte eine reine angstgrundierte *Verbotsmoral,* zwinge den einzelnen unter daseinsverformende, traumatisierende Normen, behindere freiheitliche Selbstbestimmung, sei *leibfeindlich* und schiebe dem berechtigten Wunsch nach Lust und Genuß einen Riegel vor, indem sie diesem Begehren den Stempel des *Sündigen* aufpräge. Das wahre Ideal katholischer Moralität richte sich am zölibatär Lebenden aus, einer Daseinsgestaltung, die an sich schon das Signum der Unsinnigkeit trage. Im übrigen könne der ehelose Priester kein Verständnis für denjenigen aufbringen, der sich sexuell betätige, und habe nicht das Recht und auch nicht den Auftrag, als eine Art Inspizient des Schlafzimmers und Kontrolleur des Sexualverkehrs zu figurieren.

Diese vielfach vernehmbare Kritik ist nun deshalb erstaunlich, weil man gemeinhin die Stimme der Kirche, des Papstes und der Bischöfe in den *großen* Moralfragen (Umwelt, Schöpfungsverantwortung, Friedenssicherung, Menschenrechte, politische, ökonomische und soziale Gerechtigkeit) durchaus zu hören wünscht. Sobald jedoch ein führender Repräsentant der katholischen Kirche sich zu Fragen subjektiver moralischer Selbstgestaltung äußert und die sogenannte offizielle Lehre der Kirche zitiert, erhebt sich allenthalben Unwillen, nicht selten auch Heiterkeit.

Ins Private, das ist die Ansicht, habe die Kirche nicht hineinzufunken. Letztlich und bei Licht besehen, könne sich eben ein Papst, Bischof oder einfacher Kleriker nicht kompetent und erfahrungsgesättigt zum Thema Sexualität äußern.

Der Widerspruch, der dieser Argumentation innewohnt, ist schlagend, denn Moralität zerfällt nicht in einen überpersönlichen und einen persönlichen Bereich. Wenn es Moralität als Inbegriff des Moralischen gibt, dann betrifft dies das Sittliche im Individuellen wie im Kollektiven gleichermaßen. Man kann folglich nicht von *dem* Umweltschutz, *der* Friedenssicherung, *den* Menschenrechten etc. und also nicht von allgemeinen Prinzipien sittlicher Regulierung sprechen und andererseits einen bestimmten Bereich, nämlich den der subjektiven Moralität, ausklammern. Moralität faßt das Ganze des Moralischen in sich. Und wenn die Kirche aus ihrem Verständnis als Offenbarungsträgerin zu Fragen des Umweltschutzes, der Friedenssicherung, der Menschenrechte, der Gerechtigkeit Stellung bezieht und beziehen soll, dann ist nicht einzusehen, weshalb sie dies auf anderen Feldern des Moralischen wie der Ehe, der Familie, der Erziehung, der Sexualität zu unterlassen habe.

Die Verweigerungsgründe dafür, sich in die eigene Lebens- und Sexualpraxis hineinreden zu lassen, sind natürlich evident. Sie sind weniger Reflex einer reflektierten Subjektivität – das ist nur bei ganz wenigen der Fall – als vielmehr Reflex eines schlechten

Gewissens, des Bewußtseins, nicht *verantwortlich* zu handeln, einer gestörten oder gar aus den Fugen geratenen Axiomatik. Viele wissen sehr wohl und spüren sehr deutlich, daß ihre Sexualität sie debalanciert, wollen sich dies indes nicht eingestehen und werden dabei bestärkt durch eine gesellschaftlich weitestgehend akzeptierte und aprobierte Argumentationsfigur, zu deren großen Popularisatoren sich nicht zuletzt die Medien gemacht haben.

Diese Strategie, der man nur ungern das Epitheton *argumentativ* zugestehen will, funktioniert ganz schlicht nach folgender Regel: Der einzelne hat Triebe, und es ist gut, der Befriedigung von Triebbedürfnissen nachzugehen. Was ist denn schon dabei? Diese Frage ist in des Wortes eigenster Bedeutung fatal, denn sie erteilt jedermann, der so zu fragen angeleitet worden ist, die Lizenz, diese Frage an alles und jeden zu stellen. Und ist erst einmal die Scheu überwunden, eben diese Frage radikal zu stellen, geht – metaphorisch gesprochen – alles den Bach herunter.

Was ist denn schon dabei?

Jeder Softporno, der allwochenendlich über die Bildschirme flakkert, und jedes nackte Pin-up-girl in *EXPRESS* und *BILD* stellten diese Frage. Die Frage „Was ist denn schon dabei?" intendiert – und das ist zentral – die moralische Dimension des Sexuellen durch Leugnung zu erledigen. Die Bestreitung der *moralischen Qualität des Sexuellen* ist ein Teilstück der Bestreitung der Allgemeinverbindlichkeit von Normen, wobei es zunächst gleich ist, ob man diese auf der Ebene des bloß Formalen oder des Inhaltlichen ansiedelt.

Die Kirche entfaltet in der Tat eine materiale Wertethik, deren allgemeingültige Normen sie aus dem geoffenbarten Glaubensfaktum der Geschöpflichkeit des Menschen und einer göttlich gelenkten Ordnung des Sittlichen ableitet, die den einzelnen einbindet und mit Rechten und mit Pflichten ausstattet, die ihn als autonomes Wesen in die Verantwortung nimmt. Die Kirche insistiert auf der Personalität des Personseins und intendiert die Menschlichkeit des Menschen. Unverzichtbare Bestandteile und Garanten der Humanität sind aber nicht allein Selbstbestimmung und Freiheit, sondern auch Gebote, die vor der Gefahr der Instrumentalisierung des anderen, der Gefahr der Verfügung über den anderen bewahren und Achtung vor dem anderen, vor allem aber Verantwortung im Umgang mit sich und den anderen bewirken wollen.

Das Gebot ist zugleich mehr und weniger als das Verbot. Denn die Einhaltung des Gebotes bedeutet bereits die Anerkennung einer *moralischen* Sanktionswirkung im Fall des Gebotsverstosses.

Die katholische Moral erinnert so daran, daß (un-)sittliches Handeln keineswegs sanktionsfrei ist. Dies hört man gegenwärtig nicht gern, was freilich nicht bedeutet, daß es falsch ist. Im Gegenteil, dieser Gedanke verdient es allemal, bedacht zu werden, auch wenn gewichtige Bedenken dagegen vorgetragen werden. Allein, es ist zu erwägen, ob nicht nach allem Für und Wider die kirchliche Moralauffassung, in die Praxis überführt, zur Humanisierung eher beizutragen vermag als *pragmatisch* orientierte Ethiken. Denn auch und gerade im Sittlichen ist das Bedürfnis nach letztbegründenden Moralen groß. Und verständlich ist es auch. Warum sollte also nicht die katholische Morallehre die Antwort auf die Frage der letzten Handlungsgründe sein? Diese Frage tangiert ohne Zweifel auch die Sexualität.

Diese wird in der kirchlichen Deutung nur dann recht begriffen und praktiziert, wenn sie integraler Bestandteil personaler Selbstgestaltung ist und als integraler (!), also nicht für sich bestehender Part humaner Orientierung, einer Ordnung zugehört, die an sich objektiv verpflichtet. Deshalb die Sorge um die Herauslösung des Sexuellen aus dem Kontext des Menschseins, das die Kirche immer in Bezug zu Gott setzt und von ihm her versteht. Eben aus diesem Grund besteht die Kirche darauf, daß es einen Sinn hat, Trieben *geregelt* nachzugehen. Und jeder Mensch, der einmal erfahren hat, was es bedeutet, ein bestimmtes, an ihn gerichtetes Angebot ausgeschlagen zu haben, wird bestätigen, daß Verzicht nicht der individuellen Lebensgestaltung etwas nimmt, sondern ganz im Gegenteil dieser etwas geben kann.

Der One-night-stand

Nehmen wir das Beispiel eines one-night-stands (einmaliger Geschlechtsverkehr zweier einander nur flüchtig bekannten Personen). Ohne Zweifel sind derartige Unternehmungen nicht allein lustig und unterhaltsam, sondern auch überaus anreizend deshalb, weil sie zu nichts zu verpflichten *scheinen*. A kennt B nicht, oder wenn, dann allenfalls beim Vornamen. Und A und B wollen es, sozusagen aus guten Gründen, auch dabei belassen. Denn sobald die Geschichte eines Subjektes in seinem vollen Namen aufleuchtet (der Vor- und Nachname, Geburtsdatum und -ort sind ja gleichsam die kürzeste Identitätsgeschichte), entsteht so etwas wie Teilnahme an einem Schicksal. Und Schicksalsteilnahme verbindet und verpflichtet.

Anders gewendet: Der one-night-stand ist die radikalste Verkürzung des Menschseins auf einen Existenzsektor, der durch eben diese radikale Verkürzung zugleich *scheinbar* moralfrei wird. In der Nacht sind alle Katzen grau, auch die Moral.

Aber das ist nur die halbe Wahrheit: Denn, die Argumentation der Liebhaber des one-night-stands ist andererseits wieder moralisch. Indem sie nämlich die Verpflichtung für die eine Nacht ausschalten, gestehen sie sie für andere Nächte zu, schließen sie zumindest für diese nicht aus, und machen dadurch selbst den one-night-stand zu einer moralisch legitimierten Veranstaltung, allerdings zu einer zu verminderten Preisen. Und genau darum geht es: um die Moral der verminderten Preise. Viel bekommen, wenig zahlen! Nun ist fraglos richtig, daß ein one-night-stand vorderhand wenig kostet. Er ist sogar selten günstig. Aber was bekommt man dafür? Jenes Gefühl von Freiheit und Abenteuer, das seinen Höhepunkt am nächsten Morgen erreicht, wenn die Frage andrängt: „Mensch, wie komm' ich denn hierher?" „Mußte das denn sein?" Die Antwort auf diese Frage läßt dann zumeist das Gefühl sehr rasch verschwinden. Und daß es verschwindet, zeigt die moralische Qualität des one-night-stands.

„Mußte das denn sein?" ist die direkte Gegenfrage auf das „Warum denn nicht?". Konkreter, es ist die Infragestellung dieser Frage und zugleich das Eingeständnis, daß ein Verzicht im gegebenen Fall nicht von Schaden gewesen wäre. Ähnliches vollzieht sich auf dem Feld der Onanie, ähnliches auf dem Feld des Bordellbesuchs. Dabei kommen nicht gesellschaftlich internalisierte Moralvorstellungen hoch, sondern ganz einfach moralische Bedenken, die in der Geltungsdifferenz von Gut und Böse gründen. Sexualität gründet im Moralischen und tangiert damit die Sphäre von Gut und Böse oder weniger dramatisch: von human-zuträglich und human-unzuträglich. Letztlich bestreitet niemand ernstlich den Wert der Treue, den Wert der Verantwortung, den Wert der Disziplin, selbst den Wert des Verzichts. Die Widerstände gegen die kirchliche Sexualmoral resultieren weit weniger aus einer prinzipiellen Bestreitung der Richtigkeit ihrer Kernaussagen als aus einer Trotzhaltung mit reichlich schmaler Rechtfertigungsbasis. Es ist die Basis des *Was-ist-denn-schon-dabei?*, die die Grenze positiver und negativer Verhaltensnormierung verwischt und die Grenzgänger verstört zurückläßt.

Was heißt eigentlich Moral?
Zur Sittenlehre, Sozialethik und Sexualmoral*

von Clive Staples Lewis

Irgendwelche Leute haben irgendwelche Regeln erdacht, um irgendwelchen anderen Leuten das Spiel zu verderben. So wird nicht selten Moral gesehen. Das Negativ-positiv-Image von Moral gründet sich zum einen auf diese Spielverderber-Funktion, zum anderen auf die Garantie der Anständigkeit, ohne die es ja bei aller Liebe nun doch auch nicht zugehen soll.

So erscheint die Moral in einem Zwielicht von Sein und Sollen, das dem Lebensalltag seinen schummerigen Schein verleiht.

Ein ganz anderes Licht fällt auf die Moral, wenn sie als Wünschelrute zur Entdeckung der Wirklichkeit gilt. Wenn sie vor der Entfremdung bewahrte, vor der Täuschung, die schließlich zur Ent-täuschung führt. Wenn sie die Skepsis nähren würde gegenüber sich selbst und das Knäuel der Gefühle und Launen entwirren hülfe. Wenn Moral ein Fingerzeig zur besseren Lebensbewältigung wäre.

Dann wären es nicht irgendwelche Regeln, die von irgendwelchen Leuten erdacht wurden. Dann wären es die Bausteine, die das Leben tragen; die Wahrheit, die frei macht.

Worum es in der Sittenlehre geht

Es gibt die Geschichte von einem Schuljungen, der gefragt wurde, wie er sich Gott vorstelle. Er antwortete, soviel er erkennen könne, sei Gott „wie die Menschen, die ständig herumschleichen, um zu sehen, ob sich jemand amüsiert, und dann versuchen, es ihm zu vermiesen". Ich fürchte, die gleichen Vorstellungen haben auch viele Menschen, wenn sie das Wort „Moral" hören. Moral, das ist etwas, was uns dazwischenreden, was uns kein Vergnügen gönnen will.

In Wirklichkeit sind die Sittengesetze Gebrauchsanweisungen zum Betrieb der „Maschine Mensch". Jede einzelne Regel soll eine Panne, eine Überlastung oder ein Heißlaufen der Maschine verhindern. Deshalb scheint es uns zunächst so, als würden diese Regeln ständig mit unseren natürlichen Neigungen in Konflikt geraten. Wenn wir lernen, eine neue Maschine zu bedienen, muß uns der Lehrer immer wieder sagen: „Nein, nicht so." Denn wir können natürlich alle möglichen Handgriffe machen, die uns völlig logisch und vernünftig erscheinen, aber die Maschine nicht richtig in Gang setzen. Manche Menschen reden lieber von sittlichen „Idealen" als von sittlichen Regeln und von moralischem „Idealismus" als von sittlichem Gehorsam. Nun ist es natürlich richtig, daß moralische Vollkommenheit ein „Ideal" ist – in dem Sinne nämlich, daß wir sie nie erreichen können. So betrachtet ist aber für uns Menschen jede Art von Vollkommenheit ein Ideal. Weder gelingt es uns, vollkommene Autofahrer zu werden noch vollkommene Tennisspieler. Wir können nicht einmal eine völlig gerade Linie ziehen.

In anderem Sinne aber ist es sehr irreführend, moralische Vollkommenheit als Ideal zu bezeichnen. Wenn ein Mann sagt, ein bestimmter Frauentyp oder ein Haus, ein Schiff oder ein Garten seien „sein Ideal", dann meint er damit nicht (es sei denn, er sei recht dumm), alle anderen müßten das gleiche „Ideal" haben. Hier dürfen die Menschen durchaus verschiedenen Geschmack und damit auch verschiedene Ideale haben. Gefährlich erscheint es mir jedoch, einen Menschen, der sich ernsthaft bemüht, die sittlichen Gesetze zu befolgen, als einen „Mann mit hohen Idealen" zu bezeichnen. Denn dann könnten wir meinen, moralische Vollkommenheit sei eine Sache seines persönlichen Geschmacks und wir anderen müßten uns nicht darum kümmern. Das aber wäre ein verhängnisvoller Irrtum.

Wirklich vollkommenes Verhalten mag für uns ebenso unerreichbar sein wie völlig fehlerfreies Autofahren; doch es ist ein notwendiges Ideal, dem Menschen von der Art seiner „Maschine" her genauso vorgeschrieben wie das fehlerfreie Schalten einem jeden Autofahrer von der Technik seines Autos. Noch gefährlicher wäre es allerdings, sich selbst für einen Menschen „mit hohen Idealen" zu halten, weil man unter Umständen versucht, überhaupt nicht mehr zu lügen (statt nur hin und wieder), nie Ehebruch zu begehen (statt nur äußerst selten) oder kein Tyrann zu sein (statt nur ein gemäßigter Tyrann). Wir würden allzuleicht der Selbstgerechtigkeit verfallen und uns einbilden, wir seien etwas Besonderes und verdienten es, zu unserem „Idealismus" beglückwünscht zu werden. Genausogut könnten wir uns dazu beglückwünschen lassen, daß wir eine Rechenaufgabe richtig lösen wollen. Natürlich ist völlig fehlerfreies Rechnen „ein Ideal"; uns unterläuft sicher bei manchen Berechnungen der eine oder andere Fehler. Aber es ist dennoch nichts Besonderes, wenn wir uns bemühen, jede einzelne Rechenaufgabe richtig zu lösen. Es wäre Blödsinn, wenn wir es nicht versuchten; denn jeder Fehler wird uns später in Schwierigkeiten bringen. Und genauso wird jedes sittliche Versagen Schwierigkeiten nach sich ziehen, wahrscheinlich für andere, auf jeden Fall aber für uns selbst. Wenn wir nun anstatt von „Idealen" und „Idealismus" von Regeln und Gehorsam sprechen, so hilft uns das, dies nicht aus dem Auge zu verlieren.

Gehen wir einen Schritt weiter. In zweierlei Beziehung kann die „Maschine Mensch" falsch funktionieren. Einmal, wenn die einzelnen sich auseinanderleben oder aber aneinandergeraten und sich dabei Schaden zufügen, einander betrügen oder tyrannisieren. Zum anderen, wenn im Innern des Menschen selbst etwas schiefläuft, wenn verschiedene Teile des einzelnen (seine Fähigkeiten, seine Wünsche oder Vorstellungen) entweder auseinanderstreben oder einander beeinträchtigen. Was ich damit meine, wird uns leicht klar, wenn wir uns die Menschheit als eine Schiffsflotte vorstellen, die im Verband fährt. Die Fahrt wird nur dann gutgehen, wenn die Schiffe zum einen nicht kollidieren oder einander in die Fahrrinne geraten, und zum anderen, wenn jedes einzelne Schiff auch seetüchtig ist und die Maschinen intakt sind. Tatsächlich können wir das eine nicht ohne das andere haben. Wenn die Schiffe ständig miteinander kollidieren, bleiben sie nicht allzulange seetüchtig. Ist aber das Steuergerät nicht in Ordnung, so werden sich Kollisionen nicht vermeiden lassen. Oder denken wir uns die Menschheit als eine Kapelle, die ein Stück zu spielen hat. Damit es gut klappt, müssen zwei Voraussetzungen erfüllt sein. Jedes einzelne Instrument muß gestimmt sein, und außerdem muß es im rechten Moment einsetzen, um mit allen anderen Instrumenten harmonisch zusammenzuklingen. Doch eines haben wir noch nicht berücksichtigt. Wir haben noch nicht danach gefragt, wohin die Flotte fahren oder welches Stück die Kapelle spielen will. Die Instrumente mögen alle gestimmt sein und im richtigen Moment einsetzen; es wird dennoch kein Erfolg, wenn die Kapelle engagiert wurde, um Tanzmusik zu spielen und statt dessen Trauermärsche bringt. Und wie gut die Flotte auch segeln würde, die ganze Reise wäre ein Mißerfolg, wenn die Schiffe in New York anlegen sollten und statt dessen in Kalkutta ankämen.

Bei der Sittenlehre scheint es also um dreierlei zu gehen. Zum einen um Fairneß und Harmonie zwischen den einzelnen Menschen; zum anderen um die innere Übereinstimmung eines jeden Menschen mit sich selbst; und schließlich ganz allgemein um den Sinn des menschlichen Lebens. Wozu wurde der Mensch erschaffen? In welche Richtung soll die Flotte segeln? Welches Stück will der Dirigent mit seiner Kapelle spielen?

Vielleicht haben wir schon festgestellt, daß der moderne Mensch fast ausschließlich an den ersten Punkt denkt und die beiden anderen vergißt. Wenn in den Zeitungen einmal steht, daß wir uns um eine christlich-humane Lebenshaltung bemühen, dann heißt das meistens, daß wir nach Freundlichkeit und Fairneß zwischen den Völkern, Klassen und den einzelnen streben; es geht also nur um den ersten Punkt. Wenn jemand einen Entschluß faßt und sagt: „Es kann nicht verkehrt sein, wenn ich das tue, denn es schadet ja niemandem", dann denkt er nur an Punkt eins. Er denkt, es sei gleichgültig, wie sein Schiff innen aussieht, solange er nicht das nächste Schiff rammt. Es ist, wenn wir über ethisch-moralische Grundsätze nachdenken, ganz natürlich, daß wir mit dem ersten Punkt beginnen, mit den zwischenmenschlichen Beziehungen. Denn zum einen sind die Folgen schlechten Verhaltens in diesem Bereich auch im täglichen Leben am deutlichsten sicht- und spürbar: Krieg und Armut, Korruption, Lüge und minderwertige Arbeit. Und zum anderen gibt es hier kaum Meinungsverschiedenheiten. Fast alle Menschen zu allen Zeiten waren sich (zumindest in der Theorie) einig, daß wir ehrlich, freundlich und hilfsbereit sein sollten. Aber wenn wir uns damit zufriedengeben, dann brauchen wir gar nicht erst anzufangen, über Moral und Ethik nachzudenken. Wir betrügen uns selbst, wenn wir nicht weiterdenken, wenn wir nicht anfangen, in uns selbst Ordnung zu schaffen.

Was nutzt es, den Schiffen die Richtung anzugeben, in die sie steuern müssen, um Kollisionen zu vermeiden, wenn es abgetakelte alte Kähne sind, die sich gar nicht richtig steuern lassen? Welchen Sinn hat es, auf dem Papier Regeln über soziales Verhalten aufzustellen, wenn wir genau wissen, daß unser Neid, unsere Feigheit, unsere schlechte Laune und unser Eigendünkel uns daran hindern werden, sie einzuhalten?

Dabei meine ich keineswegs, daß wir nicht über Verbesserungen unseres sozialen und wirtschaftlichen Systems nachdenken, und zwar ernsthaft nachdenken sollen. Aber ich meine auch, daß all unsere Überlegungen nur in leerem Gerede enden werden, wenn wir nicht begreifen, daß allein der Mut und die Selbstlosigkeit des einzelnen ein System funktionsfähig erhalten können. Es ist vielleicht nicht so schwer, bestimmte Arten von Korruption oder Tyrannei zu unterbinden, die in unserem bestehenden System möglich sind; solange es aber unter den Menschen Gauner und Erpresser gibt, werden sie Mittel und Wege finden, das alte Spiel auch unter neuen Verhältnissen weiterzuspielen. Wir können den Menschen nicht durch Gesetzesbeschluß bessern; aber ohne gute Menschen können wir auch kein besseres System schaffen. Deshalb müssen wir genauso über den zweiten Punkt nachdenken, die sittlichen Grundlagen im Inneren des einzelnen Menschen.

Doch auch damit dürfen wir uns noch nicht zufriedengeben. Wir kommen jetzt an den Punkt, wo die verschiedenen Weltanschauungen zu unterschiedlichem Verhalten führen. Auf den ersten Blick würde es uns vielleicht vernünftig erscheinen, hier abzubrechen und einfach an den ethischen Fragen weiterzuarbeiten, über die sich alle vernünftigen Menschen einig sind. Aber ist das möglich? Wir haben weiter vorn gesagt, daß die Religion eine Reihe von Aussagen macht, die entweder richtig sind oder falsch. Sind sie richtig, dann ergeben sich daraus ganz bestimmte Folgerungen für den rechten Kurs der menschlichen Flotte; sind sie falsch, dann müssen wir andere Folgerungen ziehen.

Nehmen wir noch einmal den Mann, der behauptet, sein Tun könne nicht falsch sein, solange es niemand anderem schadet. Er hat wohl begriffen, daß er die anderen Schiffe der Flotte nicht beschädigen darf; aber er ist ehrlich überzeugt, daß es niemanden etwas angehe, was er mit seinem eigenen Schiff anfängt. Doch ist es nicht ein großer Unterschied, ob das Schiff sein Eigentum ist oder nicht? Ist es nicht ein großer Unterschied, ob mein Verstand oder mein Körper mein Eigentum sind oder ob ich nur ihr Pächter bin und dem wahren Eigentümer Rechenschaft schulde? Wenn ein anderer mich erschaffen hat, zu seinen eigenen Zwecken, dann ergeben sich daraus für mich viele Pflichten, die ich nicht hätte, wenn ich nur mir selbst gehörte.

Nochmals, das Christentum behauptet, jeder einzelne Mensch werde ewig leben; und diese Behauptung ist entweder richtig oder falsch. Nun gibt es viele Dinge, über die wir uns nicht den Kopf zerbrechen müßten, wenn wir nur siebzig Jahre lebten, über die wir uns aber sehr wohl ernsthafte Gedanken machen sollten, wenn wir ewig leben. Mein Jähzorn oder meine Eifersucht werden vielleicht langsam schlimmer – so langsam, daß man es im Verlauf von siebzig Jahren kaum bemerkt. Aber in einer Million Jahren könnten sie mir das Leben zur absoluten Hölle machen; und wenn das Christentum recht hat, dann ist „Hölle" hier wirklich der richtige Begriff. Und der Gedanke an die Unsterblichkeit hat noch eine weitere Auswirkung, die, nebenbei gesagt, in direktem Zusammenhang steht mit dem Unterschied zwischen Totalitarismus und Demokratie. Wenn der einzelne Mensch nur siebzig Jahre lebt, dann sind ein Staat, eine Nation oder eine Kultur, die tausend und mehr Jahre existieren können, wichtiger als der Mensch. Wenn der christliche Glaube jedoch wahr ist, dann ist der einzelne Mensch nicht nur wichtiger, sondern er ist unvergleichlich viel wichtiger. Er wird ewig leben; und verglichen damit ist das Leben eines Staates oder einer Kultur nur ein kurzer Augenblick.

Wenn wir also über Ethik und Moral nachdenken wollen, dann müssen wir uns mit allen drei Fragen beschäftigen: den Beziehungen der Menschen untereinander, den Zuständen im Inneren des einzelnen Menschen und den Beziehungen des Menschen zu der Kraft, die ihn erschuf. Zu dem ersten Punkt haben wir alle etwas beizutragen. Meinungsverschiedenheiten beginnen bei Punkt zwei und werden ernster bei der dritten Frage. Hier werden auch die wesentlichen Unterschiede zwischen christlicher und nichtchristlicher Moral am deutlichsten sichtbar. (...)

Sozialethik

Wenn wir uns mit den moralischen und sittlichen Beziehungen der Menschen untereinander auseinandersetzen wollen, müssen wir uns als erstes klarmachen, daß Christus nicht auf die Erde kam, um eine neue Moral zu predigen. Die goldene Regel des Neuen Testamentes (Verhalte dich so, wie du es auch von anderen erwartest) ist die Zusammenfassung dessen, was jeder im Grunde seines Herzens schon immer als richtig erkannt hat. Wirklich große Moralphilosophen führen nie neue Moralsysteme ein; das tun Schwindler und Scharlatane. Samuel Johnson sagte einmal: „Der Mensch muß eher erinnert als belehrt werden." Die eigentliche Aufgabe eines jeden Morallehrers besteht darin, uns immer wieder auf die alten, einfachen Grundwahrheiten hinzuweisen, vor denen wir alle so gern die Augen verschließen; so wie ein Pferd immer wieder an die Hürde zurückgeführt wird, die es verweigert, oder ein Kind immer wieder an dieselbe Aufgabe gesetzt wird, vor der es sich drücken will. Als zweites müssen wir uns klarmachen, daß das Christentum ebensowenig ein detailliertes politisches Programm hat, um die goldene Regel in einer bestimmten Gesellschaft und zu einem bestimmten Zeitpunkt durchzusetzen und es hat auch nie behauptet, ein solches Programm zu haben. Es könnte es auch nicht, denn das Christentum soll zu allen Zeiten für alle Menschen gelten, während ein bestimmtes Programm, das an einem Ort zu einer bestimmten Zeit angemessen ist, sich zu anderen Zwecken nicht eignet. Das entspräche ohnehin nicht dem Wesen des Christentums. Wenn es uns dazu aufruft, die Hungrigen zu speisen, so erteilt es uns deswegen doch keine Kochkurse. Wenn es uns auffordert, die Bibel zu lesen, so erteilt es uns keinen Unterricht in Hebräisch oder Griechisch oder etwa in deutscher Grammatik. Es wollte niemals die Wissenschaften oder die schönen Künste ersetzen oder verdrängen;

es gleicht eher einem Regisseur, der allen ihre Aufgabe zuweist, oder einer Kraftquelle, die alle mit neuem Leben erfüllen will, wenn sie sich ihr nur zur Verfügung stellen.

„Die Kirche soll uns mit gutem Beispiel vorangehen", hört man häufig. Das ist richtig, wenn es im rechten Sinne gemeint ist, und falsch, wenn es verkehrt gemeint ist. Unter Kirche sollte man die Gesamtheit der praktizierenden Christen verstehen. Und wenn man dann sagt, die Kirche solle uns ein Beispiel geben, dann müßte das bedeuten, daß einige Christen – diejenigen, die dazu qualifiziert sind – Volkswirtschaftler und Staatsmänner werden und alle Volkswirtschaftler und Staatsmänner Christen sein sollten und daß alle ihre Bemühungen in Wirtschaft und Politik darauf gerichtet sein sollten, das Prinzip „Verhalte dich so, wie du es von anderen erwartest" in die Tat umzusetzen. Wenn das geschähe und wenn wir anderen bereit wären, mitzumachen, dann würden wir recht bald die christliche Lösung für unsere sozialen Probleme finden.

Aber natürlich meinen die meisten Menschen, wenn sie von der Kirche Leitung und Beispiel verlangen, die Verantwortlichen sollten ein politisches Programm vorlegen. Und das ist Unsinn. Die "Verantwortlichen", die Geistlichen, das sind die Menschen in der Kirche, die dafür geschult und ausgewählt sind, sich um alles zu kümmern, was uns als Wesen betrifft, die ewig leben werden. Wir erwarten hier etwas von ihnen, wozu sie nicht ausgebildet sind und was in Wirklichkeit unsere Aufgabe, die Aufgabe eines jeden Christen ist. Die Anwendung christlicher Prinzipien z. B. auf das Gewerkschafts- oder Erziehungswesen ist die Sache christlicher Gewerkschaftler und christlicher Lehrer; genauso wie christliche Literatur von christlichen Schriftstellern geschrieben werden sollte und nicht von einem Bischofskollegium, das sich in seiner Freiheit zusammensetzt, um Theaterstücke und Romane zu schreiben.

Trotzdem gibt uns das Neue Testament, auch wenn es nicht ins Detail geht, eine ziemlich klare Vorstellung davon, wie eine christliche Gesellschaft aussehen könnte. Vielleicht zeigt es uns sogar mehr, als uns lieb ist. Es sagt uns zum Beispiel, daß es weder Müßiggänger noch Schmarotzer geben soll. Wer nicht arbeitet, soll auch nicht essen. Jeder soll mit seinen eigenen Händen arbeiten, und mehr noch, jeder soll dabei etwas Gutes hervorbringen: keine dummen Luxusartikel und keine noch dümmere Reklame, um uns zum Kauf dieser Artikel zu überreden. Es sollte auch keine Prahlerei und Angeberei, keine Allüren und überhebliches Getue geben. Insofern würden wir eine christliche Gesellschaft wahrscheinlich als linksgerichtet bezeichnen. Andererseits fordert das Neue Testament ständig Gehorsam – Gehorsam (und Ehrerbietigkeit) aller gegenüber der rechtmäßigen Obrigkeit, der Kinder gegenüber den Eltern und (auch wenn das heute nicht sehr populär ist) der Frauen gegenüber ihren Männern. Schließlich sollte die christliche Gesellschaft eine fröhliche Gesellschaft sein, voller Gesang und Freude, ohne Sorgen und Ängste. Auch Höflichkeit ist eine der christlichen Tugenden; Wichtigtuer dagegen haßt das Neue Testament.

Gäbe es eine solche Gesellschaft und einer von uns würde sie besuchen, wir bekämen sicher einen seltsamen Eindruck. Wir würden ihr Wirtschaftssystem für sehr sozialistisch und von daher für sehr „fortschrittlich" halten, ihr Familienleben und ihren Sittenkodex jedoch für eher altmodisch, vielleicht sogar umständlich und patriarchalisch. Jeder von uns würde einiges finden, was ihm gefällt, aber nur wenige, so fürchte ich, würden das ganze System mögen. Genau diese Reaktion aber ist zu erwarten, wenn der christliche Glaube wirklich der Gesamtplan für die „menschliche Maschine" ist. Wir sind alle auf unterschiedliche Weise von diesem Plan abgewichen, und jeder von uns möchte beweisen, daß gerade seine Abweichung vom Originalplan der Plan selbst sei. Diesem Phänomen werden wir immer wieder begegnen bei allem, was wirklich mit dem Christentum zu tun hat: jeder wird von einigen Aspekten besonders angezogen und möchte sie für sich herauspicken und den ganzen Rest unter den Tisch fallen lassen. Deswegen kommen wir nicht vorwärts; und deswegen auch können Menschen für völlig entgegengesetzte Dinge kämpfen und doch behaupten, sie kämpften beide für das Christentum.

Nun zu etwas anderem. Es gibt einen besonderen Ratschlag, den wir sowohl von den alten heidnischen Griechen wie von den Juden des Alten Testamentes und auch den großen christlichen Lehrern des Mittelalters erhalten, den unser modernes Wirtschaftssystem aber völlig außer acht läßt. Und zwar sagten sie uns alle, wir sollten kein Geld auf Zins verleihen; während das Verleihen von Geld auf Zins – heute heißt das Kapitalanlage – die Basis unseres gesamten Wirtschaftssystems ist. Das muß nicht unbedingt bedeuten, daß wir im Unrecht sind. Einige vertreten die Auffassung, als Mose, Aristoteles und die Christen den Zins (oder „Wucher", wie sie es nannten) verboten, konnten sie die Entwicklung der Aktiengesellschaften noch nicht vorhersehen. Sie dachten nur an den privaten Geldverleih, und deshalb brauchen wir uns darum nicht mehr zu kümmern. In dieser Frage kann ich mich nicht festlegen. Ich bin kein Wirtschaftswissenschaftler, und ich kann nicht entscheiden, ob das gegenwärtige System der Kapitalanlage für unsere Situation verantwortlich ist oder nicht. Hier wäre der christliche Wirtschaftsfachmann gefordert. Ich wollte allerdings nicht verschweigen, daß drei große Zivilisationen übereinstimmend (so scheint es wenigstens) das verdammten, worauf unser gesamtes Leben basiert.

Wir nähern uns dem Ende dieses Abschnitts. Das Neue Testament begründet seine Forderung, daß jedermann arbeiten solle, damit, „auf daß er denen, die Not leiden, geben kann". Wohltätigkeit, den Armen etwas zu geben, ist ein wesentlicher Bestandteil der christlichen Ethik. In dem erschreckend deutlichen Gleichnis von den Schafen und Böcken scheint dies sogar der entscheidende Punkt zu sein. Heutzutage meinen viele, das Almosengeben sollte eigentlich überflüssig sein, und anstatt den Armen etwas zu spenden, sollten wir lieber eine Gesellschaft schaffen, in der es keine Armen mehr gibt. Sie mögen ganz recht haben damit, daß wir eine solche Gesellschaft schaffen sollten. Aber wenn irgend jemand meint, wir könnten deshalb schon jetzt aufhören, Almosen zu geben, dann hat er sich von aller christlichen Moral weit entfernt. Wieviel wir geben sollten, kann man sicher nicht fest bestimmen. Der einzige zuverlässige Maßstab ist wohl, mehr zu geben, als wir eigentlich erübrigen können. Mit anderen Worten, wenn wir für unseren Komfort, für Luxus und Vergnügen genausoviel ausgeben wie andere Menschen mit etwa gleichem Einkommen, dann geben wir wahrscheinlich zu wenig fort. Wenn unsere Freigebigkeit uns nicht ein bißchen zwackt oder uns lästig wird, dann ist sie nicht freigebig genug. Es sollte immer noch Dinge geben, die wir gern täten, die wir uns aber nicht leisten können, weil wir unser Geld für wohltätige Zwecke ausgeben. Ich spreche hier von Wohltätigkeit im allgemeinen Sinn. Besondere Fälle von Not im eigenen Verwandtenkreis, bei Freunden, Nachbarn oder Untergebenen, auf die Gott uns gleichsam mit der Nase stößt mögen sehr viel mehr verlangen, vielleicht soviel, daß wir dabei selbst fast in Not geraten. Für viele von uns sind es aber nicht luxuriöses Leben und der Wunsch nach mehr Geld, die uns am Wohltätigsein hindern, sondern die Angst, die Angst vor der Unsicherheit. Das müssen wir als Versuchung erkennen. Manchmal hindert uns auch der Stolz; wir sind geneigt, dort mehr zu geben, wo wir unsere Freigebigkeit öffentlich zur Schau stellen können – beim Trinkgeld oder Gästebewirten –, statt die zu unterstützen, die unsere Hilfe wirklich brauchen.

Bevor ich nun zum Schluß komme, möchte ich noch einige Vermutungen darüber anstellen, wie dieses Kapitel auf die Leser gewirkt haben mag. Vermutlich sind unter ihnen einige Linksgerichtete, die zornig darüber sind, daß ich in ihrer Richtung nicht weiter gegangen bin. Und andere vom entgegengesetzten Flügel werden sich ärgern, weil ich ihrer Ansicht nach viel zu weit gegangen bin. Wenn dem so ist, dann haben wir gerade hier den Haken, der uns bei all unseren Entwürfen für eine christliche Gesellschaft hindert. Viele von uns gehen an das Problem nämlich nicht heran, weil sie etwa herausfinden wollen, was das Christentum sagt; wir hoffen vielmehr, beim Christentum Unterstützung zu finden für die Ansichten unserer eigenen Partei. Wir suchen einen Verbündeten, wo sich uns ein Meister bietet oder – ein Richter. Ich selbst bin da nicht anders als die anderen. Manche Passagen in diesem Abschnitt hätte ich lieber weggelassen. Und darum werden all solche Betrachtungen unfruchtbar bleiben, wenn wir der Sache nicht auf ganz andere Weise auf den Grund gehen.

Eine christliche Gesellschaft kann erst dann entstehen, wenn die meisten von uns sie wirklich wollen; und wir werden sie nicht wollen, solange wir selbst keine wirklichen Christen sind. Ich kann die goldene Regel des Neuen Testamentes wiederholen, bis ich schwarz werde; aber ich kann erst dann wirklich nach ihr leben, wenn ich meinen Nächsten liebe wie mich selbst. Und ich kann meinen Nächsten erst dann lieben wie mich selbst, wenn ich lerne, Gott zu lieben. Gott zu lieben kann ich aber nur lernen, wenn ich lerne, ihm zu gehorchen. Dies führt uns – und ich warne bereits davor – zu etwas hin, was viel tiefer reicht, von den sozialen hin zu den religiösen Fragen. Denn ein Umweg ist oft der schnellste Weg zum Ziel.

Ethik und Psychoanalyse

Ich habe gesagt, daß wir nie zu einer christlichen Gesellschaft kommen, wenn nicht die meisten von uns Christen werden. Das bedeutet natürlich nicht, daß wir alle gesellschaftlichen Reformen bis zu irgendeinem unbestimmten Zeitpunkt in der fernen Zukunft aufschieben dürfen. Es bedeutet vielmehr, daß wir beide Aufgaben sofort in Angriff nehmen müssen. Wir müssen erstens prüfen, wie die Regel „Tu, wie du willst, daß man dir tut" im einzelnen auf die moderne Gesellschaft angewandt werden kann; und zweitens müssen wir solche Menschen werden, die diese Regel wirklich anwenden würden, wenn sie nur wüßten, wie. Ich will nun an den Anfang die Überlegung stellen, was das Christentum unter einem guten Menschen versteht, wie das Christentum die „menschliche Maschine" beschreibt.

Bevor ich auf Einzelheiten eingehe, möchte ich jedoch noch zwei allgemeine Fragen behandeln. Da die christliche Sittenlehre behauptet, die menschliche Maschine in Ordnung bringen zu können, wird es sicher interessieren, in welcher Beziehung sie zu einem anderen Verfahren steht, das von sich dasselbe behauptet, nämlich zur Psychoanalyse.

Hier müssen wir zunächst ganz klar zwischen zwei Dingen unterscheiden; zwischen den rein medizinischen Theorien und Techniken der Psychoanalytiker einerseits und der allgemeinen philosophischen Weltanschauung andererseits, die Freud und einige andere dem hinzugefügt haben. Dieses zweite Element, die Philosophie Freuds, steht in direktem Gegensatz zu dem anderen großen Psychologen, zu C. G. Jung. Aber mehr noch, wenn Freud darüber spricht, wie man Neurotiker heilt, dann spricht er als Spezialist über sein eigenes Fach; wenn er aber dazu übergeht, zu philosophieren, spricht er als Laie. Es ist deshalb ganz vernünftig, in dem einen Fall mit Respekt auf ihn zu hören und in dem anderen nicht – und genau das tue ich. Ich bin dazu um so eher bereit, als ich bemerkt habe, daß Freud sehr unwissend ist, wenn er von seinem eigenen Thema abkommt und zum Beispiel über eine Sache spricht, von der ich etwas mehr verstehe (nämlich die Sprachen). Doch die Psychoanalyse als solche, abgesehen von allen philosophischen Zutaten, die Freud und andere ihr beigefügt haben, steht in keinerlei Widerspruch zum Christentum. Ihre Techniken decken sich zum Teil mit der christlichen Moral, und es wäre zu begrüßen, wenn jeder Geistliche etwas von Psychoanalyse verstünde. Aber sie folgt nicht immer dem gleichen Weg, denn die beiden Techniken dienen verschiedenen Zwecken.

Bei jeder sittlichen Entscheidung spielen zwei Faktoren mit. Da ist zunächst der Akt der Entscheidung selbst. Zum anderen haben wir die verschiedenen Gefühle, Antriebe und so weiter, die durch die psychische Veranlagung des Menschen bedingt sind und die gewissermaßen das Rohmaterial liefern für seine Entscheidung. Dieses Rohmaterial wiederum kann unterschiedlich sein. Entweder ist es normal, besteht also aus Gefühlen, die allen Menschen bekannt sind; oder es kann aus eher unnatürlichen Gefühlen bestehen, die ihren Ursprung in unterbewußten Fehlentwicklungen haben. So wäre die Angst vor Dingen, die wirklich gefährlich sind, ein Beispiel für die erste Art; eine irrationale Angst vor Katzen oder Spinnen ein Beispiel für die zweite. Das Verlangen eines Mannes nach einer Frau gehört in die erste Kategorie; der pervertierte Wunsch eines Mannes nach einem Mann in die zweite. Während es sich nun die Psychoanalyse zur Aufgabe macht, die anomalen Gefühle zu beseitigen, das heißt dem Menschen besseres Rohmaterial für seine Entscheidungen zu geben, geht es der Moral um den Akt der Entscheidung selbst.

Dazu ein Beispiel. Stellen wir uns drei Soldaten vor, die in den Krieg ziehen. Der eine empfindet die ganz normale, natürliche Angst vor Gefahren, die jeder von uns kennt. Durch moralische Anstrengungen überwindet er sie und wird zu einem tapferen Mann. Die beiden anderen leiden – als Folge bestimmter Vorgänge in ihrem Unterbewußtsein – an übersteigerten, unbegründeten Ängsten, die sich trotz aller moralischen Anstrengungen nicht beseitigen lassen. Nehmen wir nun einmal an, ein Psychoanalytiker heilt die beiden, das heißt er versetzt sie in den Zustand des ersten Soldaten.

An genau diesem Punkt endet das psychoanalytische Problem und das moralische beginnt. Denn jetzt, nachdem sie geheilt sind, können sich die beiden ganz unterschiedlich verhalten. Der eine sagt vielleicht: "Gott sei Dank, daß ich all diese Komplexe los bin. Jetzt kann ich endlich tun, was ich schon immer wollte, jetzt kann ich endlich meiner Heimat dienen." Der andere dagegen könnte sagen: „Ich bin wirklich froh, daß ich jetzt bei feindlichem Feuer ziemlich kühl bleiben kann; aber das ändert nichts an der Tatsache, daß ich auf jeden Fall zuerst an mich selbst denke. Sollen die anderen doch die gefährlichen Angelegenheiten erledigen. Es ist wirklich eine feine Sache, daß ich jetzt weniger Angst habe. Da kann ich mich viel besser und geschickter drücken, ohne daß die anderen es merken."

Dieser Unterschied nun ist rein sittlicher Natur; die Psychoanalyse ist hier nicht mehr zuständig. Ganz gleich, wie sehr wir das psychische Rohmaterial eines Menschen verbessern, immer haben wir noch mit einem anderen Faktor zu rechnen, mit der echten, freien Entscheidung des Menschen, damit, ob er seinen eigenen Vorteil an die erste oder an die letzte Stelle setzen will. Und mit dieser freien Entscheidung allein hat es die Moral zu tun.

Schlechtes psychisches Rohmaterial ist keine Sünde, sondern eine Krankheit. Es muß nicht bereut werden, sondern geheilt. Und das ist sehr wichtig. Die Menschen beurteilen einander nach ihren äußeren Handlungen. Gott beurteilt sie nach ihren moralischen Entscheidungen. Wenn ein Neurotiker mit einer krankhaften Angst vor Katzen sich aus irgendeinem Grund dazu zwingt, eine Katze anzufassen, so hat er in den Augen Gottes vielleicht mehr Mut bewiesen als ein gesunder Mann, der das Eiserne Kreuz bekommen hat. Wenn ein Mensch, der von Jugend auf gelehrt wurde, Grausamkeit sei nichts Schlimmes, jemandem einen kleinen Gefallen erweist oder eine grausame Handlung unterläßt und damit unter Umständen riskiert, von seinen Kumpanen verlacht zu werden, so leistet er in den Augen Gott vielleicht mehr als wir, wenn wir unser Leben für einen Freund hingeben würden.

Wir können es auch andersherum ausdrücken. Mancher von uns, der an sich ein netter Mensch zu sein scheint, hat aus seinen guten

Anlagen und seiner guten Erziehung vielleicht so wenig gemacht, daß er schlimmer ist als andere, die wir als Schurken betrachten. Wissen wir so genau, wie wir uns mit der psychischen Veranlagung, der schlechten Erziehung und schließlich der Macht eines Himmler verhalten hätten? Darum soll ein Christ nicht richten. Wir sehen nur, was die Entscheidungen des Menschen aus seinem Rohmaterial machen. Aber Gott richtet den Menschen nicht nach seinem Rohmaterial; nach dem, was er aus diesem Rohmaterial gemacht hat.

Der größte Teil dessen, was wir als psychische Veranlagung bezeichnen, ist vermutlich auf die körperliche Beschaffenheit des Menschen zurückzuführen. Wenn sein Körper stirbt wird all das von ihm abfallen, und das echte, innerste Wesen, das, was die Entscheidungen traf und das Beste oder Schlechteste aus ihm machte, wird offenbar werden. All die netten Eigenschaften, die wir uns vielleicht zugeschrieben hatten, die in Wirklichkeit aber nur auf eine gute Verdauung zurückzuführen waren, werden von uns abfallen; genauso aber auch alles Unangenehme, das vielleicht durch Komplexe oder eine schlechte Gesundheit verursacht war. Dann werden wir, zum ersten Mal, jeden so sehen, wie er wirklich war. Es wird dabei nicht ohne Überraschung abgehen.

Das bringt mich auf meine zweite Frage. Die Menschen stellen sich die christliche Moral oft als eine Art Handel vor, bei dem Gott sagt: „Wenn du eine Menge Gebote hältst, werde ich dich belohnen; wenn aber nicht, dann kannst du was erleben." Ich glaube nicht, daß diese Einstellung richtig ist. Eher würde ich sagen, daß wir jedesmal, wenn wir eine Entscheidung treffen, den innersten Kern unseres Wesens ein klein wenig verändern. Und wenn wir unser ganzes Leben betrachten, mit den unzähligen Entscheidungen, die wir zu treffen haben, dann bedeutet das, daß wir diesen innersten Kern unser ganzes Leben lang ganz allmählich verwandeln, entweder in etwas Himmlisches oder in etwas Teuflisches; entweder in ein Geschöpf, das in Harmonie lebt mit Gott, mit den anderen und mit sich selbst, oder aber in ein Wesen, das mit Gott, mit der Welt und mit sich selbst im Kriegszustand lebt. Das eine ist der Himmel, ist Freude und Friede, Wissen und Macht. Das andere dagegen ist Wahnsinn, Grauen, Dummheit, Wut, Ohnmacht und ewige Einsamkeit. Jeder von uns entwickelt sich in jedem Augenblick auf den einen oder anderen Zustand hin.

Das erklärt auch, was mich früher immer so an den christlichen Schriftstellern gestört hat. Im einen Moment erscheinen sie so streng und im anderen so frei und ungebunden. Sie reden von bloßen Gedankensünden, als ob sie unendlich wichtig wären; und dann reden sie von dem abscheulichsten Mord oder Verrat, als ob man ihn nur bereuen müßte und alles sei vergeben. Aber ich habe erkennen müssen, daß sie recht haben. Was sie meinen, wenn sie so reden, ist das Zeichen, das jede Handlung auf dem winzigen innersten Kern unseres Wesens hinterläßt; dem Kern, den in diesem Leben niemand sieht, den wir alle aber auf ewig zu ertragen haben oder an dem wir uns ewig erfreuen dürfen. Einer mag an einen Platz gestellt sein, an dem sein Zorn Tausenden das Leben kostet; ein anderer mag so zornig werden, wie er will, er wird nur ausgelacht. Aber das kleine Zeichen auf der Seele mag bei beiden recht ähnlich sein. Beide haben ihrem Selbst etwas angetan, das es ihnen schwerer machen wird, beim nächsten Mal nicht noch zorniger zu werden – es sei denn, sie bereuen. Beide können den Riß in ihrer Seele heilen lassen, wenn sie sich ernsthaft an Gott wenden; und beide erwartet Verdammnis, wenn sie das nicht tun. Die äußerliche Größe oder Kleinheit eines Vergehens ist also nicht entscheidend.

Ein letzter Punkt. Wie ich schon sagte, führt der rechte Weg nicht nur zum Frieden, sondern auch zum Wissen. Wenn ein Mensch sich bessert, gewinnt er auch immer größere Klarheit über das Böse, das noch in ihm ist. Wird ein Mensch schlechter, so verliert er die Klarheit über sich selbst und seine Schlechtigkeit. Ein nicht völlig verdorbener Mensch weiß immerhin, daß er nicht gerade gut ist. Ein durch und durch schlechter Mensch meint, er sei ganz in Ordnung. Das ist durchaus logisch. Was Schlaf ist, weiß man nur im Wachen, nicht wenn man schläft. Rechenfehler erkennt man, wenn man sich seine Aufgaben noch einmal mit ausgeruhtem Kopf ansieht; sie entgehen einem während des Rechnens. Das Wesen der Trunkenheit begreift man in nüchternem Zustand, nicht wenn man betrunken ist. Gute Menschen wissen um Gut und Böse, schlechte Menschen wissen von beidem nichts.

Sittlichkeit und Sexualität

Wir müssen uns jetzt mit der christlichen Sexualethik beschäftigen und mit jener Tugend, die von Christen Keuschheit genannt wird. Sie darf nicht mit der gesellschaftlichen Tugend der Sittsamkeit verwechselt werden, also mit dem, was wir Anstand oder Schicklichkeit nennen. Diese bestimmt, welche Teile des menschlichen Körpers man zeigen, welche Gesprächsthemen man berühren darf und welche Worte man dabei, je nach den Gebräuchen eines bestimmten Kreises, zu wählen hat.

Während das Gebot der Keuschheit für alle Christen zu allen Zeiten unverändert bleibt, wandeln sich die Vorschriften über das, was schicklich ist. Eine spärlich bekleidete Südsee-Insulanerin und eine bis ans Kinn vermummte Dame der viktorianischen Epoche können beide gleicherweise sittsam, anständig und ehrbar sein, gemessen an den Maßstäben ihrer Gesellschaft; und beide können, soweit sich aus ihrer Kleidung schließen läßt, gleichermaßen keusch oder unkeusch sein. Gewisse Ausdrücke, die eine keusche Frau zu Shakespeares Zeiten durchaus gebrauchen konnte, hätten im 19. Jahrhundert nur ganz lose Frauenzimmer ausgesprochen. Wenn jemand gegen die Anstandsregeln verstößt, die zu seiner Zeit und in seinem Milieu üblich sind, um in sich oder anderen sinnliche Lust zu erregen, so vergeht er sich gegen die Keuschheit. Tut er dasselbe aber aus Unwissenheit oder Gedankenlosigkeit kann man ihm nur schlechte Manieren vorwerfen.

Wenn jemand, wie es oft der Fall ist, durch sein herausforderndes Benehmen andere schockieren oder in Verlegenheit bringen will, so ist das nicht unbedingt unkeusch, aber es ist lieblos. Denn es ist lieblos, sich am Unbehagen anderer zu freuen. Ich meine nicht, daß besonders strenge oder übertriebene Anstandsregeln ein Zeichen von Keuschheit sind oder ein Weg zu ihr. Deshalb bin ich auch froh über die gewisse Liberalisierung, die sich in den letzten Jahren durchgesetzt hat. Im Moment hat sie allerdings noch den Nachteil, daß Menschen verschiedenen Alters und verschiedener Herkunft nicht immer die gleiche Vorstellung von dem haben, was erlaubt ist und was nicht. Deshalb wissen wir nicht immer, woran wir sind.

Und solange diese Verwirrung anhält, sollten ältere oder in den alten Vorstellungen befangene Menschen nicht allzuschnell meinen, die jungen oder „emanzipierten" Leute seien verdorben, wenn sie sich nur schlecht benehmen. Umgekehrt sollten junge Menschen die Älteren nicht deswegen prüde oder puritanisch nennen, weil sie nicht ohne weiteres die heutigen Umgangsformen akzeptieren. Der ehrliche Wunsch, vom anderen nur das Beste zu denken und ihm entgegenzukommen, wo es nur geht, wird die meisten Probleme lösen.

Keuschheit ist die unpopulärste aller christlichen Tugenden. Denn wir kommen nicht daran vorbei: Der christliche Grundsatz lautet: „Entweder Ehe und absolute eheliche Treue oder vollständige Enthaltsamkeit." Diese Forderung ist so hart und steht unseren Trieben so sehr entgegen, daß offensichtlich entweder das Christentum im Unrecht oder unsere Sexualität, so wie sie jetzt ist, entartet ist. Als Christ bin ich natürlich der Ansicht, daß es unsere Triebe sein müssen, die auf Abwege geraten sind.

Aber ich habe noch andere Gründe für diese Ansicht. Der biologische Zweck der Sexualität ist die Erhaltung der Art, wie der biologische Zweck des Essens die Erhaltung des Körpers ist. Wenn wir nun essen, wann immer uns die Lust ankommt und soviel wir wollen, werden sicher die meisten von uns zuviel essen, aber doch nicht ganz unmäßig. Ein Mann ißt vielleicht für zwei, aber nicht für zehn. Sein Appetit übersteigt ein wenig das biologisch Notwendige, geht aber nicht ins Maßlose. Würde dagegen ein gesunder junger Mensch seiner sexuellen Begierde nachgeben, so oft ihn die Lust ankommt, und dabei jedesmal ein Kind in die Welt setzen, so könnte er in zehn Jahren leicht ein kleines Dorf bevölkern. Dieser Appetit steht in einem lächerlichen und widersinnigen Mißverhältnis zu seinem biologischen Zweck.

Nehmen wir ein anderes Beispiel. Mit Striptease-Vorstellungen, also damit, daß sich ein Mädchen auf der Bühne auszieht, kann man eine Menge Publikum anlocken. Nehmen wir aber einmal an, wir kämen in ein Land, wo man ein Theater damit füllen könnte, daß jemand eine zugedeckte Platte auf die Bühne trägt und dann langsam den Deckel abnimmt, so daß jedermann – kurz bevor das Licht ausgeht – sehen kann, daß ein Hammelkotelett oder ein Stück

Speck auf der Platte liegt. Würden wir nicht annehmen, daß in diesem Land mit dem Appetit der Leute etwas nicht in Ordnung ist? Und würde nicht jemand aus einer anderen Welt von uns annehmen müssen, daß es um unseren Geschlechtstrieb nicht sehr viel anders bestellt ist?

Ein Kritiker wandte ein, wenn in einem Land solche Striptease-Vorstellungen mit Hammelkoteletts üblich wären, so würde er daraus schließen, daß die Leute dort am Verhungern sind. Er wollte damit natürlich sagen, daß solche Dinge wie Striptease-Darbietungen nicht von sexueller Verdorbenheit, sondern von sexuellem Ausgehungertsein herrühren. In gewissem Sinne stimme ich ihm zu. Wenn wir in einem Land „Hammelkotelett-Entkleidungsszenen" vorfinden, so könnte eine der möglichen Erklärungen natürlich eine Hungersnot sein. Der nächste Schritt wäre dann allerdings, die Ernährungslage jenes Landes zu untersuchen. Sollte sich dabei herausstellen, daß sie gut ist, so würde die Hungersnot als Begründung ausscheiden, und wir müßten nach einer anderen Erklärung suchen.

Das gleiche gilt für die Striptease-szenen auf unseren Bühnen: Bevor wir annehmen, daß sie durch eine sexuelle Hungersnot bedingt sind, müßten wir nachweisen, daß die geschlechtliche Enthaltsamkeit heute wirklich größer ist als zu Zeiten, in denen man vom Striptease nichts wußte. Dieser Beweis läßt sich nicht erbringen. Verhütungsmittel haben die Befriedigung geschlechtlichen Verlangens innerhalb der Ehe viel billiger und außerhalb viel sicherer werden lassen als je zuvor, und die öffentliche Meinung zeigt gegenüber außerehelichen Verbindungen und sogar sexuellen Verirrungen mehr Nachsicht, als es seit heidnischer Zeit jemals der Fall war.

Außerdem ist die These von der Hungersnot nur eine von mehreren möglichen Erklärungen. Jeder weiß, daß die sexuelle Begierde, wie jede andere Begierde auch, mit ihrer Befriedigung zunimmt. Der Hungrige träumt von gedeckten Tischen, aber ein Vielfraß tut dasselbe. Die Satten wie die Hungrigen erfreuen sich am Gaumenkitzel.

Ein weiteres Beispiel: Wir werden nur wenige Menschen finden, die etwas verzehren möchten, was nicht eßbar ist, oder die Nahrungsmittel nicht zum Essen benutzen wollen. Verirrungen der

Eßlust sind selten, Verirrungen des Geschlechtstriebs dagegen sehr häufig. Sie sind furchtbar und sehr schwer zu heilen.

Es tut mir leid, daß ich auf diese Einzelheiten eingehen muß; aber es läßt sich nicht vermeiden, und zwar weil wir alle in den letzten zwanzig Jahren Tag für Tag mit handfesten Lügen über den Sex geradezu überschüttet worden sind. Bis zum Überdruß hat man uns erklärt, daß sexuelle Begierde sich in ihrer Art nicht von unseren anderen natürlichen Bedürfnissen unterscheidet und daß wir nur unsere dumme, spießbürgerliche Heimlichtuerei aufzugeben brauchten, dann würde sich schon alles einrenken. Das ist aber nicht wahr! Sobald wir wegsehen von der Propaganda und die Tatsachen betrachten, werden wir das erkennen.

Uns wird gesagt, die Sexualität sei in Unordnung geraten, weil sie vertuscht und verheimlicht wurde. Aber in den letzten zwanzig Jahren wird sie nicht mehr totgeschwiegen. Man hat Tag und Nacht über sie geredet, und doch ist sie noch immer in Unordnung. Wäre Heimlichtuerei die Quelle allen Übels, so hätten die unzähligen Diskussionen über diese Fragen Abhilfe schaffen müssen. Aber das ist nicht geschehen.

Ich glaube, es ist genau umgekehrt. Ich glaube, die Menschen haben den Sex ursprünglich deswegen totgeschwiegen, weil er in solche Unordnung geraten war. Heutzutage sagt man: „Niemand braucht sich der Sexualität zu schämen." Das kann zweierlei bedeuten. Einmal kann es heißen, man brauche sich weder darüber zu schämen, daß sich das Menschengeschlecht auf eine bestimmte Weise am Leben erhält, noch darüber, daß damit Lust verbunden ist. Dagegen ist nichts einzuwenden. Das Christentum ist der gleichen Ansicht. Weder die Sache an sich noch die Lust sind das Problem. Die alten christlichen Lehrer sagten, daß die sexuelle Lust, wäre der Mensch nie gefallen, nicht geringer, sondern tatsächlich noch größer wäre als heute. Gewiß gibt es unter den Christen einige Wirrköpfe, die so reden, als halte das Christentum die Sexualität, den Körper oder die Lust für in sich schlecht. Aber das ist falsch. Das Christentum ist fast die einzige der großen Religionen, die den Leib durchaus bejaht – die glaubt, daß die Materie gut ist, daß Gott selbst einmal Menschengestalt annahm, daß uns sogar im Himmel eine Art Körper gegeben wird und dieser ein wesentlicher Teil unserer Seligkeit, unserer Schönheit und Kraft sein wird. Das Christentum hat mehr als jede andere Religion die Ehe verherrlicht. Fast alle hohe Liebesdichtung der Weltliteratur wurde von Christen geschaffen, und das Christentum widerspricht jedermann, der behauptet, die Sexualität sei an sich schlecht.

Aber wenn die Leute sagen: „Niemand braucht sich der Sexualität zu schämen", können sie natürlich auch meinen: „Niemand braucht sich über den Zustand zu schämen, in den der Geschlechtstrieb heute geraten ist." Wenn sie das meinen, dann haben sie, glaube ich, unrecht. Wir müssen uns sogar ganz gewaltig schämen. Es gibt keinen Grund, sich zu schämen, wenn man das Essen genießt. Aber man müßte sich sehr wohl schämen, wenn die halbe Welt das Essen zum Hauptinhalt des Daseins machen und die Zeit damit zubringen würde, sich Bilder mit Speisen anzuschauen, zu schmatzen und sich den Mund zu lecken.

Ich will damit keineswegs sagen, daß wir persönlich für die heutige Situation verantwortlich sind. Die sexuellen Verkrampfungen des modernen Menschen sind das Ergebnis einer langen Entwicklung; und wir sind umgeben von Werbung, die uns zur Unkeuschheit reizen will. Es gibt Leute, denen daran liegt, unseren Geschlechtstrieb ständig in Erregung zu halten, damit sie uns das Geld besser aus der Tasche ziehen können. Denn ein Mensch, der von etwas besessen ist, kann natürlich der Werbung kaum widerstehen. Gott kennt unsere Lage, er wird uns nicht richten, als hätten wir diese Schwierigkeiten nie gehabt. Worauf es ihm aber ankommt, ist die Aufrichtigkeit und Ausdauer unseres Willens, mit diesen Schwierigkeiten fertigzuwerden. Damit Gott uns heilen kann, müssen wir nach Heilung verlangen. Und wer wirklich nach Hilfe verlangt, dem wird geholfen werden. Für den modernen Menschen ist aber oft schon das bloße Wollen schwer. Wie leicht machen wir uns vor, wir wollten etwas, ohne daß es uns wirklich ernst ist damit. Bei einem der alten Christen können wir lesen, daß er als junger Mann ständig um Keuschheit gebetet habe. Jahre später habe er erkannt, daß seine Lippen wohl beteten: „O Herr, mache mich keusch", sein Herz jedoch im stillen hinzufügte: „Aber bitte nicht gleich." Das kann uns auch im Gebet um andere Tugenden so ergehen. Es gibt aber drei Gründe, warum es uns heute so besonders schwerfällt, vollkommene Keuschheit auch nur zu wünschen – geschweige zu erreichen.

Erstens verbünden sich unsere auf Abwege geratene Natur, die Teufel, die uns versuchen, und die gesamte erotische Werbung, um uns das Gefühl zu geben, die Begierden, denen wir widerstehen, seien so „natürlich", so „gesund" und so vernünftig, daß es schon beinahe pervers und abnorm wäre, ihnen nicht nachzugeben. Plakate, Filme, Romane – sie alle bringen den Gedanken an sexuelle Befriedigung in Zusammenhang mit Vorstellungen von Normalität, Gesundheit, Jugend, Offenheit und guter Laune. Diese Verbindung aber ist eine Lüge!

Wie alle wirksamen Lügen beruht allerdings auch sie auf einer Wahrheit, der oben anerkannten Wahrheit, daß Sexualität an sich – wenn man von allen Auswüchsen und Übertreibungen absieht – „normal" und „gesund" ist. Die Lüge besteht in der Behauptung, die sofortige Befriedigung jeglichen sexuellen Verlangens sei stets gesund und normal. Das ist jedoch von jedem Standpunkt aus Unsinn, nicht nur vom christlichen. Ein Nachgeben an all unsere Wünsche führt offensichtlich zu Impotenz, Krankheit, Eifersucht, Lüge und Verstellung, also dem Gegenteil von Gesundheit, guter Laune und Offenheit.

Sogar auf dieser Welt muß alles Glück durch viel Entsagung erkauft werden . Deshalb ist der Anspruch jeder Begierde, wenn sie stark sei, sei sie gesund und vernünftig, völlig wertlos. Jeder normale, zivilisierte Mensch muß gewisse Grundsätze haben, nach denen er auswählt, welchen Wünschen er widerstehen und welchen er nachgeben will. Einer handelt nach christlichen, ein anderer nach hygienischen, ein dritter nach soziologischen Grundsätzen. Zwischen diesen prinzipiellen Erwägungen wird der eigentliche Kampf ausgetragen, nicht zwischen dem Christentum und der „Natur". Denn die „Natur" (im Sinne von „natürlichem Verlangen") muß auf jeden Fall gezügelt werden, wenn man nicht sein ganzes Leben ruinieren will. Zugegeben, die christlichen Grundsätze sind strenger als die anderen. Aber wenn wir ihnen gehorchen wollen, dann werden wir dabei eine Hilfe erhalten, die wir woanders nicht bekommen würden.

Zweitens werden viele davon abgehalten, sich ernsthaft um christliche Keuschheit zu bemühen, weil sie sie von vorneherein für unerreichbar halten. Aber wenn man etwas erreichen will, darf man nicht überlegen, ob es möglich oder unmöglich ist. Bei einer Zusatzfrage im Examen kann man überlegen, ob man sie beantworten will oder nicht. Eine obligatorische Frage aber muß man beantworten, so gut man eben kann. Selbst eine unzulängliche Antwort wird dann immer höher bewertet als überhaupt keine. Nicht nur im Examen, auch im Krieg, beim Bergsteigen oder wenn man Schlittschuhlaufen, Schwimmen oder Radfahren lernt, ja sogar wenn wir mit klammen Fingern einen Kragenknopf schließen möchten, vollbringen wir Dinge, die wir vorher für unmöglich gehalten hätten. Es ist erstaunlich, wozu man fähig ist, wenn man muß.

Wir können allerdings sicher sein, daß vollkommene Keuschheit – wie vollkommene Liebe – durch keine rein menschlichen Anstrengungen zu erreichen ist. Wir müssen Gott um Hilfe bitten. Und wenn wir das getan haben, kann es uns lange Zeit so scheinen, als erhielten wir diese Hilfe nicht oder als erhielten wir weniger, als wir brauchen. Aber das darf uns nicht entmutigen. Es gilt, nach jedem Versagen um Vergebung zu bitten, sich aufzuraffen und es nochmals zu versuchen. Oft will Gott uns zunächst nicht zu der Tugend selbst verhelfen, sondern er will uns diese Kraft geben, nicht aufzugeben.

Denn so wichtig Keuschheit (oder Tapferkeit, Wahrhaftigkeit und jede Tugend) ist, dieses stete Neu-Beginnen übt uns in einer Seelenhaltung, die noch viel wichtiger ist. Es heilt uns von allen Illusionen, die wir über uns selbst haben, und lehrt uns, auf Gott zu vertrauen. Wir erkennen einerseits, daß wir uns nicht einmal in unseren besten Momenten auf uns selbst verlassen können; andererseits sehen wir, daß wir auch in den schlimmsten Momenten nicht zu verzweifeln brauchen; denn unser Versagen ist vergeben. Verhängnisvoll wäre es nur, uns mit der Unvollkommenheit zufriedenzugeben.

Drittens mißverstehen viele Menschen, was die Psychologie über „Verdrängung" lehrt. Sie lehrt uns, daß „verdrängte" Sexualität gefährlich ist. Aber „verdrängt" ist hier ein Fachausdruck; er bedeutet nicht „unterdrückt" im Sinne von „verneint" oder „abgewiesen". Unter einem verdrängten Wunsch oder Gedanken versteht man etwas, das – meist in sehr früher Jugend – ins Unterbewußte abgedrängt wurde und das jetzt nur in verschleierter, unkenntlicher Form vor das Bewußtsein tritt. Verdrängte Sexualität zeigt sich dem Patienten gar nicht als solche. Wenn ein Jugendlicher oder ein

Erwachsener sich bemüht, einem bewußten Verlangen zu widerstehen, so hat das mit Verdrängung nichts zu tun. Im Gegenteil: Wer ernstlich um Keuschheit ringt, handelt viel bewußter und weiß um sein eigenes Triebleben besser Bescheid als jeder andere. Er weiß Bescheid um sich und sein Verlangen wie Wellington um Napoleon oder Sherlock Holmes um die Verbrecherseele, wie ein Rattenfänger um Ratten und ein Klemptner um schadhafte Rohre. Tugend, auch wenn sie nur angestrebt wird, bringt Licht; die Befriedigung aller Wünsche bringt Nebel.

Schließlich möchte ich noch einmal betonen, daß die Frage der Sexualität, auch wenn ich hier so ausführlich auf sie eingehen mußte, nicht der Kernpunkt der christlichen Moral ist. Wer glaubt, für Christen sei die Unkeuschheit das größte aller Laster, der irrt sich. Die Sünden des Fleisches sind schlimm, aber sie sind nicht die schlimmsten.

Die schlimmsten Lüste sind alle rein geistiger Art; die Lust daran, andere ins Unrecht zu setzen, herumzukommandieren und andere von oben herab zu behandeln, anderen den Spaß zu verderben oder sie zu verleumden, sich an der Macht zu berauschen und Haßorgien zu feiern. Denn zwei Mächte im Menschen versuchen, ihn von seiner eigentlichen Bestimmung abzuhalten: das Animalische und das Teuflische. Das Teuflische ist das Schlimmere von beiden. Deshalb kann ein kalter, selbstgerechter Heuchler, der regelmäßig zur Kirche geht, der Hölle näher sein als eine Hure. Aber besser ist es natürlich, man ist keines von beiden. (...)

* Quelle: C.S. Lewis, *Pardon, ich bin Christ,* copyright der deutschen Ausgabe 1977 Brunnen-Verlag Basel, CH-4002 Basel. Abdruck mit freundlicher Erlaubnis des Verlages.

Liebe – und tu, was Du willst
Anthropologische Aspekte der Sexualität
von Klaus M. Becker

Es gibt viele unterschiedliche Betrachtungsweisen hinsichtlich desselben Gegenstandes, so auch des Gegenstandes „Mensch". Den Betrachtungsweisen entsprechen auch jeweils unterschiedliche Wissenschaften. Betrachten wir den Menschen als physischen Organismus, so entwickeln wir die Naturwissenschaften Humanbiologie und Medizin. Betrachten wir die Aufeinanderfolge und den Zusammenhang von Erkenntnissen und Willensakten, so entwickeln wir die Geschichtswissenschaften, die je nach besonderem Augenmerk in die Völker- oder die Individualgeschichte, die Kultur-, Sozial- oder Kunstgeschichte u.s.w. aufgegliedert werden können. Bezeichnet der Name Anthropologie allgemein eine Wissenschaft vom Menschen, so ist sie hier nicht nur von den eben zitierten Wissenschaften im herkömmlichen Sinne abzugrenzen, sondern auch in sich noch einmal zu differenzieren: Handelt es sich um eine mehr empirisch-naturwissenschaftliche Betrachtung aufgrund aufgefundener Zeugnisse vom Erscheinungsbild des Menschen in grauer Vorzeit, so sprechen wir von der Paläontologie. Gilt die Untersuchung einem geschichtlich überschaubaren Raum, so fällt sie unter die Kulturanthropologie. Und geht es schließlich um eine grundsätzlich vom Wesen des Menschen ausgehende und unabhängig von äußeren Erscheinungen bleibende Betrachtung von Raum und Zeit, so sprechen wir von der philosophischen Disziplin „Anthropologie", welche die Reflexionen über den Menschen sammelt und wissenschaftlich strukturiert, soweit das behutsam möglich ist.

Denn hier gibt es selbstverständlich ein grundsätzliches, an dieser Stelle jedoch nicht auszudiskutierendes Problem, das darin besteht, daß der wissenschaftliche Betrachter (Subjekt der Erkenntnis) gleichzeitig das Objekt der Betrachtung ist. Wohlwissend um diese Schwierigkeit nebst der Gefahr, konsequenten Einsichten über uns selbst auszuweichen, wollen wir unsere anthropologische Betrachtung so verstehen. Was können wir über die Bedeutung der *Sexualität* des Menschen von dessen Wesen her sagen? Sofort fällt uns dabei auf, daß der Mensch seinem Wesen nach offensichtlich vieles mit anderen Lebewesen gemeinsam hat und daß er zugleich von allen Lebewesen grundverschieden ist. Da nun Sexualität kein ausschließlich menschliches Phänomen ist, müssen wir bei ihrer anthropologischen Einordnung die Tatsache ihrer nicht ausschließlich menschlichen Wirklichkeit zumindest ebenso berücksichtigen wie die Besonderheit des Menschen aufgrund seiner Geistbegabung, d.h. aufgrund der Tatsache, daß er Verstand und freien Willen besitzt. Letzteres setzen wir für unsere weiteren Überlegungen als unbestritten voraus. Unsere Betrachtung der Sexualität muß also beides in den Blick nehmen: die generelle Natur der Sexualität, die der Mensch mit anderen Lebewesen teilt, und das besondere Menschsein, das, was den Menschen spezifisch von anderen Wesen unterscheidet.

Die generelle Natur der Sexualität

Alle leibhaften Wesen haben Sexualität. Hier macht der Mensch keine Ausnahme. Wenn wir dieser Beobachtung nachgehen, wollen wir dabei durchaus das Besondere des Menschseins im Blick bewahren, auch wenn wir es im Augenblick nicht thematisieren; denn wir wollen nicht Gefahr laufen, Allgemeingültiges über Sexualität am Ende außen vorzulassen, anstatt es in der Gesamtwirklichkeit „Mensch" zu betrachten, oder umgekehrt, am Ende den Menschen außen vorzulassen, was manchen sexologischen Betrachtungsweisen zu unterlaufen scheint.

1. Die erste allgemeine Beobachtung, die allen möglichen Lebewesen gilt, kommt zu dem Ergebnis, daß Sexualität nicht notwen-

digerweise an Erlebnis, Erfahrungs- und Beglückungsmomente gekoppelt sein muß – trotz ihrer offensichtlich großen Bedeutung, die sie für alle leibhaften Wesen hat. Das legt den Schluß nahe, daß Sexualität zu einer tieferen fundamentaleren Strukturebene der Lebewesen gehört als jener, die reflexiv auslotbar ist. Das heißt aber auch, daß Sexualität von sich aus keinen Erlebniswert besitzt, wenngleich sie erlebt wird. Sie ist eine Lebensqualität im Vorfeld sinnlicher Erfahrung. Diese Erkenntnis ist wichtig für das rechte Erfassen ihrer Natur. So prachtvoll Blumen blühen, sie empfinden selbst nichts, wenn der Wind oder Insekten die Pollen auf die Stempel anderer Blüten übertragen. Erst höher entwickelte Lebewesen im Tierreich verfügen über ein mehr oder minder ausgeprägtes reflexives Sensorium, das die vitalen Prozesse registriert und solche Wahrnehmung zur instinktiven Steuerung der eigenen Vitalität einsetzt. So wittern Tiere Gefahren für Leib und Leben, sie weichen der Bedrohung aus, ebenso wittern sie Beute zur Nahrung und empfinden befriedigt Sättigung, in bestimmten Brunstzeiten suchen sie Paarung und erleben ihre sexuelle Erfüllung. So sehr auch der sensitive Organismus der Tiere die vitale Wirklichkeit der Sexualität integriert und konkret ihre Funktionen erlebt, ist der Erlebnisreflex selbst keineswegs identisch mit der Sexualität, sondern deren Begleit- und Folgeerscheinung.

2. Eine zweite allgemeine Beobachtung der Sexualität erfaßt sie teleologisch, d. h. aus ihrer Zielursache. Jede echte Sacherkenntnis ist eine Erkenntnis aus Gründen, und von allen Gründen sind die wichtigsten die, um deretwillen etwas ist oder geschieht. Nun kann man unschwer beobachten, daß das Ziel der Sexualität die Erhaltung der eigenen Art ist. Sexualität ist auf Fortpflanzung aus. Dem widerspricht nicht die üppige Verschwendung in der Natur. Bei pflanzlichen oder niedrigen tierischen Organismen gibt es zwar auch andere Formen der Arterhaltung, z. B. Ableger oder Teilung. Dort aber, wo Sexualität beobachtet wird, ist diese teleologisch auf die Arterhaltung programmiert. Sexualität ist die vitale Organisation der Weitergabe des leibhaften Lebens gleicher Art. Durch die Sexualität wird einer jeden leibhaften Art Dauer verliehen über den Bestand des Individuums hinaus. Man kann generell sagen, daß Tiere in der Regel, solange sie ihrem natürlichen Milieu nicht ent-

fremdet werden, und sie nicht etwa direktem oder indirektem Dressureinfluß seitens des Menschen unterliegen, die sensitiven Lustempfindungen, die den sexuellen Funktionen entsprechen, nicht von deren Zielorientierung getrennt suchen.

3. Eine dritte allgemeine Beobachtung bezüglich der vor- und außermenschlichen Sexualität können wir mit der Feststellung treffen, daß geschlechtsreife Pflanzen und Tiere nur in bestimmten Perioden sexuell aktiv sind, ihr Organismus folgt einer inneren Uhr oder einem inneren Kalender, der meist in einer symbiotischen Ökologie mit anderen Lebewesen und vor allem im Rhythmus der Jahreszeiten und der damit gegebenen klimatischen Bedingungen steht. Damit folgen die vor- und außermenschlichen Lebewesen zugleich einem allgemeinen Gesetz, daß sie nämlich auf eine ganz bestimmte Umwelt geeicht sind. Im Unterschied dazu ist der Mensch wesentlich freier. Er kann nicht zuletzt dank seiner Technik überall auf dieser Welt leben und sich weitgehend von jahreszeitlichen und klimatischen Bedingungen emanzipieren. So ist auch rein biologisch die menschliche Sexualität nicht an bestimmte Paarungs- oder Brunstzeiten gebunden.

Die spezifisch menschliche Sexualität

Wenn nun von der spezifisch menschlichen Sexualität die Rede sein soll, so kann das nur bedeuten, daß wir der Frage nachgehen, welchen bestimmenden und gegebenenfalls verändernden Einfluß nimmt das, was den Menschen gegenüber anderen leibhaften Wesen spezifisch auszeichnet, auch auf die Sexualität und ihre Integration in das Gesamtgefüge „Mensch".

1. Was den Menschen grundsätzlich von anderen leibhaften Wesen unterscheidet, wenngleich er mit ihnen die Leibhaftigkeit teilt, ist seine „Geistseele", d. h. das alles bestimmende einheitliche Lebensprinzip, das den Leib aufbaut und alles leibhaft Vorgegebene integriert. Wir sagen mit Recht Geistseele, weil die charakteristischen Lebensvollzüge dieses Prinzips sich in geistiger Erkenntnis und in freiem Willen äußern. Das geschieht zwar nicht unabhängig von den vegetativen und sensitiven Lebensprozessen, jedoch so, daß

diese zwar Bedingungen für das geistige Erkennen und das freie Wollen bereithalten, beides aber nicht verursachen. Mit anderen Worten: die Geistseele ist das bestimmende Kausalprinzip für Erkennen und Wollen, und beide vitalen Funktionen können nicht aus der reinen materialen Wirklichkeit des Leibes und seinen Fähigkeiten erklärt werden. Eines der auffälligsten leib-geistigen Gebilde oder Kunstwerke, für die der Geist des Menschen verantwortlich zeichnet, ist z. B. die Sprache.

Das Lebensprinzip des Menschen, das wir Geistseele nennen, bestimmt und organisiert den Leib. Um gleich vorweg einem häufigen Mißverständnis zuvorzukommen, sei gesagt, die bestimmende und organisierende Macht der Geistseele ist nicht gleichbedeutend mit „Bewußtsein". Es gibt viele vitale Funktionen des menschlichen Organismus, die in der Tat unbewußt ablaufen. Trotzdem werden sie von einem einzigen einheitlichen Vitalprinzip, d. h. von der Seele des Menschen, letztlich gesteuert. Unterbleibt die Steuerung, zerfällt das Leben, und der Mensch stirbt.

2. Auch wenn es von der Sache her belanglos wäre, ob das äußere Erscheinungsbild des Menschen sich von anderen höher entwickelten Tieren unterschiede oder nicht, so bietet doch seine tatsächliche Gestalt eine Anzahl von Indizien, die auf seine beherrschende Sonderstellung in der Welt, die er seiner Geistseele verdankt, hinweisen: Der aufrechte Gang, greifende und umgreifende Hände, der nach vorne gerichtete Blick, der einen Horizont umfaßt, und die Tatsache, die die Kulturanthropologen besonders bemerken, der Mensch ist als einziges Lebewesen auf dieser Welt nicht auf eine bestimmte Umwelt geeicht. Er muß sich als weltoffenes Wesen seine eigene Umwelt, seinen Lebensraum schaffen. Die vorgegebene Koexistenz mit anderen Wesen allein erlaubt ihm nicht zu leben. Weil der Mensch ein „Mängelwesen" ist, wie die Kulturanthropologen sagen und damit seine Unbehaustheit und Waffenlosigkeit meinen, gibt es für ihn keine andere Existenzform als die „Kultur", d.h. der Mensch muß seine Intelligenz einsetzen, um sich Nahrung, Behausung, kurzum sein ganzes Dasein zu sichern. Hinsichtlich seines Sexualverhaltens ist rein empirisch die Tatsache interessant, daß Mann und Frau einander Auge in Auge begegnen, was in vielen Sprachen als ein gegenseitiges Erkennen bezeichnet wird und

somit bis in die letzten Tiefen der Geistseele reicht. Bei aller Verwandtschaft des Menschen mit anderen leibhaften Wesen zeigen diese Beobachtungen doch den gewaltigen Unterschied auf, der den Menschen zu einem unvergleichlichen Lebewesen in dieser Welt macht.

3. Die Eigenart menschlicher Sexualität kommt im biblischen Schöpfungsbericht gerade dadurch zum Ausdruck, daß Adam Eva zunächst als Person erkennt, als ihm ebenbürtig (vgl. Gen 2,23). Hier dominiert ursprünglich, d.h. von Schöpfungs wegen, keine irrationale Triebhaftigkeit. Erst seit durch den Sündenfall der Mensch dem Gesetz des Todes unterliegt, droht die Begierlichkeit die innere Ordnung des Menschen zu zerstören. Die Nacktheit wird zum Problem, die Beherrschung der Welt zur Mühsal, der Mann neigt dazu, die Frau zu unterjochen, und sie entbrennt in Begierde nach ihm (vgl. Gen 3, 7-19).

Wie alles Leben des Menschen verlangt auch die Sexualität den Einsatz seiner Rationalität oder mit anderen Worten: Sexualität kann beim Menschen nur „Kultur" sein. So etwa unterliegt das Erwachen des Triebes nicht jahreszeitlich oder rein biologisch bedingten Rhythmen, der Mensch kennt keine Brunstzeiten, wie schon gesagt. Das Erwachen des Triebes ist wesentlich von Erkenntnis und Willensinitiativen abhängig, welche der personalen Verantwortung mehr oder minder zuzurechnen sind. Dabei trifft die Verantwortung nicht nur und manchmal sogar weniger den, der sich erregt fühlt, als den, der erregt. Immer sind Personen die Urheber, auch dann, wenn eine ganze Gesellschaft erotisiert erscheint. Diese Aussage gelte hier zunächst einfach wertneutral. Es kommt eben immer auf die menschenwürdige Verantwortung an, die das sexuelle Begehren einordnet in eine partnerschaftliche Beziehung und die Personen jeweils als ganze meint.

Überall dort, wo die Sexualität selbst und alles, was sie stimuliert, losgelöst erscheint von der Person, von ihrer Würde, von echten und verantworteten personalen Bezügen, wo Sexualität als anonyme Macht empfunden oder propagiert wird, herrscht das Gesetz des Todes. Nicht in dem Sinne, daß hier der physische Tod des Menschen unmittelbar erfolgte oder der Mensch elend zugrundeginge, wie wenn er sich der Unbill der Natur auslieferte, ohne seine Umwelt zu kultivieren, sondern in einem analogen Sinne, nämlich so, daß ungebändigte und unkultivierte Sexualität den Menschen blind macht für die beglückende Entdeckung und Begegnung mit dem Du der anderen Person. Und es gibt nichts, was schließlich bis in den physischen Bereich tödlicher wirkt als totale Einsamkeit. Wo Sex zur Ware und der Konsumsog zur übermächtigen Gewalt werden, da lauert die Qual der Verzweiflung. Unbetäubte, nicht mehr zu bändigende Verzweiflung treibt am Ende auch zum Selbstmord. Es ist nicht gut, daß der Mensch mit sich vollkommen alleine sei, sagt Gott bei der Erschaffung des Menschen (vgl. Gen 2,18). Und „wehe dem, der alleine ist", heißt es an anderer Stelle in der Schrift (Koh 4,10). Diese Einsamkeit ist die Hölle. Dort liebt niemand niemanden.

4. Damit öffnet sich unser Blick auf das, was menschliche Sexualität wesentlich von vor- und außermenschlicher Sexualität unterscheidet. Sie wird getragen von der Liebe, d.h. nicht, daß menschliche Sexualität selbst oder die zu ihr gehörende Triebhaftigkeit einfach Liebe sei. Auch ist nicht damit gesagt, daß Liebe sich primär sexuell äußere oder sogar in Sexualität aufgehe. Es gibt menschliche Liebe, die mit Sexualität nicht das Geringste zu tun hat. Gesagt ist nur, die Instanz im Menschen, die die Sexualität zu kultivieren hat, ist die Liebe. Aber was heißt Liebe? Ist sie ein Gefühl, eine instinktive Zuneigung, erotische Attraktion oder interessierte Gemeinsamkeit zu irgendeinem Zweck?

Das alles sind zweifellos Regungen des menschlichen Herzens, die mitschwingen können, doch berühren sie nicht die Substanz von Liebe. Nun, man verstehe mich nicht falsch: Wenn beispielsweise eine echte wechselseitige erotische Anziehung der Partner fehlt, sollten sie auf keinen Fall heiraten, auch wenn sie noch soviel Liebe zueinander empfinden. Und die Prinzessin, die glaubt, durch einen Kuß den Frosch in einen Prinzen zu verwandeln, kommt nur im Märchen vor. Jedenfalls soll sie sich in der Welt der rauhen Wirklichkeit hüten, den Bösewicht zu heiraten in der Hoffnung, ihn ändern zu können. Und der verliebte junge Ritter, der seine Liesel aus der Gosse holt, mag zwar erotisch bezirzt sein und tatsächlich großmütig lieben, doch wird die Liaison vermutlich in die Brüche gehen, weil der Horizont der geistigen Interessen fehlt. Man täusche sich nicht, abgesehen von Eros und Liebe gehören auch gemeinsame Interessen, eine Konvergenz des Bildungshorizontes und ein gemeinsames Menschenbild dazu, wenn man einen Bund fürs Leben eingehen will. Man sollte sich ernsthaft fragen, ob man sich wohl auch in 50 Jahren noch etwas zu sagen und zu bieten hat. Dennoch, bei all den mitschwingenden Seiten gibt die Liebe zweifellos den Grundton an.

Was aber ist Liebe? Es wäre vermessen, mit ein paar Worten zu sagen, was Liebe ist. Vor allem, wenn man der Tragweite des Begriffes folgen wollte. Noch vermessener wäre der Versuch, den mannigfachen Mißbräuchen des Begriffes nachzugehen. Von Verliebtheit bis zu Schnulzentiteln wie „Kann denn Liebe Sünde sein?". Jawohl, sie kann Sünde sein. Das vorweg. Zwar nicht eigentlich, aber so wie der Mißbrauch der Freiheit, welche sich zugleich selbst zerstört, so gibt es eine selbstzerstörerische, sich in ihr eigenes Gegenteil zersetzende Liebe. Sie steckt im Wesen der Sünde. Das weiß im übrigen jeder, wenn auch zunächst undeutlich, der in irgendeinem Zusammenhang von Egoismus spricht. Egoismus ist bekanntlich eine falsche Selbstliebe. Freilich verhüllt der Begriff Egoismus zugleich die Falschheit solcher Liebe, indem er das Falsche an ihr zumindest vordergründig auf den Gegenstand der Liebe, hier also auf das Selbst einschränkt.

Es gibt jedoch auch falsche und selbstzerstörerische Liebe, deren nächstes Ziel durchaus in einem anderen Gegenstand und im Interesse an einer anderen Person liegen kann. In einem tieferen Sinne verirrt und verstrickt sich hier der Liebende am Ende jedoch ebenfalls im Egoismus. Jeder Mißbrauch, jede Selbstzerstörung der Liebe zeitigen früher oder später das krasse Gegenteil von Liebe, nämlich Haß. Und was ist Haß? Haß ist der Wille, der verneint, der vernichten will, der seinem Gegenstand jedes Daseinsrecht abspricht und der folglich, sofern ihm Macht und/oder Leidenschaft zu Gebote stehen, zerstört und vernichtet. Liebe hingegen bejaht. In ihrer schwächsten Form duldet sie das Dasein, d. h. sie ist in diesem Sinne „tolerant". Je stärker sie wird, umso mehr fördert sie, begünstigt sie, entfaltet sie nach Kräften das geliebte Wesen. Liebe ist schöpferisch, Gottes Liebe ist der einzige Grund für das Dasein der Welt und für das Dasein eines jeden einzelnen von uns. Echte menschliche Liebe kann zwar nicht, wie Gott, aus Nichts ins Dasein rufen, aber sie ratifiziert gewissermaßen das Vorhandene, bejaht es in seinem Bestand. Und wo menschliche Liebe bis in die leibhaft personale und geschlechtliche Lebendigkeit des oder der Geliebten dringt, ist sie vollkommen offen für das Geschenk neuen Lebens, für das Kind. Liebe kann sich nicht dem schöpferischen Leben verweigern. Wo sie es täte, stünde sie mit sich selbst im Widerspruch. Würde dadurch gerade selbstzerstörerisch und fände niemals den Weg zum Du des anderen. Sie bliebe in einem surrealen Traum, in der Illusion, stecken und erschöpfte sich in der Lust, von der man instinktiv weiß, daß sie Zugabe ist, ein den ganzen Menschen erfassender Dank der Natur für sein Ja zum Leben, das er in Wirklichkeit verweigert hat. Wie fremd stehen sich am Ende Partner gegenüber, die wechselseitig zu Komplizen wurden, wie verletzend, trügerisch und tragisch werden auf Dauer die „Beziehungskisten", die krude Leidenschaft zusammenschustert.

Sexualität darf, wie gesagt, keine anonyme Macht in sich sein. Sie ist dem Ich zu- und untergeordnet. Aber das nicht in einem statischen Sinne, sondern sofern das Ich lebt, d. h. als höchst aktive Person, die die Wirklichkeit schöpferischer Beziehung zu einem Du voll und ganz bejaht und darin mehr oder weniger aufgeht. Wäre die Sexualität aus diesem Bezugsverhältnis ausgegliedert, machte sie sich selbständig, so übte sie eine verheerende und zerstörerische Macht aus.

Die Integration der Sexualität ist kein vorgegebenes Faktum. Sie muß vielmehr erobert werden. Der Kampf darum ringt dem Gesetz des Todes, dem der Mensch aufgrund der Erbsünde unterliegt, den notwendigen Lebensraum ab zur Entfaltung seiner Persönlichkeit. In diesem Kampf bewährt sich der Mensch, gibt sich eine Gestalt, die über den physischen Tod hinaus Geltung behält. Auf dieser geistigen Anstrengung beruht am Ende auch all das, was vorhin über Kultur als Existenzbedingung des Menschen gesagt wurde.

Freilich gibt es außer dem Mühen um Integration der Sexualität auch andere Fronten gleicher Bewährung. Die Kampflinie, wo über die rechte Ordnung geschlechtlicher Triebhaftigkeit entschieden wird, erfaßt bis ins innerste das ganze leibhafte Dasein. Deshalb ist die „Keuschheit" (das ist der Name für die charakterliche Integration von Sexualität in das Gesamt der Persönlichkeit, für die Haltung, die Tugend des vernunftgemäßen und verantwortlichen

Einsatzes der Geschlechtskraft), die Keuschheit also ist deshalb eine notwendige Voraussetzung für das Gelingen der Persönlichkeit überhaupt. Die Kunst menschlichen Lebens besteht darin, im Zusammenspiel von Erkenntnis und Freiheit, Vernunft und Willen, Gefühl und Leidenschaft zu sammeln und mit allen anderen zu Gebote stehenden psychosomatischen Kräften in den Aufbau der Persönlichkeit zu binden. Unter diesen psychosomatischen Kräften ist die Sexualität eine der wichtigsten. Was bei vor- und außermenschlichen Geschöpfen vegetativ oder instinktiv gelingt, ist für den Mensch weitgehend „Aufgabe" und macht ihn gerade deshalb zu einem kulturellen und geschichtlichen Wesen. Zu seiner Natur gehört es, Natur selbst immerfort zu gestalten, d.h. Kultur zu schaffen. Das eben nennt man Kultur! Und „Geschichte" haben vor- und außermenschliche Wesen im strengen Sinne nicht. Geschichte geschieht durch des Menschen Erkenntnis und Taten, sie ereignet sich als Laster oder Tugend in Schuld und Gnade.

Die Sexualität darf auf Dauer weder im Gefüge der Persönlichkeit noch in der Geschichte des einzelnen oder der Völker zum Thema „Nummer 1" werden. Ist sie es dennoch, so zeigt sich darin ein Krankheitssymptom von mittlerer Größe. Es hieße nämlich, daß man weder die Problematik noch die Lösung in den Griff bekäme. Man kann sich zwar des Eindrucks nicht erwehren, heute werde das Thema hypotrophiert. Das mag unter anderem seinen Grund haben in Weltanschauungen, die den Menschen auf seine Sexualität reduzieren. Doch wenn sich schon die Natur eines Tieres nicht auf Sexualität reduzieren läßt, so ist das noch viel weniger beim Menschen möglich. Der Versuch ist nichts als eine Variante von krassem Materialismus. Pflanze, Tier und Mensch *haben* Sexualität, sie sind sie nicht.

Während dem vor- und außermenschlichen Wesen jenes Ich fehlt, das all seine Fähigkeiten integriert und beherrscht, während die Pflanze also einfach gedeiht und auch das Tier keine freie Bestimmungsmitte besitzt, vielmehr mit allen anderen materiellen Geschöpfen der Verfügungsgewalt des Menschen untersteht, macht es gerade das Wesen des Menschen aus, selbst unverfügbar zu sein und frei über alles zu herrschen.

Nun kann man einwenden, die freie Verfügungsmacht des Menschen über die übrigen Geschöpfe dieser Welt und auch über seine eigenen materiellen Wesenszüge sei erheblich eingeschränkt. Dafür lassen sich viele gewichtige Gründe anführen. Doch zunächst einmal sind Einschränkungen keine Aufhebungen der Freiheit und Verfügungsmacht. Und zudem bedürfen jede Situation und jeder konkrete Fall, in dem man sich auf außerhalb der persönlichen Verantwortung begründete Einschränkungen beruft, einer sehr sorgfältigen und gerechten Analyse. Generalisierungen helfen hier nicht. Einwände dieser Art dürfen deshalb nicht überbewertet werden. Der Einzelfall gibt in der Regel nichts her für die Wissenschaft und paradigmatisch wiederholte Fälle von Anomalien erschüttern nicht grundsätzlich die Natur. Das gilt auch für die Anthropologie. Vor allem ist es wichtig, die Natur, d.h. das, was von Schöpfungs wegen ursprünglich einem Wesen eignet als Prinzip seines Handelns und Aktivseins, nicht aus dem Blick zu verlieren und alle Phänomene, auch die berühmten Ausnahmen und Einzelfälle an diesem Parameter zu messen.

Der Parameter betrifft beim Menschen stets das Bezugsverhältnis vom Personenkern, vom Ich als Entscheidungsmitte, zu allem anderen, was der Person in der Welt und in ihr selbst zur Verfügung steht. Allen Einschränkungen und Schwächen zum Trotz ist das Bezugsverhältnis von der Freiheit bestimmt. Der Mensch hat beispielsweise Sehkraft, aber er kann die Augen schließen, er hat die Gabe des Wortes, aber er kann sich so oder so ausdrücken und er kann schweigen. So hat der Mensch auch Sexualität, deren ganze eigengesetzliche Kraft ihm zur Verfügung steht zum Aufbau und zur Gestaltung seiner Beziehungen zur Welt und vor allem zu anderen Personen. Wo es dem Menschen gelingt, die Geschlechtskraft in rechter Weise in seine Persönlichkeit zu integrieren, da gilt das Wort Augustinus „Liebe und tu was Du willst".

Geschlechtlichkeit als Aufgabe: Keuschheit

Die dem Menschen gestellte Aufgabe, Sexualität durch Liebe zu humanisieren, trifft zweifellos auf innere Widerstände. Nicht zuletzt dann, wenn, wie schon angedeutet, das „Thema Nummer 1" angeblinzelt wird, wie die Klapperschlange vom Kaninchen. Um den Widerständen gelassen zu begegnen, wollen wir noch einmal die Sexualität als solche, also unabhängig vom Menschen, in den Blick nehmen, aber unter anderer Perspektive als vorhin und dann ebenso die menschenwürdige Aufgabe ihrer Humanisierung betrachten.

1. Zum Wesen der Sexualität gehört ihre polare Beziehung zum anderen Geschlecht. Zugleich aber ist sie nicht nur zunächst apersonal, sondern auch überindividuell, d.h. sie ist auf kein bestimmtes Gegenüber bezogen und in diesem Sinne vollkommen indifferent. Bei manchen Lebewesen (etwa bei bestimmten Tierarten) läßt sich zwar beobachten, daß die Indifferenz wenigstens vorübergehend instinktgesteuert aussetzt und etwa für die kurze Dauer der Aufzucht einer Nachkommenschaft das Elternpaar beisammen sein läßt, weil das für diese Tierart lebenswichtig ist. Aber ebenso kann man bei vielen anderen Arten feststellen, daß eine solche Bindung nicht einmal im Ansatz besteht.

Für die menschliche Sexualität gilt zunächst auch eine totale Indifferenz. Sie kann durch jedes beliebige Objekt stimuliert werden. Die so vorgefundene Indifferenz der menschlichen Sexualität ist natürlich kein Wert in sich. Und entsprechend der Bedeutung, die ihr zukommt im Gesamtgefüge der Person, steht sie im Dienst der Freiheit des Menschen, der sich aus seiner souveränen Entscheidungsmitte zu einer Partnerschaft entschließt. Die Bindung, die der Mensch eingeht, setzt die eigene Person endgültig aufs Spiel. Wer sich einmal in eine solche personale Beziehung einbringt, kann sich nicht ohne Schaden für sich selbst und natürlich auch nicht ohne schweres Unrecht dem Partner gegenüber aus der Bindung lösen. Nichts verletzt einen Menschen tiefer als Treulosigkeit und Verrat.

Man wird leicht begreifen, daß wir hier die naturrechtliche Unauflöslichkeit der Ehe im Blick haben, zu deren Wesenselementen Einpaarigkeit und Treue gehören. Weil die Entscheidung zum Du des anderen, weil eine eheliche Bindung primär die Person des Partners im Blick hat, kann nicht der bloße Sexappeal zum vordergründig bestimmenden Moment werden. Wenn der Mensch die Keuschheit nicht lernt, sich nicht um die Integration der

Sexualität unter die Botmäßigkeit personaler Liebe bemüht, werden seine triebhaften Neigungen zum ständigen Unruheherd sexueller Neugier und schließlich zu Lieblosigkeit und Untreue.

Ein solcher für die Beziehung zerstörerischer Prozeß zeigt viele Einbrüche. Zunächst wird der Partner zum beliebigen Sexualobjekt und Referenzpunkt einer ausschweifenden Phantasie. Das kann in einem bestimmten Stadium zwangsläufig zu vielleicht zunächst rein imaginären, dann aber auch realen Untreuen und zum Zerbrechen der Ehe führen. Der zerstörerische Prozeß wird gegebenenfalls von außen beschleunigt durch eine skrupellose Geschäftemacherei, durch eine in unserer Gesellschaft hoch entwickelte Pornoindustrie aller denkbaren Schattierungen. Dazu zählt auch eine intellektuelle Propaganda psychologischer und gruppendynamischer Praktiken, die den normalen Menschen therapieren wollen. Schon das ist falsch. Hinzu kommt, daß solche Therapien meist einer rein materialistischen Ideologie folgen.

Die Gesellschaft, in der wir leben, ist weitgehend hypoerotisiert. Und es bedarf einer enormen moralisch integrativen Kraft, sich nicht nur dem Sog des allerorts angepriesenen Sexualkonsums zu widersetzen, sondern positiv eine „Zivilisation der Liebe" (Papst Paul VI.) aufzubauen, in der der rechte Gebrauch der Geschlechtlichkeit ein konstruktives Element ist.

2. Die schon erwähnte Indifferenz der Sexualität kann auch – sei es aufgrund seltener pathologischer Verfassungen eines Menschen, die per se nicht sexueller Art, jedoch in einem Zusammenwirken mit der sexuellen Entwicklung belastend sind, sei es aufgrund von falscher Erziehung oder häufiger von Verführung – zu einer frühen Fehlfixierung auf Sexualobjekte gelenkt werden. Hierzu gehört sicher die heute von manchen als gleichwertig und hoffähig stilisierte Homosexualität. Hierzu gehören aber auch die zahlreichen perversen Praktiken, die eine überzüchtete und moralisch degenerierte Gesellschaft anpreist. Berufenere Autoren können auf die Frage nach der Homosexualität sicher sachgemäß antworten. Aus meiner Erfahrung kann ich nur sagen, daß mir in langen Jahren seelsorglicher Praxis noch kein Fall begegnet ist, der in seiner Entstehungsgeschichte nicht entscheidend bestimmt worden wäre durch eindeutig moralisch zu verantwortende Selbst- oder vor allem

Fremdverführung. Damit ist mehr oder weniger früh in der Entwicklung und gerade in der Zeit erster Bewährung zur Keuschheit eine falsche Fixierung erfolgt, die zugegebenermaßen in manchen Fällen später schwer korrigierbar war.
Offensichtlich sind solche Fälle aus medizinischer Sicht wohl als Neurosen zu betrachten. Jedoch, da ich kein Mediziner bin, kann ich nichts über die Kausalzusammenhänge und über die Chancen einer Therapie aussagen. Soweit mir allerdings die Anfänge solcher Entwicklungen in konkreten Fällen bekannt sind, kann ich hier nur die ethisch moralischen Mißgriffe feststellen. Was dazu zu sagen wäre, ist von Fall zu Fall verschieden und gehört in das Gebiet des Beichtgespräches und der persönlichen geistlichen Führung. Jedenfalls ist die Behauptung von der Existenz eines „dritten Geschlechts" die ideologische Wiedergeburt eines alten heidnischen Mythos, nämlich des Traumes vom androgynen Urmenschen. Es ist bezeichnend, daß dieser Devolutionsmythos immer wieder gerade dort seine Faszination ausübt, wo nicht an die Erbsünde und ihre Folgen geglaubt wird, wo man versucht, vor allem die greifbarste Folge der Erbsünde, nämlich den Tod, zur rein kosmischen Harmlosigkeit zu romantisieren, wo man an allerlei merkwürdige Wiedergeburten zu glauben geneigt ist, d.h. aber kurzum, wo man den christlichen Glauben ausmerzen will.

Den inneren Zusammenhang all dieser Merkwürdigkeiten – um nicht zu sagen „Absurditäten" – aufzuzeigen, würde hier zu weit führen.

3. Wir haben schon die Aufgabe erkannt, Sexualität zu humanisieren. D.h. ganz konkret: Will der Mensch menschenwürdig leben, muß er die Keuschheit lernen. Lernen gelingt durch Übung. Damit wäre eigentlich alles gesagt, wenn es so sokratisch zuginge, daß das richtig Erkannte auch selbstverständlich getan würde. Zum Wesen der schon erwähnten Folgen der Erbsünde gehört aber die Neigung des Menschen, sich moralisch dem Gesetz des Todes anzupassen, d.h. das Böse zu tun. Diese Neigung ist nicht einfach durch klare Erkenntnis zu bannen, abgesehen davon, daß die Versuchungen zum Bösen, in unserem Fall zur Unkeuschheit, immer verlogen sind. D.h. es gehört zur Eigenart der Versuchungen, uns zu belügen. Sie gaukeln uns ein natürliches Recht, ein Glück, eine

Erfüllung vor, um die wir am Ende betrogen werden. Jede Lüge enthält freilich immer Elemente von Wahrheit, die bloße Lüge gibt es nicht. Doch handelt es sich immer nur um Teilwahrheiten und um eine Verzerrung der Perspektiven. Schon im Paradies sagt die Schlange: „Hat Gott wirklich gesagt: Von keinem Baum des Gartens dürft ihr essen?" (Gen 3,1). Damit sät die Schlange nicht nur Mißtrauen gegen Gott, indem sie sein Gebot als wenig sinnvoll hinstellt, denn von irgendwelchen Früchten müssen sich die Menschen ja schließlich ernähren, sondern sie versucht den Menschen gerade durch die Lüge, deren Teilwahrheit darin besteht, daß Gott tatsächlich verboten hatte, von einem Baum zu essen – aber eben nur von einem und nicht von allen Bäumen. Die Lüge und damit das Täuschungsmoment der Versuchung bestehen in der Übertreibung, redet doch die Schlange von allen Bäumen.

Gerade im Bereich der Geschlechtlichkeit wird der Mensch nicht selten in sehr ähnlicher Weise versucht durch Verallgemeinerungen, durch die Suggestion einer absurden Einschränkung von natürlichen Rechten, durch die Behauptung von Unmöglichkeiten beziehungsweise durch die Darstellung sexueller Libertinage als reine Natur. Aber selbst wenn der Mensch die Versuchung als Versuchung durchschaut, heißt das noch nicht, daß er ihr widersteht. Die Erkenntnis des Sittengesetzes und auch das Gewissensurteil, das die Situation dem Gesetz unterzuordnen weiß, vermögen nicht schon von sich aus richtiges Handeln zu garantieren. Paulus schreibt auf fast jeder Seite des Römerbriefes (gleiches wiederholt er oft in seinen übrigen Briefen), daß das Gesetz von sich aus keine Rechtfertigung bewirkt. Sicher muß der Mensch seine Willenskraft einsetzen, das Gute zu tun und das Böse zu meiden. Aber auch das alleine genügt oft nicht. Er braucht Gottes Gnade, und um die muß er beten. Es ist nicht verwunderlich, daß die Keuschheit keine heidnische Tugend war und ist. Zwar kannten die Heiden aus bestimmten Motiven periodische sexuelle Enthaltsamkeit, aber Keuschheit ist einmal nicht mit Enthaltsamkeit einfach identisch (so kann es durchaus eine unkeusche Enthaltsamkeit etwa in bestimmten Situationen ehelichen Lebens geben). Vor allem aber ist Keuschheit mehr als Enthaltsamkeit: Keuschheit ist die der persönlichen Berufung und dem eigenen Stand entsprechende Beherrschung der

Geschlechtlichkeit. Die Ein- und Unterordnung der Sexualität und aller psychosomatischen Fähigkeiten (z.b. auch der erotischen Affektivität) in das Gesamtgefüge der Persönlichkeit, die innerlich darauf ausgerichtet ist, den Willen Gottes zu tun, dadurch zu werden, was sie sein kann und so ihr seinsgemäßes Glück zu erlangen.

Dem gläubigen Christen leuchtet ein, daß sein eigener Lebensentwurf nur aus der Heilskraft des Erlösers, durch Gottes Gnade und in inniger persönlicher Bindung an Christus gelingt. Das gilt für die ganze Breite des Lebens und somit auch für die Sexualität, die nicht die menschliche Mitte des Lebens ausmacht, aber in ihrer Bedeutung auch nicht unterschätzt werden darf.

„Liebe und tu was Du willst", sagte Augustinus. Der Christ wird nach und nach vielleicht auch mit gelegentlichen Mißerfolgen seines Bemühens und Kämpfens aus Liebe das Richtige tun, wenn er sinngemäß immer wieder betet, wie die Kirche es tut: „Durchglühe mit dem Feuer des Heiligen Geistes uns Herz und Nieren, damit wir Dir, Gott, mit keuschem Leibe dienen und mit reinem Herzen wohlgefallen."

Liebe, Lust und Verzicht

Sexualität und Person

von Johannes B. Torelló

Sexualität als Selbstzweck

Person ist ein absoluter Wert: man bejaht sie oder bejaht sie nicht, man kann sie nicht zum Experimentierobjekt machen.[*] Das ist gerade bezüglich vorehelicher Beziehungen der entscheidende Punkt. Wer sagt, er liebe den anderen, gleichzeitig aber hinzufügt, er könne sich aber keineswegs entscheiden, eine endgültige Verantwortung zu übernehmen, der sagt eben damit, daß sich seine Liebe noch auf dem Weg, in Entwicklung befindet, noch nicht zur Reife gelangt ist. Das ist legitim und sehr menschlich, aber dann sollte der so Liebende nicht mit der sexuellen Sprache des Leibes mehr sagen, als der Wahrheit entspricht. Er soll also auch auf diesem Gebiet der sexuellen Gebärde weder sich selbst noch dem Partner und auch nicht der Umwelt vorspielen, was noch nicht ist: die endgültige Entscheidung für den Partner.

Durch diese Betrachtungsweise der Person wird die Trennung der Sexualität von der Liebe, welche als „Eigengehalt des Sexuellen" vorgestellt wird, die die Sexualität zum Selbstzweck macht, der Technik preisgibt und in Sex umwandelt, als künstlich und nicht menschengemäß entlarvt: als Sex, der nach dem Schlagwort einer ruhmlosen Aufklärungswelle in den sechziger und siebziger Jahren „gesund ist, gut schlafen läßt, jung erhält, das liebste Spiel darstellt

---

[*] Eine ausführliche Erläuterung des Personenbegriffs vgl. den Beitrag von Klaus M. Becker „Liebe – und tu was Du willst".

(der Leib wird auf die Stufe eines Spielzeugs herabgesetzt), stolz, schön und lieb macht, Urbedürfnisse befriedigt, Lebensfreude schenkt, Agressionen abbaut, vor Verkrampfung und krimineller Entladung bewahrt ... wenn er technisch gelingt", wie man damals sagte. Wenn manche Psychologen bei katholischen Meetings und in katholischen Zeitschriften ihr Lob der auf diese Weise aufgefaßten Sexualität sangen, den Geschlechtsakt als die notwendige Voraussetzung der menschlichen Reife, als Ort der Selbstverwirklichung und als die vorzüglichste Tür zur Realität darstellten und sogar mit Nachdruck behaupteten, daß im Sexualakt der Mensch seinen eigenen Wert, den Höhepunkt der Verwirklichung seiner leib-seelischen Einheit erreiche, dann muß man unumwunden sagen, daß diese Rederei eine glatte und dumme Lüge war.

Daß pausenlose Geilheit Geisteserhöhung, Entfaltung der Persönlichkeit und unüberbietbare Daseinsfülle bewirke, ist reiner Wahn, wie er nur aus dem gesprungenen Topf pseudointellektueller Köche herausdunsten kann. Das wissen nicht nur ernsthafte Forscher von Steckel bis Biswanger, von Wirsch bis Buytendijk, sondern auch durchschnittlich gereifte Ehepaare und – am entgegengesetzten Ende – „Hallodris" aller Art, welche trotz angeberischer „Tätigkeit" nie zu wahren, reifen Menschen wurden. Denn die direkt angepeilte Lust erstickt in einem Teufelskreis: Sie wird des öfteren gerade dadurch erlöscht, daß man sie direkt sucht. Immer wird sie wenigstens als insuffizient empfunden werden, und darum wird sie sich unaufhörlich auf den Weg ihrer angebeteten Befriedigung machen müssen, was nicht selten zu aller Art von Einengungen und Perversitäten führt. Daraus entstand die heutige Sexinflation, die als kindische Belohnung unserer Überflußgesellschaft mehr Neurosen erzeugt als die immer noch monoton behauptete, aber de facto nicht mehr vorhandene Frustration.

So ist es keine absolute Neuheit, daß manche Psychologen nach dem Motto einer amerikanischen Forscherin aus Berkley – „Sex is out" –[1] nun betonen, daß Lust zur Last werden kann. Ärzte, Psychotherapeuten und Eheberater müssen immer häufiger den von jenen, die die Sexualität als Selbstzweck besingen, unerwarteten Übergang feststellen: von der Lust in den Frust. Schon am 14. Oktober 1932 erklärte Sigmund Freud höchst persönlich in einem in der „Neuen

Freien Presse" veröffentlichten Gespräch: „Meiner Ansicht nach hat sich die ‚sexuelle Not' auf unserem Kontinent dank der größeren Freiheit der Sitten nach dem Krieg verringert. Gibt es aber einerseits weniger Neurosen, die durch die Unterdrückung der Instinkte verursacht werden, so zeigt sich dagegen eine Zunahme von Neurosen aller Arten, die durch Zügellosigkeit der Instinkte verursacht werden..." Der italienische Schriftsteller Vitaliano Brancati legte der Hauptgestalt seines letzten, unvollendeten Romans folgende Worte in den Mund, die von einem völlig degenerierten Playboy zu hören gewiß überraschen: „Sie meinen, ich sollte einen Psychoanalytiker besuchen. Sagen Sie ihm bitte, daß nichts so glücklich macht, wie die Enthaltsamkeit. Psychoanalytiker fragen mich immer, ob ich irgendwelche Sexualimpulse verdrängt hätte. O nein! Sie können sicher sein: Ich habe keinen derartigen Antrieb unterdrückt. Wissen Sie, was ich unterdrückt habe und in die Kloake meines Ichs geworfen habe? Das Schamgefühl, die Nächstenliebe, ein Gebot des Evangeliums! Wissen Sie, was ich zertreten und in mir zum Schweigen gebracht habe? Jesus Christus selbst!"[2]

Enthaltsamkeit – eine Herausforderung

Tatsächlich: Gegen den Mythos des isolierten sexuellen Glücks soll heute dringend der höchst menschliche Wert der Enthaltsamkeit, der Selbstentsagung auch im Bereich der ehelichen Liebe hervorgehoben werden! Daß meine Worte vielleicht Skandal erregen werden, ist unvermeidlich.

Die eheliche Liebe erfordert Einheit, auch Einheit des erlebten Leibes beider Liebenden, die aber doch mit der Zeit erkennen müssen, daß die ersehnte Einheit nicht vollziehbar ist und darum die realistische Vereinigung zweier geistiger Personen viel mehr in einem gemeinsamen „Hunger" als in einem unmöglichen „Sich-aneinander-Sättigen" besteht. Daher spielt in jeder wirklich menschlichen Ehe neben der geschlechtlichen Vereinigung die Enthaltsamkeit eine sehr bedeutende Rolle. Die Enthaltsamkeit bildet einen Weg zur geistigen Einheit der Partner, die sich nicht mehr täuschen wollen, weil sie – durch Erfahrungen und verschiedenste Erlebnisse –

erkannt haben, daß zwei Menschen auch in der Ekstase des Selbstopfers das möglichst entmythologisierte Einswerden, die Wirheit erreichen. Geschlechtliche Vereinigung und Enthaltsamkeit – beide tun die menschliche Beschränktheit kund, aber die Enthaltsamkeit erkennt sie und nimmt sie im voraus an, während der Geschlechtsverkehr sie als enttäuschende Faktizität bei einer immer nur äußerst flüchtigen Vereinigung konstatieren muß.

Sexuelle Betätigung ist keine absolute Notwendigkeit, Sexus ist Luxus; auch im Tierreich, wie es Portmann und andere Biologen bewiesen haben. Der frei gewählte Zölibat verursacht an und für sich keine leib-seelischen Störungen oder Einengungen des Daseins: Er kann so gut wie die Ehe zur affektiven Reife und vollen Integration der Persönlichkeit führen. Wer zur restlos-endgültigen oder zur zeitlichen Enthaltsamkeit nicht fähig ist, ist auch nicht fähig für die Ehe. Ihn wird keine sexuelle Aktivität retten, sondern allein eine radikale Metanoia, eine Umwandlung der ganzen Persönlichkeit.

Darüberhinaus ist die Enthaltsamkeit in gewissen Situationen ein Gebot der ehelichen Liebe, zumal wenn die personale Würde des Partners, seine eigentümlich geistige und leibliche Entwicklung respektiert sein wollen. Wer die Enthaltsamkeit gänzlich ausrotten will, beweist nicht seine Liebesfähigkeit, sondern bloß die eigene selbstsüchtige Unbeherrschtheit. Wer dagegen den Vorrang des Geistes in allen menschlichen Bereichen bejahen und sachlich festigen will, der wird zu einem „Künstler" der ehelichen Beziehungen. Er wird weder der naiv angepriesenen Technik noch der krassen Berechnung eines Wechselspieles von sexueller Betätigung und sexueller Enthaltsamkeit verfallen. Er wird eine menschliche Übereinstimmung mit dem Partner finden, bei der Verkehr und Verzicht ganz natürlich, ohne irgendeinen überasketischen oder ausschweifenden Zug ihren Beitrag zum existentiellen Wir bringen können.

Lust ist immer Geschenk, Geschenk, das aus einem anderen kommt, fast unerwartet und nicht direkt angestrebt. Lust eines Paares, wirklich miterlebte menschliche Lust, kommt aus etwas anderem, das außerhalb der beiden steht und viel mehr als gegenseitige Fresserei ist. Das gemeinte andere läßt das unentbehrliche Sich-Vergessen und Sich-Hinauswerfen der wahren Ekstase entstehen, welche das auf Erden immer nur bedingte Einswerden ermöglicht. Die erstaunte gemeinsame Betrachtung eines Kunstwerkes, das wie verzauberte Anschauen einer von beiden Partnern geliebten Landschaft, die atemberaubende gemeinsame Wache um eine Wiege, das Sich-Gott-zusammen-Anvertrauen, das ist es, was beide am besten verbindet. Die Zweisamkeit wird nun zu einem Dritten verwandelt – beide sind in ihm... Das Dritte, das am natürlichsten eine sich bis zum äußersten schenkende Hingabe zu zweit hervorruft, ist das Kind.

Erfüllung in der Liebe

Zur affektbeladenen Utopie des angeblichen sexuellen Glücks gehört jedoch gerade die Entkoppelung des Geschlechtsverkehrs von der Fortpflanzung. Erst wenn man diese Abtrennung – gegen alle Einsicht in die Natur und den göttlichen Plan – zum Hauptgesetz der menschlichen Liebe erhebt, sind der „Sexualrevolution" Tür und Tor geöffnet. Die Projekte eines Wilhelm Reich, des surrealistischen Manifestes 1947, die wissenschaftlich getarnte Ideologie des Komforts und die seit eh und je als Banner der Mündigkeit geschwungene Befreiung der Sexualität von Tabus und repressiver Moral, die – nun immer mit Verspätung – verschiedentlich „Neue Linke" rührend in kirchlichen Kreisen von allen Dächern pfeifen, beruhen alle auf diesem Prinzip der mehr oder weniger künstlichen Entkoppelung der geschlechtlichen Vereinigung von der Fortpflanzung. Daraus ergeben sich nicht nur Empfängnisverhütung und sogar Abtreibung als „fundamentale Menschenrechte", sondern auch die Lebensgemeinschaft von Homosexuellen, der Partnertausch und die Abschaffung der institutionellen Ehe, der Familie und (ganz allgemein) der strukturierten Gesellschaft. Ehe, Familie und Gesellschaft gründen sich nämlich justament darauf, daß die mannigfaltigen Erscheinungen der Enthaltsamkeit menschlich und daher möglich sind. Wenn Enthaltsamkeit abgewertet und als Feind des Glücks verpönt wird und dieses Glück beinahe zur Gänze auf sexuelle Befriedigung reduziert wird, dann brechen die Fundamente von Ehe, Familie und Gesellschaft zusammen.

Enthaltsamkeit bedeutet, daß man die Begierde nach jedem beliebigen Mitmenschen beherrschen kann und daß die Gesellschaft nicht mehr von der Anarchie bedroht ist. Enthaltsamkeit bedeutet, daß die Eltern, die ein weiteres Kind nicht verantworten können, nicht unbedingt zu Verhütungsmitteln greifen müssen, sondern die sexuellen Beziehungen in Frieden und ohne Beeinträchtigung der Liebeseinheit einschränken und sogar aufheben können, allem Gerede über Gesundheit und „Mystik des Leibes" zum Trotz. Enthaltsamkeit hat mit Technik so wenig zu tun wie die sexuelle Befriedigung: Beide haben ihren Sitz nicht in leiblichen Organen sondern in der geistigen Einstellung der Ich-Du-Hingabe.

Enthaltsamkeit muß allerdings immer Ausdruck (Austragung) verstehender Liebe sein. Sie darf nicht zu einer „Methode" der Begrenzung der Fruchtbarkeit werden, sonst erweist sie sich, wie alle Verhütungsmittel, als neurotisierend und letzten Endes als Gefährdung der Liebe und der Ehe. Die egozentrische Grundhaltung der Antikonzeption ist stets die Folge einer falschen Wertskala, nach der die Aufmerksamkeit so stark auf das Geschlechtliche gerichtet ist, daß der ganzheitliche Wert der Person nicht mehr wahrgenommen wird. Die egozentrische Grundhaltung birgt eine psychologische Ambivalenz in sich: Mut zum Sex – Angst vor dem Kind, Ja zum sexuellen Zusammenleben und Nein zu dessen Folgen. Diese Ambivalenz führt bekanntlich zu Reaktionsneurosen, wie sie die ärztliche Erfahrung zeigt: bei Frauen hauptsächlich zu Frigidität, Anorgasmie, Ekel und Depression; bei Männern hauptsächlich zu erhöhter Aggressivität oder Neurasthenie und Bindungsangst (und daher häufigerer Untreue). Diese Reaktionen erscheinen in zunehmendem Ausmaß dort, wo die gegenseitige Hingabe dem gefeierten Eigengehalt der Sexualität geopfert wird. Das zeigen deutlich die wissenschaftlichen Beobachtungen von vielen Ehepaaren, welche Gebrauch von Antikonzeptiva machen, während die periodische Enthaltsamkeit sich immer mehr als eine Schule der personalen Liebe, der Mannigfaltigkeit und der Dynamik der zärtlichen Liebesweise und einer fortschreitenden Freiheit vom ichhaften Begehren offenbart. Wer somit dem Rhythmus der Natur folgt, entdeckt allmählich den wahrhaft tiefen rhythmischen Charakter des Reifungsprozesses der Persönlichkeit durch den

Reifungsprozeß der Ganzhingabe, oder, wie es die große Hildegard von Bingen sagen würde, der Mensch entdeckt, daß „in seinen Lenden eine Art von Vernunft erblüht"[3].

Das Kind ist die Frucht der Liebe, zwar nicht in einem biologischen Sinn als Folge der manipulierten geschlechtlichen Vereinigung, wohl aber als die reife Blüte der freien, vollständigen Hingabe. Wenn diese aus gerechtfertigten Gründen des gut geformten Gewissens ihre natürliche Frucht nicht erreichen kann, vermag sie sich auf die Spitze des Geistes zurückzuziehen und eine echte Vollendung durch die Enthaltsamkeit zu finden, so daß das Menschlichste der ehelichen Gemeinschaft aufrechterhalten bleibt. Die Enthaltsamkeit – die Tugend! –, die keine Technik ist, besitzt allein die Fähigkeit, die menschliche Einheit des Paares immer von neuem herzustellen.

Das Kind schafft auf eine einmalige Weise die Einheit der Eltern, indem es – wie schon erwähnt – gemeinsame und personale Hingabe fordert. Es befreit die Liebe am besten von egozentrischen, zerstörerischen Zügen. Das Kind ist es, das die Partner zur Einheit beruft, nicht eine unpersönliche Begierde, nicht blinder Zufall oder einige aus dem „topos uranios" platonischer Entelechien herabgeplatzte Gefühle. Sagen wir es auch mit Hildegard von Bingen: „Die Kraft des Ewigen, die das Kind aus dem Mutterleib herausleitet, macht erst eigentlich Mann und Frau so zu einem einzigen Leib."[4] Und wenn nach göttlicher Vorsehung nicht das Kind, dann kann ein Dienst an der Gesellschaft, an der Kirche oder einfach das gemeinsam getragene Kreuz die Ehepartner innigst verbinden.

Denn das Kreuz ist gegenwärtig in allen Schichten des Persönlichen und des Gemeinschaftlichen: als Versagen der Vernunft, die den Partner nie völlig verstehen kann, der andere bleibt immer ein anderer, schattenhaft, Person, und das ist ein Kreuz, dieses Erkennen und doch niemals ganz erkennen; als quälende Unersättlichkeit des Herzens, das seine grundsätzliche Einsamkeit über kurz oder lang erfahren muß; als irrationales Begehren des Leibes gegen Verstand, Gewissen und sogar Gefühl. Das Kreuz der Selbstentsagung wurde von Christus selbst auf die Schultern aller Christen gelegt und zwar als unbedingte Voraussetzung der Erfüllung des Hauptgebotes der Liebe. Die Ehe ist, wie Johann Nestroy sagte, kein „Privatletitzerl", die Ehe ist kein utopischer Garten der Lüste, wo Gesetz und Sittlichkeit kein Wort zu reden hätten. Wenn man auch mit Abraham a Santa Clara nicht behaupten muß: „Das Land der Venus heißt so, weil es voll Weh und harter Nuß ist", so müssen dennoch dort, wo Menschen im Spiel sind, jede Einseitigkeit, jede Ichhaftigkeit, jede fanatische Verabsolutierung und alle Zwangsideen und -handlungen ständig überwunden werden. Deshalb muß dem Schutz der Ordnung, der Gerechtigkeit, der Freiheit, der Verantwortung, der Wertschätzung des anderen und der Liebe pausenlos Aufmerksamkeit geschenkt werden. Wo Menschen sind, müssen Maß und Zucht herrschen, welche im Bereich des Sexuellen einen Namen haben, den heute fast niemand mehr in den Mund zu nehmen wagt: Keuschheit.

Keuschheit

Keuschheit ist jeder starren Gesetzlichkeit fremd, nie eine kleinkarierte Tugend für Fachidioten des Moralismus, sie ist kein sturer Buchhalter der Zentimeter und Zehntelsekunden des Erlaubten und des Unerlaubten zur Gewissensberuhigung gieriger Frömmler. Sie ist kein prüdes und kitschiges Mieder der triebhaften Spontaneität. Die Keuschheit ist vielmehr die höchst dynamische schwebende Mitte zwischen Spiritualismus und Materialismus, zwischen Anbetung des Leibes und satanischem Stolz des Geistes, zwischen mythologischer Vergeistigung des Leibes und Verachtung des Geschlechtlichen. Jene Vergeistigung des Leibes schließt die schändlichste Vergegenständlichung des Geistes mit ein, und die Verachtung des Geschlechtlichen setzt die rebellische Entkörperlichung des Geistigen voraus. Keuschheit ist diese Mitte und diese Höhe zwischen den irrtümlichen und lasterhaften Extremen der desinkarnierten Geistigkeit und der isolierten, genauso unmenschlichen Sinnlichkeit. Die Keuschheit untersteht dem Gebot der Liebe und empfängt von der Liebe ihren Sinn – oder sie ist keine Keuschheit mehr. Thomas von Aquin sagt: „Der letzte Grund der Keuschheit liegt in der Liebe und in den anderen göttlichen Tugenden, durch die der Geist des Menschen sich mit Gott verbin-

det."⁵ Und Josemaría Escrivá, dieser Pionier der Spiritualität der Laien in unserer Zeit, hat geschrieben: „Ohne Liebe ist die Keuschheit unfruchtbar. Ihre leblosen Wasser verwandeln die Seele in einen Tümpel, in einen faulen Teich, aus dem Dunstwellen des Hochmutes steigen."⁶
Wo Keuschheit herrscht, dort ist die Sexualität inkarnierte Liebe, dort gibt es Zartheit statt Gewalt, Taktgefühl statt egoistisches Profitdenken, spontane Liebeskunst statt Technik. Wo Keuschheit herrscht, dort wird die Sexualität, das Sexualleben, nie zum Zank, dort schwinden Leistungsverlangen, Leistungsschaustellung, Potenzprotzerei und bange Konzessionen aus falschem Mitleid. Keuschheit, das heißt humanes, geistreiches Sexualleben, ist Harmonie der Person in sich und mit dem Partner, der immer als Person betrachtet und behandelt wird. Sie ist stets ein langer Weg, auf dem man unaufhörlich fortschreiten kann und soll, manchmal auch durch Enthaltsamkeit, Verzicht und Selbstverleugnung, welche aber als leibliche Austragung der Liebe nicht mehr Opfer sind, sondern eben eine Variante der Liebeshingabe. Mann und Frau, beide Ehepartner, bedürfen der Zärtlichkeit, der Verleiblichung der Liebe, ja benötigen es, begehrt und erobert zu werden, ebensosehr wie sie Respekt ihrer Freiheit und ihres Geschmacks, wie sie Verehrung, Geborgenheit, Einfühlungsvermögen und Wertschätzung der eigenen Einmaligkeit brauchen. Da all diese Verlangen bei beiden Partnern selten, sehr selten denselben Rhythmus haben, muß die Steifheit und mechanische Unbeugsamkeit des Triebhaften gezähmt und der Menschlichkeit der Ich-Du-Beziehung immer von neuem angepaßt werden: Keuschheit als einzige gültige Humanisierung der Sexualität.⁷

Da aber die Annahme des Kreuzes und seiner Forderungen im menschlichen Zusammenleben so schwer fallen, daß selbst die Jünger des Herrn vor den strengen Forderungen Jesu in diesem Zusammenhang ausriefen: „Wenn die Sache so steht zwischen Mann und Frau, dann ist es besser, nicht zu heiraten", entgegnete der Meister: „Nicht alle können dieses Wort fassen, sondern nur die, denen es gegeben ist."⁸ Und das heißt: Die Tugend im Bereich der Sexualität, das Gute im Bereich der sexuellen Hingabe und der Keuschheit in allen ihren Formen sind eine Gnade, um die man demütig beten muß. Es ist gerade ein Zeichen der Reife des Menschen, diese Notwendigkeit, allen unentbehrlichen Maßnahmen und Bemühungen zum Trotz, erkannt zu haben. Die Keuschheit ist nicht die erste Tugend und sie darf auch nicht zu einer Zwangsvorstellung werden. Aber der vollkommene Mensch – Jesus Christus – fordert sie und hilft, weil er die allgemeine Schwäche kennt. Er vergab die Sünden in diesem Bereich im Nu, aber er hat seine Forderungen deswegen nicht abgeschwächt. Es sind harte Forderungen zugunsten einer zarten Sache, ja im Dienste der Liebe. Wir alle sollten abschließend mit dem heiligen Augustinus dieses Gebet sprechen: „Da Domine quod iubes, et iube quod vis! – Gib o Herr, was Du forderst, und dann fordere, was Du willst!"

Anmerkungen

1 Gabriele Brown, The Celbacy. In: „Profil" 9.12.1980, S. 12 f.
2 Vitaliano Brancati, Paolo il caldo.
3 Hildegard von Bingen, Geheimnis der Liebe, Olten 1957, S. 89.
4 Hildegard von Bingen, a.a.O. S. 62.
5 Thomas von Aquin, Summa theologica II–II q. 157 a. 2 c.
6 Josemaría Escrivá, Der Weg, Köln 1978[8], Nr. 119.
7 Vgl. Johannes Paul II., Apostolisches Schreiben „Familiaris consortio" vom 22.11.1981, Nr. 33; Paul Vl., Enzyklika „Humanae Vitae" vom 25.7.1968, Nr. 21, S. 39, Trier 1968.
8 Mt 19,10–11.

Zweites Kapitel

Zeitgeist, Kirche und Klischees

Ein Riß geht durch die Kirche
Zum Streit um die katholische Sexualmoral

von Andreas Laun

Thema Liebe

Ist die Kirche zu sehr mit den Problemen der Sexualität befaßt? Und falls ja, wer in der Kirche? Die Priester und Bischöfe, die Kurie – Zölibatäre also, sagen manche mit einem hintergründigen Tonfall, und meinen dabei häufig nicht zuletzt den Papst selber. Warum sollten die Eheleute „inkompetenten Herren, die das alles nichts angeht, Rede und Antwort stehen müssen"[1]? Als ob es nicht wichtigere, größere Probleme auf der Welt gäbe als das Sexualverhalten der Menschen!

Größere Probleme ja, aber andererseits: Gibt es einen Bereich, der den Menschen tiefer berührt als eben seine Liebe, sein Geliebtwerden und sein Liebenkönnen? Ist nicht die Liebe wirklich „the one green thing", der „grüne Fleck", der in dem allgegenwärtigen Grau des Alltags, das den Menschen so bedrückend umgibt, tröstet, Freude macht und Spannung ins Leben bringt? Darum kreisen die Gedanken des Menschen nicht nur ums Geschäft und den Erfolg, sondern in einer tiefen, verletzlichen und oft genug so ausgedörrten Schicht seines Wesens um die Liebe.

Um den Menschen, dessen eigentliche Bestimmung die Liebe ist, zu erreichen, mit ihm in einen Dialog zu treten, der ihn wirklich angeht, muß die Kirche von der Liebe sprechen – natürlich zunächst und vordringlich von der Liebe zu Gott und der christlichen Liebe zum Nächsten, aber auch von der Liebe der Geschlechter.

*Die emanzipatorische Abwendung
von der Kirche als Lehrerin der sexuellen Moral*

Der moderne Mensch erwartet heute von allen möglichen Institutionen eine Auskunft darüber, „wie man liebt", aber kaum noch von der Kirche! Sie scheint eher der Hemmschuh par excellence zu sein, die große und ewige Verneinerin. Wenn sie die Liebe schon nicht verbieten kann, dann zwängt sie sie wenigstens in das Korsett der Ehe und bindet sie an die Nachkommenschaft als den „Zweck" der Ehe – so wie man früher den Gefangenen eine eiserne Kugel an den Fuß kettete. Gerade was die Sexualität betrifft, erweist sich die Kirche in den Augen vieler Leute – unbeschadet ihrer Verdienste auf anderen Gebieten – als diejenige, die dem Menschen Steine in den Weg zu allem und jedem legt, was den Menschen wirklich freut. „Inzwischen sind wir dahin gelangt", beklagt der Theologe E. Drewermann, „daß sogar der gütige Stand der Priester, ... an sich einzig dazu bestimmt, das Dasein des Menschen zu segnen und Wege zurück in das verlorene Paradies der Welt zu weisen, selbst seit Jahrhunderten angewiesen und darin geschult ist, nach Art von Verwaltungsbeamten die Liebe zu strangulieren"[2].

Die Gesellschaft hat, so scheint es, sich längst zu helfen gewußt. Wenigstens zur späten Stunde, wenn die Kinder schon schlafen, gibt es im Fernsehen eine Fragetante für sexuelle Probleme oder auch, wie ein freundliches Betthupferl, ein Männer-Magazin. Illustrierte und Zeitungen halten sich ein Sexualorakel, um sexuell frustrierte und ratsuchende Menschen exemplarisch zu beraten. Auch wenn sich da und dort Zweifler zu Worte melden und in Frage stellen, ob man menschliche Beziehungen wirklich durch eine besondere Stellung oder Bewegung der Leiber oder auch durch Reizwäsche, Spiegel und Beleuchtungstricks in Ordnung bringen kann – am Grundprinzip dessen, was man die „sexuelle Befreiung" zu nennen pflegt, läßt sich derzeit noch nicht rütteln. Und sogar wenn, wie nicht wenige Leute aus der feministischen Bewegung behaupten, etwas falsch laufen sollte, so ist die Kurskorrektur sicher nicht in jener Richtung hin vorzunehmen, die die Kirche einmahnt.

Die „sexuelle Revolution" hat das allgemeine Grundrecht auf Freiheit endlich auch auf die Sexualität übertragen, so konkretisiert und erweitert: Gemeint sind die Freiheit und das Recht auf alle Formen sexuellen Verhaltens, solange nicht die Rechte des anderen beeinträchtigt sind und weder AIDS noch sonst eine unangenehme Folge zu erwarten ist. Genauer gesagt: Alle sexuellen Bedürfnisse haben ein Recht auf Erfüllung, nur möge man sie so praktizieren, daß sie keine „Nebenwirkungen" haben. Und was die unerwünschte Schwangerschaft betrifft – in der breiten Palette von Verhütungsmitteln müßte doch jedermann etwas nach seinem Geschmack finden können. Und sollten alle Stricke reißen, bleibt immer noch die freiwillige „Schwangerschaftsbeendigung" (wie man die grausige Realität vornehm zu umschreiben pflegt) als längst garantiertes Menschenrecht der Frauen und indirekt auch der Männer. Zielgruppe der sexuellen Revolution sind prinzipiell wirklich alle Menschen, die sexuell schon oder noch ansprechbar sind. Das Paradies des sexuellen Alles-tun-Dürfen (vom fantasievollen Wünschen ganz zu schweigen) ist grundsätzlich ebenso offen für Jugendliche wie für alte Menschen und Behinderte. Und was jene sexuellen Neigungen betrifft, die man früher „Perversionen" nannte, bemüht man sich redlich, sie gesellschaftsfähig zu machen – soweit es nur irgendwie möglich ist.

Was die siegreichen Sexual-Revolutionäre über die Kirche bzw. ihre Vertreter denken, bedarf eigentlich keiner näheren Erörterung: Im günstigsten Fall verachten sie diese „Eunuchen für das Himmelreich" oder machen sich lustig über sie. Vom Gelobten Land der sexuellen Freiheit aus betrachtet, muß die Sexualmoral der Kirche natürlich als „Sex und Horror-Show"[3] der Frustration erscheinen, und das sollte man, ginge es nach dem Willen der geistigen Mütter und Väter des vom österreichischen Unterrichts-Ministerium bestellten „Sex-Koffers", schon den Kindern in der Schule drastisch vor Augen führen. Man muß schon einige Szenen des Filmes „Was heißt hier schon Liebe?" gesehen haben, um sich ein Bild von jener boshaften Verachtung machen zu können, mit der gewisse Menschen die kirchliche Lehre kritisieren. Wäre die Kritik berechtigt, so müßte man die Kirche wohl bekämpfen – wenn sie nicht schon ohnehin so einflußlos wäre.

Die Vorgeschichte

Was heute geschieht, läßt sich freilich nur von der Vergangenheit her verstehen. Gemeint ist freilich nicht die gesamte 2000jährige Sittengeschichte des christlichen Abendlandes, auch wenn natürlich alles mit allem historisch verwoben und verknüpft ist. Dennoch sind Redewendungen wie: „Man hat uns 2000 Jahre gesagt..." töricht und ohne Sinn für Menschen, deren Lebenserwartung zwischen 70 und 80 Jahren liegt. Wahr hingegen ist, daß viele Menschen der älteren Generation von heute – seltene, glückliche Ausnahmen bestätigen auch hier die Regel – eine prüde Sexualerziehung durchlitten haben. Das heißt: Im 19. und zu Beginn des 20. Jahrhunderts lehnten die Gesellschaften Europas und Nordamerikas alles Leiblich-Sexuelle weitgehend ab, verdrängten und tabuisierten es, soweit es eben ging.

Natürlich „ging es" nicht, und es war das große Verdienst von Siegmund Freud, der ausgegrenzten, gleichsam ins Exil vertriebenen Sexualität des Menschen wieder Heimatrecht und Legitimität zu verschaffen – ein Verdienst, das ihm trotz aller sonstigen Kritik nicht genommen werden kann. Man muß nur einmal mit älteren Menschen sprechen und hören, als welche geheimnisvolle Bedrohung sie Sexualität, die ihnen ein stetig schlechtes Gewissen suggerierte, erfahren haben. Staunend erfährt man, wie die Sitte es verbot, sogar die Worte, die korrekte Bezeichnung für die Geschlechtsorgane oder bestimmte Kleidungsstücke in den Mund zu nehmen. Über manche Kindergeschichte aus dieser Zeit, über mißlungene oder einfach unterbliebene Aufklärung wird man heute lachen – doch wieviel Leid hat diese Irrlehre der Leib- und Sexualfeindlichkeit vielen Menschen gebracht! Daß dies so war, bestreitet heute niemand. Wie es soweit kommen konnte, darüber wird gestritten. Und die einfachste und bequemste Antwort lautet: Die Kirche ist schuld, sie vor allem oder sogar sie alleine! Ausgerechnet einige Theologinnen und Theologen sind heute bemüht, dieser Geschichtslüge ein wissenschaftliches Kleid zu nähen. Die einschlägigen Bücher von Uta Ranke-Heinemann, Karl-Heinz Deschner, Herbert Haag und Georg Denzler werden eifrig gelesen und auch im Radio und Fernsehen gerne propagiert. Das Thema Nr. 1 verkauft sich doppelt so gut, wenn man es, scheinbar nur an der geschichtlichen Wahrheit interessiert, auch noch mit anti-kirchlichen Gefühlen garnieren kann! Es ist hier unmöglich, den vielfältigen Ursachen der sexualfeindlichen Atmosphäre der jüngsten Vergangenheit nachzuspüren und dabei „die Schuldigen" festzumachen. Die Verantwortung läßt sich auch nicht in prozentuale Segmente zerlegen wie das Ergebnis einer Wahl, um dann sagen zu können: die Hauptschuldigen waren die Aufklärer, die Pietisten, die Calviner, die Puritaner, die Staatsbeamten oder eben die Katholiken. Die Zusammenhänge und Interdependenzen sind zu komplex, um entsprechend den Bedürfnissen einer schnellen und überschaubaren Geschichts-Justiz mit ein paar Worten ein angemessenes Urteil fällen zu können.

Hier genügt es festzuhalten: Alle Gesellschaftsschichten und alle weltanschaulichen Gruppen waren betroffen, alle haben auf ihre Weise zu dem prüde-schwülstigen Klima beigetragen – sei es durch ihre Lehre, sei es durch blindes Sich-dem-Zeitgeist-Ergeben, sei es durch einen faktischen Verrat an der eigenen Lehre.

Die ersten Widersprüche

Was die katholische Kirche betrifft, so bedarf es auf Grund ihres Selbstverständnisses und ihrer Geschichte einer besonders differenzierten Wertung der Entwicklung:

Die Kirche behauptet, daß sie in entscheidenden Fragen des Glaubens und der Moral „letztlich" nicht aus der Wahrheit fallen könne. „Die Kirche" irrt sich nicht, wohl aber – und diejenigen, die am ersten Satz Anstoß nehmen, sollten auch das folgende wirklich hören – irren katholische Christen, Laien und Bischöfe. Ja ganze Ortskirchen können sich manchmal in harmlose, manchmal aber auch in verhängnisvolle Irrtümer verstricken und verlaufen. Auch ist der Katholik keineswegs gehalten zu glauben, das Lehramt werde immer rechtzeitig, laut und präzise genug die Stimme erheben und die Irrtümer in einer Weise brandmarken, daß es auch im letzten Winkel des Orbis Catholicus keinen Zweifel mehr geben kann, was wahr und was falsch ist. Es ist „eine Tatsache", stellt August Adam, einer der großen Bahnbrecher der Erneuerung auf dem Gebiet der katholischen Sexualmoral, schon 1940 fest, „daß eine Wahrheit in sämtlichen Katechismen stehen kann, aber trotzdem auf die Formung des Gewissens ohne Einfluß bleibt, wenn nicht eine aufrechte Pastoral allen hemmenden Zeitströmungen und Vorurteilen entgegenwirkt..."[4]

Schuld hin, Schuld her, genau das war der Fall: Auch in die katholische Kirche war der Geist der Zeit eingedrungen und hatte das Leben erstarren lassen. Gemessen an ihren irdischen und ewigen Folgen hielt man die Fleischessünden für die schlimmsten aller Verfehlungen, und logisch folgerichtig galt die Keuschheit – oder das, was man dafür hielt! – als die wichtigste aller Tugenden, die Perle der Perlen, die Königin auf dem Gebiet der Moral[5]!

Dietrich von Hildebrand war es, der die entscheidende Wende einleitete. Als sein kleines Werk „Reinheit und Jungfräulichkeit" 1927 zum ersten Mal erschien, „brachte es" nach dem Urteil des Münchener Theologen Leo Scheffczyk „viele Menschen zur Besinnung, manche auch zur Bekehrung"[6]. „Zur Besinnung" brachte Hildebrand eigentlich nicht nur einzelne Christen, sondern die ganze Kirche. Denn von diesem Zeitpunkt an mehrten sich die Stimmen, die sich im Namen der Hl. Schrift, der Tradition, der großen Lehrer der Christenheit gegen den herrschenden, prüden Geist zur Wehr zu setzen begannen, ermutigt unter anderem von keinem geringeren als Eugenio Pacelli, dem späteren Pius XII.

Die Liebes- und Sexualmoral des Lehramtes

All jene, die auch heute noch in verächtlichem Tonfall von der kirchlichen Lehre über Sexualität sprechen, haben das schon genannte Ereignis übersehen, dessen kirchen- und geistesgeschichtliche Bedeutung kaum überschätzt werden kann: Zunächst von nur wenigen prophetischen Stimmen getragen, kam zu Beginn dieses Jahrhunderts in der katholischen Kirche ein Prozeß der Besinnung auf das Wesen der Ehe, der Liebe, der Sexualität in Gang, der vom Zweiten Vatikanischen Konzil unwiderruflich bestätigt wurde. Mag vorher noch die eine oder andere Frage nach dem, was nun die eigentliche Lehre der Kirche sei, unbeantwortet und offen geblieben sein: von nun an kann es eigentlich kein „Zurück" in bestimmte Irrtümer der Leibverachtung mehr geben.

Aber nicht genug damit: Gestützt auf die Konzilstexte und die Beiträge Pauls VI. hat Johannes Paul II. die katholische Lehre über die menschliche Liebe in einem Maße weiterentwickelt, neu beleuchtet und durch eine sorgfältige Betrachtung der biblischen Texte – von der Genesis über das Hohelied bis hin zur Bergpredigt – so vertieft, daß man sagen kann: Diese katholische Lehrentwicklung stellt alles in den Schatten, was es auf diesem Gebiet in den zwanzig Jahrhunderten Kirchengeschichte bis dahin gegeben hatte. Abgesehen von so manchen Entgleisungen, falschen Akzentsetzungen und Irrtümern einiger Kirchenväter und kirchlicher Autoren im Laufe der Geschichte, braucht man sich nur auf die Suche nach denen zu begeben, die am ehesten als Kronzeugen der echten christlichen Lehre gelten dürfen: Man vergleiche nur die schönsten und ausgewogensten ihrer Texte mit dem, was der jetzige Papst zu diesem Thema zu sagen hat, und man wird erkennen: Wir sind Zeitzeugen einer von Gott geschenkten Stunde des geistigen Durchbruchs – vergleichbar anderen bedeutenden Lehrentwicklungen, die die Geschichte der Kirche geprägt und verändert haben. Man kann ohne schmeichlerische Übertreibung sagen: Noch nie hat das Lehramt der Kirche in so differenzierter und einfühlsamer Weise über die eheliche Liebe, über die eheliche Umarmung und ihre „einzigartige, ja außerordentliche Bedeutung" (Johannes Paul II.) für Mann und Frau gesprochen, wie dies in den letzten Jahrzehnten der Fall war. Diese erneuerte, mit Autorität vorgetragene Sexualmoral des Lehramtes läßt sich folgendermaßen kurz umreißen:

Der Mensch ist ein Ebenbild Gottes. Gott ist die Liebe und so ist die Liebe auch die „grundlegende und naturgemäße Berufung" des Menschen. Es gibt zwei besondere Wege, die Berufung zur Liebe in die Tat des Lebens umzusetzen: die eine ist die liebende Verbindung mit Christus durch die geheimnisvolle Ehelosigkeit „um des Himmelreiches willen", die andere die bräutliche Liebe (Johannes Paul II., Familiaris Consortio Nr. 13).

Diese Liebe umfaßt den ganzen Menschen, Leib und Seele, die Kräfte des Herzens, des Willens und des Leibes. Sie verlangt nach einer endgültigen Entscheidung „bis der Tod euch scheidet"! Die leibliche Vereinigung ist das äußere Zeichen der Ganzhingabe, ein Zeichen, das ohne das eheliche Jawort und die Liebe seines eigentlichen Sinnes beraubt und darum Sünde wäre. Zugleich aber verlangt die eheliche Liebe nach der Vereinigung, und so kann Paulus von einer „ehelichen Pflicht" sprechen (1 Kor 7,3), die natürlich nur als „Pflicht der Liebe" richtig verstanden ist. Ferner ist diese Liebe ihrem Wesen nach fruchtbar: Die Gatten sollen miteinander die Berufung aller Christen zur Heiligkeit leben und sie sollen, wie es der Liebe selbstverständlich ist, füreinander dasein. Wenn von „Unterordnung" die Rede ist, dann nur im Sinne der juristisch unfaßbaren Gegenseitigkeit des aufeinander Hörens, das für Liebende selbstverständlich ist. Die fruchtbare, eheliche Liebe findet ihre natürliche Erfüllung im Kind. Von einer Moral, die Sexualität einzig auf ihre Fortpflanzungsfunktion beschränkt, ist keine Rede.

Alle Normen, alle Ge– und Verbote, die das sexuelle Leben des Menschen betreffen, müssen als Folgen einer konsequenten Liebesethik verstanden werden. Das gilt nicht nur für das Nein zum Ehebruch, sondern auch für den vorehelichen Verkehr, der – wie Paul Zulehner treffend formuliert – immer ein „voreiliger" Verkehr ist; das gilt auch für die Lehre von „Humanae Vitae" oder auch die Ablehnung der künstlichen Befruchtung. Immer fehlt ein wesentliches Element der leib-seelischen Liebe oder es wird künstlich ausgeschlossen. Man könnte sagen: In allen nach katholischer Lehre unmoralischen Verhaltensweisen steckt ein Dualismus, das heißt irgendein Zerbrechen der wunderbaren Einheit der bräutlichen Liebe, die Leib und Seele, Vergangenheit und Zukunft, Hingabe der Personen und Offenheit für neues Leben umfaßt.

Wie in allen Bereichen seiner Natur ist der Mensch natürlich auch in seiner Geschlechtlichkeit von der Sünde schwer gezeichnet und bedroht. Immer dann, wenn die Liebe von der Selbstsucht unterlaufen wird, spricht die Kirche von einer bösen Begierde und bezeichnet diese als Sünde. Diese Sünde beginnt nach dem Wort Jesu im Herzen und mit dem lüsternen Blick. Und auch die Ehe ist keine „Insel der Seligen", auf der es diese sexuelle Erniedrigung des anderen zum Objekt der Lust nicht geben kann. Spätestens seit der Diskussion um die Vergewaltigung in der Ehe sollte dies außer Streit sein. Das moralische Immunsystem der Liebe, die sich gegen ihre Vereinnahmung durch sexuellen Egoismus wehrt, heißt Keuschheit. Mit einer Beschränkung der Liebe hat diese nichts zu tun, wohl aber mit einem entschlossenen Kampf gegen die Verletzung der personalen Würde und des sexuellen Selbstwertgefühls bzw. der Scham des Partners.

Die Reaktionen

Wie haben nun kirchliche und profane Öffentlichkeit auf diese Verlautbarungen der kirchlichen Lehre reagiert? Eigentlich in einer paradoxen, geradezu tragischen Art und Weise. Allgemein kann man sagen: Die neu erklärte, großartige Lehre der Kirche über Liebe, Sexualität und Ehe ist für manche Kreise geradezu ein wohlbehütetes Geheimnis, anderen hingegen ist nur eine Karikatur bekannt. Abgelehnt und ignoriert wird sie sowohl von manchen konservativen wie auch progessiven Kreisen. Viele Priester und Bischöfe (und vielleicht sogar nicht wenige Theologen) haben die einschlägigen, zugegebenermaßen anspruchsvollen Texte des Papstes nicht einmal gelesen. Wie so oft in der Geschichte der Kirche kaufen nur wenige „den Acker", in dem der geistige Schatz verborgen liegt, und noch weniger unterziehen sich der Mühe des Grabens – sei es, weil sie dazu nicht fähig sind, sei es, weil sie von der Existenz des Schatzes schlicht und einfach keine Ahnung haben, sei es, weil sie das Gold für wertlosen Plunder halten .
Zwei Beispiele möchte ich zur Veranschaulichung anfügen: Als Papst Pius XI. seine Enzyklika gegen die Nationalsozialisten schrieb, hätten viele der österreichischen Bischöfe und Theologen diese nur lesen und verstehen – oder zumindest nur glauben müssen, welche Gefahr der Nationalsozialismus bedeutete. Pius XI . wurde nicht widersprochen – schlimmer noch, seine Worte wurden weithin einfach nicht wahrgenommen. – Und: Papst Johannes Paul II. trug in seinen sogenannten Mittwoch-Ansprachen in den Jahren 1979–1984 seine Lehre über die Theologie der Liebe und des Leibes vor. Auf die Publikation der Texte im „Osservatore Romano" reagierte ein Pfarrer mit den Worten, er habe sich schon lange überlegt, dieses Sexblatt abzubestellen.

Die konservative Reaktion

Auf der einen Seite, die eher nur einen schwachen Einfluß besitzt, stehen jene Traditionalisten, die nicht nur nicht dem Konzil, sondern schon gar nicht Johannes Paul II. so recht vertrauen. W. Siebel, der führende Ideologe der „Sammlung glaubenstreuer Katholiken" – die allerdings längst, noch vor Lefebvre, den Bruch mit der katholischen Kirche vollzogen hat – spricht beispielsweise von der „apostatischen Haltung Johannes Pauls II., der mit diesem Schreiben (über die Würde der Frau) zur Förderung des Feminismus den Aufstand gegen die legitime Herrschaft, den er mit der Annahme der Befreiungstheologie erheblich stärkte, zu einem weltweiten Brand ausgedehnt hat. Der Aufstand gegen die legitime Herrschaft – ob im Staat oder in der Familie – bleibt aber immer nach dem Bilde Satans ein Aufstand gegen Gott selbst. Johannes Paul II. hat sich damit aber als ein Zerstörer der Familie und der von ihr abhängigen moralischen Erziehung erwiesen."[7] Und in einem Leserbrief in derselben Zeitschrift heißt es: „Johannes Paul II. ist so sehr von dem Mann/Weib-Problem fasziniert, daß er gar nicht mehr aufhören kann, darüber zu reden. Der Mann Wojtyla gehört auf die Ottomane eines Psychotherapeuten. Wenn das Herz voll ist, läuft der Mund über."[8]

Solche Stimmen freilich besitzen keine bedeutende Anhängerschaft und verdienen keine weitere Beachtung. Allerdings soll meine Kritik auch jenen gelten, die sich zwar als „papsttreu" verstehen, manchmal aber doch in einer Art und Weise von Liebe und Sexualität sprechen, die erkennen läßt: Sie haben weder Johannes Paul II., noch das II. Vatikanum wirklich verstanden und haben sich von den puritanisch-leib- und lustfeindlichen Einflüssen einer vergangenen Zeit kaum befreien können.

Der Protest nach „Humanae Vitae"

Doch blicken wir weiter zurück: Zur Zeit des Konzils und unmittelbar danach waren sich, von einigen Traditionalisten abgesehen, alle einig: In den Texten über Liebe und Ehe hatten die

Konzilsväter eine wichtige Debatte zu Ende gebracht und einen neuen Aufbruch ermöglicht.

Diese Situation sollte sich bald ändern. 1968 erschien die Enzyklika „Humanae Vitae". Gegen das Mehrheits-Votum der von ihm selbst zu seiner Beratung eingesetzten Kommission war Papst Paul VI. zur Überzeugung gelangt, der Verhütungs-Mentalität und Praxis der Zeit ein bedingungsloses Nein entgegensetzen zu müssen. Und dies, obwohl er der Moderne gegenüber aufgeschlossen war und wußte, was er den Menschen und auch sich selbst anzutun im Begriffe war. Noch nie, bekennt Paul VI., habe er „die Last Unseres Amtes so empfunden wie in diesem Fall", und die ganze Welt war Zeuge des päpstlichen Geständnisses, daß er, der Stellvertreter Christi auf Erden, vor der Entscheidung „gezittert" habe. Doch war er vor seinem Gewissen von der Richtigkeit und Notwendigkeit überzeugt und mußte seine Entscheidung „in der Fassung der vorliegenden Enzyklika" zum Ausdruck bringen". Das von Paul VI. erwartete geistige Erdbeben blieb nicht aus: Ein Sturm des Protestes brach los. Prominente Theologen stellten sich mehr oder weniger deutlich gegen die päpstliche Lehre und machten sich zum Wortführer einer rasch wachsenden Opposition. Kein Wunder, daß sich nicht wenige Bischofskonferenzen zu Erklärungen bereitfanden, die durch unklare Formulierungen versuchten, die praktisch-harten Konsequenzen der päpstlichen Lehre auf dem pastoralen Weg zu entschärfen. Die kritisch-oppositionelle Reaktion auf die Enzyklika wertet der amerikanische Jesuit Ch. Curran allerdings positiv als „einen bedeutsamen Wendepunkt in der Geschichte der römisch-katholischen Kirche", indem erstmals das „Recht zur abweichenden Meinung gegenüber einer autoritativen, aber nicht unfehlbaren päpstlichen Lehre von vielen innerhalb der Kirche anerkannt" worden sei.[10]

Dann kam Johannes Paul II. auf den Stuhl Petri und eroberte im Sturm die Herzen der Menschen. Allerdings, offenbar unbeeindruckt von allen Widersprüchen, rief er wieder und wieder die Lehre Paul VI. in Erinnerung und sprach von göttlichen Gesetzen, die der Mensch nicht mißachten dürfe. Von einem innerkirchlichen „Recht zur abweichenden Meinung" kein Wort, im Gegenteil, er berief sich auf das Konzil und erwartete Gehorsam.

So oft und so eindringlich tat er dies, zuletzt 1988 mit besonders starken und provozierenden Worten auf einem Kongreß in Rom, daß es nicht mehr möglich war, seine Stimme einfach zu überhören. Was dieser Papst als göttliches Gebot verkünde, sei, so hielten ihm dann rund 170 deutsche Theologen in der sogenannten „Kölner Erklärung" entgegen, eine Lehre, „die weder aus der Heiligen Schrift noch aus den Traditionen der Kirche begründet werden kann"[11]; mehr als ein Orientierungspunkt könne diese Privatmeinung des Papstes also nicht sein, und die Gläubigen sollten letztlich nach ihrem Gewissen entscheiden.

Die heutige Situation

Längst hat das Feuer des Widerspruches gegen die päpstliche Lehre auch andere Positionen der kirchlichen Sexualmoral erfaßt: Vorehelicher Verkehr, homosexuelle Lebensgemeinschaften und Selbstbefriedigung – alle diese Verhaltensweisen werden mehr oder weniger offen von Moraltheologen gegen den Vorwurf, es handele sich dabei um Sünde, in Schutz genommen. Denn, so lehrt Haag, „außer Ehebruch kann kein Sexualverhalten unter Berufung auf die Bibel als sündhaft erklärt werden: weder außereheliche Beziehungen noch Selbstbefriedigung noch Homosexualität noch Prostitution. Und auch das Prinzip der absoluten Unauflöslichkeit der Ehe findet in der Bibel keine Stütze"[12].

Die Beispiele ließen sich fast endlos vermehren. Das Gesamtbild ist klar: Bisweilen mit persönlichen Angriffen verbunden, erheben viele Theologen schwerste Angriffe gegen die von Johannes Paul II. als göttliches Gebot vorgelegte Sexualmoral. Auch die Autoren der Kölner Erklärung sind hier zu nennen – die doch vor allem den Dialog suchen wollen! Drastisch ausgedrückt: „Alles, was mit der Liebe zwischen Frau und Mann zu tun hat, ist in der Kirche den Händen der Dichter und Musikanten entglitten und in das schwere Blei der Gesetze geraten. Bis ins Peinliche, bis ins Schamlose, verwalten kirchliche Gerichte das Zusammenleben der ‚Geschlechter', als wenn es in Dingen des Herzens nichts mehr zu fürchten gäbe als die wirklichen Triebkräfte jeder echten Religion: als die Liebe, den Rausch und die Ekstase"[13].

Durch die Art und Weise, wie der Papst sein Lehramt im allgemeinen und auf dem Gebiet der Sexualmoral im besonderen verwaltet, werde es, befürchtet der alte, mehr denn je gerühmte Theologe B. Häring, zu einem katastrophalen Auszug aus der Kirche und einem noch größeren Verlust ihrer Glaubwürdigkeit kommen[14]. Und nach Haag schreitet die Krankheit der Kirche fort: „Die Kluft zwischen der Theorie des kirchlichen Lehramtes, auf der zur Zeit vor allem der Papst selbst insistiert, und der gelebten Moral der Christen, die sich nicht darum kümmern, was die Kirche sagt, wird immer tiefer. Und immer mehr verliert die Kirche... an Glaubwürdigkeit"[15]. Eine durchaus treffende Analyse. Es fragt sich nur, wer diesen Verlust an kirchlicher Glaubwürdigkeit, wer die Irritation der Gläubigen zu verantworten hat!

Wie wird es weitergehen?

Ein Riß geht durch die Kirche. Er betrifft nicht nur, aber auch die Lehre über das Gebot Gottes, soweit es die Geschlechtlichkeit des Menschen betrifft. Mit Appellen zur gegenseitigen Toleranz läßt sich die Wunde nicht heilen, so unverzichtbar und notwendig es auch sein wird, in der Haltung der Ehrfurcht, der Güte, der Liebe gegenüber den jeweils Andersdenkenden zu verharren und sich um eine wahre Ethik des Dialoges zu mühen. Miteinander reden ist eine Sache, gehorchen oder im Dissens zu verharren eine andere.

Es geht hierbei um nichts geringeres als um die Liebe! Sollte Horkheimer recht haben, daß wir die Pille „mit dem Tod der erotischen Liebe bezahlen" werden müssen[16], dann ist der Papst objektiv der Anwalt der Liebe und man müßte ihm für seinen mutigen, zähen Kampf auf den Knien danken! Wenn die Liebe wirklich die Kraft ist, die nach dem berühmten Wort Dantes „im Kreis die Sonne führt und alle Sterne", dann muß der Kampf ausgetragen werden. Wer siegen wird, ist innerweltlich betrachtet offen. Der Glaube vertraut auf den Geist Gottes, der die Seinen „in die ganze Wahrheit führen wird", auch jene Wahrheit, die sie jetzt noch nicht tragen können (Joh 16,12–13).

Anmerkungen

1 Ranke-Heinemann, U., Eunuchen für das Himmelreich, Hamburg 1988, S. 308.
2 Drewermann, E., Psychoanalyse und Moraltheologie, Bd.2: Wege und Umwege der Liebe, Mainz 1983, S. 13.
3 Rote Grütze (Kinder und Jugendtheater), Was heißt hier Liebe? Ein Spiel um Liebe und Sexualität für Leute in und nach der Pubertät, München 1977, S. 68.
4 Adam, A., Der Primat der Liebe. Eine Untersuchung über die Einordnung der Sexualität in das Sittengesetz, Kevelaer 1940, S. 24.
5 Adam, ebd., S. 87
6 Scheffczyk, L., in: D. v. Hildebrand, Reinheit und Jungfräulichkeit, 4. Auflage, St. Ottilien, S. 6.
7 Siebel, W., Zu Dignitatis Mulierem, in: SAKA, 13. Jhrg., Nr.12, Dez. 1988, S. 214.
8 Siebel, ebd, S. 43.
9 Paul VI:, Humanae Vitae, Anhang, S. 58 f.
10 Curran, Ch., Sexualität und Ethik, Frankfurt 1988, S. 38.
11 „Kölner Erklärung" in Kathpreß. Tagesdienst der Österreichischen Katholischen Presseagentur, Sonderpublikationen 2/1988, Nr. 3.
12 Haag, H. und Elliger, K., Stört nicht die Liebe. Die Diskriminierung der Sexualität – ein Verrat an der Bibel, 2. Aufl., Olten 1986, S. 225.
13 Drewermann, a.a.O., S. 12.
14 Popp, G., Aufbruch oder Rückzug? Zur gegenwärtigen Auseinandersetzung in der Kirche, Regensburg 1989, S. 29.
15 Haag, a.a.O., S. 9.
16 Pieper, J., Über die Liebe, München 1972, S. 165.

Veröffentlichungen des Autors:

- Aktuelle Probleme der Moraltheologie, Herder-Wien, 3. Aufl. 1993
- Fragen der Moraltheologie heute, Herder-Wien, 1992
- Liebe und Partnerschaft in der Sicht der katholischen Kirche. Franz-Sales-Verlag Eichstätt, 1993 (inszwischen auch in ungarischer und polnischer Übersetzung

Die ganzheitlich ökologische Sicht von Sexualität
Ist die katholische Kirche leibfeindlich?

von Manfred Lütz

Sagen wir es offen: Wer heute diese Frage stellt, erwartet doch keine wirkliche Antwort mehr. Daß die katholische Kirche leib- und sexualitätsfeindlich sei, das gehört zu den festen Glaubenssätzen der öffentlichen Meinung – und diese öffentliche Meinung ist in solchen Glaubensfragen streng und unerbittlich.

Es ist also kein ganz einfaches Unterfangen, im Gegenwind die Themenfrage sachgerecht und ohne Verwendung der üblichen Klischees zu behandeln. Man setzt sich dem Verdacht der geistigen Ruhestörung aus oder der Vermutung, ein so vernagelter Katholik zu sein, daß man alles Krumme geraderede.

Ist es angesichts der heutigen Orientierungskrise aber noch zu verantworten, die alten verstaubten Kirchenklischees geistlos im Raum stehen zu lassen? Könnten bei der von Sexualwissenschaftlern beklagten Krise gelebter Sexualität nicht ungewöhnliche Sichtweisen behilflich sein? Und wie wäre es, wenn die katholische Kirche da ganz unerwarteterweise etwas „zu bieten" hätte? Dann könnten katholische Antworten plötzlich spannend werden, freilich nur, wenn sie ohne Verteidigung um der Verteidigung willen oder Angriff um des Angriffes willen gefunden würden, sondern in wahrhaftiger Auseinandersetzung mit der theologischen Grundauffassung, der historischen Entwicklung und auch den derzeitigen, zum Teil absurden Verzerrungen des Kirchenbildes.

1. Die theologische Grundposition

Gehen wir einmal unbefangen an das Thema heran, so drängt sich sofort die Frage auf, warum sich der Gott denn solche Mühe mit der Erschaffung des Leibes und der Sexualität gemacht hat – und dann soll das angeblich alles doch nur böse und verwerflich sein. Das wäre ein recht widersprüchlicher Gott, so sehen das viele Menschen heute – und genau so hat das erstaunlicherweise stets die katholische Kirche gesehen!

Sie mußte das so sehen, denn hier ging es um den Kern ihrer Botschaft: Im Unterschied zu allen anderen Religionen glaubt das Christentum nämlich, daß der einzige ewige Gott selbst „Fleisch angenommen" hat[1], das heißt Mensch geworden ist. Inkarnation nennen die Theologen dieses ganz un-gewöhnliche Ereignis, und den Heiden zur Zeit der ersten Christen waren solche Vorstellungen ein wahrhafter Greuel. Vor allem die neuplatonische Philosophie sah den Körper als „Gefängnis der Seele"[2]. Es war undenkbar, daß der göttliche Geist sich mit einem solchen Körper beschmutzte, galt es doch, sich herauszusehnen aus dieser leiblichen Welt ins Reich des Geistes und der Ideen. „Seele gut, Leib schlecht", das galt als ausgemacht in den feinen Kreisen der Philosophen. Man kann sich gut vorstellen, daß der christliche Glaube an die Fleischwerdung Gottes da geradezu geschmacklos, wenn nicht ekelerregend wirkte. Und manchen Christen war das auch wirklich ziemlich peinlich. Sie gaben dem Zeitgeist ein wenig nach und vertraten die Auffassung, das könne ja wohl nicht ganz so gemeint sein. Jesus, wenn er denn Gottes Sohn gewesen sei, habe natürlich nur einen Scheinleib besessen (Doketisten), oder er habe diesen Leib mit der Taufe durch Johannes sozusagen angemietet und dann flugs am Kreuz wieder verlassen. Schließlich meinten vor allem die sogenannten Gnostiker, das Geistige sei und bleibe das Eigentliche, das Körperliche sei minderwertig.

Gegen solche, damals ausgesprochen salonfähigen und eleganten Lehren hat die Kirche ihr anstößiges und zu dieser Zeit geradezu geistlos wirkendes Lob des Leibes, den sie mit Paulus sogar „Tempel des Heiligen Geistes" (1 Kor 16, 19) nennt, aufrechterhalten. Denn das war ja Kern der frohen Heilsbotschaft über Jesus Christus: „Und das Wort ist Fleisch geworden und hat unter uns gewohnt" (Jo 1,14). Wer behauptete, geistige Gotteserkenntnis sei das eigentliche Ziel – wie übrigens heute wieder manche Esoteriker – dem setzte die Kirche die Leib und Seele erhebende Liebe entgegen: „Geliebte, wir wollen einander lieben, denn die Liebe ist aus Gott und *jeder, der liebt,* ist aus Gott gezeugt und *kennt Gott*. Wer *nicht liebt,* hat Gott *nicht erkannt,* denn Gott ist die Liebe"(1 Jo 4,7 f.).

Und damit hier keine Mißverständnisse entstehen: Diese Liebe ist nicht gemeint als Liebe auf der Wolke, sondern mitten in dieser Welt. Sie meint konkrete Menschen aus Fleisch und Blut bis hin zur sexuellen Liebe der Ehepartner. Hier wurden diese wichtigen und eigenartigen Grundüberzeugungen ganz praktisch, und so sehen wir die Kirche in den ersten Jahrhunderten als eine flammende Verteidigerin gelebter Sexualität in der Ehe gegen verschiedene Irrlehren, die rigoristisch und leibfeindlich das Hohe Lied des reinen Geistes und der unbefleckten Seele sangen (Enkratiten, Montanisten, Manichäer etc.). Überflüssig zu betonen, daß die Kirche sich auch vor einer einseitigen Vergötzung des Leibes und der Sexualität hütete, wie sie in manchen heidnischen Kulten üblich war. Der eindeutige Hauptgegner aber waren die Leibfeinde!

Wenn Gott Mensch geworden war, wenn er also wirklich „Fleisch angenommen" hatte, um uns zu erlösen, dann mußten nicht nur diese Schöpfung, diese Welt, sondern auch der Mensch aus Leib und Seele zunächst einmal gut sein. Und so war nicht die Unsterblichkeit der Seele, sondern die „Auferstehung des Fleisches"[3] die Pointe christlicher Jenseitsvorstellungen. Daher würde mancher ehrwürdige Kirchenvater die Welt nicht mehr verstehen, erlebte er heute jenes leibfeindliche Kirchenklischee. Gewiß, unter Hunderten von christlichen Autoren, die Tausende von Seiten schrieben, gab es immer auch mal hiervon abweichende Äußerungen, wen wundert's. Asketische Strömungen innerhalb der Kirche blieben hier auch gefährdet. Linie der Kirche war jedoch stets unbeirrte Leibfreundlichkeit!

2. Die historische Entwicklung

Die Auseinandersetzung um dieses wichtige Thema ist aber nie endgültig beendet worden, denn die Geschichte der Kirche ist etwas Lebendiges, und der Glaube muß immer wieder neu verstanden und bewahrt werden. Auch in späteren Zeiten waren die Gegner der Kirche die Leibfeinde: Die Katarer, Waldenser, Albigenser, andere radikale Armutsbewegungen lehnte die mittelalterliche Kirche als leibfeindlich ab. Und in der Auseinandersetzung mit der Reformation warfen vor allem calvinisch-puritanische Gruppen der katholischen Kirche ihre Sinnenfreude vor[4], die in der Tat jedermann in einer Barockkirche ins Auge springt. Hier geht es zum Teil ausgesprochen nackt zu, und diese Sinnlichkeit war durchaus Programm des katholischen Barockstils gegen eine aus katholischer Sicht allzu einseitig geistige Einstellung – vor allem des calvinischen Protestantismus – nach dem Motto: „Nur der Glaube, nur die Gnade, nur die Schrift."

Bleiben wir einen Moment bei der Kunst: was bitte ist an den Gemälden des größten katholischen Barockmalers Peter Paul Rubens leibfeindlich? Während Chroniken lügen können, ist die Kunst ein wahrhaftiger Ausdruck des Denkens und Fühlens einer Zeit. Bezeichnend daher die Reaktionen auf eine der bedeutendsten Barockskulpturen Roms, die Heilige Teresa von Avila von Gian-Lorenzo Bernini: Der wohl wichtigste römische Barockkünstler stellte die temperamentvolle Heilige in einer ihrer Visionen dar – im Erleben der göttlichen Liebe gerät sie in Ekstase, wie sie selbst in geradezu erotischer Sprache beschrieb. Jacob Burckhardt, der bedeutende protestantische Kunsthistoriker des 19. Jahrhunderts, zeigte sich angewidert von solcher Sinnlichkeit.[5] Dagegen ist der eher frivole Ausspruch von Charles de Brosses, einem Zeitgenossen Voltaires, zu lesen, der mit Bezug auf die unbestreitbare Sinnlichkeit der Darstellung vielsagend bemerkte: „Wenn das die himmlische Liebe ist, dann kenne ich sie auch". Und schließlich darf man erwähnen, daß Giacomo Casanova päpstlicher Protonotar war – und gewiß kein vorbildlicher.

Wer weiß denn noch, daß im Streit mit dem Jansenismus im 17./18. Jahrhundert, der Papst und Kirche in höchste Gefahr brachte, der katholischen Kirche eben ihre Leibfreundlichkeit und angeblich zu laxe Moral vorgehalten wurde? Daß Erotik in der katholischen Tradition in angemessener Weise durchaus positiv aufgegriffen wurde und wird, ist freilich jedem Kenner der Sittengeschichte bekannt.[6] Immerhin ist der Geschlechtsakt wesentlicher Inhalt eines Sakramentes, also einer „heiligen Handlung" im Gegensatz zu Luthers Auffassung von der Ehe als „weltlich Ding". Wie soll Sexualität da irgendwie von Grund auf anstößig sein?

3. Ein Problem entsteht

a) Abwege: Die katholische Kirche und der Zeitgeist

Wie aber konnte es dann zu diesem Zerrbild kommen, das heute das öffentliche Gesicht der Kirche ganz gegen ihr eigenes Selbstverständnis karikiert? Zunächst ist darauf hinzuweisen, daß die Kirche zwar nicht von dieser Welt ist, aber in dieser Welt lebt und sich dem Zeitgeist zumindest verständlich machen muß. Während noch im frühen Mittelalter die *acedia* als größtes Laster galt – man kann das mit „Gleichgültigkeit" übersetzen, und welche Sünde geschieht nicht aus Gleichgültigkeit – so war es zu Beginn der Neuzeit die *avaritia*, der Geiz, eine soziale Sünde, die den Menschen an seinem Geldbeutel auf dem jetzt neu restaurierten „Jüngsten Gericht" Michelangelos kopfüber in die Hölle stürzen läßt. Erst mit dem Denken neuzeitlicher Aufklärung – in sich übrigens keiner sehr katholisch geprägten Denkrichtung – geraten stärker das Individuum und seine fraglose Verletzbarkeit durch die sexuellen Sünden in den Blick.

Während der Heilige Alfons von Liguori, der Patron der Beichtväter, im 18. Jahrhundert noch anrät, in diesem Bereich nicht übertrieben nachzufragen, hat sich vor allem die Moraltheologie – übrigens nicht das Lehramt – im dann puritanisch geprägten 19. Jahrhundert fast mit Akribie des „Sechsten Gebotes" angenommen. Der Zeitgeist dieses 19. Jahrhunderts war eben etwas calvinisch-puritanisch verklemmt, ausgeprägt leibfeindlich, und da versuchten Katholiken, auch katholische Moraltheologen, ihr „schmuddelig-barockes" Image etwas vergessen zu machen. Verklemmtsein war chic und so wollten auch Katholiken etwas chic sein, zumal sich die katholische Kirche gegenüber der öffentlichen Meinung in den vielen „Kulturkämpfen", die gegen sie geführt wurden, in einer oft schwachen Position befand. Es soll hier gar nicht bestritten werden, daß auch katholische Erziehung noch bis zur heutigen Großelterngeneration bisweilen mehr vom leibfeindlich-puritanischen Zeitgeist geprägt war als von jener katholischen Lebensfreude, die den anderen Konfessionen sonst so sehr mißfiel.

Für puritanisches Denken war entscheidend, daß Bewährung und Beherrschung im Leben extrem in den Vordergrund traten. Man kannte[7] ja keine Beichte – und was läßt den Menschen wohl mehr die Beherrschung verlieren, als das Hingerissensein in Erotik und Sexualität.[8] Wer aber hier dann eine dauernde Gefährdung der eigenen beherrschten Rechtschaffenheit sieht und nicht auch dabei das Feuer des Heiligen Geistes erleben kann, der bemüht sich, Sexualität dauernd zu kontrollieren und zu unterdrücken.[9]

Damit tat er freilich der Natur Gewalt an. Er spaltete Sexualität als etwas „Unsägliches" vom Eigentlichen des Menschen in den Schatten ab, in dem sie dann in einer gerade im 19. Jahrhundert florierenden Halbwelt ihre eigenen Sumpfblüten trieb. In dieser Halbwelt wurde dann die vom menschlichen Gefühl „befreite" Sexualität rein technisch, äußerlich und konsumierbar dargestellt. Die Notwendigkeit, ohne eventuelle Entlastung durch die Beichte Sexualität stets zu beherrschen, führte damit letztlich zur Dauerpräsenz des Themas Sexualität und dadurch mittelbar zu unserem heutigen Pansexualismus.[10] Insofern ist die allgegenwärtige neuzeitlich-europäische Pornographie eben nicht eine Antwort auf verklemmte, leibfeindliche puritanische Moral, sondern sie stellt Sexualität genauso dar, wie der Puritanismus es vorschreibt: als etwas Unmenschliches, äußerlich Technisches und stets Gegenwärtiges. Man könnte fast sagen: Pornographie ist angewandter Puritanismus.[11]

b) Rebellionen: Das Gegenteil des Irrtums ist der Irrtum

Damit wird freilich einer ganzheitlichen Natur des Menschen Gewalt angetan, und so mußte mit einer legitimen Revolte gegen solche Verzerrungen gerechnet werden. Sie kam auf unterschiedlichen Ebenen und hält bis heute an. Die geistreichste Reaktion war wohl die Psychoanalyse Freuds, die plötzlich wieder positiv von Trieb und Sexualität sprach, damit einen Skandal auslöste, aber unbeirrt nun gerade in lustvoll gelebter Sexualität wesentliche Lebenserfüllung und Lebensglück versprach.[12] Es ist hier nicht der Ort, die Entwicklungen und Verschlingungen dieser Bewegung nachzuzeichnen. Man wird aber sagen dürfen, daß eine Überwertigkeit sexueller Erfüllung Fragen von Seele, Geist und religiösem Sinn ins Abseits drängte. Aus dem Aschenputtel „Sexualität" wurde nun bisweilen eine etwas überzüchtete Prinzessin.

Auch wenn dies innerpsychoanalytisch zu verschiedenen Kontroversen führte, ist der heutige Zeitgeist – in vielem eine popularisierte Form der Psychoanalyse – nach wie vor davon überzeugt, daß „Sex wahnsinnig wichtig ist", daß das Ausleben der Sexualität zu den Menschenrechten und möglicherweise zu den Menschenpflichten zählt, so daß dann natürlich ein zölibatärer Priester schon irgendwie absurd, wenn nicht gar krank sein muß. Man gewinnt dann bisweilen den Eindruck, daß bei der angestrebten Selbstverwirklichung das Selbst im wesentlichen aus den Geschlechtsorganen besteht. Solche Auffassungen treten heute mit der zwingenden Kraft von dogmatischen Glaubensüberzeugungen auf.[13] Wer dem widerspricht, steht geradezu außerhalb der zivilisierten Gesellschaft.

Doch wie das so mit Rebellionen ist, das Gegenteil des Irrtums ist nicht immer die Wahrheit, sondern häufig ein anderer Irrtum. Da ist es nun spannend, zu erleben, daß dies selbst in der neueren Diskussion den Analytikern selbst zunehmend bewußt wird. Man spricht von einer Krise gelebter Sexualität und beschuldigt wird erstmals in dieser Fachdiskussion nicht mehr die katholische Kirche, sondern durchaus Fehlentwicklungen der sexuellen Revolution selbst. Daß Verzicht auf gelebte genitale Sexualität – wie generell beim Zölibat – eine humane Fähigkeit ist, ohne die Menschen nicht ehefähig sind, ist spätestens seit der ernstzunehmenden feministischen Diskussion über Vergewaltigung in der Ehe bekannt. Daß „die Koitusfrequenz" nachlasse, beklagt inzwischen der illustriertenbekannte Sexualwissenschaftler Ernest Bornemann, einer der

Protagonisten der sexuellen Revolution der sechziger Jahre. Er macht als Ursachen aus, daß Sexualität nicht genügend in eine liebevolle menschliche Beziehung eingebunden sei. Sie sei zum „emotionslos technischen Vorgang" verkommen. Als er in einer Talk-Show darauf hinweist, daß Masturbation Befriedigung unabhängig mache von einem Du und den Menschen in seinen Narzißmus einschließe, bricht es aus dem Moderator heraus: „Das klingt ja fast katholisch". Antwort: „Na und?"

Ein ganz anderer rebellischer Versuch, der Leibfeindlichkeit zu widersprechen, war die FKK-Bewegung, die Nacktheit als gänzlich unerotisch und geradezu asexuell postulierte. Hier wurde oft ein ideologischer Körperkult betrieben, bisweilen auch mit Nähe zu faschistoidem Heroenkult von Kraft und Schönheit. Daß Nacktheit „natürlich" und Schamgefühl sozusagen gesellschaftlich andressiert sei, diese Theorie ist inzwischen wissenschaftlich gründlich widerlegt: Die Untersuchungen des Soziologen Hans Peter Duerr[14] weisen auf breitester Basis nach, daß selbst bei nacktlaufenden Südseestämmen eine hochkultivierte „Blickscham" und Schamhaftigkeit in Bewegung und Sitzvorschriften – mit strengen Sanktionen – besteht. Duerr kommt zu dem Ergebnis, die Existenz des Schamgefühles sei durchaus von der Natur vorgegeben, lasse aber heute in der westlichen Zivilisation erstmals nach, so daß der einzelne ohne Schamschranken öffentlich verfügbar würde und somit wohl wir die eigentlichen „Wilden" wären.[15] Der Philosoph Josef Pieper hat in diesem Zusammenhang einmal bemerkt, heute sei das Feigenblatt von den Genitalien ins Gesicht verrutscht. Welche Verrenkungen FKK-Anhänger früher durchführten, um sexuelle Regungen, die strengstens verpönt waren – da nicht sein kann, was nicht sein darf – zu verhindern, darüber geben mitleiderregende Berichte inzwischen Auskunft. Heute scheint die FKK-Bewegung von der popularisierten Sexualbewegung eingeholt zu werden, deren Dogma, möglichst hemmungslose Sexualität sei „natürlich", schon von der Psychoanalyse bestritten wurde und wird. Alexander Mitscherlich meint dazu: „Befriedigung ohne Hemmung zeugt Unglück – Hemmung ohne Befriedigung nicht weniger"[16].

4. Die Mutter Kirche als kollektiver Vater

Wenn also auch die Gegenbewegung zu jener puritanisch-pornographischen Verklemmtheit, der Sexual- und Körperkult, in die Sackgasse geraten ist, dann erhebt sich die Frage, warum sich nicht weit und breit die ganzheitliche Sicht der katholischen Kirche von Leib und Seele geradezu aufdrängt. Auf diesen Punkt kann hier nur ganz knapp eingegangen werden: Die katholische Kirche spielt in dieser Gesellschaft eine wichtige Rolle als Protestobjekt. Wenn Alexander Mitscherlich in seinem bekannten Werk „Auf dem Weg zur vaterlosen Gesellschaft"[17] vor 30 Jahren geistreich beschrieb, daß alle Institutionen dieser Gesellschaft, die mit der psychoanalytischen Vorstellung von Väterlichkeit assoziiert werden können – also mit Normsetzung, Verboten, Vermittlung kultureller Traditionen – in die Krise geraten sind, so sind wir wohl heute am Ziel dieses Weges angelangt. Wer weiß, wie wichtig der Protest des pubertierenden Kindes gegen so etwas wie väterliche Autorität zur Findung des eigenen Selbst ist, der erkennt die Dramatik der äußeren bzw. inneren Abwesenheit der Väter. Während die 68er-Studenten in Kurt-Georg Kiesinger noch eine veritable Vatergestalt aufs Korn nehmen konnten, herrscht heute in der politischen Arena vielfach eine an Umfrageergebnissen orientierte entschiedene Profillosigkeit, die Protest kaum ermöglicht. Die Krise und tiefe Verunsicherung der Polizei, der Bundeswehr, der Schule, der Ärzteschaft, aber auch der einzelnen Väter selbst führen zum Ausfall aller widerständigen Institutionen – außer einer einzigen: der katholischen Kirche.

Diese Institution leistet dem Protestbedürftigen nach wie vor Widerstand. Während eine gewisse, auch von Protestanten selbst beklagte „Ausgewogenheitsmentalität" der evangelischen Kirche zu einer krisenhaften Belanglosigkeit führt, steht die katholische Kirche für moralische Normen (z. B. Abtreibungs- und Euthanasiedebatte), organisatorische Regelungen, Autorität. Sie ist als einzige Institution noch bereit, sich mit der gesamten europäischen Geschichte auch in ihren dunklen Zeiten zu identifizieren. Daß an der Spitze dieser Kirche auch noch Männer stehen und ganz oben ein „Heiliger Vater", das macht sie, psychoanalytisch gesprochen, geradezu zum Idealbild von Väterlichkeit, so daß diese Gesellschaft ihre vielfältigen ungelebten „Vaterkisten" in einer kollektiven Pubertät ersatzweise mit dieser Kirche ausmacht. Aller Protest gegen „die da oben" hat hier ein Ventil. Denn, so eingespannt wir in unseren alltäglichen Zwängen sind, nirgends können wir in wichtigen Dingen wirklich gefahrlos aufbegehren. Nie gab es eine Gesellschaft, in der die Menschen soviele Vorgesetzte und „Chefs" hatten und kaum je konnte man gegen diese Macht so wenig ausrichten, da die berufliche Existenz als Basis der gesamten Existenz gilt. Auch diese ohnmächtige Wut gegen den „Chef" ist vielfach ungelebt. Noch der Handwerksgeselle des letzten Jahrhunderts konnte weiterziehen.

Der Eindruck entsteht also, daß all solcher Protest sich unbewußt auf die katholische Kirche projiziert, was seine urtümliche Heftigkeit (ja oft den Haß) und auch die Tatsache erklärt, daß die Kirchenkritik geradezu rituell geistlos immer dieselben Themen wiederkäut, darunter insbesondere das in der Pubertät wichtigste: das Thema der Sexualität. So stiftet die katholische Kirche in einer unübersichtlichen Welt, in der niemand mehr so recht weiß, wofür er sein soll, wenigstens eine negative Identität: Er weiß nun ganz sicher, wogegen er ist, nämlich gegen die katholische Kirche. Und so kann er sich allein dadurch schon „liberal" fühlen, ohne dann genau wissen zu müssen, was eigentlich liberal und was katholisch ist.

Diese Wechselwirkung spielt beim pubertätssgeladenen Thema Sexualität eine besonders ausgeprägte Rolle. Daß man eine „vernünftige" und moderne Haltung zu diesen Fragen besitzt, läßt sich alleine schon dadurch „beweisen", daß man „natürlich" gegen die katholische Kirche und besonders den Papst ist. Selbst die Medien fordern geradezu eine „verbietende Kirche" – Papstansprachen werden fast liebevoll auf Bemerkungen aus dem Umfeld der Sexualität abgesucht – und wird man fündig, so wird hierüber die Meldung, die Nachricht gezimmert, obwohl Gegenstand der Ansprache ein ganz anderes Thema war und es solchen Äußerungen naturgemäß an Neuigkeitswert mangelte. Gewiß werden manchmal einige katholische Repräsentanten Opfer dieser „unbewußten" gesellschaftlichen Forderungen, indem sie das falsche sexualfeindliche Klischee bedienen und sich dabei für besonders gut katholisch halten. Dies aber trifft sicher nicht auf den Papst zu, der zum Beispiel in seinem

Buch „Liebe und Verantwortung" schreibt: „Die geschlechtliche Lust zu genießen, ohne jedoch die Person als ein Lustobjekt zu behandeln, darum geht es im Grunde der Sexualethik."[18]

5. Von der Leibfreundlichkeit der katholischen Kirche

Erst wenn man solche Zusammenhänge berücksichtigt und so begreift, warum die katholische Kirche öffentlich oft als Institution zur Verhinderung sexueller Freude karikiert wird, kann man die enorme Diskrepanz zwischen dem öffentlichen Bild und der eigentlichen Wirklichkeit dieser vielleicht leibfreundlichsten Religion verstehen. Dann aber wird deutlich, daß im Grunde gerade die katholische Kirche bei der heutigen Krise von „Sexualität als Ware"[19] ein ganzheitliches Verständnis von Sexualität einbringt, das zur Lösung dieser Krise beitragen könnte.

Besonders Papst Johannes Paul II., stark von der philosophischen Anthropologie unseres Jahrhunderts geprägt, stellt die Ganzheitlichkeit der Person in den Mittelpunkt auch all dessen, was er als soziale Gerechtigkeit für die „Männer, Frauen und Kinder"[20] auf der ganzen Welt immer wieder fordert. Diese ganzheitliche Einheit von Leib und Seele ist Kern der Würde des Menschen, die heute so sehr bedroht ist. Dabei sind Leib und Seele nicht zwei Teile, die zusammengefügt wurden, sondern Leib ist im Gegensatz zu Körper eben erst beseelt eigentlicher Leib, und Seele ist erst vom Leib her individuelle menschliche Seele.[21] So bezieht sich die lebendige ganzheitliche Sichtweise der Liebe zwischen Mann und Frau auf eine Einheit von sexueller Lust, personaler Liebe und Vitalität. Dabei wird sexuelle Lust als etwas Gutes und Schönes verstanden[22], personale Liebe als die Begegnung zweier Menschen in der Tiefe ihrer geistigen Existenz und schließlich Vitalität als die Offenheit dieser Beziehung auf Kinder, die geistig und leiblich aus dieser Vereinigung hervorgehen und sie so vor etwaiger Enge schützen. Nimmt sich ein Mann aber beispielsweise eine Frau für den Sex, eine Frau für die rein geistigen Liebesgespräche und eine weitere Frau für das Gebären der Kinder, so instrumentalisiert er letztlich alle drei Frauen und liebt keine wirklich.

Die ganzheitlich ökologische Sicht von Sexualität

Wenn das Wort Ökologie vor allem das lebendige Aufeinanderbezogensein signalisiert, könnte die Symbiose dieser drei Aspekte analog als ganzheitlich-ökologischer Zusammenhang begriffen werden, der der Natur des Menschen entspricht. Dies wäre keine abgeschlossene und abgetrennte Sexualität, sondern wahrhaft aufgeschlossene Sexualität. Wer heute weiß, daß Natur nicht beliebig manipulierbar ist, daß schon geringe Veränderungen in einem Biotop Katastrophen auslösen können, der wird es nicht ganz unsinnig finden, auch analog zu fragen, ob denn der Mensch sich von gewissen „natürlichen" Rahmenbedingungen ohne Schaden einfach „befreien" kann. So hat der technische Fortschritt es zunehmend „durch Gummi und Chemie" ermöglicht, sexuelle Lust von partnerschaftlicher Liebe und Fruchtbarkeit zu trennen. Sex, Liebe und Kinder gibt es nun sozusagen im Einzelpack als Mehrwegprodukt. Das heißt aber, Sexualität wird verfügbar und vermarktbar, um sie einer technischen Zivilisation und Ökonomie einzuverleiben – mit Sex-Shops als Ersatzteillager und einer florierenden Pornoindustrie.[23] Wer aber den Leib als bloßen Körper mißversteht und zur Ware macht, ist nicht leibfreundlich und übrigens auch letztlich nicht lustfreundlich. Wird Sexualität nur noch auf den „Akt" reduziert als Gymnastikübung mit Körperberührung zur simultanen Selbstbefriedigung oder auf bestimmte Fragmente wie Fetische, entgleist sie oft zur ungehemmten aber eben auch unbefriedigenden Sucht im Stile eines Fastfood-Sex oder wird durch Sucht ersetzt. Dies alles sind Folgen des Herausbrechens der Sexualität aus der ganzheitlich-ökologischen Symbiose mit personaler Liebe und Vitalität.

Alice Schwarzer hat mit Recht in der Erfindung der Pille auch eine Verfügbarmachung der Frau gesehen: „Früher konnten Frauen sich aus Prüderie oder Angst vor unerwünschter Schwangerschaft wenigstens weigern, wenn sie keine Lust hatten, heute haben sie Dank Aufklärung und Pille zur Verfügung zu stehen."[24] Andere Feministinnen bezeichneten die Pille als „Männererfindung..., als eine mechanistische patriarchale Erfindung."[25] Viele Feministinnen lehnen mit Recht den Ausdruck „Pillenmüdigkeit" als sexistisch ab, denn er diskriminiert Frauen, die verantwortungsbewußt mit ihrem Körper umgehen.[26] Wenn Frauen sich aber weigern, sich durch Hormone beliebig manipulieren zu lassen, dann argumentieren sie, natürlich meist ohne es zu wissen, ganz auf der Linie der berühmten Enzyklika „Humanae vitae" Papst Pauls VI., die ja gerade gegen eine Manipulation der Natur von Frauen eintritt.

In diesem Kontext wäre die Enzyklika „Humanae vitae" mit ihrem Naturpathos vielleicht ganz neu als ökologische Sicht des Menschen und insofern als emanzipatorisch gegen den Trend zur Verfügbarmachung zu lesen. „Humanae vitae" als damals (1968) nur wenig verstandener, prophetischer Vorgriff auf neue ökologische Sichtweisen – warum eigentlich nicht? Schon Max Horkheimer, der katholisierender Tendenzen unverdächtige Gründer der Frankfurter Schule begrüßte damals zum großen Erstaunen vieler seiner Schüler die Enzyklika und warnte: „Die Pille müssen wir mit dem Tod der erotischen Liebe bezahlen."[27] Werden solche interessanten Aspekte innerhalb der Kirche eigentlich wahrgenommen? Gewiß mag man zur Pille unterschiedliche Auffassungen vertreten – leibfreundlich jedenfalls ist sie nicht.

Wie die Kirche also einerseits gegen die Abspaltung der Sexualität eintritt, so ist es nur konsequent, wenn sie andererseits auch gegen ein Herausbrechen der Kinderzeugung aus dem ganzheitlichen Zusammenhang durch künstliche Befruchtung Stellung nimmt. Unser wenig leibfreundlicher Zeitgeist sieht kaum ein Problem darin, für die gute – geistige – Absicht auf Kinder den leiblichen Aspekt abzutrennen, damit abzuwerten und dann technisch zu manipulieren. Die Kirche dagegen plädiert für die eigene Würde des Leibes gerade in Einheit mit der Seele.

Um den ökologischen Gedanken noch einmal aufzugreifen, bei dem sich viele Umweltschützer mit Recht auf die Zärtlichkeit eines Heiligen Franziskus im Umgang mit der Schöpfung berufen: Wäre es nicht an der Zeit, auch von einer Ökologie des Menschen zu reden, dessen zunehmende technische Verfügbarkeit durch Senkung der Schamschwellen eine Apokalyptik großen Ausmaßes im Herzen der Menschen bewirkt?

Wenn hier vom „Herzen des Menschen" die Rede ist, so meint das den Kern der leib-seelischen Person. Dieser Kern ist aber nicht nur Objekt unserer Besorgnisse, sondern in ihm ist auch positiv Erfahrung von Glück, von Heil, ja von Erlösung möglich.[28] Die Mystiker haben ergreifend von jenen Leib und Seele aufregenden Erlebnissen berichtet, und sie taten dies in einer ganz unverklemmt erotischen Sprache.[29] Wenn Eros das Streben des ganzen Menschen über alle Grenzen hinaus und umgekehrt das Berührtwerden vom anderen bedeutet, dann kann sich in der lebendigen, auch sexuellen Begegnung zwischen Mann und Frau geradezu Gotteserfahrung ereignen und dann wird umgekehrt tiefste mystische Gotteserfahrung auch den Leib des Mystikers miterfassen.[30] Wir reden in beiden Fällen von tiefster menschlicher Erfahrung – und hier endet die Möglichkeit von verbaler Sprache.

Ganz selbstverständlich spricht Papst Johannes Paul II. dann auch geradezu von einer „Sprache des Leibes".[31] Ist aber Jesu Verkündigung nicht immer auch gerade solche „Sprache des Leibes"? Erst vergibt er dem Lahmen die Sünde, dann aber sagt er: „Steh auf, nimm Dein Bett und gehe heim, damit Ihr wißt, daß der Menschensohn Vollmacht hat auf Erden" (Lk 5,24). Und endlich: Sind Tod und Auferstehung nicht eben gerade auch Sprache des Leibes? „Eine größere Liebe hat niemand als die, daß er sein Leben für seine Freunde hingibt" (Jo 15,13). Jesus ist nicht ein Verkünder guter – idealer – Absichten in wohlgesetzten Worten. Er ist eben das fleischgewordene Wort Gottes. Und er ist nicht nur im Wort der Schrift, sondern auch als „Leib Christi" in der Eucharistie unter uns. Auch uns ist dann aber mit unserer ganzen Existenz „die Pflicht, Gott zu verkünden im Fleische" (1 Kor 6,2o) aufgetragen.

Diesem Auftrag ist die Kirche durch die Jahrhunderte gerecht geworden bis hin zum heutigen Papst Johannes Paul II., der die Leibfreundlichkeit und Sexualitätsfreundlichkeit der katholischen Kirche in seinem Werk „Liebe und Verantwortung" betont: „Es gibt eine Freude, die der Natur des Sexualtriebes und gleichzeitig der Würde der Person entspricht; im weiten Bereich der Liebe zwischen Mann und Frau erfließt sie aus der gemeinsamen Betätigung, dem gegenseitigen Verständnis und der harmonischen Erreichung der Ziele, die man miteinander gewählt hat. Diese Freude, dieses frui, kann auch aus dem mannigfaltigen Vergnügen stammen, das durch den Unterschied der Geschlechter und die sexuelle Lust, die der eheliche Verkehr verschafft, entsteht. Der Schöpfer hat diese Freude vorgesehen und sie mit der Liebe zwischen Mann und Frau verbunden unter der Bedingung, daß sich ihre Liebe, vom Sexualtrieb ausgehend, richtig entwickelt, d.h. auf eine Weise, die der Würde von Personen gerecht wird."[32]

6. Schluß

Die katholische Kirche ist mit Berufung auf den fleischgewordenen Sohn Gottes von Tradition und Lehre her die weit und breit leibfreundlichste Institution auf dieser Welt, leibfreundlicher als beispielsweise Vertreter von Psychoanalyse, FKK-Bewegung und Pornographie. Und auf die Frage *Ist die katholische Kirche leibfeindlich?* kann man nur antworten: Um *Gottes* Willen, nein!

Anmerkungen

1 Glaubensbekenntnis von Nizäa – Konstantinopel
2 Platon, *Phaidon*, 62 b
3 Der frühchristliche Apologet Justin verwendet diesen Ausdruck im 2. Jahrhundert: Just. dial. 80,5. Der Begriff erscheint bereits in den frühesten Glaubensbekenntnissen der Kirche.
4 Vgl. das berühmte Standardwerk von Max Weber, *Die protestantische Ethik und der Geist des Kapitalismus* von 1905, hier zitiert nach: Max Weber, *Die protestantische Ethik I*, Gütersloh 1984[7], S.123: „die absolut negative Stellung des Puritanismus zu allen sinnlich *gefühls*mäßigen Elementen in der Kultur und subjektiven Religiosität – weil sie für das Heil unnütz und Förderer sentimentaler Illusionen und des kreaturvergötternden Aberglaubens sind – und damit zur grundsätzlichen Abwendung von aller Sinnenkultur überhaupt."
5 Jacob Burckhardt, *Der Cicerone*, Wien – Leipzig 1938, S.556: „Hier vergißt man freilich alle bloßen Stilfragen über der empörenden Degradation des Übernatürlichen."
6 Eine interessante Studie hierzu ist das Buch von Edmund Leites, *Puritanisches Gewissen und moderne Sexualität*, Frankfurt a.M., 1988; vgl. auch Max Weber a.a.O.

7   Max Weber a.a.O., S.316: „Die katholische Beichte war ... demgegenüber ein Mittel der *Entlastung* von dem gewaltigen inneren Druck, unter dem das Sektenmitglied in seiner Lebensführung fortwährend gehalten war."
8   Vgl. hierzu besonders: Edmund Leites a.a.O., S. 146: Es ist „nicht verwunderlich, daß der Puritanismus hinsichtlich seiner Haltung zur Erotik in Verruf geriet. Die ausgeglichene Gemütsverfassung, die er verlangte, förderte nicht gerade die Leidenschaft"; vgl. Max Weber a.a.O., S. 324: „Verpönt ist die kreaturvergötternde Erotik – gottgewollter Beruf „eine nüchterne Kindererzeugung" (wie die Puritaner es ausdrücken) innerhalb der Ehe." Vgl. auch ebd., S. 347.
9   Vgl. Edmund Leites a.a.O., S. 22 f.: Die puritanischen Platoniker „nahmen deshalb entschieden gegen jene Stellung, nach deren Ansicht der Weg zur Gotteserkenntnis über intensive Empfindungen, Ekstase und außerordentliche Gefühlszustände führte. Der Schlüssel zur mystischen Erfahrung liege, so meinten sie, in alltäglicher Rechtschaffenheit, in der Entwicklung einer gewohnheitsmäßigen Redlichkeit".
1o Edmund Leites, a.a.O., S. 34: „Das unablässig wachende Gewissen war, wenngleich nicht absichtlich, der Schöpfer oder doch einer der Schöpfer eines neuen Verständnisses der Sexualität als einer Kraft, die – wie das Gewissen – unablässig im Subjekt wirksam war."
11 Selbstverständlich liegt Pornographie nicht in der bewußten Absicht des Puritanismus. Es geht hier auch nicht um antiökumenische Schuldzuweisungen, sondern um den Versuch einer redlichen sittengeschichtlichen Profilierung.
12 Edmund Leites weist a.a.O., S.195 auf einen interessanten Aspekt hin: „Die puritanische Ehevorstellung könnte auch erklären, warum die Psychoanalyse und verwandte Therapien in den Vereinigten Staaten so populär sind. Männer und Frauen wenden sich ihnen in der Hoffnung zu, dadurch in die Lage versetzt zu werden, die Anforderungen der Ehe oder entsprechender ungesetzlicher Beziehungen besser erfüllen zu können. Es ist merkwürdig, daß die amerikanische Psychotherapie, von der man vielfach meint, sie sei gegen den „Puritanismus", in Wirklichkeit oft diesem puritanischen Ziel dient".
13 Die Feministin und Soziologin Herrad Schenk merkt in ihrem Buch „*Die Befreiung des weiblichen Begehrens*", Köln 1991, S. 119 f., kritisch an: „Wir Töchter der sexuellen Revolution sind in der Vorstellung aufgewachsen, daß ein Leben ohne sexuelle Betätigung ungesund ist, daß nur regelmäßige Orgasmen unser körperliches und seelisches Gleichgewicht garantieren. Doch dies ist ebensogut eine Ideologie wie die Bewertung der körperlichen Liebe als niederer Trieb."
14 Hans Peter Duerr, Frankfurt 1988; ders. *Intimität, der Mythos vom Zivilisationsprozeß*, Frankfurt 1990; ders. *Obszönität und Gewalt, Der Mythos vom Zivilisationsprozeß*, Frankfurt 1993
15 Hans Peter Duerr, *Intimität, Der Mythos vom Zivilisationsprozeß*, Frankfurt a.M., 1990, S. 19 f.

16 Alexander Mitscherlich, *Auf dem Weg zur vaterlosen Gesellschaft,* München 1989[17], S. 261; hier auch folgendes Freud-Zitat: „In Zeiten, in denen die Liebesbefriedigung keine Schwierigkeiten fand, wie etwa während des Niederganges der antiken Kulturen, wurde die Liebe wertlos, das Leben leer, und es bedurfte starker Reaktionsbildungen, um die unentbehrlichen Affektwerte wiederherzustellen. In diesem Zusammenhang kann man behaupten, daß die asketische Strömung des Christentumes für die Liebe psychische Werte geschaffen hat, die ihr das heidnische Altertum nie verleihen konnte."
17 Alexander Mitscherlich, ebd.
18 Karol Wojtyla, *Liebe und Verantwortung,* München 1979, S. 54
19 Vgl. Ernest Bornemann, *Sexuelle Marktwirtschaft, vom Waren- und Geschlechtsverkehr in der bürgerlichen Gesellschaft,* Wien 1992
20 Ansprache vor den Vereinten Nationen 1979
21 Vgl. zum gesamten Thema: *Mysterium Salutis,* Hrsg. v. J. Feiner und M. Löhrer, Einsiedeln, Zürich, Köln, 1967, Bd. 2. Die Einheit des Menschen S. 584–636, hier besonders S. 623: „Dies bedeutet, daß der menschliche Geist die Vollendung seiner Geistigkeit geradezu in seiner Einheit mit dem Leib findet, so daß der menschliche Geist als solcher nicht desto mehr Geist wird, je mehr er sich vom Leibe trennt, sondern je mehr er sich verleiblicht"; vgl. auch *Katechismus der katholischen Kirche,* München 1993, Nr. 365: „Im Menschen sind Geist und Materie nicht zwei vereinte Naturen, sondern ihre Einheit bildet eine einzige Natur."
22 siehe oben unter Anmerkung 18
23 Vgl. Hans Peter Duerr, *Intimität, der Mythos vom Zivilisationsprozeß,* Frankfurt a.M. 1990, S.260: „Denn in der Tat scheint die ... allenthalben in der westlichen Gesellschaft beobachtbare Senkung der Schamschranken auch damit zusammenzuhängen, daß diese Gesellschaft, die tendenziell *alles* dem Konsum unterwirft, die Sexualität davon nicht ausnimmt. Eine solche Konsumhaltung gegenüber der Sexualität ist natürlich unvereinbar mit der Scham, weshalb die Konsum*ideologie* alle jene Auffassungen und Ideologien bekämpfen muß, die den Triebverzicht und die Restriktion oder Privatisierung sexueller Stimulierung gutheißen. Die Vermarktung der Sexualität fordert die Durchsetzung des Hedonismus als „Konsummentalität", fordert das „hemmungslose Genießen" der Cohn-Bendits und damit die Herabsetzung aller Hemmschwellen, die dem Konsum im Wege stehen könnten, etwa die Barriere, die den öffentlichen vom privaten Bereich ... trennt. Sie fordert zum Beispiel die „Liberalisierung" der Homosexualität, da nicht einzusehen ist, warum diese Genüsse illegitim sind, warum sich Männer nicht auch untereinander sexuell „verbrauchen" sollten, sie begünstigt die Kinderfeindlichkeit..., die Abwertung der Familie und der ehelichen Treue, der Virginität, aber auch des Alters."

24 Alice Schwarzer, *Der kleine Unterschied und seine großen Folgen,* Frankfurt a.M. 1975, S. 181
25 Herrad Schenk, *Die Befreiung des weiblichen Begehrens,* Köln 1991, S. 199
26 Herrad Schenk, *Die feministische Herausforderung,* München 1980, S. 13o: „Auch feministische Pillenmüdigkeit ist also nicht Prüderie, sondern Weigerung, das Spiel nur nach der patriarchalischen Regieanweisung zu spielen, und Anweisung, diese zu überdenken und vielleicht den Bedürfnissen beider Geschlechter entsprechend neu zu schreiben."
27 *Der nahe und der ferne Gott,* Hrsg. Hans Rössner, Berlin 1981, S. 331
28 Anselm Grün OSB, Gerhard Riedl, *Mystik und Eros,* Münsterschwarzach 1993, S. 25: „Nicht am Leib, nicht an der Sexualität vorbei, sondern durch sie hindurch steigen wir zu Gott auf. Demut als Humilitas meint das Ernstnehmen des Humus, der Erde, des Leibes, der Sexualität. Benedikts Mystik ist eine geerdete Mystik. Die Leiter, die zu Gott führt, ist in die Erde gerammt, ist in unseren Leib hineingestellt. Der spirituelle Umgang mit dem Leib und mit der konkreten Realität unseres Lebens ist der Aufstieg zu Gott."
29 Ebd. S. 56: „Die Erfahrung des Einswerdens mit Gott ist ein ekstatisches Erleben, das Mechthild immer wieder in der Sprache der Erotik und der Sexualität auszudrücken versucht."
30 Ebd. S. 59: „Diese Sprache zeigt, wie die mystische Liebe eine sinnliche, sexuell getönte Empfindung mit sich bringt und wie in dem affektiven Erleben der Menschheit Gottes erotische Elemente mitspielen."
31 Johannes Paul II., *Die Erlösung des Leibes,* Vallendar Schönstatt 1985, S. 250 ff. et passim
32 Karol Wojtyla, *Liebe und Verantwortung,* München 1979, S. 54 f.

Mit 14 hat doch wohl jeder Verkehr...
Let's talk about sex – Eine Aufklärungsschrift
für Jugendliche als späte Frucht der 68er

von Christa Meves

In der FAZ vom 8.3.94, S. 33 konnte man lesen: „Der amerikanische Bundesstaat Maryland hat fünf Millionen Dollar für eine Werbekampagne bereitgestellt, die Jugendliche durch Fernsehspots und Plakate in U-Bahn-Stationen davon überzeugen soll, daß Keuschheit keine Schande und „Jungfrau" kein Schimpfwort ist. Mehrere Bundesstaaten... haben sich der Kampagne angeschlossen. Aids, der Verfall traditioneller Werte und nicht zuletzt die wachsende Zahl alleinstehender jugendlicher Mütter führen in Amerika derzeit zu einer konzertierten Keuschheitsaktion... In weit über tausend amerikanischen Schulbezirken werden gegenwärtig schon Keuschheitskurse und Enthaltsamkeitsexerzitien angeboten." Bei uns läuft und läuft Gegenläufiges. Nach der unsäglichen Süßmuth'schen Gummipropaganda (mit Steuermitteln) jetzt die regierungsamtliche Einübung in die „Erotisierung" (d. i. Sexualisierung) der Jugend in Schulen in brutalem Ordinärstil und sprachlicher Anarchien (Rheinland-Pfalz, mit Steuergeldern). Lieblingsthema: Abartigkeiten: alles nicht schlimm, mach', was dir Spaß macht!)

Aber das sind die letzten kraftlosen Wellenkräusel einer Revolution, die längst in einem geschichtlichen beispiellosen Todesspiel in die Abgründe schrecklichen Sterbens, lebenslanger Behinderung, qualvollen Getötetwerdens zum rien ne va plus getrieben wurde. In Amerika: „Kein Sex vor der Heirat ist der sicherste Sex". Tausende Jugendliche treffen sich regelmäßig in „Keuschheitsclubs" und geloben feierlich sexuelle Abstinenz. „Nutznießer ist nicht zuletzt die 59 Millionen Mitglieder zählende Katholische Kirche der USA." (Welt am S. 6.2.94, S. 15) Die in diesen Dingen hämisch, spöttisch, höhnisch, wütend, gemein und niederträchtig geschmähte Kirche könnte in der

Tat nun die Früchte ihrer felsenstarken Klarheit ernten, wenn sie auch bei uns aus der eingeschüchterten Deckung käme und offensiv ihr anziehendes Menschenbild verträte.

Das ist eindrucksvoll: 1994, 26 Jahre nach dem Beginn der sexuellen Revolution sorgt eine Aufklärungsschrift für Aufregung in der Öffentlichkeit. Was hat das zu bedeuten? Sind auf diesem Sektor nicht alle Weichen gestellt und alle Züge längst abgefahren? Hat nicht einer der Initiatoren dieses gelungenen „Marsches durch die Institutionen", Helmut Kentler, vor kurzem erst im Fernsehen frohlockt, daß nun bei den Jugendlichen keinerlei Ermunterung zum Sex mehr nötig sei – sie hätten's jetzt drauf?

Ist an dieser *Schrift „Let's talk about sex"* im Tenor irgendetwas anders, als z. B. im Jugendtheater „Rote Grütze" und „Was heißt hier Liebe?", was in jeder *BILD*-Zeitung, was in der *BRAVO*, was im Fernsehen schon vom frühen Abend ab und erst recht auf Videos an Copulation und Perversion von Kindern und Jugendlichen seit Jahr und Tag erlernbar ist?

Wieso gibt es also um diese Schrift plötzlich eine solche Aufregung, daß im hessischen Landtag darüber debattiert werden muß, daß sämtliche großen Zeitungen darüber berichten, daß die Leserbriefe der lokalen Presse sich überschlagen, daß sogar der Bischof von Mainz einen offenen Brief an den Ministerpräsidenten von Rheinland-Pfalz schreibt?

Das ist umso erstaunlicher, als in der Schrift keineswegs irgendwelche neuen Aspekte, erweiterte Informationen oder veränderte Ziele gibt. Sie gehört in die unendliche Litanei von derlei Schriften, wie sie in den letzten beiden Jahrzehnten zu Hunderten den Kindern und Jugendlichen zugänglich gemacht worden sind. Neu für die Pfälzer ist es freilich, daß diese Schrift ausgerechnet vom Informationszentrum der Landeszentrale für Gesundheitsförderung, das heißt also direkt von der Landesregierung in 30.000 Exemplaren bewerkstelligt und bezahlt worden ist.[1]

Neu aber ist das aber nur für die Pfälzer. Die Bundeszentrale für gesundheitliche Aufklärung zu Köln z. B. betreibt Ähnliches „im Auftrag des Bundesministeriums für Jugend, Familie, Frauen und Gesundheit" bereits seit mehreren Jahren, so z. B. mit der Schrift:

„Na-Nu, von Liebe, Sex und Freundschaft" von 1990[2]. Zum Wahlkampfthema läßt sich das Vorkommnis in Mainz also nicht recht erheben. In diesem Boot sitzen die beiden Großparteien nämlich gemeinsam.

Aber abgesehen davon, daß nun neuerdings Aufklärungsschriften mit dem ausdrücklichen Akzent, die Kinder spätestens von der Geschlechtsreife ab zur Sexualität zu befreien, vom Staat erstellt werden, ist in der Schrift „Let's talk about sex" eine *Eskalation an drastischer Direktheit* festzustellen. So werden – und nicht mal die BILD-Zeitung kann sich dergleichen erlauben – erigierte Penisse und weibliche Genitalien in Großformat abgebildet. Da wird gleich auf den ersten Seiten die Geschlechtlichkeit lächerlich gemacht, in den Schmutz gezogen und gleichzeitig zur Betätigung jedweder Art stimuliert.

Der Tenor der Schrift insgesamt wird durch ein bezeichnendes Gedicht am Anfang vorgegeben. Da heißt es:

Hallo, süße Kleine,
komm mit mir ins Reine!
Hier gibt es lauter reine Sachen,
die können wir jetzt schmutzig machen.
Schmutz kann man nicht beschmutzen,
laß' uns die Reinheit nutzen,
sie derart zu verdrecken –
das Bettchen und die Decken,
die Laken und die Kissen,
daß alle Leute wissen:
Wir haben alles vollgesaut
und sind jetzt Bräutigam und Braut[3].

Diese beiden Neuheiten, die staatliche Erstellung und die Eskalation der Sexualisierung von Jugendlichen ab 14 machen eine grundsätzliche neue Diskussion nötig. Folgendes muß neu gefragt werden:

1. Dient diese Art der Aufklärung wirklich der Gesundheitsförderung? Und wenn nein, wie will eine Regierung, die darauf verpflichtet ist, die Unmündigen zu beschützen, das rechtlich verantworten?

2. Ist es nicht merkwürdig unlogisch, wenn der Staat nach dem Auftauchen und Sich-Ausbreiten einer tödlichen Geschlechtskrankheit, die jetzt bereits Tausende von jungen Leuten, meistens jungen Männern in den besten Jahren, das Leben gekostet hat, darauf gezielt mit einer eskalierenden Sexualisierung der Jugend, mit den vielfältigsten Stimulierungen zu sexueller, promiskuitiver und polymorph-perverser Aktivität antwortet?

3. Ist den Verantwortlichen klar, daß eine Stimulation zur Sexualität, die gleichzeitig eine Verabsolutierung jeglicher Beliebigkeit enhält (Erlaubt ist, was gefällt) eine sexuelle Unverbindlichkeit, ja Beziehungslosigkeit fördert?

4. Ist ihnen bekannt, daß diese Art der sexuellen Gepflogenheiten auf dem Boden solcher Beeinflussung fortgesetzt zugenommen hat und infolgedessen ebenso die Verbreitung von Aids ins Jugendalter hinein; daß nun auch die Abtreibung bei jungen Mädchen immer häufiger vorkommt[4]?

5. Haben die Verantwortlichen im Bewußtsein, daß der sog. Safer-Sex niemals ein Safe-Sex, ein sicherer Sex, werden kann, weil das Kondom u. U. gegen Aids noch weniger schützt als gegen ungewollte Schwangerschaft[5]? Und wenn ja, warum werden Informationen dieser Art in einer solchen Schrift, die angeblich der Gesundheitsförderung dient, nicht in aller Sachlichkeit und um einer ehrlichen Vollständigkeit willen mitgeliefert?

Und als letztes: Sind die Initiatoren wirklich jugendnah? Wo sind dann die Fragen und Antworten zu all den Sorgen, Nöten, Kümmernissen und wahrheitsgemäßen Fragen von Jugendlichen heute, wie man sie vielfältigst in der Praxis zu hören bekommt, wenn man vertrauensvoll und unter vier Augen mit dem Thema Sex konfrontiert wird?

Aus der Praxis

Das sind Fragen, die mich als Kinder- und Jugendlichen Psychotherapeutin, die seit 30 Jahren praktiziert, geradezu nötigen, meine Erfahrungen mit der sexuellen Revolte mitzuteilen. Schließlich befinden wir uns heute nicht mehr im Jahr 1969 und stehen nicht mehr staunend vor einem völlig neuen, geradezu umwälzenden neuen Programm der Sexualisierung wie damals; denn es ist in den 70er und 80er Jahren ja schließlich bereits durchgängig verwirklicht worden. Opfer der Befreiung zur Sexualität im Jugendalter gibt es deshalb reichlich seit Jahren in meiner Praxis.

In der Mehrzahl sind es hier vor allem junge Frauen, „burnt out" und „auf null Bock" bereits Anfang Zwanzig. Meist kommen sie, weil sie sich „ganz unten fühlen" nach Jahren eines Lebens in befreiter Sexualität mit vielen, zuerst oft sehr tiefen, dann immer flacher und flüchtiger werdenden sexuellen Beziehungen, oft nach Jahren in Wohngemeinschaften mit einer erheblichen „Schmutztoleranz" und freimütigem Partnertausch, mit mancherlei Probieren in den angelernten Formen von Sex – oft auch von - Drogen, mit einem Sack voller Liebesenttäuschungen, manchen Selbstmordversuchen, mit elenden Zukunftsängsten, mit abgebrochenen Ausbildungen und, ebenfalls nicht selten, mit einer oder mehrerer Abtreibungen – trotz all des so fabelhaften Wissens und trotz – wenn auch nur allzu oft unzureichend – des Benutzens der ihnen so warm ans Herz gelegten und zur Verfügung gestellten Verhütungsmittel.

Sie erzählen von ihren Verzweiflungen, von ihrem Versagen, von ihrer allmählich wachsenden Abneigung gegen die Männer und am Allererstaunlichsten: sie klagen über Einsamkeit, über ein Sich-kalt-fühlen, nachdem sie – getreu dem Verführungsmodell – spätestens mit 18 alle Beziehungen zur Ursprungsfamilie abgebrochen haben. Wo ist da das versprochene Glück, wo die Zukunft, wo Gesundheit, wo ist da die echte Freiheit?

Ja, ausgerechnet das Klagen über den Verlust der Freiheit ist oft ein wesentlicher Punkt, wenn die jungen Patienten erst einmal Vertrauen gefaßt haben; denn trotz der immer geringer werdenden Lust, sich auf neue Abenteuer einzulassen, fühlen sie sich an ihren Antrieb gefesselt, oft mit einer zwanghaften Sucht zur Selbstbefriedigung, die ihnen den erhofften Frieden über die momentane Spannungsentlastung hinaus aber nicht im mindesten bringt. Abgeschottet kämpfen sie Tag um Tag einen vergeblichen Kampf, um davon wieder loszukommen.

Keiner nötigt sie dazu, keiner verbietet es ihnen und dennoch rufen sie um Hilfe, weil sie sich eingeengt und gefesselt fühlen. Wer machte sie krank? Unzweifelhaft waren jene Schriften à la „Let's talk" maßgeblich daran beteiligt. Dort heißt es zum Beispiel gleich unter dem Großfoto eines schönen, nackten onanierenden Mädchens: „Onanie ist voll in Ordnung. Für Mädchen genauso wie für Jungen" ... Mal 'ne Pause einlegen ist genauso o. k. wie fünfmal am Tag zu onanieren, wenn einem und einer danach ist." „Liebe deinen Nächsten wie dich selbst, ist auch in diesem Zusammenhang ein guter Satz. In diesem Sinne: Viel Vergnügen[6]!" Und diese ganze Seite, die mit der pornographischen Zeichnung eines Jungen untermalt ist, mit einem zentralen Satz von Jesus Christus zu beenden, setzt der Schamlosigkeit nicht nur die Krone auf, sondern bedeutet bösestes Verwirrspiel der jungen Gemüter.

Von der Geschmacklosigkeit abgesehen aber fehlt – wie in dem ganzen Heft – eine vollständige Information, die wirklich aufklärt, orientierend unterrichtet und zu echter Entscheidung befähigt. So müßte in einer guten Aufklärungsschrift auf den ersten Seiten die Information vermittelt werden, daß der gottgewollte Lebenstrieb Sexualität von der Geschlechtsreife ab einen mächtigen Schub erfährt und daß es eines sehr sorgsamen Umganges damit bedarf, wenn er nicht wie ein Wildpferd mit einem durchgehen soll[7]. Weder darüber berichten unsere einseitigen Aufklärungshefte, noch nehmen sie Rücksicht darauf, daß Fotos, Zeichnungen und Einlassungen zum Thema Sex als sexuelle Auslöser zu wirken vermögen und den Antrieb, dann oft nicht mehr bremsbar, aktivieren[8]. Auch nicht darüber, daß das umso leichter geschieht, je mehr der Sex von der Beziehung, der Liebe zu einer Person abgelöst und als eine Sache an sich dargestellt wird. Auch das ist falsch. Die Sexualiät gehört immer in einen umfassenden personalen Zusammenhang, wenn sie menschenwürdig gelebt werden soll.

Warum steht in „Let's talk" und ähnlichen Schriften nie, daß der Antrieb einer sehr gekonnten Kultivierung bedarf, wenn er dem Menschen zu seinem Glück zu seinem seelischen Gedeihen dienlich sein soll? Warum beachtet man nicht Experten, die die dazu so notwendigen pädagogischen Programme entwickelten[9]? Warum wird die so bedenkensreiche Wahrheit verschleiert, ja geradezu tabuiert?

Warum wird nicht wenigstens den Pädagogen auf der Universität die nur allzu wahre Lehre des großen Anthropologen Arnold Gehlen[10] vermittelt, der so eindrucksvoll darauf hinwies, daß der Mensch rasch pervertiert, wenn er die Kultivierung seiner Antriebe außer acht läßt? Und auch von Fred ließe sich hier immer noch unüberholt Entscheidendes lernen[11].

Homosexualität

Desinformation enthält „Let's talk" auch sehr grundsätzlich auf der Seite über Homosexualität mit dem bezeichnenden Aufmacher: „WER IST HIER ANDERSRUM?" und gleich zwei Fotos mit gleichgeschlechtlichen Jugendlichen, die sich nackt einander annähern. Die Antwort auf die obige Frage heißt in stereotyper Desinformation: „Zu lieben ist normal. Und schwul sein ist dann auch normal, egal, wen du liebst. Der Vorteil ist ja der, daß man sich in den anderen genau reinversetzen kann – der hat ja das gleiche Geschlecht wie ich selbst."[12] Bevor ich dazu einige Sätze sage, muß aber als erstes klargestellt werden: Mit Problemen um homoerotische und homosexuelle Neigungen werde ich in der Praxis unentwegt konfrontiert, und ich bin davon überzeugt, daß nie je irgendeiner der jungen Menschen, die mir ihre Fragen und Probleme zu diesem Thema vortrugen, sich in irgendeiner Weise von mir diskriminiert gefühlt haben. Es ist absolut selbstverständlich, daß in einer humanen Gesellschaft niemand ausgegrenzt werden darf, der anders ist als die anderen. Aber wirklich homosexuell, so hat jetzt – Kinsey widerlegend – eine amerikanische Langzeitstudie erstellt, sind doch nur 1,1 % der Bevölkerung und nicht etwa 4 % wie es als Zahl hier durch die Lande geistert. Und mit dieser Zahl sind hier auch endlich einmal differenziert als „homosexuell" nur diejenigen Menschen klassifiziert, die wirklich keine sexuelle Beziehung zu einem gesellschaftlichen Menschen aufnehmen können[13]!

Diese lange Vorrede ist nötig, um ohne emotionale Aufwallungen die Desinformation in „Let's talk" über die Homosexualität entlarven zu können; denn hier werden nun die Jugendlichen, die homoerotisch fühlen, ermuntert, sich zu ihrer Homosexualität zu "bekennen", was, wie die Fotos unmißverständlich suggerieren, heißt es, damit zu probieren, denn – so die Schrift – "die eigenen sexuellen Gefühle zu verleugnen, ist auf die Dauer die schlechteste Alternative."[14] Das ist deshalb eine besonders infame Aufforderung, weil ein hoher Prozentsatz von Jungen und Mädchen – bevor der Lebenspartner gefunden ist – im Jugendalter erotisch gefärbte Sympathien für gleichgeschlechtliche Personen empfindet. Entwicklungspsychologen sprechen daher geradezu von einer "homoerotischen Phase"[15].

Die Vielfalt der Gefühle ist im Jugendalter noch außerordentlich groß. Besonders häufig kommt es vor, daß ein schmaler, zarter, zunächst noch etwas kleinwüchsiger Jugendlicher sich in eine männlich starken Klassen- oder Sportskameraden verliebt. Oft hat ihm ein väterliches Vorbild dieser Art gefehlt. Für viele Mädchen, mit welcher Vorgeschichte auch immer, ist die erotisch gefärbte Liebe zu einer Freundin so etwas wie eine Vorphase – entstanden aus einer instinktiv berechtigten Furcht vor der Sexualität des Mannes. Den Mädchen zu empfehlen, diese Natürlichkeit in eine sexuelle Unnatürlichkeit umzuwandeln, wie "let's talk" das suggeriert, führt häufig zu künstlich provozierten Konflikten.

– Darüber hinaus: In meiner Praxis habe ich manchen jungen Mann betreut, der seine Vorstellung, homosexuell zu sein, erst einmal unter der Desinformation des Trends ausprobiert hatte und dadurch seelisch ins Schleudern geraten war. Es ist also wichtig, daß Jugendliche darüber unterrichtet sind, daß angeborene Homosexualität außerordentlich selten ist, homoerotische Gefühle aber umso häufiger und daß sie kein Beweis für Homosexualität sind[16]; daß viel häufiger Blockaden in der Kontaktmöglichkeit zum anderen Geschlecht vorhanden sind, die durch Psychotherapie auflösbar sind und daß in solche Fällen ganz besonders durch Zuwarten und Ausreifen mehr gewonnen ist als durch ein leichtfertiges Experimentieren mit dem Geschlechtstrieb. Denn wenn homosexuelle Praktiken erst zu einer langjährigen Gewöhnung geführt haben, ist eine Umorientierung des Antriebes oft nur noch sehr schwer möglich, auch wenn der Mensch an dem bestehenden Zustand leidet.

Die Frage bleibt: Warum informiert die Aufklärungsschrift nicht über diesen Sachverhalt? Warum wird den Jugendlichen ausgerechnet die Homosexualität, nachdem sich der Analverkehr als eine Hauptinfektionsquelle für Aids erwiesen hat, nun auch noch als das Heroische, bisher so wenig Anerkannte, geradezu ans Herz gelegt? Wer kann und mag das wirklich zu verantworten?

Und noch eins: Haben die Initiatoren eine Ahnung von der oft unendlich peinigenden Furcht vor Aids, die die zur praktizierten Homosexualität verführten Jugendlichen begleitet? Glauben sie wirklich, daß dies mit Kondom-Empfehlungen zu beseitigen ist? Wissen sie, wie oft es dann doch nicht klappt mit dieser Verhütung? Kennen sie dieses Leben mit schweißtreibenden Ängsten täglich, nächtlich, bis das Ergebnis des nächsten AIDS-Tests auf dem Tisch liegt, aber absolute Sicherheit über eine nicht erfolgte Infektion nicht einmal liefert – diese Qual zwischen Druck und Furcht, dieses Gefesseltwerden von dem nicht mehr entrinnbaren Konflikt? Erlebe denn ich diese Seite der Medaille allein in meiner Praxis – oder sitzen die Sexexperten – es sei noch einmal gefragt – jugendfern in ihren Elfenbeintürmen?

Folgen der 68er Revolution

Wer sich als Praktiker nicht von der „Befreiung zur Sexualität" ab 1968 einfangen ließ, sondern auf dem Boden der gesicherten Ergebnisse der Sexualwissenschaft blieb, konnte am Beginn der 70er Jahre bald schon voraussagen, wie – bei stetiger Manipulation und einseitiger Suggestion – die Situation in den 90er Jahren aussehen würde, und ich habe deshalb damals bereits Prognosen gestellt, die traurigerweise heute alle eingetreten sind. Man konnte wissen: daß auf diese Weise

1. Sexualsüchte entstehen würden, die den Menschen nicht nur nicht befreien, sondern ihn einengend an den Trieb fesseln,
2. die Unfähigkeit, Ehe einzugehen, geschweige denn durchzuhalten, zunehmen würde,
3. durch eheunfähige Eltern auch eine allgemeine Schwächung der seelischen Gesundheit in der jungen Generation entstehen würde,
4. immer mehr Geschlechtskrankheiten auftauchen würden,

5. die immer häufiger auftretenden Angstneurosen bei Kindern und Jugendlichen im Laufer der Behandlung erkennbar werden lassen würden, daß ihnen die allzu frühe und unangemessene Konfrontation mit der Sexualität auf die Seele geschlagen ist[17],
6. wir mit einer rapiden Zunahme von Sexualdelikten und dem sexuellen Mißbrauch von Kindern zu rechnen hätten.

Besonders dieser letzte Bereich hat eine traurige Eskalation erfahren, ohne daß daraus die notwendigen Schlüsse gezogen würden. Denn schließlich wurde die Pädophilie von den Avantgardisten der Befreiung zur Sexualität geradezu angepriesen – man denke nur an entsprechende Verführungsszene aus der Kommune 2 im Kursbuch 17 von 1968[18], und Helmut Kentlers Auslassungen dazu, in denen er die Pädophilie als therapeutisches Konzept anpreist[19]. Und wieso kommen bis heute die Initiatoren nicht zu der auf der Hand liegenden Einsicht, daß es ganz besonders die früh zur sexuellen Fixierung genötigten Kinder und Jugendlichen sind, die – erwachsen geworden – zum Boomen von Delikten dieser Art beitragen?

Erstaunlicherweise ist in diesem Trend aber ein unlogischer Bruch eingetreten: die Feministinnen, die anfangs jegliche Befreiung zur Sexualität mit vorantrieben, entdeckten die boomenden sexuellen Übergriffe als ein Vehikel im Kampf gegen die Männer, besonders auch gegen Familienväter und schaffen es so, hier ein geradezu prüdes Brillenglas vorzuschieben. Kürzlich sagte ein 40jähriger Vater zu mir in der Praxis seufzend: „Früher *mußte* ich das alles (gemeint waren die erotisierenden und sexualisierenden Zärtlichkeiten mit den Kindern) und heute heißt es plötzlich: „Finger weg!", damit ich nicht in die Gefahr gerate, angezeigt und eingesperrt zu werden. Und wer der Trendmacher hat denn nun Mitleid mit diesen einst Verführten, die doch nicht als Täter allein, sondern auch als Opfer einzustufen sind?

Aber die Diskussion um dieses Heft darf bei solchen bedenklichen Ungereimtheiten nicht stehen bleiben. Sie läßt sich auch nicht auf ein Problem der Didaktik oder des Stils heruntespielen. Es muß vielmehr jedem, der angesichts dieses Heftes und seiner vielen, vielen Vorläufer nachdenklich bzw. alarmiert worden ist, klar werden, daß das Ja oder Nein zu diesem einseitigen Trend gleichzeitig ein Ja oder Nein zu einer Lebenseinstellung ist. Wir befinden uns in einer freien Demokratie. Jeder hierzulande ist frei genug, um im Hinblick auf sein persönliches Leben zu wählen, was ihm richtig erscheint, um nach Möglichkeit damit selig zu werden. Nur erscheint es mir unumgänglich zu wissen, *was* man wählt, und auch den Jugendlichen muß diese Wahlmöglichkeit sichtbar gemacht werden, statt sie zu einem unnachdenklichen Mitschwimmen im Zeitenstrom zu manipulieren, wie das durch die einseitigen Aussagen von Jugendlichen, die suggerieren, daß selbstverständlich ab 14 mehr oder weniger alle Geschlechtsverkehr haben, in „Let's talk" geschieht[20].

Interessanterweise unterlaufen den Autoren von „Let's talk" darüber hinaus Fehler, die keineswegs mehr zeitgemäß, sondern Schnee von gestern sind. So ist es z. B. ein sehr abgestandenes „In", zu meinen, sexuelle Aufklärung müßte bei der Kindergeneration vom Jahrgang 80 gegen unaufgeklärte Eltern als Fortschritt der neuen Zeit durchgesetzt werden. Wer der heute 35 bis 50jährigen Eltern von Jugendlichen soll denn wohl noch unaufgeklärt und prüde sein – nach all den Sexwellen, 25 Jahre lang? So druckt „Let's talk" z. B. ein Zitat von Günter Amendt[21], einem der Protagonisten der ersten Stunde: „Erwachsene meinen, für Mädchen und Jungen nahe (mit der Pubertät, C.M.) die Zeit des sexuellen Erwachens. Das ist Blödsinn, wie so vieles, was Erwachsene sagen. Von einem Erwachen der Sexualität kann überhaupt nicht die Rede sein. Die Sexualität hat nie geschlafen, nur die Erwachsenen haben gepennt."[22] Was soll dieses Zitat 1994?

Der heutigen Elterngeneration gab die Sexwelle schon keine Gelegenheit mehr, ihre sexuellen Regungen in welchem Alter auch immer nicht interpretiert zu bekommen. Wozu diese Bezeichnungen „Blödsinn" und „verpennen" als Lächerlichmachung einer nicht vorhandenen Elterneinstellung? Soll hier neben der Desinformation, daß Geschlechtsreife doch gar nichts Neues bedeutet, vor allem erst einmal Aufhetzung gegen die Eltern erfolgen, indem man sie lächerlich macht und in Sachen Sexualität für inkompetent erklärt? Sollen die Jugendlichen dazu gebracht werden, sich von diesen tumben Eltern so rasch wie möglich zu lösen und diese ganze „blöde Familie", auf deren Nestrand man vom Jugendalter ab ohnehin nur noch widerstrebend hockt, – mit dem neuen Liebchen im Arm – hinter sich zu lassen? Und wieso sollte eine solche massive Trendverstärkung einer ohnehin vorhandenen Tendenz bei den Jugendlichen ihnen dienlich sein?

Sexualisierung: Von der Wiege bis zur Bahre

Ich könnte mit TAUSEND-UND-EINER-NACHT-Geschichten aus der Praxis aufwarten, die belegen, wie wenig der allzu frühe Ausstieg, ja, wie wenig der Bruch mit den Angehörigen den jungen Menschen überhaupt bekommt. Es ist also offensichtlich wesentlich mehr gemeint, als ein wenig nette Anpassung an den Jargon von Jugendlichen. Es handelt sich vielmehr um den lohnenden und bei Jugendlichen leicht gelingenden Versuch, die jungen Menschen aus ihren Bindungen zu lösen und die bürgerliche Familie zum alten Eisen zu werfen.

Aber diese Erkenntnis gehört bereits in die Auseinandersetzung mit der Lebenseinstellung, die hinter dem Sexprogramm und diesem Sexheft steht. Als erstes: Keiner bitte möge sich einbilden, was da aus Mainz tönt, sei auch nur irgendwie avantgardistisch und fortschrittlich. Im Hintergrund steht vielmehr eine Theorie, die vor 150 Jahren zum ersten Mal von Friedrich Engels, später vom kommunistischen Psychoanalytiker Wilhelm Reich zu einem *Teilprogramm der sozialistischen Weltrevolution* kreiert worden ist[24]. Sexualisierung von der Wiege bis zur Bahre wurde danach als Kampfmittel gegen die Reglementierung durch bürgerliche Normen verstanden. Deshalb machte man in der nachrevolutionären Sowjetunion zuerst Ernst mit der sexuellen Revolution, bis Lenin erkannte, daß die frühe Entbindung der Jugendlichen Verwahrlosungserscheinungen in gefährlichem Ausmaß hervorriefen. Lenin sagte z. B. in einem Gespräch mit Clara Zetkin: „(Es ist) die famose Theorie, daß in der kommunistischen Gesellschaft die Befriedigung des Trieblebens, des Liebesbedürfnisses so einfach und belanglos sei wie das Trinken eines Glases Wasser. Diese Glas-Wasser-Theorie 'hat einen Teil unserer Jugend toll gemacht, ganz toll! Sie ist vielen jungen Burschen und Mädchen zum Verhängnis geworden. Durst will befriedigt werden. Aber wird sich der normale Mensch unter normalen Bedingungen in den Straßenkot legen und aus einer Pfütze trinken?"[25] Unter dieser Erkenntnis begann von den 30er Jahren an, die sowjetische Diktatur in einen Kurs in die Gegenrichtung umzuschwenken.

Aber nun das Erstaunliche: diese Erkenntnisse lagen schließlich parat, als erneut die alte Glas-Wasser-Theorie zum Programmpunkt und Vehikel der linken Revolte von 1968 gemacht wurde! Die Protagonisten Günter Amendt, Hans-Jochen Gamm[26] und Helmut Kentler[27] – die letzteren heute Professoren an bundesdeutschen Hochschulen – ließen in ihren Schriften keinen Zweifel an der Intention dieser Veränderung im Sexualverhalten vor allem bei der Jugend: „Es kommt heute darauf an, Sexualerziehung bewußt als politische Erziehung zu etablieren, auf die experimentelle Situation des Sexuallebens so einzuwirken, daß das in ihr verborgene gesellschaftliche Veränderungspotential aktiviert wird", formuliert Kentler in seiner Programmschrift „Sexualerziehung" von 1970[28]. Mit ungehinderter Durchschlagskraft wird seitdem versucht, die Kinder durch eine möglichst früh einsetzende sexuelle Betätigung aus dem Schutzraum der Familie herauszulösen.

Der Pädagoge Wolfgang Brezinka faßt diese sexuelle Revolution in seiner Analyse der „Pädagogik der neuen Linken" mit dem Resümee zusammen: „Der Einsatz der Neuen Linken für die „sexuelle Befreiung" der Jugend ist nur verständlich, wenn man ihn als Bestandteil der Strategie zur Erreichung ihrer *politischen* Ziele erkennt. Sie tritt deswegen dafür ein, weil sie *die sexuellen Antriebe und Interessen der Heranwachsenden für den motivationsstärksten Ansatzpunkt zur politischen Aufwiegelung gegen die bestehende Ordnung hält.*"[29]

Mithilfe dieser Strategie wurde der „Marsch durch die Institutionen" zügig vorangetrieben, wobei die Freigabe der Pornographie in der Ägide von Hans Dietrich Genscher als Innenminister einen entscheidenden Meilenstein bildete. „Let's talk about sex" ist eine strikte Weiterführung dieser Weltsicht und seiner manipulatorischen Absicht des Jugendfanges. Das ist bereits daran zu erkennen, daß Amendt und Kentler beide mit wissenschaftlich völlig unhaltbaren Aussagen auch hier federführend sind: Kentler: „Es ist sinnlos, nach dem Wesen von Frau und Mann zu suchen; denn es gibt keine Wesensunterschiede zwischen den Geschlechtern."[30]

Das ließe sich durch ungezählte Forschungsergebnisse zwar leicht widerlegen[31]; aber nach der Wahrheit fragt ohnehin niemand in solchen Heften ... Sie zielen auf eindeutige Wirkung, nämlich auf Beeinflussung der Jugend ab. Der Mensch soll eben so früh wie möglich aus allen Zwängen, nicht von denen der Familie allein, sondern auch aus den Ordnungen von Staat und Kirche herausgelöst werden. Deshalb vermittelt die Schlagzeile gleich auf der ersten beschrifteten Seite des Heftes die Botschaft: *„Sexualität ist ziemlich unordentlich"*. Das ist nicht im mindesten als Kritik gedacht, sondern will – die Neigung von Jugendlichen zur Unordnung nutzend – anarchistische Bejahung dieser Parole hervorrufen; denn diese ist die Voraussetzung zur schrankenlosen Liberalisierung und Beliebigkeit, die das Heft auf jeder Seite suggeriert.

– Zu diesem Zweck wird auch der Begriff der Normalität geschleift: „Normal zu sein ist kein Gütesiegel. Unnormal ist fast jeder Mensch irgendwo. Ganz und gar normal zu sein ist unnormal", heißt es deshalb in einem schematischen Verwirrspiel auf Seite 9[32].

– Der Bindungslosigkeit Vorschub zu leisten, dient auch die Verabsolutierung der Sexualität als einer aus ihrem eigentlichen Zusammenhang abgelösten Sache, die nur der Einübung in Verhütungsmittel bedarf, um ihr Ziel, Lust um der Lust willen zu erreichen. „Es gibt kein muß", heißt es z. B. auf Seite 8, „macht, was euch Spaß macht, dann, wann ihr wollt."[33]

– Die alte sozialistische Gleichheitsideologie feiert auf der ganzen Linie Triumphe. „Es gibt keine gefährlichen Freunde", behauptet das Blatt, statt die Jugendlichen mit Verantwortungsbewußtsein zu warnen. „Infizierte (mit Aids) können mit Kondom sexuell unbeeinträchtigt leben. Laßt euch nicht verrückt machen!"[34]

Mir kam bei dieser Präsentation des alt-verwitterten Hutes aus der Kiste der sog. *emanzipatorischen Pädagogik,* die von 1968 ab dem „Marsch durch die Institutionen" der Bundesrepublik durchsetzte die Frage: Wenn eines Tages die bewußt gewollte Intention der Zerstörung unserer gesellschaftlichen Ordnung – vorangetrieben durch eine systematische Labilisierung der jungen Generation mit Hilfe ihrer Sexualisierung, durch die Erstellung eines bindungslosen „revolutionären Potentials" – knallhart auf den Tisch liegt, meinen

Sie nicht, es könnte beschämend sein, sich eingestehen zu müssen, daß man einer bösen Manipulation auf den Leim kroch und mit den Wölfen heulte, bis man den Schaden schließlich vielleicht sogar am eigenen Leib auszubaden hatte?

Schluß

Ich möchte diesen Beitrag nicht schließen, ohne Ihnen einiges aus dem Aufsatz in der FAZ des Altkomunarden Klaus Rainer Röhl, dem Ehemann von Ulrike Meinhof und Kreator der roten Postille „Konkret", zu zitieren, der für sich selbst bereits den Schleier der Täuschung zerrissen hat: ..." die Diskussion über sexuelle Promiskuität erreichte langfristig das Ziel, die ohnehin für sehr viele fragwürdig gewordenen Gebote wie eheliche Treue zu einer Kann-Frage herunter zu praktizieren, zu einer zeitlich begrenzten Partnerschaft, die dann auch durch das Wort „Beziehungskiste" trefflich charakterisiert ist. So glauben die Protagonisten dem Ziel näher zu kommen: die Familie als Grundlage des Staates durch die Beliebigkeit der individuellen Befindlichkeit zu ersetzen... Daraus entstand der leichtfertige-antihumane Umgang mit der Unversehrtheit des Körpers und die nach wie vor von Dilettanten in allen Regionen der Bundesrepublik vorgenommenen verantwortungslosen Erziehungsexperimente an eigenen und fremden Kindern... Die Gesamtheit dieser gigantischen Desinformation ist nach dem erfolgreichen langen Marsch durch die Institutionen im Bewußtsein eines nicht unerheblichen Teiles der deutschen Bevölkerung fest verankert."[35]

Die Zusammenhänge sind klar. Es kommt nun nur darauf an, auf welche Seite sie sich schlagen. Meine Position habe ich verdeutlicht denn: die Quintessenz meiner Praxiserfahrung lautet:

Es scheint mir die Aufgabe der Erzieher zu sein, Kindern und Jugendlichen zur Entfaltung ihrer Liebesfähigkeit zu verhelfen. Das bedeutet aber vorrangig, daß ihre Bindungsmöglichkeit entwickelt und verantwortungsbewußte, wahrheitsgemäße Orientierung vermittelt wird. Erst diese Voraussetzungen können die jungen Menschen dazu befähigen, in einer späteren Ehe ihre Antriebe, besonders der Sexualität, in die wahre menschliche Liebe einzubinden und damit ebenso maßvoll wie rücksichtsvoll umzugehen. Die Sexwelle hat uns die traurige Wahrheit gelehrt, daß die Bestimmung des Menschen, die Liebe in der Welt zu mehren, in Frage gestellt wird, wenn bei Kindern und Jugendlichen sexuelle Fixierung geschieht. Die Kultivierung des Liebens gehört offenbar zu den elementarsten Aufgaben der Menschheit. Es lohnt sich, ihr zu dienen, um der Jugend zu Gesundheit, Glück, Zukunft und zu echtem Fortschritt zu verhelfen.

Anmerkungen

1 Herrath, Frank: Let's talk about sex. Hrsg. AIDS-Schulungs- und Informationszentrum der Landeszentrale für Gesundheitsförderung in Rheinland-Pfalz, e.V., Mainz 1993.
2 Bundeszentrale für gesundheitliche Aufklärung: Na-Nu, von Liebe, Sex und Freundschaft. Im Auftrag des Bundesministeriums für Jugend, Familie, Frauen und Gesundheit, Köln 1990.
3 Let's talk S. 4.
4 Hoc, S.: Was alles sexuell übertragen wird, Selecta 9, 6, 12, 1986. Friedl, Thomas: Profamilia? eine Dokumentation. In: Dokumente, Abtreibung, Embryohandel, Gentechnik, Euthanasie, Nr. 9, 1992, S. 36.
5 Prinz, W.: AIDS – Kondome schützen miserabel. Medical Tribune, 13, 12, 1987; Maier, Otto: Empfängnisverhütung, ein Elend ohne Ende. In: Christ und Zukunft, 3, 36, 1989. Ehmann, Rudolf und Maier, Otto: Dokumente zur Abtreibung, 6, 29, 1989.
6 Let's talk..., S. 5.
7 Prader, Andrea: Endokrinologie der Genital- und Pubertätsentwicklung. In Hellbrügge, Theodor: Entwicklung der kindlichen Sexualität. München. 1982 (Hrsg.)
8 Meves, Christa: Das sexuelle Antriebsgeschehen und seine Störungen. In: Verhaltensstörungen bei Kindern, S. 120 Serie Piper, München 1971, 10. Aufl. 1991.
9 Meves, Christa: Kindgerechte Sexualerziehung. Vellmar-Kassel 1992.
10 Gehlen, Arnold: Der Mensch, seine Natur und seine Stellung in der Welt, 1950.

11 Freud, Sigmund: Das Unbehagen in der Kultur, In: Gesammelte Werke. 1930, Frankfurt, 1953.
12 Let's talk... S. 27.
13 Eine Untersuchung des Batelle-Instituts, Seattle, U.S.A Science, 30.4.1993
14 Let's talk... S. 27.
15 Spranger, Eduard: Psychologie des Jugendalters. 1922, 24. Aufl. 1955
16 Van den Aardweg, Gerard: Das Drama des (gewöhnlichen) Homosexuellen, Stuttgart 1985.
17 Meves, Christa: Manipulierte Maßlosigkeit, Freiburg 1971, dies.: Wunschtraum und Wirklichkeit. Freiburg, 1972 dies.: Kinderschicksal in unserer Hand. Freiburg 1974 dies.: Freiheit will gelernt sein, 1975 dies. und Ortlieb, Heinz-Dietrich: Die ruinierte Generation. Freiburg 1982, ab S. 68 ff.
18 Kommune 2, Versuch der Revolutionierung des bürgerlichen Individuums. Berlin 1969.
19 Kentler, Helmut, Sexualerziehung. Hamburg 1970.
20 Let's talk... S. 12, 13, 24, 25.
21 Amendt, Günter: Sexfront. Frankfurt 1970, erweiterte Neuaufl. 1989.
22 Amendt, Günter, in Let's talk... S. 21.
23 Engels, Friedrich: Grundsätze des Kommunismus. 1847, In: Marx Karl und Engel, Friedrich: Werke, Bd. 4, Berlin 1972.
24 Reich, Wilhelm: Die sexuelle Revolution. Zur charakterlichen Selbststeuerung des Menschen. Frankfurt 1971.
25 Lenin, Wladimir Iljitsch, zitiert nach Scharf, Georg: Warum nicht? Antwort auf Fragen zur Sexualität. Borken, 1977.
26 Gamm, Hans Jochen: Kritische Schule, eine Streitschrift für die Emanzipation von Lehrern und Schülern, München 1970.
27 Kentler, Helmut: Sexualerziehung. Hamburg 1970.
28 ebenda, S. 40.
29 Brezinka, Wolfgang: Die Pädagogik der neuen Linken, Konstanz 1972.
30 Kentler, Helmut in Let's talk... S. 29.
31 Merz, Ferdinand: Geschlechtsunterschiede in der Entwicklung, Göttingen. 1980.
32 Let's talk... S. 9.
33 Ebenda S. 8.
34 Ebenda S. 31.
35 Röhl, Klaus Rainer: Der lange Marsch in die Toscana, FAZ, 288 vom 11.12.1993.

Der Beitrag von Christa Meves wurde zuerst unter dem Titel „*Zur Sexualität befreit – zur Abartigkeit verführt*" in: „*Theologisches*" (Jahrgang 24, Nr. 3) veröffentlicht.

Was mischt sich da die Kirche ein?

Fallbeispiele aus dem ganz normalen Alltag

von Axel Schmidt

Warum ist die Kirche gegen Selbstbefriedigung, gegen vorehelichen Geschlechtsverkehr und gegen Empfängnisverhütung? – Immer wieder werde ich so oder ähnlich gefragt, vor allem von Jugendlichen. Im folgenden gehe ich von sechs wirklichkeitsnahen Fällen aus, die mir der Herausgeber dieses Buches mit der Bitte vorgelegt hat, anhand dieser konkreten Beispiele aus dem Leben die Haltung und Gebote der Kirche zu erklären. Die Fälle dokumentieren die typischen Schwierigkeiten, die viele Menschen mit der Lehre der Kirche haben.

Die Fälle werden in Dialogform besprochen, wobei ich mich an Gesprächen mit Jugendlichen orientiere, die ich im Rahmen meiner seelsorgerischen Arbeit bei verschiedensten Gelegenheiten geführt habe. Die folgenden Dialoge sind erfunden, stellen aber in der Sache eine Zusammenfassung tatsächlich geführter Gespräche dar.

Fallbeispiel 1: Selbstbefriedigung

Ferdi ist 15 Jahre und Schüler der 9. Klasse. Die Schule macht ihm Spaß. Seine Lieblingsfächer sind Chemie und Biologie. Er ist ein guter Schüler. Bei den Klassenkameraden gilt er als guter Kumpel, mit dem man durch dick und dünn gehen kann. In der 7. war Ferdi zum Klassensprecher gewählt worden.

Ferdi interessieren in letzter Zeit aber weniger der Unterricht und sein kleines Labor, das ihm die Eltern im Keller eingerichtet haben, sondern Mädchen. Bislang ist es Ferdi, im Gegensatz zu anderen Mitschülern, trotz zahlreicher Bemühungen noch nicht gelungen, eine Freundin zu bekommen. Vor allem in der 8b gibt es ein paar *Frauen*, mit denen er sich gedanklich seit Wochen mächtig beschäftigt. Besonders Sylvia hat es ihm angetan. Verschiedene Versuche, Sylvia zu signalisieren, was er fühlt und wünscht, haben bislang keinen Erfolg gezeigt, wobei sich Ferdi unsicher ist, ob Sylvia ihn nicht mag oder nur auf die Folter spannen will. Ferdis Unsicherheit und Nervosität wachsen. Morgens, mittags, abends kreist in Ferdis Kopf das *Problem* Sylvia. Alles gefällt ihm an ihr, vor allem aber, und da ist er ehrlich, ihr toller Körper. Die anderen Jungens finden ihn „einfach geil", das aber ist Ferdi zu ordinär.

Die Qual bleibt: Was würde er dafür geben, wenn er Sylvia ein einziges Mal berühren könnte! Erregt und verwirrt zugleich sitzt er in seinem Zimmer am Schreibtisch und ist dabei, Hausaufgaben zu machen. Jedenfalls bemüht er sich drum. Ferdi kann sich nicht konzentrieren, da er ständig das Bild von Sylvia vor Augen hat. Einmal sieht er Sylvia bekleidet, ein andermal nackt. Das Bild der nackten Sylvia erregt ihn, er will es festhalten und sich zugleich davon lösen. Er onaniert. Danach hat er Ruhe und wendet sich seinen Hausaufgaben zu. Morgen will er Sylvia einen Brief schreiben und ihr seine Liebe gestehen.

Nachdem die Jugendlichen über Ferdis Problem informiert wurden, frage ich sie: „Möchtet Ihr in der Haut von Ferdi stecken?"
Die Antwort ist überwiegend Nein. – „Warum nicht?"
„Weil er Frust hat." – „Weil er mit sich selbst nicht ganz klarkommt." – „Weil ihm der Mut fehlt, mit Sylvia zu sprechen." – „Weil er bei ihr vielleicht gar nicht ankommt." – „Weil er wegen Sylvia die Schule und seine Hobbys so stark vernachlässigt..." usw.
„Und daß er onaniert, sich selbst befriedigt – was ist davon zu halten?"
„Ja, warum nicht? Das tun doch alle!" sagen viele in der Erwartung, Widerspruch zu hören. Manche schweigen auch. Auf gezielte Nachfrage geben einige Mädchen zu, daß sie es nicht gut finden, daß Ferdi Sylvia in Gedanken auszieht, um sich dann selbst zu befriedigen. Wenn sie das wüßte, fände sie Ferdi wahrscheinlich „eklig und abstoßend".
„Warum wohl? Was ist an dem Phantasiespiel Ferdis nicht gut?"
– Es fällt schwer, das in passende Worte zu fassen, was man dabei als falsch empfindet. Ich mache einen Vorschlag: „Wenn ich Sylvia wäre, würde ich mich irgendwie mißbraucht fühlen." „Ja, o.k., aber sie weiß das doch gar nicht! Hat Ferdi nicht ein Recht auf freie Phantasie?"
Eine hilfreiche Frage. Wer will schon einem Menschen seine Phantasie verbieten? Die Gedanken sind frei...! Aber es geht ja nicht darum, daß irgend jemand anders dem Ferdi in seine Phantasie

reinreden will, sondern um die Frage, ob Ferdi seine Phantasie selbst für gut oder für schlecht oder für neutral hält. – „Gibt es Gedanken oder Gedankenbilder, die man besser nicht hegt und pflegt?" – Die Meinungen sind geteilt. „Wie steht's mit kriegsverherrlichenden Bildern oder mit antisemitischen Witzen?" – „Das ist doch was ganz anderes!" – „Natürlich. Jeder Vergleich hinkt. Aber trotzdem die Frage: Was macht denn solche Bilder oder Witze so schlecht? Liegt das nicht daran, daß sie etwas Unlauteres oder sogar Menschenverachtendes an sich haben? Und daß sich solche Bilder im Bewußtsein oder Unterbewußtsein festsetzen können und dann doch irgendwie das Verhalten bestimmen – auch wenn man das ursprünglich gar nicht so wollte?" – Die Zustimmung erfolgt eher widerwillig; denn der Vergleich läßt sich nun doch führen: „Veranlaßt Ferdis Phantasie ihn nicht auch zu etwas, was er eigentlich gar nicht will?" – „Wieso? Zu was denn?" – „Ja, daß er onaniert und dazu Sylvias nackten Körper braucht – in seiner Vorstellung jedenfalls. Ist das nicht doch ein Mißbrauch dieses Mädchens, eine Mißachtung ihrer Personenwürde?"

Dieses Argument wird nicht akzeptiert, es erscheint übertrieben. Ich frage drastischer: „Und was würde Sylvia wohl sagen, wenn Ferdi sie wirklich ausziehen und sich dann selbst befriedigen würde?" – „Ja, aber das tut er doch gar nicht! Auf die Idee käme er doch niemals!"

„O.k., einverstanden. Das ist klar. Aber Ferdi tut etwas alleine, für sich, was er in Gegenwart von Sylvia nie tun würde, obwohl er andererseits das Phantasiebild von ihr im Kopf hat und bewußt festhält. Da stimmt doch etwas nicht. Und es liegt auch auf der Hand, was da nicht stimmt: Ferdi wird mit seinen Gefühlen gegenüber Sylvia nicht fertig. Er ist in sie verknallt und spürt eine sexuelle Erregung, wenn er an sie denkt, eine Erregung, die ihm keine Ruhe läßt – solange er nicht Entspannung in der Selbstbefriedigung sucht. – Nochmal die Frage vom Anfang: Warum möchtet Ihr nicht in seiner Haut stecken?"

Zögernd eine Antwort: „Weil er sich nicht unter Kontrolle hat."

Ich frage: „Was haltet Ihr von dem Satz: Alles ist mir erlaubt, aber nicht alles nützt mir. Alles ist mir erlaubt, aber nichts soll Macht haben über mich. Könnte man diesen Satz auf unser Fallbeispiel anwenden?" Und könntet Ihr euch vorstellen, wer diesen Satz geschrieben hat?" – Ja, der Satz passe sehr gut auf das Beispiel. Aber von wem er stammt? – Großes Erstaunen, daß Paulus das gesagt hat (1 Kor 6,1). Frage: „Ist also alles erlaubt, auch die Selbstbefriedigung?"

Ich antworte: „Streng nach dieser Paulus-Stelle müßte man wohl antworten: Ja, wenn sie nützt und wenn sie nicht Macht ausübt über mich. Aber gibt es das? Kann Onanie zu etwas wirklich nützlich, einem Guten förderlich sein und zugleich keine Macht über mich ausüben?" –

„Sie nützt dazu, ruhig zu werden; man fühlt sich hinterher erleichtert." – „Es verschafft einem Lustgefühle; warum soll das schlecht sein?" – „Es schadet doch niemandem, wenn man macht, oder?" – Aber nicht alle sind dieser Meinung: „Ich glaube, daß das wie eine Sucht werden kann so wie Rauchen; dann ist man hinterher schlecht drauf, und das ist dann schlecht für die Mitmenschen." – Und ein Mädchen sagt: „Ich finde das überhaupt nicht gut, sondern einfach nur eklig."

Eine schon lange in der Luft liegende Frage wird schließlich ausgesprochen: „Aber was soll man denn sonst mit seinem Trieb machen?" – Meine Gegenfrage: „Wie wär's mit Selbstbeherrschung? Die zu üben, wäre doch die beste Probe, wie weit es mit der Macht des Triebes über mich steht! – Im übrigen glaube ich, daß viele von euch schon oft den Kampf mit dem Trieb aufgenommen haben. Und wenn der Trieb stärker war – kam da nicht Erschrecken und Beschämung auf? Ich glaube nicht, daß alle das so cool einfach wegstecken nach dem Motto: Was Lust verschafft, kann nicht schlecht sein!"

Eine gewisse Betroffenheit ist zu spüren. Die Frage steht im Raum: Und wie wird man nun mit seinem Trieb fertig? Ist es sehr schlimm, wenn man dagegen nicht ankommt? Ich frage:

„Was könnte Ferdi denn nun machen? Was sollte er machen?" „Den Brief an Sylvia schreiben." – „Sie vergessen." – „Sich ablenken." usw.

„So einfach wird das alles nicht sein", antworte ich. „Vielleicht kann er mit Sylvia Freundschaft schließen und eine gesunde Beziehung aufbauen, die ihn auf andere Gedanken kommen läßt. Aber es kann auch sein, daß Sylvia kein Interesse für ihn hat. Wie auch immer – Ferdi sollte sich klarmachen, daß Selbstbefriedigung nur ein schlechter Ersatz ist für die geschlechtliche Liebe zwischen Mann und Frau; daß er aus der Enge des Triebes heraus muß. Und das geht nur, wenn er an sich arbeitet und sich nicht einfach gehen läßt. Es gibt in unserer Welt viele Reize, die uns sexuell erregen. Je früher wir lernen, solchen Reizen zu widerstehen und unsere innere Spannung auszuhalten, umso freier werden wir später sein, das zu tun, was wir wirklich wollen. Aber dafür muß man auch etwas tun. Man muß Geduld haben mit sich selbst und sich so leicht nicht entmutigen lassen. Dann kann man es schaffen, seine Triebe zu beherrschen, Ferdi und jeder andere auch. Man kann es schaffen, wenn man will. Und ich füge hinzu: Man kann es schaffen, wenn man Gott um Hilfe bittet. Denn Jesus hat einmal gesagt: Wenn ich euch freimache, dann seid ihr wirklich frei. (Joh 8,36)"

In diesem zuletzt zitierten Wort Jesu liegt der Kern der Begründung, warum die Kirche sagt, daß Onanie nicht gut ist. Es geht um die wirkliche Freiheit des Menschen, die sich auch im Leibe verwirklichen muß, nicht nur im Geist. Paulus, der sagt, daß nicht alles nützt (1 Kor 6,12; s.o.), fügt kurz darauf hinzu: „Wißt ihr nicht, daß euer Leib ein Tempel des Heiligen Geistes ist, der in euch wohnt und den ihr von Gott habt? Ihr gehört nicht euch selbst; denn um einen teuren Preis seid ihr erkauft worden. Verherrlicht also Gott in eurem Leib." (1 Kor 6,19 f) – Gott auch in unserem Leibe verherrlichen – das ist die christliche Alternative zu den vielen Versuchungen, unseren Leib wie eine Spielbude zu behandeln und ihn so zu entwürdigen.

Was aber ist ein würdiger Umgang mit meinem Leibe und mit meiner Sexualität? Die folgenden Fallbesprechungen gehen weiter darauf ein.

Fallbeispiel 2: Der One-night-stand

Knut war 22 Jahre und jobbte als Taxifahrer. Er hatte zwar eine Ausbildung als Industriekaufmann hinter sich, aber noch keine Lust, in einen festen Beruf zu gehen, obgleich ihm bereits eine feste und gut bezahlte Anstellung angeboten worden war. Jeden Tag frühmorgens aufzustehen, acht Stunden im Büro zu verbringen und abends kaputt und ausgelaugt nach Hause zu kommen, das war noch nichts für ihn. Irgendwann mal, vorher aber wollte er leben. Als Taxifahrer verdiente Knut genügend Geld, die Arbeitszeiten waren erträglich, und er konnte jederzeit aus dem Job aussteigen. In Knuts Welt spielten Vergnügen, Spannung und Ungebundenheit eine große Rolle. Vergnügen und Spannung fand er vor allem in Diskos. Und Frauen spielten dabei die Hauptrolle.

Petra war 22 Jahre und Sachbearbeiterin in einer Versicherungsfirma. Ihre Tätigkeit regelte den Tag, gab ihr Ordnung und so etwas wie Sinn. Petra empfand den Beruf nicht als Last und fühlte sich nicht gestreßt. Das war wichtig. Sie freute sich allerdings schon montags auf das Wochenende. Denn am Freitag- und Samstagabend würde sie wieder etwas unternehmen, mit Heike und Gudrun und Mara. Erst würden sie zum Italiener oder Spanier gehen und danach in die neue Diskothek. Auch in Petras Welt spielten Vergnügen, Spannung und Ungebundenheit eine große Rolle. Vergnügen und Spaß fand sie vor allem in der Diskothek. Und hier fand sie auch die richtigen Männer hierfür. Die gar nicht daran dachten, Petra ihre Freiheit zu nehmen, weil sie ebenfalls ungebunden bleiben wollten.

Nach etlichen, meist kurzfristigen Beziehungen war Petra zu der Überzeugung gelangt, für eine gewisse Zeit sei es ganz gut, sich nicht auf einen Partner festzulegen. Sie sei ja noch jung, und es gebe noch so viel zu erleben. Später werde man eh heiraten, das war klar. Aber später, das war noch früh genug.

An einem Wochenende begegnete Petra in der Diskothek Knut. Er war, wie immer, allein. Petra war, wie immer, mit Heike und Gudrun und Mara gekommen. Knut stand an der Bar, hatte ein Bier bestellt und ließ die Augen im Raum herumwandern, der durch die Laser-Spots mal in gedämpftes, mal in gleißendes Licht getaucht wurde. Die Lichteffekte machten die Anwesenden unkenntlich, profilierten sie aber zugleich jäh und plötzlich ganz scharf. Die Stimmen kamen gegen das Gedröhne der Bässe nicht an. Die Atmosphäre hatte was Erotisches. Man bekam sozusagen automatisch Lust. Deshalb war Knut da. Deshalb war Petra da.

Beide trafen sich an der Bar. Petra wollte für Heike, Gudrun, Mara und sich eine Bestellung aufgeben. Petra gefiel Knut. Er sprach sie an. Knut gefiel Petra. Sie vergaß ihre Bestellung, ließ sich von Knut auf die Tanzfläche ziehen. Ihre Freundinnen sah Petra an diesem Abend nicht wieder. Später machte Knut dann das Angebot. Er hatte eine Wohnung, nicht weit von der Diskothek, nur wenige Minuten zu Fuß. Mehr brauchte nicht gesagt zu werden. Petra ging mit Knut. In seiner Wohnung legte Knut eine CD auf und öffnete eine Flasche Wein. Sie tranken. Die Gläser waren noch halbvoll, als Knut sich mit Petra ins Schlafzimmer zurückzog. Am nächsten Morgen war Petra schon sehr früh wach. Sie nahm rasch und leise ihre Kleider, schlich ins Bad, duschte und verschwand.

Sie war noch jung und es gab so viel zu erleben. Von Knut wußte sie nur den Vornamen. Sie hatten kaum miteinander gesprochen.

Um das Gespräch in Gang zu bringen, stelle ich fest: „Im Unterschied zu Ferdi suchen Petra und Knut keinen Ersatz für den sexuellen Kontakt, sondern diesen selbst. Ist also alles o.k.?"
„Na ja, sie sind ja auch viel älter. Wenn sie beide dasselbe wollen, dann ist ja wohl nichts Schlimmes dabei..." – „Ich finde, das sollte jeder für sich selbst entscheiden. Ich würde das vielleicht nicht machen, aber die Kirche sollte da keinem reinreden!" – „Also ich finde das gar nicht o.k. Ich würde jedenfalls nicht mit einem wildfremden Mann ins Bett gehen, von dem ich noch nicht einmal den ganzen Namen weiß! Da käme ich mir ja vor wie eine Nutte!"
„Fangen wir mal bei dem „Reinreden" an", antworte ich. „Natürlich kann jeder machen, was er will. Die Frage ist aber die, ob auch alles gut ist, was man so tut, ob es auch „nützt", wie Paulus gesagt hat (s.o.). Die Kirche redet keinem in seine persönliche Lebensgestaltung rein, sondern ruft in Erinnerung, was für den Menschen gut und was schlecht ist. Das tut sie ja auch in anderen Dingen, und da finden das alle auch in Ordnung, z. B. wenn es um den verantwortlichen Umgang mit der Schöpfung geht. – Und gehört dazu etwa nicht auch der verantwortliche Umgang mit dem eigenen Leib, mit der Sexualität?"
„Ja, aber das ist doch etwas ganz anderes! Was Knut und Petra tun, das schadet doch niemandem!"
„Da wäre ich nicht so sicher. Vielleicht merkt man es nur nicht so schnell. Ich meine, daß sie sich erst mal selber schaden und wahrscheinlich auch ihrem späteren Ehepartner. – Überlegt nur einmal, ob Ihr später Knut oder Petra heiraten würdet."
„Ja, warum denn nicht?"
„Fändet Ihr das wirklich ganz o.k., wenn Euer Ehepartner vorher mit allen möglichen anderen Partnern geschlafen hätte? Wenn er oder sie alles schon x-mal erlebt hätte – nur um die eigene Lust zu befriedigen? Glaubt Ihr, daß so ein Partner ernsthaft die Treue versprechen und halten könnte?"
„Wenn er es ernst meint mit dem Heiraten, dann wird er sich bestimmt entsprechend ändern."
„Aha! Er müßte sich also ändern! Das heißt aber doch, daß es doch wohl nicht so richtig war, was er vorher gemacht hat? – Natürlich kann man sich ändern, keine Frage. Aber wenn man schon

einsieht, daß etwas falsch ist, müßte man es dann nicht sofort lassen?"
„Aber vorher hat er doch noch keinem die Treue versprochen! Also kann er machen, was er will, oder nicht?"
„Dazu würde ich folgendes zu bedenken geben: Erstens ist noch lange nicht alles gut, wozu man Lust hat. So wie die Verheirateten nicht einfach nach Lust und Laune die Ehe brechen dürfen, so sollten sich auch die Unverheirateten nicht einfach von ihrer Lust bestimmen lassen; denn wann wollen sie eigentlich die für eine Ehe notwendige Haltung der Selbstbeherrschung einüben? Muß man die vorehelichen sexuellen Kontakte nicht als „Ehebruch im Vorgriff" empfinden, wie es eine Studentin einmal einem Psychologen gegenüber ausgedrückt hat? – Und zweitens, was vielleicht noch viel wichtiger ist: Ist nicht gerade das reine Streben nach Lust, ohne irgendwelche Verpflichtungen eingehen zu wollen, das eigentlich Schlimme an der Sache? Kann man das Liebe nennen, wenn die beiden den anderen nicht als Menschen suchen, sondern nur als Objekt zur Befriedigung ihrer Begierde? – Was meint Ihr, wie mag Petra sich morgens gefühlt haben?"
„Wenn es das erste Mal war, bestimmt nicht so gut. Ich glaube, ein Mädchen kann so eine Nacht nicht einfach vergessen." – „Sie hat sich noch nicht einmal von ihm verabschiedet! Als ob sie sich geschämt hat..." – „Ja, sie hat sich ganz sicher geschämt. Ein bißchen Spaß, und das war's dann schon. Nein danke!"
Diese letzten Bemerkungen der Jugendlichen treffen auf ihre Art das, was die Kirche dazu veranlaßt, den sexuellen Verkehr mit wechselnden (unverheirateten) Partnern als Sünde zu bezeichnen. „Ein bißchen Spaß, und das war's dann schon. Nein danke!" – Es ist unter der Würde des Menschen, wenn er sich nur von seinen Trieben oder seinem Lustverlangen leiten läßt. Der Mensch ist auf Beziehung angelegt, auf wirkliche Liebe. Er verkauft sich, befleckt seine eigene Würde, wenn er um seiner Ungebundenheit willen zwar den Sex sucht, aber nicht die Liebe. Und er verletzt auch die Würde des anderen, wenn er dessen Leib nur gebraucht, um sich selbst Lustgefühle zu verschaffen. Der Leib ist, wie oben gesagt, Tempel des Heiligen Geistes. Es bleibt nicht ohne Folgen, wenn man den Tempel des Heiligen Geistes zu einer Spielbude umfunk-

tioniert: das Kostbarste, was man zu verschenken hat, wird zum gewöhnlichen „Gebrauchsartikel", dessen Wert man immer weniger zu schätzen weiß; Langeweile und innere Leere stellen sich ein, manchmal sogar Gefühllosigkeit bis hin zur Neigung zur Perversion oder Grausamkeit; die echte Fähigkeit zur Liebe und zur Bindung weicht mehr und mehr einem ungebundenen Egoismus.

Doch gilt dies auch für Liebespaare, die sich schon länger kennen und später vielleicht einmal heiraten wollen?

Fallbeispiel 3: Vorehelicher Verkehr (Teenager)

Als Anja und Timo sich verliebten, war sie gerade sechzehn, er siebzehn Jahre. Indirekt trug Claudia, Anjas beste Freundin, die Schuld daran. Wäre nicht Claudias Geburtstagsfete gewesen, dann hätten sie sich vermutlich nie kennengelernt. Auf der Fete aber hatte es bei den beiden sofort gefunkt. Den ganzen Abend sprachen sie angeregt miteinander, so als wären sie völlig alleine. Gegen Mitternacht mußte Anja nach Hause. Timo begleitete sie. Für den nächsten Tag verabredeten sie einen Kinobesuch.

Anja konnte die ganze Nacht nicht schlafen und Timo ging es ebenso. Im Kino legte Timo das erste Mal seinen Arm um Anja und küßte sie. Von da an gingen beide miteinander. Anja war nicht Timos erste Freundin und Timo nicht Anjas erster Freund. Sie hatten sich schon bald über ihre Erfahrungen ausgetauscht, denn Anja und Timo wollten absolut ehrlich und offen zueinander sein. Dazu gehörte auch, daß sie sich gegenseitig gestanden, sexuell noch unerfahren zu sein. Sicher, manchmal war in ihnen schon der Wunsch hochgestiegen, es zu probieren. Aber dann hatten sie sich doch nicht so recht getraut.

So waren Anja und Timo übereingekommen, erst einmal ihre Gefühle zu prüfen und, wie sie das nannten, die Beziehung zu festigen. Etwa ein halbes bis Dreivierteljahr dauerte diese Erprobungsphase, in der ihr Verhältnis immer intensiver wurde. Es erschien ihnen deshalb ganz natürlich und folgerichtig, daß sie an einem Nachmittag auf Timos Zimmer miteinander schliefen. Danach waren sie zunächst ein wenig verstört, vielleicht gar enttäuscht, aber trotzdem froh und irgendwie befreit. Fortan gehörte das Miteinander-schlafen zu den Selbstverständlichkeiten in ihrem Verhältnis.

Doch schleichend trat eine Entfremdung zwischen Anja und Timo ein. Was genau schief lief, wußten sie nicht. Vielleicht waren es nur die Wonnen der Gewöhnlichkeit. Wie auch immer: Beiden wurde allmählich klar, daß ihre Freundschaft in eine Krise geraten war. Sie stritten zunehmend, ja, sie suchten Gelegenheit zum Streit. Anja und Timo setzten sich in der Tat auseinander. Wiederum natürlich und folgerichtig erschien ihnen, daß sie sich eines Tages

trennten. Das abschließende klärende Gespräch verlief undramatisch. Gegenseitige Vorwürfe wurden nicht erhoben. Anja ging ihrer Wege, Timo seiner.
Zehn Jahre nach ihrer Trennung trafen sie sich zufällig in der Stadt. Beide waren für ganz kurze Zeit etwas verlegen, zumal Anja von Henrik, Timo von Eva begleitet wurde. Timo erfuhr, daß Anja seit drei Jahren mit Henrik verheiratet war, ein zehn Monate altes Töchterchen hatte und ein zweites Kind erwartete. Anja erfuhr, daß sich Timo und Eva seit vier Jahren kannten und soeben, nach Abschluß ihres Studiums, geheiratet hatten. Über ihre gemeinsame Zeit sprachen Anja und Timo nicht. Später sahen sie sich nie mehr.

Fallbeispiel 4: Ehe ohne Trauschein

Laura und David waren im Unisekretariat bei der Einschreibung aufeinandergetroffen. Laura hatte direkt vor David in der Schlange der Immatrikulanten gestanden. Es dauerte – und so waren sie irgendwie ins Gespräch gekommen. Es stellte sich heraus, daß beide dieselben Fächer studieren wollten. Nachdem die Einschreibungsformalitäten erledigt waren, lud Laura David zu einem Kaffee ein. Sie tauschten ihre Studienpläne aus, erzählten, wo und wie sie eine Bude gefunden hatten, klagten über die hohen Mietpreise und tausend andere Mißhelligkeiten, die sich mit dem Studentenleben verbanden.
David mochte Laura und Laura mochte David – von Anfang an. Sie beschlossen, gemeinsam Vorlesungen und Seminare zu besuchen. Noch während des ersten Semesters entwickelte sich aus ihrer Bekanntschaft eine Freundschaft und aus der Freundschaft eine *Beziehung*. Als das Grundstudium absolviert war, fanden sie, es sei ökonomischer und für ihre Partnerschaft besser, zusammenzuziehen. Sie suchten eine Wohnung und hatten nach etlichen Wochen Glück. Ihr Zusammenleben führte sie näher zueinander. Ihre Beziehung vertiefte sich. Für beide stand fest, daß sie, sobald die wirtschaftlichen Verhältnisse dies zuließen, vor allem das Examen absolviert und der Start ins Berufsleben gelungen war, heiraten würden. David und Laura bestanden zu gleicher Zeit das Examen und gingen parallel ins Referendariat.
Für zwei Jahre konnten sie sich nur am Wochenende sehen, da David einem anderen Bezirksseminar zugewiesen worden war als Laura. So nahm er sich ein Zimmer an seinem Ausbildungsort. Es war für beide eine schreckliche Zeit. Laura fand unmittelbar nach dem Referendariat eine Anstellung an einem privaten Gymnasium. Obgleich Davids berufliche Zukunft zu diesem Zeitpunkt noch ungesichert war, heirateten sie wenige Wochen, nachdem Laura ihren Arbeitsvertrag unterzeichnet hatte. Lauras Gehalt, so sagten sie, reiche für zwei allemal.

„Tja, Herr Kaplan, jetzt sind wir mal gespannt auf Ihre Argumente. Denn was Sie bisher gesagt haben, trifft ja wohl nicht auf diese beiden Beispiele zu."
„Ich gebe Dir zum Teil recht", antworte ich: „immerhin wollen die beiden Liebespaare hier sehr viel mehr als die eigene Lusterfüllung. Hier ist sicher schon richtige Liebe zu spüren. Oder wie würdet Ihr das Nennen, was Anja und Timo, Laura und David suchen?"
„Ja genau! Sie sind verliebt und wollen sich das ganz zeigen." – „Sie gehen ja auch nicht gleich ins Bett, sondern warten erst mal ab, ob sie sich auch wirklich lieben. Das finde ich schon o.k." – „Na ja, bei Anja und Timo bin ich mir da nicht so sicher; schließlich sind sie ja doch auseinandergegangen. Vielleicht war es doch noch zu früh bei ihnen... ich weiß nicht." – „Immerhin haben sie ja ein Dreivierteljahr gewartet. Ich finde das schon eine ziemliche Leistung – wenn man da andere Leute hört..."
„Ich glaube, damit kommen wir nicht weiter, wenn wir darauf gucken, was andere Leute tun oder sagen", werfe ich ein. „Wir sollten viel eher fragen: Ist die Beziehung von Anja und Timo nach dem Dreivierteljahr bereits gefestigt? Glaubt Ihr, daß sie schon die nötige Reife haben, um miteinander so intim zu werden, daß sie miteinander schlafen?"
„Ach, hören Sie doch damit auf! Sie reden ja genauso wie unsere Eltern. Wenn ich das schon höre, kriege ich echt zuviel. Das klingt so, als ob die Erwachsenen den Jugendlichen den Spaß nicht gönnen wollen!"
„Das, was Du da sagst, ist interessant! Ich meine weniger den Vorwurf mit dem „nicht Gönnen" als Deine Wortwahl; Du sagst „Spaß". Geht es also doch vor allem um den Spaß, um die Lust?"
„Nicht nur. Aber warum auch nicht? Schließlich gehört der Spaß doch auch zum Leben, oder? Oder wollen Sie den jungen Leuten verbieten, Lust zu erleben?"
„Ich will niemandem etwas verbieten. Ich möchte nur nicht, daß jemand etwas tut, was für ihn nicht gut ist, was ihm später vielleicht leid tun könnte. – Lust alleine kann noch kein Maßstab dafür sein, ob etwas gut oder schlecht ist. Sonst dürfte kein Zahnarzt etwas gegen Süßigkeiten sagen. Man muß sie auch vertragen können! Aber können Anja und Timo die sexuelle Lust auch vertragen?

Sind sie wirklich reif dazu? Ich bezweifle das. Sie sind zwar verliebt, aber eine richtig tiefe Liebe ist noch nicht da. Denn dazu gehört mehr, als sich nur zu mögen; dazu muß man sich ganz annehmen – mit allem, was am anderen ist, auch seine Schwächen und Fehler. Aber das braucht Zeit, und vor allem muß man selbst in sich gefestigt sein, damit man dem anderen auch ernsthaft sagen kann: Ich bleib dir treu ein Leben lang!

Soweit sind die beiden sicher noch nicht gewesen, sonst hätten sie sich nicht so bald gestritten und getrennt."

„Das hört sich alles so hoch an, so weit weg vom normalen Leben. Meistens läuft das doch ganz anders!" – „Ja! Sie bauen da ein Ideal auf, das es gar nicht gibt. Ist doch auch gar nicht so schlimm, wenn die beiden sich wieder trennen; schließlich waren sie ja auch nicht verheiratet. Sie haben ihre Erfahrungen gemacht, und damit war es gut."

„So? War es damit wirklich einfach gut? Wenn sie nicht miteinander geschlafen hätten, könnte ich Dir wohl zustimmen: Die Trennung tut zwar weh, ist aber manchmal nicht zu vermeiden. Aber nun haben sie auch sexuelle Erfahrungen miteinander gemacht. Das heißt aber doch: Sie haben sich etwas gegeben, was eine unbedingte Entschiedenheit verlangt, ein uneingeschränktes Ja zum anderen, sie sind doch – wie die Bibel sagt – „ein Fleisch geworden". Und doch wollten und konnten sie die Verantwortung dafür nicht übernehmen. Ist das nicht ein Widerspruch? Sind sie nicht zu weit gegangen? Wäre es nicht für beide besser und auch ehrlicher gewesen, wenn sie abgewartet hätten, ob sich aus ihrer Freundschaft eine echte Ehegemeinschaft entwickeln kann?"

„Wer hat schon Lust, solange zu warten! Und wozu auch? Da hat man doch nichts davon, da kriegt man eher noch einen „psychischen Knacks" von!"

„Also, das ist ja wohl totaler Unsinn – als ob man durch Verzicht und Selbstbeherrschung irgendwelche Komplexe bekäme! Das Gegenteil ist richtig: Verzichten-Können gehört zur Liebe genauso wie die Zärtlichkeit. Ohne rücksichtsvolle Zurückhaltung kann keine Beziehung auf Dauer gelingen; und dazu muß man auch seinen Trieb beherrschen lernen. Gerade vor der Ehe, das heißt bevor man sein endgültiges Ja zum Partner spricht, ist das so notwendig wie nur was, damit man dem anderen auch die Freiheit zur Entscheidung läßt und ihn nicht frühzeitig an sich bindet. – Man hat also sehr viel davon, zu warten. Man tut sich und seinem Partner wirklich etwas sehr Gutes, wenn man ihn nicht überfällt, sondern Schritt für Schritt Wege der Zärtlichkeit geht, die der Reife der Beziehung entsprechen."

„Und wann ist Ihrer Meinung die Beziehung so weit, daß die beiden miteinander schlafen können? Jetzt sagen Sie aber nicht, wenn die beiden vor dem Traualtar gestanden haben! Das finde ich einfach lächerlich und altmodisch. Was soll denn da so plötzlich anders werden?"

„Oh, es wird schon sehr vieles anders. Obwohl ich zugebe, daß auch vorher schon die Beziehung sehr weit gefestigt sein kann. So wie sicher die Beziehung zwischen Laura und David eine ganz andere und viel engere war als die zwischen Anja und Timo. Ich bin weit davon entfernt, die beiden Fälle über einen Kamm zu scheren."

„Also finden Sie das in Ordnung, daß die beiden zusammengezogen sind?"

„Das würde ich nicht gerade sagen. Denn schließlich hatten sie sich noch nicht endgültig aneinander gebunden und lebten doch schon wie Mann und Frau zusammen. Sie hätten doch auch heiraten können, oder?"

„Aber da waren sie doch noch im Studium und haben kein Geld verdient. Sie konnten doch noch gar nicht heiraten!"

„Aha! Sie konnten nicht heiraten, aber andererseits konnten sie doch so leben, als wären sie verheiratet? – Warum konnten sie denn Eurer Meinung nach nicht heiraten?"

„Ich würde doch nicht heiraten, wenn ich noch mitten in der Ausbildung wäre!" – „Ich auch nicht! Ist doch auch viel besser, erst einmal auszuprobieren, ob man auch miteinander auskommt – ich meine, wenn man zusammenwohnt. Das ist doch etwas ganz anderes, als wenn man sich nur ab und zu sieht. Wenn's nicht klappt, dann kann man sich immer noch trennen, und es ist kein Weltuntergang."

„Also doch ein Hintertürchen! Wenn's nicht klappt, dann gehen wir eben wieder auseinander. So einfach ist das! Aber genau das ist es ja, was echte Liebe nicht vertragen kann: diese Hintertürchen-

Mentalität. Entweder ich liebe einen Menschen wirklich – und dann sage ich vorbehaltlos Ja zu ihm, ohne irgendwelche Hintertürchen offenzuhalten, oder ich bin noch nicht so weit, weil ich mir noch nicht sicher bin oder weil ich noch Zeit für diese Lebensentscheidung brauche – und dann sollte ich das auch ehrlich zugeben und im sexuellen Bereich nicht so tun, als wären solche Vorbehalte gar nicht da."

„Das hört sich alles ja schön und gut an. Aber jetzt sagen Sie mal endlich klipp und klar, warum Sie oder die Kirche etwas gegen den vorehelichen Geschlechtsverkehr haben!"

„Das Wichtigste habe ich schon gesagt: Geschlechtsverkehr ist nicht einfach nur eine Form von Zärtlichkeit, sondern das höchste Zeichen der Liebe, das Mann und Frau einander geben können. Sie werden wirklich eins, „ein Fleisch". Das kann man nicht mal so eben miteinander ausprobieren. Damit sollten sie sehr ehrfürchtig und bedächtig umgehen, damit sie wirklich ihre Liebe einander schenken, sich selber ganz schenken. Und ich meine, daß diese Liebe erst ganz da ist, wo sich die beiden ewige Treue versprochen haben. – Hinzu kommt, daß ja erst das Ehesakrament die Liebe der beiden von Gott her stärkt und schützt, so daß sie auch in Krisenzeiten hält. Erst die Geborgenheit in Gott macht die Gemeinschaft von Mann und Frau vollkommen. Und Gott ist es auch, der seinen Segen gibt und den Bund von Mann und Frau heiligt, damit er wirklich ein Zeichen sein kann für Gottes Bund mit den Menschen. Daran sollte man sicher auch denken! – Und als letztes darf man ja wohl auch nicht vergessen, daß Sexualität – schon rein vom Biologischen her – immer auch auf Zeugung von Kindern angelegt ist. Und sicher ist es verantwortungslos, Kinder zu zeugen, wenn sie nicht in dem Schutzraum einer Ehe bzw. einer Familie aufwachsen können."

„Jetzt sagen Sie bloß noch, daß Sex nur zum Kinderkriegen da ist! Das können Sie ja nicht mal meiner Großmutter erzählen!"

„Ich sage nicht nur. Aber jedenfalls kann niemand abstreiten, daß die Sexualität der Weg ist, um das Leben weiterzugeben. Und ich füge hinzu: Dazu hat Gott sie auch gewollt."

„Und wenn man keine Kinder kriegen will? Schließlich gibt es ja Verhütungsmittel. Wollen Sie etwa sagen, die sind nicht gottgewollt?"

„Das ist sicher keine leichte Frage. Ich komme beim nächsten Fall genauer darauf. Für unser Beispiel mag es genügen, wenn ich sage: Wer überhaupt keine Kinder haben will, z. B. weil er noch nicht verheiratet ist oder weil er Kinder als eine unzumutbare Last ansieht, der sollte auch nicht das tun, was von Natur aus auf die Zeugung von Kindern ausgerichtet ist. Denn keine sogenannte Verhütung gibt hundertprozentige Sicherheit. Und was soll dann mit dem ungewollten Kind geschehen? Etwa Abtreibung?"

„Wer redet denn davon? Sie malen ja gleich den Teufel an die Wand!"

„Ich gebe nur zu bedenken, daß ein Paar sich auch darüber Gedanken machen sollte. Ich halte es für verantwortungslos, wenn man miteinander schläft, ohne sich zu überlegen, daß man ja auch ein Kind in die Welt setzen könnte."

„Wenn ich mir das recht überlege, was Sie da sagen, dann ist das ganz schön hart", sagt zum Schluß ein Jugendlicher, der sich bisher nur wenig beteiligt hat. „Da hören wir auch von allen Seiten etwas anderes. Warten bis zur Ehe, ewige Treue, Kinder kriegen – wer weiß wieviele? – das ist sicher ein hohes Ideal; aber wer schafft das schon? Soviele leben anders und prahlen auch damit. Hat es überhaupt Sinn, sich dagegen aufzulehnen?"

„Gut, daß Du diese Frage stellst! Ich glaube, das ist heute die größte Schwierigkeit, sich in einer Minderheit zu fühlen, denn man möchte ja immer mit dem großen Strom mitschwimmen. Ja, es hat Sinn! Erst einmal für das eigene Selbstwertgefühl. Und dann vor allem für seinen Partner, den Freund, die Freundin: ich zeige ihm oder ihr damit, wieviel wert er oder sie mir ist, wieviel ich bereit bin, für ihn, für sie einzusetzen und zu opfern. Und so haben es auch die frühen Christen getan: Sie haben in einer ähnlich sexuell aufgeheizten Umwelt wie heute anders gelebt, mutig und entschlossen, und sie haben letztlich die heimliche Bewunderung und Anerkennung ihrer Mitmenschen gewonnen: Seht, wie sie einander lieben!"

Es ist klar, daß alle Gebote letztlich auf das Gebot der Liebe hingeordnet sein müssen und von ihr her zu verstehen sind gemäß dem Pauluswort: „Wer den anderen liebt, hat das Gesetz erfüllt." Denn die Gebote: „Du sollst nicht die Ehe brechen, du sollst nicht töten, du sollst nicht stehlen, du sollst nicht begehren!" und alle anderen

Gebote sind in dem einen Satz zusammengefaßt: „Du sollst deinen Nächsten lieben wie dich selbst." (Röm 13, 8b.9) – So einfach dieser Gedanke erscheint, so schwer kann er mitunter zu verwirklichen sein, dann nämlich, wenn die Liebe Opfer und Verzicht fordert. Doch gerade an der Größe des Opfers kann man die Größe der Liebe ermessen, und dies gilt sicher nicht zuletzt im geschlechtlichen Bereich, wo Liebe und die Gefahr des Egoismus so eng beieinanderliegen. Gerade im intimsten Bereich bedarf es des größtmöglichen Schutzes vor Verletzung, Erniedrigung und Entwürdigung, bedarf es deshalb einer Zügelung der Triebe. Der einzig zureichende Schutzraum der geschlechtlichen Liebe ist die Ehe, vor allem auch im Blick auf die möglicherweise gezeugten Kinder. Die biblisch-christliche Überlieferung hat deshalb jede Art von außerehelichem Geschlechtsverkehr als „Unzucht" verworfen (Mk 7,21; 1 Kor 6,18; Eph 5,5 u.a.) und außerhalb der Ehe Enthaltsamkeit gefordert (vgl. 1 Kor 7,2.9). Das gilt auch für Paare, die sich schon länger kennen und lieben, aber aus irgendwelchen Gründen noch nicht heiraten können oder wollen, wenn auch zugestanden werden kann, daß bei diesen der Wille zur Treue bereits da ist und insofern schon ein Raum der Geborgenheit entstanden ist. Aber diese Geborgenheit ist noch nicht endgültig abgesichert durch das öffentliche Treueversprechen, sie ist noch nicht von Gott her besiegelt durch das Ehesakrament, und sie ist deshalb auch noch nicht geeignet, sich zu öffnen für die Weckung neuen Lebens, was doch die normale Frucht der sexuellen Begegnung sein sollte.

Doch hiermit wird ein neuer Problemkreis angeschnitten, der in den folgenden beiden Fällen besprochen werden soll: Wenn ein Paar aus gerechtem Grund kein Kind zeugen will, darf es dann den Geschlechtsakt durch künstliche Verhütung unfruchtbar machen?

Fallbeispiel 5: Verhütung in der Ehe (Kinderpause)

Ludger und Bettina, beide 32, sind seit vier Jahren verheiratet. Sie haben drei Kinder, zwei Mädchen im Alter von drei und zwei Jahren und einen Jungen im Alter von dreizehn Monaten. Ludger arbeitet als Dezernent in einer kirchlichen Schulbehörde, Bettina ist Hausfrau und Mutter. Ludger und Bettina sind gläubige Katholiken. Sie orientieren ihr Ehe- und Familienleben an der Lehre der Kirche. Sowohl Ludger wie Bettina halten dies für selbstverständlich. Entsprechend der kirchlichen Morallehre haben Ludger und Bettina von Beginn ihrer Ehe an auf künstliche Empfängnisverhütung verzichtet. Nach drei Schwangerschaften in rascher Folge sind Bettina und Ludger entschlossen, zunächst auf weitere Kinder zu verzichten. Da Bettinas Zyklus unregelmäßig ist und die natürliche Empfängnisverhütung in ihrem Fall keine hinreichende Garantie dafür gibt, daß sie zunächst einmal nicht wieder schwanger wird, tragen sich die Eheleute mit der Überlegung, künstlich zu verhüten.

Diese Entscheidung bringt sie in Konflikt mit der katholischen Morallehre. Bettina und Ludger sehen sich in einem Dilemma. Einerseits wollen sie ihre Ehe in Übereinstimmung mit den kirchlichen Moralgeboten führen, andererseits möchten sie auch einmal sexuell miteinander verkehren, ohne mit einer baldigen erneuten Schwangerschaft Bettinas rechnen zu müssen. In dieser Lage hoffen sie auf Rat und Hilfe von geistlicher Seite. Sie wenden sich an zwei befreundete Theologen und tragen diesen ihr Problem vor.

Die ins Vertrauen gezogenen Geistlichen beziehen diametral entgegengesetzte Positionen. Während der eine Bettina und Ludger die einschlägigen Punkte der katholischen Sexualmoral ruhig und einfühlsam erläutert, viel Verständnis für die schwierige Situation der beiden beweist, sie aber auch unter Hinweis auf das Moralwidrige und Sündige von der Entscheidung zugunsten des Einsatzes künstlicher Verhütungsmittel abzubringen versucht, bestärkt sie der andere in ihrem Entschluß: Die vorübergehende Anwendung von Verhütungsmitteln im ehelichen Vollzug sei moralisch legitimiert, wenn die Ehepartner nach reiflicher Überlegung und sorgfältiger Gewissensprüfung zu dem Schluß gekommen seien, die künstliche Empfängnisverhütung aus Gründen der gegenseitigen Achtung und zum Schutz ihrer Ehegemeinschaft verantworten zu können.

Die Sakramentalität der Ehe erfahre dadurch keinerlei Beschädigung. Außerdem sei zu bedenken, daß eine zeitweilige künstliche Verhütung keine prinzipielle Entscheidung gegen die Empfängnis darstelle.

Welchen Rat Bettina und Ludger beherzigt haben, ist nicht bekannt.

Fallbeispiel 6: Verhütung in der Ehe (Materielle Gründe)

Kerstin (34) und Frank (36) sind seit zwölf Jahren verheiratet. Sie haben vier Kinder im Alter von zehn, sieben, fünf und zwei Jahren. Frank ist Hilfsarbeiter und ohne Beschäftigung. Die Familie lebt von der Sozialhilfe. Die schlechte Konjunktur und Franks mangelhafte Ausbildung lassen fraglich erscheinen, ob sich der materielle Status des Ehepaares in absehbarer Zeit heben wird.

Kerstin und Frank sind glücklich miteinander. Sie lieben ihre Kinder und versuchen ihnen nichts vorzuenthalten, soweit dies in ihrer wirtschaftlichen Situation möglich ist. In jedem Fall steht aber fest, daß sich die Familie weiteren Zuwachs nicht leisten kann. Während des Besuches beim Frauenarzt schildert Kerstin diesem die vertrackte Lage. Der Arzt ist ein kirchentreuer Katholik, zögert aber nicht, Kerstin die Methode künstlicher Empfängnisverhütung anzuraten. Von der natürlichen Empfängnisverhütung, die er ansonsten vielen Frauen aus Überzeugung angeraten hat, spricht er hier nicht. Kerstins Auftreten und ihre einfache, doch anschauliche Darstellung ihrer Ehe mit Frank zeigen ihm, daß wohl nur die Verschreibung der Pille die Familie vor einem wirtschaftlichen Desaster bewahren und die Ehe zwischen Kerstin und Frank stützen wird.

„Und wenn man keine Kinder kriegen will...? – so hatte einer von Euch in der letzten Runde eingeworfen. Sind Verhütungsmittel etwa nicht gottgewollt? – Hier haben wir nun zwei Fälle, wo es nur zu berechtigt ist, die Zeugung weiterer Kinder – zumindest für eine ganze Zeit – zu vermeiden. Was würdet Ihr also Ludger und Bettina, Kerstin und Frank raten?"

„Ist doch ganz klar, da gibt es gar keine Diskussion: Sie sollen Verhütungsmittel nehmen, die Pille z. B. oder ein Kondom benutzen." – „Ich verstehe überhaupt nicht, was die Kirche dagegen hat. Wollen Sie uns etwa erzählen, die beiden sollten in Zukunft ganz enthaltsam leben?" – „Sogar der eine Theologe und der katholische Arzt haben da keine Bedenken! Die müssen es doch schließlich wissen."

„Na ja, der andere Theologe scheint da aber anderer Meinung zu sein. Vielleicht sollten wir uns die Argumente doch mal im einzelnen ansehen. Aber ich gebe zu: Es ist nicht leicht, diese Argumente nachzuvollziehen. – Zuerst einmal sollte ein Mißverständnis ausgeräumt werden: Die Kirche fordert weder Kinderreichtum um jeden Preis, noch legt sie solchen Paaren wie diesen beiden lebenslange Enthaltsamkeit nahe. Eine verantwortliche Familienplanung ist nicht nur erlaubt, sondern auch geboten. Aber die darf nicht dadurch erfolgen, daß man den Geschlechtsakt so manipuliert, daß er unfruchtbar wird, wie es bei künstlichen Verhütungsmitteln der Fall ist."

„Und wie sollen die Eheleute es sonst machen?"

„Sie können sich zeitweise vom Geschlechtsverkehr enthalten – und zwar in den fruchtbaren Tagen der Frau. Dann können sie ebenso sicher die Zahl und den Abstand ihrer Geburten regeln, ohne den

Geschlechtsakt selbst zu manipulieren. Man nennt das natürliche Geburtenregelung oder natürliche Familienplanung, kurz NFP. Davon habt ihr doch sicher schon gehört, oder?"

„Ja, Ogino-Knaus oder so ähnlich. Hören Sie damit auf! Das ist doch so unsicher wie nur was. Damit kann man doch gar nichts anfangen, erst recht nicht, wenn der Zyklus der Frau unregelmäßig ist wie bei Bettina."

„Ich glaube, du bist da nicht auf dem neuesten Stand. Die Methode der Ärzte Knaus und Ogino ist in der Tat noch sehr unsicher gewesen, aber mittlerweile gibt es neue Erkenntnisse, besonders durch das Ärzte-Ehepaar Billings, die einen ganz einfachen Weg gefunden haben, wie die Frau herausfinden kann, wann sie fruchtbar ist und wann nicht."

„Und was haben sie genau herausgefunden?"

Nun, ich bin zwar kein Arzt und möchte Euch deshalb für genauere Angaben lieber an Fachleute bzw. die entsprechende Fachliteratur verweisen, aber das Wesentliche kann ich Euch schon sagen: Die Forschungen von Billings betreffen die Beobachtungen des sogenannten Zervikalschleims, der beim Gebärmutterhals gebildet wird und der vor und nach dem Eisprung durch den Einfluß der Hormone sehr verschieden ist. Jede Frau kann so einfach durch Beobachtung des Zervikalschleims am Scheideneingang feststellen, in welchen Tagen sie möglicherweise fruchtbar und sicher unfruchtbar ist: Möglicherweise fruchtbar ist sie in den Tagen um den Eisprung herum. – Will sie eine Schwangerschaft vermeiden, dann muß sie in diesen Tagen enthaltsam bleiben. Das ist schon alles."

„Das kann ja alles sein. Aber ich sehe nicht ein, warum diese Methode besser sein soll als künstliche Empfängnisverhütung. Schließlich sind da ja auch wissenschaftliche Fortschritte gemacht worden. Was soll daran so schlimm sein, die Pille zu nehmen oder ein Kondom zu benutzen?"

„Auf diese Frage gibt es verschiedene Antworten. Erstens gebe ich zu bedenken, was die Pille betrifft, sollte man die schädlichen Nebenwirkungen nicht außer acht lassen. Schließlich muß sich die Frau regelmäßig mit körperfremden Hormonen vollpumpen, die auf Dauer keinen erfreulichen Einfluß ausüben. Man lese sich nur die entsprechenden Beipack-Zettel durch! Immer mehr Frauen lehnen

deshalb die Pille ab, wie ihr vielleicht wißt. Darüber hinaus wirkt die Pille manchmal nicht empfängnisverhütend, sondern frühabtreibend, indem sie nicht den Eisprung verhindert, sondern die Einnistung des bereits befruchteten Eis."
„Wo haben Sie das denn her?"
„Das kann man überall nachlesen, wenn man will. – Aber ich will da jetzt nicht näher drauf eingehen, weil es auch noch andere Argumente gibt, die nicht nur die Pille betreffen. Der hauptsächliche Einwand gegen alle künstliche Empfängnisverhütung ist nicht medizinischer Art, sondern hat etwas mit der religiösen Ehrfurcht zu tun. Und das ist überhaupt der Grund, warum die Kirche sich da einmischt, sonst sollte sie den Ärzten allein das Feld überlassen. Der Gedanke ist übrigens ganz einfach – wenn man bereit ist, sich darauf einzulassen: Gott hat die Sexualität geschaffen als ein sehr kostbares Gut, und er hat mit ihr zwei Sinngebungen genial verbunden: die Liebe von Mann und Frau auszudrücken und die Erweckung neuen Lebens als Frucht dieser Liebe zu ermöglichen. Ja, man geht nicht zu weit, wenn man sagt – und der Papst tut das –, daß Mann und Frau mit Gottes Schöpfungskraft zusammenwirken, daß – anders gesagt – Gott sich bei der Schöpfung von neuen Menschen an den fruchtbaren Geschlechtsverkehr von Mann und Frau bindet. Hier zeigt Gott, in welch tiefer Weise er als Dritter im Bunde sein will, was also das Ehesakrament letztlich bedeutet oder bedeuten soll. Wenn nun die Eheleute ihren Geschlechtsverkehr derart manipulieren, daß er unfruchtbar wird, verschmähen sie dann nicht in grober Weise die Zusammenarbeit mit Gottes Schöpferwirken, maßen sie sich dann nicht an, in letzter Instanz über die Geburt eines Menschen zu entscheiden, was doch nur Gott zusteht, und geben sie damit nicht irgendwie kund, daß sie die gottgewollte Verknüpfung der Sexualität mit der Weitergabe des Lebens gar nicht so sinnvoll finden, so daß sie diese Verknüpfung eigenmächtig auflösen? Muß man ein solches Verhalten nicht ehrfurchtslos nennen?"
„Halt! Stop! Wieso soll das ehrfurchtslos sein? Die Ehepaare in unseren Beispielen sind doch gläubige Menschen, und sie haben auch nichts gegen Kinder, sonst hätten sie ja keine. Und Sie haben doch gerade selbst gesagt, daß es richtig ist, wenn die Eheleute

ihren Nachwuchs planen. Warum sollen sie das nur nach der natürlichen Methode tun dürfen und nicht mit künstlicher Verhütung? Wo ist da der Unterschied?" – „Ja genau! Würden nach Ihrem Argument nicht auch die Eheleute ehrfurchtslos handeln, die nur an den unfruchtbaren Tagen miteinander Geschlechtsverkehr haben?"

„Das kommt darauf an. Wenn sich dahinter die Haltung verbirgt, von der ich gerade gesprochen habe, würde ich sagen: Ja, sie handeln genauso ehrfurchtslos. Es geht hier weniger um eine Methode oder Technik – das wäre doch nur sehr äußerlich –, sondern es geht um eine innere Einstellung. Die Frage ist: Wollen Mann und Frau grundsätzlich ihren Geschlechtsverkehr offenhalten für Gottes Schöpfungswirken, oder wollen sie das nicht? Sind sie grundsätzlich bereit, Vater und Mutter zu sein, oder lehnen sie das ab?"

„Sie wollen doch Vater und Mutter sein, und sie sind es doch auch schon! Aber sie können doch nicht einfach immer mehr Kinder in die Welt setzen!"

„Ich stimme Dir zu. Aber die Frage ist doch, wie sie ihre Geburten regeln. Wenn sie künstlich verhüten, dann greifen sie eklatant in den Zeugungsvorgang ein, besser gesagt: dann verhindern sie durch Manipulation, daß ihr Liebesakt ein möglicher Zeugungsvorgang ist, dann reißen sie auseinander, was Gott zur Einheit verbunden hat. Das tun sie aber nicht, wenn sie sich an den naturgegebenen Rhythmus von fruchtbaren und unfruchtbaren Tagen halten; sie vermeiden dann eine mögliche Zeugung, verhüten bzw. verhindern sie aber nicht."

„Aber kommt das nicht auf dasselbe hinaus? Schließlich wissen sie ja sehr gut – wenn die NFP wirklich sicher ist – daß sie kein Kind bekommen können. Also, ich sehe da keinen Unterschied."

„Der Unterschied liegt darin, wie die Eheleute ihre Einstellung zur Möglichkeit, neues Leben zu erwecken, verwirklichen. Diese kann nur grundsätzlich positiv sein, wenn sie nichts direkt dagegen unternehmen, daß der Liebesakt fruchtbar ist. Das ist doch sonnenklar! Nehmen wir mal ein anderes Beispiel: Für jemanden ist es sehr unangenehm, wenn eine bestimmte Sache herauskommt. Wenn er aber eine grundsätzlich positive Einstellung zur Wahrheit hat, dann kann er doch in diesem Fall nicht einfach lügen; er kann höchstens schweigen und nichts sagen. Dann lügt er nicht, aber er vermeidet, daß die Wahrheit – soweit es an ihm liegt – ans Licht kommt. So ist es auch beim Geschlechtsverkehr: Wenn ich grundsätzlich bejahe, daß der Liebesakt neues Leben erwecken kann, dann darf ich das nicht im Einzelfall wieder ausschließen. Er wird dann irgendwie unwahrhaftig."

„Sind das nicht alles sehr theoretische Gedanken? Ich meine: Wer denkt schon darüber nach? Wen interessiert das überhaupt? Die meisten werden sich doch sagen: Warum so kompliziert, wenn's doch einfach geht?"

„Ich meine, daß das überhaupt nicht theoretisch, sondern enorm praktisch ist. Es klingt nur deshalb theoretisch, weil wir hier sozusagen nachträglich versuchen, das in Worten zu erklären, was jeder beim Vollzug des Geschlechtsverkehrs irgendwie spürt, wenn er ihn wirklich aus reiner Hingabe vollzieht. Dann spürt er nämlich, daß jede künstliche Manipulation etwas Unnatürliches bedeutet, was eigentlich nicht sein sollte. Vielleicht sind wir Menschen im hochtechnisierten Mitteleuropa dafür schon unempfindlich geworden. In Indien dagegen sträuben sich die allermeisten Frauen gegen die künstliche Empfängnisverhütung, während sie sehr offen sind für die natürliche Geburtenregelung."

„Aber der eine Theologe hat doch eingewandt, auch die NFP habe etwas Unnatürliches an sich, wenn die Eheleute dabei zu Sklaven von Tabellen und Statistiken würden. Hat er da nicht recht?"

„Ich selber kann das natürlich nicht beurteilen, aber nach dem, was erfahrene Eheleute darüber sagen, halte ich das für eine grobe Übertreibung. Ehepaare, die die natürliche Geburtenregelung praktizieren, versichern, daß ihr Eheleben dadurch bereichert worden sei, weil sie mehr miteinander sprechen und mehr aufeinander Rücksicht nehmen müßten."

„Aber ist das auch in jedem Fall wirklich möglich? Ich denke da vor allem an den Fall von Kerstin und Frank, die ja allein von der Bildung her denkbar schlechte Voraussetzungen dazu mitbringen. Glauben Sie, daß die beiden sich auf die NFP einlassen könnten und sie auch durchhalten? Meinen Sie, der Mann schafft das, regelmäßig über längere Zeit enthaltsam zu bleiben?"

„Erstens würde ich sagen, daß das Ganze weniger eine Frage der intellektuellen Bildung ist als vielmehr eine Frage, wie weit man sich innerlich und emotional dazu angetrieben fühlt. Die Frauen und Männer in Indien sind sicher im Schnitt schlechter gebildet als die in Deutschland, nehmen aber viel stärker als diese die Lebensweise nach der NFP an. – Und zweitens: Kaum jemand kann von heute auf morgen seine inneren Einstellungen und seine Lebensgewohnheiten ändern. Um auf das Beispiel von vorhin zurückzukommen: Wer es gewohnt ist, sich durch Lügen aus unangenehmen Situationen zu retten, der wird es nicht leicht haben, sich plötzlich zur vollen Wahrhaftigkeit zu bekehren. Aber die Tatsache, daß es schwer ist, ändert doch nichts daran, daß Lügen eigentlich schlecht ist. Oder? Soll ich einem notorischen Lügner empfehlen weiterzulügen, nur weil ich ihm keine Chance einräume, sich jemals zu ändern? Wäre das nicht gerade eine Beleidigung? – Nein! Ich kann ihm nur durch gütiges Zureden helfen, durch immer neue Chancen, die ich ihm gebe, durch meine geduldige Vergebungsbereitschaft und ein stetes neues Anspornen."

„Und was heißt das konkret für unsere beiden Fälle? Sollen die Ehepaare sich in der natürlichen Familienplanung üben und das Risiko eingehen, doch noch weitere Kinder zu bekommen, weil sie es vielleicht nicht gleich richtig schaffen? Wäre das nicht total verantwortungslos?"

„Wir kommen hier in Bereiche, die man nicht mehr im allgemeinen behandeln kann. Hier wäre es nötig, sich mit den konkret betroffenen Personen auseinanderzusetzen und mit ihnen Lösungsmöglichkeiten zu suchen. Ich meine, daß wir gerade als Christen von einem anderen nie verlangen dürfen, vollkommen zu sein. Aber das heißt nicht, daß wir deswegen die göttlichen Gebote einfach ignorieren dürfen. Was vor Gott letztlich zählt, ist weniger die moralische Leistung, die jemand erbringt, als vielmehr der Wille, sich an seinen Geboten auszurichten, wieviele Fehlschläge dabei auch im einzelnen passieren. Wenn die Eheleute die geforderte Enthaltsamkeit nicht sogleich leben können und zur Vermeidung eines wirklichen Unglücks (!) deshalb künstlich verhüten – schweren Herzens und mit dem festen Vorsatz, dies baldmöglichst ganz zu lassen –, dann können sie sicher mit Gottes Barmherzigkeit rechnen; davon bin ich jedenfalls überzeugt. Und Gott wird ihnen auch dabei helfen."

Die edle Prüde und der unmoralische Rohling
Kulturgeschichtliche Skizzen über die Prüderie des 18.–20. Jahrhunderts

von Beate Beckmann

„Die katholische Sexualmoral ist doch prüde", – so der allgemeine kritische Konsens. Stimmt das? Was heißt prüde? Und könnte ein Vergleich mit vergangenen Zeiten ein solches Urteil vielleicht als Vorurteil enttarnen? Die prüde Atmosphäre der letzten Jahrhunderte ist uns modernen (oder sogar postmodernen) Menschen am Ende des 20. Jahrhunderts wohl nur noch dunkel im Bewußtsein. Uns schweben vielleicht Szenen aus Filmen oder aus der Literatur des 18./19. Jahrhunderts vor, in denen der Bereich des Sexuellen, des Körperlichen angstbesetzt war und tabuhaft in Schweigen gehüllt wurde. Schuld daran, so versucht uns der moderne Aufgeklärte zu belehren, muß die leibfeindliche katholische Moral gewesen sein. Kulturgeschichtliche und religionsphilosophische Untersuchungen legen allerdings ein differenzierteres Bild des Ursprunges und der Gründe der bürgerlichen Prüderie frei: Doch hören wir, was der bürgerliche Erzieher den jungen Damen zur Jahrhundertwende riet:

Bitte, nicht aus dem Takt kommen, meine Damen!

Halten Sie die Herren in ihren Schranken! Sie wissen doch, die Herren der Schöpfung sind nun einmal triebgesteuert, so ausgeliefert an ihre männlichen Regungen. Bleiben Sie daher im Takt, meine Damen, dann wird Ihnen nichts passieren. Üben Sie prüde Zurückhaltung! Schließlich sind Sie das edle Geschlecht, das für den Anstand und den gleichmäßigen Taktschlag in unserer Gesellschaft sorgen sollte. Folgen Sie den einschlägigen Ratschlägen für die vornehme Dame:

"Es läßt sich ja vielleicht manchmal nicht vermeiden, daß Sie mit einem einzelnen Herrn ins Gespräch kommen; aber ich rate Ihnen dringend: Seien Sie wohl höflich, aber kühl zurückhaltend, und wenn die Unterhaltung eine Wendung nimmt, die Ihnen nicht paßt, so müssen Sie es verstehen, durch einen Blick den Herrn in die richtigen Schranken zu verweisen. Gerade hierin sind die Damen ja Meisterinnen. Ein verwunderter Augenaufschlag, ein plötzliches Aufwerfen des Kopfes oder ein nur in dem Blick gezeigter Ausdruck der Mißbilligung dürften wohl in den meisten Fällen genügen, um einem Herrn zu zeigen, wie weit er gehen darf."[1]

Nach den Freudschen (mehr oder weniger freudigen) Enthüllungen unseres Unbewußten – wieviel Gewicht man diesen Untersuchungen auch immer zusprechen mag – und nach den revolutionären Befreiungsschlägen der 68er-Studenten-Generation, die sogar in Hörsälen ihre Hüllen fallen ließ, können wir uns kaum noch ausmalen, wie noch Ende des letzten Jahrhunderts über die Stellung der eigenen Sexualität gedacht wurde.

Tabu

Ein Tabu-Thema: Gesprochen wurde wenig, so daß die viktorianische junge Dame aus gutem Hause erst am Tage der gefürchteten und doch ersehnten Hochzeitsnacht von ihrer Mutter ins Vertrauen gezogen wurde: „Kind, es ist schrecklich! Aber beiß' die Zähne zusammen – und denk' an England!" Die Liebe zum Vaterland muß in dieser zur Redensart gewordenen Anekdote herhalten, um die junge Braut zu motivieren, die aus hygienischen und sozialpolitischen Gründen notwendigen „Schweinereien" erdulden zu können.

Lachen werden wir Heutigen darüber, und die große Distanz des Vergessens spüren, die sich zwischen uns und das Lebensgefühl unserer Urgroßeltern gelegt hat. Ob wir allerdings das Problem der damaligen Generationen gelöst haben? Ist nicht immer noch der Bereich unserer Sexualität ein angstbeladener, höchst sensibler? Um heutige Gegenbewegungen gegen eine prüde Überschamhaftigkeit zu verstehen, lohnt es sich, nach deren Ursprüngen und Gründen zu fragen. Während unsere Zeit sich vor schamloser Offenbarungssucht kaum noch geheimnisvolle, überraschende Räume für intime Vertrautheit freihalten kann, hat die europäische Kulturgeschichte der letzten 200 Jahre neben aller Aufklärungsbemühung ein eher distanziertes Verhältnis zum eigenen Leib entwickelt. Der Mythos von 2000 Jahren Sexualunterdrückung von seiten der katholischen Kirche greift in all den Gegenläufigkeiten der europäischen Sexualgeschichte reichlich zu kurz. Augustinus und andere machthungrige Sadisten unter den Christen hätten durch ihre Lehren das Ihrige dazu beigetragen, auf daß dem Volk jeglicher Spaß genommen werde und es ja gefügig unterjocht bleibe. Die ganze Kreatur hätte demnach in wehmütiger Erwartung ihrer Befreiung aus der 2000jährigen sexuellen Versklavung geharrt.

Die Ethnologie und die Religionswissenschaft weisen allerdings einen komplizierteren Befund auf. In Primitivvölkern wurde und wird das Element der Sexualität als eine überwältigende Mächtigkeit erfahren, der sich der Mensch nur schwer entziehen kann. Es mußte etwas Göttliches im Geschlechtsakt liegen, da der Mensch so völlig aus sich „herausgezogen" wird. In diesem magisch-mythischen Verständnis war der Partner allerdings nicht als Einzelner, sondern nur gattungshaft im Blick. Das sexuelle Erlebnis war kein personaler Vollzug. Die personale Liebe gründet erst auf dem jüdisch-christlichen und griechischen logoshaften Weltverständnis.

Der göttlichen Macht, die in der Sexualität zur Wirkung kam, konnte letztlich nur mit einem Tabu begegnet werden. Ein Tabu deutet immer auf eine wirkliche Mächtigkeit hin, auf etwas, das zerstörerisch wirken könnte und daher einen Schutz verlangt. Von Völkern, in denen die Frauen unbekleidet gehen, ist dennoch oder gerade deshalb ein starkes Tabubewußtsein bekannt. Ein Mann, der einer Frau zu intensiv auf die Geschlechtsorgane schaut, wird zur Verantwortung gezogen: Er muß sie entweder heiraten oder für die Entehrung und Tabuverletzung zahlen.

Antike und mittelalterliche Sinnlichkeit

Die europäische Antike wie auch das christliche Mittelalter erlebten das Sexuelle in ungebrochener Sinnlichkeit. Öffentliches gemeinsames Baden war nichts Ungewöhnliches. Nach Michel Foucault[2] war es im Mittelalter üblich, sexuelle Praktiken beim Namen zu nennen. Bis ins Detail gingen die Beichten, die sich an verordnete Beichtspiegel hielten. Bis ins 16. Jahrhundert war es üblich, spärlich oder unbekleidet öffentliche Badeanstalten zu besuchen und nackt zu schlafen. Der Schlafraum war fester Bestandteil des öffentlichen Lebens. Die außerehelichen Kinder des Mannes wurden nicht verheimlicht, im Gegenteil, sie wurden mit größter Selbstverständlichkeit in die Familien integriert.[3] Anfang des 17. Jahrhunderts war man noch frank und frei in Bezug auf seine Leiblichkeit, zeigte Fleisch, verhüllte wenig und gestikulierte schamlos direkt.[4]

Die Stellung der Kirche zur Sexualität und zu ihren sinnlichen Ausdrucksweisen, wie z. B. dem Tanz, war nicht durchgängig negativ. Thomas von Aquin (1224–1273) spricht vom Tanz als einem „Akt der Tugend", wenn er zur Erholung und Freude dient.[5] In Spanien wurden Gebetstänze vor dem Allerheiligsten aufgeführt.[6] Gleichzeitig wies „Mutter Kirche", wie Ida Friederike Görres es formulierte, „mit unerbittlicher Menschenkenntnis und überempfindlichem Argwohn" immer wieder auch auf die Gefahren allzu ungebändigter Sinnlichkeit hin.

Der antike und auch der mittelalterliche Mensch erfuhr seine Sinnlichkeit auf bedrängende Weise. Er hatte tatsächlich „einen kochenden Topf auf dem Feuer", auf dem nur „ein Deckel das Überkochen verhindern konnte" (Gerl-Falkovitz). Wenn ein Christ wie Augustinus sich von seinem vormals heidnischen Leben bekehrte, war es ihm naheliegend, in strenger Enthaltsamkeit zu leben, sich vor der Irritation des wilden Physischen zu schützen. Erst wir späten, nachneuzeitlichen Menschen sind nach jahrhundertelanger Übung fähig, eine Durchgeistigung des Physischen zu versuchen.[7]

Neuzeitliche Peinlichkeit

Nun ist aber in unserem Rückblick eine Wende, ein Pendelausschlag in Richtung Prüderie zu beobachten. Seit dem 17./18. Jahrhundert nahm die Tabuisierung des Sexuellen derart zu, daß nur noch in Anspielungen über Sexualität gesprochen werden konnte. Das Vorrücken der Peinlichkeits- und Schamgrenze läßt sich an den Veränderungen in den Bekleidungsgewohnheiten und den Badesitten zeigen. Im Paris des 18. Jahrhunderts badete kaum jemand. Und Parfum und Puder ersetzten Wasser und Seife. Anfang des 20. Jahrhunderts war das Baden nur wie folgt gestattet:

„Es werden nur Anzüge zugelassen, welche von dunkler Farbe sind (dunkelblau, dunkelrot oder schwarz) und den ausgestellten Proben entsprechen. Der Stoff darf nicht durchsichtig sein und in nassem Zustand nicht ankleben. Aus letzterem Grund empfehlen sich z. B. Anzüge aus Barchent nicht! Die Damen müssen hochgehende Anzüge mit kleinen Ärmeln und Beinkleidern haben: kleine Schöße sind erwünscht. Es ist zu empfehlen, daß die Damenanzüge aus einem Stück gemacht sind und die kleinen Schöße sich am Gürtel befinden. Die Herrenanzüge müssen ebenfalls hoch sein, kurze Ärmel und bis fast zum Knie gehende Beinkleider haben. Dicker schwarzer, dunkelblauer und dunkelroter Trikot, aber ohne helle Streifen, wird zugelassen."[8]

Wie kam es zu diesem Pendelausschlag in Richtung Prüderie? Was gab den kulturhistorischen Ausschlag für eine neue Schamhaftigkeit? Wer hatte den Menschen gesagt, daß sie nackt seien, so daß sie sich erneut wie im Garten Eden nach dem Sündenfall verstecken mußten? (Gen 3,10–11)

Wende zur neuzeitlichen Reinheit

Ein Kennzeichen der neuzeitlichen Geistesgeschichte ist die Entdeckung des Subjekts: Der neuzeitliche Mensch lernt es, „ich" zu sagen, erkennt seine Individualität, tritt aus Gruppen- und Autoritätsstrukturen heraus. Luthers wiederentdecktes „pro me" half dem einzelnen zu erkennen, daß er selbst ganz persönlich von Gott angesprochen ist, daß Christus „für mich" gestorben ist, und daß „mir" sowohl Erlösung als auch Gericht gelten. Diese Subjektwerdung sollte den neuzeitlichen Menschen bis ins Sexuelle hinein prägen. Da wo bisher eher das Gattungsgemäße, die Gruppenidentität gegolten hatten, traten nun der einzelne und sein Bedürfnis ins Licht der Aufklärung und in die Pflicht des Handelns.

Im Protestantismus bildete sich eine Glaubensrichtung heraus, die sich im angelsächsischen Raum „Puritanismus" (von pure rein) nennt, vergleichbar mit dem deutschen Pietismus. Den Puritaner kennzeichnet ein extremes Sündenbewußtsein, er weiß sich auf der „Folterbank der Sünde" (Leites), da seine menschliche Natur ihn von Gottes Gegenwart trenne. Es sollten aber Kanäle für die Einstrahlung der göttlichen Kraft im Menschen freigehalten werden. Die Erfahrung der Gegenwart Gottes sollte ständig möglich sein durch eine Läuterung gerade des Sexuellen.

Im Raum des katholischen Glaubens war die sexuelle Reinheit in der Enthaltsamkeit um des Reiches Gottes willen, im Zölibat (Mt 19,12) immer als Gegenpol, als Ergänzung zur Ehe gesehen worden. Nun fiel das Zölibat im Protestantismus fort, wodurch die Keuschheit noch stärker in der hochgeschätzten Ehe verwirklicht werden mußte. Dieses religiöse Motiv führte zur sogenannten „Ethik der Beständigkeit" (Leites), die es ermöglichen sollte, daß der Mensch ein methodisch-psychologisch durchrationalisiertes und gleichmäßiges Leben führen könne. Eine moralische und emotionale Beständigkeit sollte angestrebt werden, und zwar flächendeckend für die ganze Gesellschaft. Auf diese Weise verwandelte sich besonders „merry old England" in eine nüchterne, solide Welt.[9]

Puritanische Ethik der Anti-Ekstase

Selbstbeherrschung und Nüchternheit waren die neuen Zauberworte: Eine Kultur des ausgeglichenen Temperaments, der Stetigkeit und der Verläßlichkeit entstand. Eine Kultur ohne Erregung, ohne Rausch, ohne Ekstase. Der fromme Wunsch, der dahinter stand, wollte es vermeiden, sich dem anderen aufzudrängen. Jeglicher Egoismus, jegliche Selbstbezogenheit sollte ausgegrenzt werden.

Um den Nächsten nicht mehr zu belästigen, achtete man darauf, seine Körperlichkeit nicht zu direkt spürbar werden zu lassen, auch die eigenen, möglicherweise belästigenden Körpergerüche sollten vermieden werden. Die Zügelung wurde weiterhin auf die seelischen Empfindungen ausgedehnt. Nur durch die Verdrängung der eigenen Emotionen – sei es die eigene Aufgewühltheit oder Traurigkeit – war es möglich, auf die Empfindung des anderen zu achten. Doch mußte der andere ja ebenfalls seine Emotionen unterdrücken, sich so lange zurückzuziehen, bis er wieder wohlgelaunt und gesellschaftsfähig war.

Tiefe ehrliche Beziehungen waren auf diese Weise erschwert: Man interessierte sich für den anderen, aber auch wieder nicht zu sehr. Daraus ergab sich ein gesellschaftlich oberflächliches, oft sogar heuchlerisches Leben. Floskeln und leere Hüllen bildeten sich heraus, wie sie in Rolshausens Anstandsbüchlein noch Anfang dieses Jahrhunderts zu finden sind: „Selbstredend bricht man nicht mitten in einem Satze auf, sondern wartet in schicklicher Weise irgend eine Pause im Gespräch ab, macht dann eine höfliche Redensart, etwa: ‚Ich möchte Sie nicht länger in Anspruch nehmen', die dann meist mit einem höflichen ‚Aber bitte sehr, im Gegenteil!' quittiert wird, was man aber nicht ernst zu nehmen braucht."[10]

Verbarrikadiert hinter neuen Tabus

Eine Ethik der Beständigkeit sollte Frieden stiften zwischen der christlichen Seele und der bedrängenden Sexualität. Nun ist aber das sexuelle Begehren einer Wechselhaftigkeit und Unbeständigkeit unterworfen, die sich nur schwer in den Kern der Persönlichkeit integrieren läßt. So sollte nun das Sexuelle durch das Gewissen unterdrückt werden, da eine zu hohe Erregung die gesellschaftlichen Abläufe nur unnötig gestört hätte. Prüderie und Sprödigkeit wurden ins Feld geführt gegen zuviel Erotik und Lust, die belästigend hätten wirken können. Die Triebkraft der Erotik erschien wie ein weggeworfenes Streichholz, das einen Waldbrand verursachen könnte.[11]

Nicht nur die Schlafzimmertür wurde von nun an verschlossen, sondern jegliche sexuelle und emotionale Regung. Richtiges Benehmen verhinderte den Kontakt mit anderen Körpern. Allerdings gewann der Bereich der Sexualität durch seine Tabuisierung ein derartiges Gewicht, daß sie nur verheimlicht, nicht aber gebändigt wurde. Der Philosoph Sören Kierkegaard (1813 – 1855) beobachtete dieses Phänomen in der dänischen Gesellschaft des 19. Jahrhunderts: „Da das Sinnliche überhaupt das ist, was negiert werden soll, so kommt es erst recht zum Vorschein, wird erst gesetzt durch den Akt, der es ausschließt dadurch, daß er das entgegengesetzte Positive setzt."[12]

Zeitgeistliche Reaktionen in Mutter Kirche

Die prüde Entsinnlichung, wie sie sich durch Aufklärung und die protestantische Bewegung des Puritanismus vollzog, fand sich vor der Reformation nur in geringen Tendenzen in der katholisch-allgemeinen Kirche. Als Gegenbild zum Lebensstil der lasterhaften „Welt" existierte das tugendhafte Ideal des Zölibats. So war es möglich, ein gesundes Eheleben zwischen den Extremen zu führen. Doch parallel zum Puritanismus blieb auch die katholisch-gegenreformatorische Mutter Kirche nicht vom Einfluß des spröden Zeitgeistes verschont.

Als Hauptzweck der Ehe galt langhin allein die Erzeugung und Erziehung von Nachkommenschaft. Ständig empfanden besorgte Hirten die drohende Gefahr, die Schäfchen könnten sich dennoch vom Lustgenuß in die Unmäßigkeit verführen lassen. So empfahl der Kapunzier-Pater Martin von Cochem (gest. 1712) in seinem Gebet-Buch „zum besonderen Gebrauch für das Weiber-Geschlecht", daß die junge Braut vor der Hochzeitsnacht folgendes Gebet spreche: „Ich weiß, daß ich in einen sehr schweren Stand trete, darin ich viel leiden und große Gefahren werde ausstehen müssen... Du mein Gott weißt, daß ich nicht aus Geilheit, sondern vielmehr aus Notwendigkeit in diesen Stand trete, damit ich nämlich der Schwachheit meiner Natur zu Hilfe komme und auch die zeitliche Nahrung in diesem Stand erwerbe..."[13] (Hervorhebung durch Verf.)

Zusammen mit dem Mißtrauen gegen die Geschlechtlichkeit setzte ein Quasi-Aberglaube an die Macht des Sexuellen ein: Während des 17. Jahrhunderts wurde der lustvolle Kuß von zwei Päpsten mit dem Etikett „schwere Sünde" belegt[14]. Durch das Sprechverbot umschwebte die Sinnlichkeit ein Hauch von Melodramatik. Ida Friedericke Görres berichtet von einem Ehepaar, das einen speziellen Tag im Monat „dafür" reservierte, mit einer Hl. Messe am Morgen und „tierischem Ernst" am Abend.[15]

Neben diesen Anomalitäts-Blüten auch auf katholischer Seite gab es doch immer wieder theologische Ansätze zu einer Auffassung der personalen Liebe und gegenseitigen Hilfeleistung, die aber erst zu Anfang des 19. Jahrhunderts durch katholische Theologen wie Johann Michael Sailer (1751–1832) und Benedikt Stattler (1728–1797) weitergeführt wurden. Sie traten für die eheliche Liebe und die Hochschätzung der Frau bis zur Gleichstellung ein – für die theologische Linie also, die sich in unserem Jahrhundert durchsetzen sollte.[16]

Repression contra Emotion

Die neue Innerlichkeit förderte – neben all den unglücklichen Verkrümmungen – allerdings zwei verwandte Tendenzen: die Tradition des Tagebuchschreibens und eine stärkere Ausprägung des individuellen Gefühlslebens. Da Emotionen jedoch nur noch schwer mitteilbar waren, fand Freuds Psychoanalyse-Bewegung im Wien des 19. Jahrhunderts eine breite Ansatzfläche für Untersuchungen der verdrängten Gefühle und unterdrückten sexuellen Wünsche.

Der moderne Mensch, befreit von der Knute des Beichtbekenntnisses, gab nun Unsummen an Geld aus, um jemanden zu finden, der bereit war, sich seine Intimitäten anzuhören, bzw. der sich mühte, sie aus den Tiefen seines Unbewußten, wohin er sie verdrängt hatte, wieder hervorzuholen.

Die neue Bürgerlichkeit...

Mehr und mehr fielen das religiöse Motiv und die gesellschaftliche Moral auseinander. Im Verständnis der Sexualität bildete sich ein scharfer Dualismus heraus: Auf der einen Seite die geschlechtliche Komponente, das Brünstigsein, auf der anderen die Liebe des

Wohlgefallens, die moralische Liebe, die Freundschaft. So auch bei Immanuel Kant:
"Geschlechtsgemeinschaft ist der wechselseitige Gebrauch, den ein Mensch von eines anderen Geschlechtsorganen und Vermögen macht... Denn der natürliche Gebrauch, den ein Mensch von den Geschlechtsorganen des anderen macht, ist ein Genuß, zu dem sich ein Teil dem anderen hingibt. In diesem Akt macht sich ein Mensch selbst zur Sache, welches dem Rechte der Menschheit an seiner eigenen Person widerstreitet. Nur unter der einzigen Bedingung ist dieses möglich, daß, indem die eine Person von der anderen, gleich als Sache, erworben wird, diese gegenseitig wiederum jene erwerbe; denn so gewinnt sie wiederum sich selbst und stellt ihre Persönlichkeit wieder her."[17]

Während die puritanisch-bürgerliche Benimm-Haltung moralisch motiviert war, läßt sich die aristokratische Haltung eher aus der Lust am Zeremoniell herleiten, ansonsten gab sich der Adel des 18./19. Jahrhunderts eher derb und hemmungslos. Aus der Bürgerlichkeitsmoral ohne ausgeprägten spirituellen Hintergrund bildeten sich Perversionen heraus. Angestrebt waren eigentlich stabilere und humanere Beziehungen. Doch die starke Belastung durch die hohen ethischen Vorgaben war für die Männer scheinbar dadurch zu kompensieren, so Leites, daß es ihnen mittels Geschlechter-Hierarchie („das Weib ordne sich dem Manne unter") erlaubt war, psychische Defizite durch Rohheit auszugleichen.

...und ihre Perversionen

Hinter den Fassaden der Benimm-Haltung wucherte nun das Animalische. Eine der neu entstehenden Perversionen war wohl auch die krankhafte Selbstversklavung des Dr. Leopold Ritter von Sacher-Masoch (1836–1895) an Frau Wanda von Dunajew, die ihm ein bekanntes Schriftstück zur Unterschrift vorlegte, das die Bedingungen, unter welchen sie ihn als Sklaven annahm, detailliert dokumentierte.

Marquis de Sade (1740–1814) schrieb von scheinbar durch die Moral domestizierten, aber doch vorhandenen Wunschträumen von

Lust und Grausamkeit. Der Mensch hatte über seine psychischen Kapazitäten gelebt, was sich in neuen Perversionen und der bürgerlichen Doppelmoral rächte. Unter der Sittenstrenge zeigte sich eine Vorliebe für Klatsch über die Unmoral der Außenseiter – hinter vorgehaltener Hand, versteht sich.

Offiziell galt der Mann als der erotisch begabte und legitimierte, während die Frau sich sittsam und spröde zurückhalten solle. Robinson berichtet allerdings von der umgekehrten Weiberherrschaft, die gerade in höheren Häusern ihr Unwesen zu treiben schien unter der unmoralischen, weil unweiblichen, erotischen Aufforderung: „Julian, begib dich in mein Boudoir!"[18] Auch der Roman von Samuel Richardson „Pamela oder die belohnte Tugend" von 1740 zeigt sehr deutlich, wie in der Literatur nach Ventilen für die Doppelmoral gesucht wurde: Pamela ist sittsam, keusch und tugendhaft, aber begehrt gleichzeitig, zu sexuellen Handlungen gezwungen zu werden. Was sie sich niemals eingesteht! Sie bleibt das liebe kleine Mädchen, spröde und scheinbar rein.

Pamelas Schöpfer, der Romancier Richardson, benutzt die Moral im Roman, um amoralische, erotische Themen verschleiert darzustellen. In sentimentaler Unaufrichtigkeit läßt er seine Heldin schließlich die Freuden der Sexualität genießen, ohne die Freuden der moralischen Unbescholtenheit einzubüßen. Pamelas Güte bezieht sich nur noch auf die Moral als abstraktes Gesetz, nicht mehr auf das Ziel, Gott zu erkennen.

Die edle Prüde...

In Richardsons Roman spürt der Leser die Überempfindlichkeit heraus, mit der die Menschen speziell der viktorianischen und wilhelminischen Gesellschaft auf alles Sexuelle reagierten. Je höher die Deiche der Schamhaftigkeit der gesellschaftlichen Reibungslosigkeit zuliebe gebaut würden, umso unterhöhlter seien sie, versichert uns Freud. Mit der prüden Pamela wird gleichzeitig ein Frauenbild vermittelt, das teilweise noch unser heutiges Erotikverständnis prägt und gleichzeitig außerordentlich vom mittelalterlichen Frauenbild abweicht.

Im Mittelalter – wie in der Antike – galt die Frau als das wollüstige Geschlecht, als die erdverbundene Verführerin, die den Mann aus seinen geistigen Sphären immer wieder in die Naturhaftigkeit zurückreißt. Gleichzeitig schätzte das katholische Mittelalter die Jungfräulichkeit und gerade im Kloster traf man auf die geistbegabte Frau.

Der protestantische Puritanismus allerdings wollte beides in einem: Man hielt das Ideal der reinen, sexuell unbehelligten obwohl verheirateten Frau hoch. An dieses somit insgesamt zur Tugendhaftigkeit avancierte Geschlecht gaben die „unbeherrschten Männer" nun ihre Kontrolle ab. So wurde „Weiblichkeit" mit „edler Reinheit" und „Männlichkeit" mit „tierischem Verlangen" identifiziert. Auf diese Weise konnten beide Ideale aufrechterhalten werden. Es mußte sich nicht jeder um beide Seiten bemühen, nämlich sexuelle Freude und keusche Tugendhaftigkeit in Einklang zu bringen.

Der Philosoph Johann Gottlieb Fichte (1762 – 1814) sprach der Frau nur ein passives untergeordnetes Verhalten beim Geschlechtsakt zu. Ihr Naturtrieb sei die edle Liebe mit dem Ziel, den Mann zu befriedigen. Der Geschlechtstrieb sei im Mann ursprünglicher, nicht die Liebe, welche von der Frau erzeugt und veredelt werde. Die Ehe war nach Fichte der Ort, an dem der Geschlechtstrieb des Mannes durch die Liebe der Frau moralisiert werde. Sollte sich auch bei der Frau der Geschlechtstrieb regen, so galt das anders als beim Mann als Verdorbenheit. Wie auch Kant ist Fichte hier von einem harten Dualismus von Mann und Frau geprägt.[19]

...und der wilde Rohling

Die weibliche Sexualität wurde entweder generell geleugnet oder mußte als anomal umerzogen werden – von der Sex-Bestie zur edlen Prüden.[20] Die wahre Frau war nicht an Sexualität interessiert, sondern Vermittlerin der Zivilisation, der Selbstbeherrschung und der sittlichen Kultur. Der Mann hingegen war der Träger von Energie, Vitalität und Sexualität. Jeder bewunderte das andere Geschlecht, und so konnte die geschlechtliche Ordnung durch eine Übersteigerung der Unterschiede aufrechterhalten bleiben.

Das Ergebnis dieses Wandels im Frauenbild war allerdings die „sexuell verkürzte Frau" und der „erotisch verpöbelte Mann".[21] Das zentrale Element des weiblichen Reizes war die Schwäche. So war die Frau unfähig, auf den Zorn ihres Mannes mit Zorn zu reagieren. Ihr blieb nur, in Furchtsamkeit und Schwäche notfalls in Ohnmacht zu fallen, um nicht gegen ihre liebliche Weiblichkeit zu verstoßen. Bis ins 20. Jahrhundert hinein wurde den jungen Damen geraten:

„Aber, meine sehr verehrten Damen, wenn ich Ihnen einen guten Rat geben darf, so seien Sie getrost in dem schaffenden Beruf dem Manne so ähnlich wie nur möglich, streifen Sie jedoch außerhalb desselben diese Eigenschaft ab; denn Sie begeben sich sonst der schönsten Reize der Frau. Im allgemeinen gefällt doch immer noch am besten die Dame in ihrer von uns Herren stets so hochverehrten und geachteten vornehmen Weiblichkeit, und gerade sie soll in erster Linie nicht nur selbst Trägerin der guten Sitte sein, sondern dieselbe auch dem Kreise aufprägen, der sie umgibt."[22]

Neue Sitten

Der Ausbruch aus der Fixierung auf die vornehme Prüde verlief zu Anfang des Jahrhunderts durch die Frauenbewegung zunächst in relativ extremen Bahnen. Der neue Frauentypus war „flottlebig" und freizügig, verachtete traditionelle Ordnungen und nahm männliche Sitten und Gebärden an (Rauchen, Trinken, Sport). Die Berufstätigkeit der Frau war die hauptsächliche Ursache dafür, daß die Geschlechtssitten gelockert wurden.[23]

Allerdings gab es Maßnahmen, mit denen die bürgerliche Bürokratie sich dem Ausbruch der Frauen aus der prüden Ecke entgegenzustellen suchte: Der Bubikopf, die Frisur der „neuen Frau", wurde beispielsweise vom Gemeinderat des Dorfes Zerbau 1927 besteuert mit einer Reichsmark.[24] Der Trend zur Befreiung von jeglicher Prüderie hielt an: die „californischen fashionablen Badenixen"[25] und der Bund deutscher Mädchen (BdM) ließen traditionelle Hemmungen und „Schicklichkeiten" beiseite. Die Unbefangenheit gegenüber dem eigenen und dem fremden Leib setzte sich letztlich nicht nur über die falsche Prüderie, sondern auch über echte Scham hinweg. Hier tat das „Nazi-Dogma", ein Mensch sei ohne die Erfahrung der sexuellen Vereinigung nicht voll Mensch, sein übriges.[26]

Entspannte Scham?

Im wesentlichen ist die Prüderie ein Zerrbild echter Scham, die im tiefsten als Schutz diente, um einerseits eine Banalisierung des Liebesaktes und andererseits eine Bemächtigung durch das Sexuell-Triebhafte zu vermeiden. Die wesensgemäße Haltung zur Sexualität wird mit einer prüden Sprödigkeit vertauscht, mit Heimlichtuerei und Überkorrektheit. Letztlich endet die prüde Haltung immer in einer ängstlichen Abwehr und Verdrängung. Überall wird Sünde gewittert, Schlechtes unterstellt. Hinter dieser Prüderie stecken zumeist Versuche, sich gegen die eigene Triebhaftigkeit abzusichern. Hinter pathetischem Entsetzen über ein unmoralisches Vorkommnis verbirgt sich eine schmutzige Phantasie und ein schamloses Hinschielen auf das abzulehnende Treiben, der heimliche Wunsch, selbst daran teilzuhaben.

Vor dieser letztlich lebensunfrohen prüden Haltung bewahren kann nur eine maskenlose Ehrlichkeit gegen sich selbst und gegenüber den eigenen sexuellen Regungen des Mannes wie der Frau. Eine Frau, die alles mit sich machen läßt, nimmt den Mann ebensowenig ernst wie sich selbst. Und ein Mann, der in der Frau nur das Ideal reiner edler Schönheit verehrt und um sie buhlt, ist genauso weit von einer partnerschaftlichen Beziehung entfernt wie der „Macho", der sich in seiner Verachtung alles Weiblichen gefällt.

Weder verschlossen noch marktschreierisch, weder unterdrückt noch übersteigert könnte vielleicht die neue Weise sein, mit dem sensiblen „Thema Nr. eins" umzugehen. Noch immer lauert der unterschwellige „Prüderie-Vorwurf" (wer will schon gerne „mega-out" sein?) und zerrt Geheimnisse aus dem goldbraunen Dunkel der intimen Partnerschaft ins gleißende Neon-Licht der Talk-Shows. „Let's talk about sex" – ja, und zwar in einer Art selbstbeherrschter Ehrfurcht vor der Schönheit und dem Geheimnis des Eros.

Anmerkungen

1 ROLSHAUSEN, Wilhelm Freiherr von: Die vornehme Dame. Ein Leitfaden für das Benehmen in der guten Gesellschaft. Regensburg o.J. (ca. 1929), S. 75.
2 vgl. FOUCAULT, Michel: Die Masken des Begehrens und die Metamorphosen der Sinnlichkeit. Zur Geschichte der Sexualität im Abendland. Frankfurt a. M. 1992.
3 ELIAS, Norbert: Prozeß der Zivilisation. Bd. 1. Frankfurt a. M. 1976. S. 223–229, 251–256.
4 FOUCAULT, Michel: The history of sexuality. Middlesex, England. 1984, S. 3.
5 DENZLER, Georg: Die verbotene Lust. 2000 Jahre christliche Sexualmoral. München 1991, S. 230.
6 ebd., S. 231.
7 GÖRRES, Ida Friederike: Nocturnen. Tagebuch und Aufzeichnungen. Frankfurt a. M. 1949, S. 100.
8 Amtsblatt für die Erzdiözese Bamberg, 18. Februar 1925. In: DENZLER, Georg: Die verbotene Lust. 2000 Jahre christliche Sexualmoral. München 1991, S. 229.
9 vgl. LEITES, Edmund: Puritanisches Gewissen und moderne Sexualität. Frankfurt 1988, S. 11.
10 ROLSHAUSEN, a.a.O., S. 45.
11 GÖRRES, a.a.O., S. 177.
12 KIERKEGAARD, Sören: Entweder – Oder. Hrsg. von Hermann Diem und Walter Rest. Köln und Olten 1960. Dt. von Heinrich Rauteck, S. 74.
13 Martin von Cochem (+ 1712) Kapuziner-Pater: Goldener Himmelschlüssel, oder sehr kräftiges, nützliches und trostreiches Gebet-Buch zur Erlösung der lieben Seelen des Fegfeuers... zum besonderen Gebrauch des andächtigen Weiber-Geschlechts, Augsburg 1804, S. 557f.
14 GRÜNDEL, Johannes: Die eindimensionale Wertung der menschlichen Sexualität. Zur Geschichte der christlich-abendländischen Sexualmoral, in Franz Böckle (Hrsg.): Menschliche Sexualität und kirchliche Sexualmoral – ein Dauerkonflikt? Düsseldorf (3) 1980.
15 GÖRRES, a.a.O., S. 113.
16 RENKER, Joseph: Christliche Ehe im Wandel der Zeit. Zur Ehelehre der Moraltheologen im deutschsprachigen Raum in der ersten Hälfte des 19. Jahrhunderts. Regensburg 1977.
17 KANT, Immanuel: Die Metaphysik der Sitten. Hrsg. W. Weischedel, 8. Aufl., Frankfurt a. M. 1989, S. 389.
18 ROBINSON, Julian: Die Weiberherrschaft. München 1973.

19 RENKER, Joseph: Christliche Ehe im Wandel der Zeit. Zur Ehelehre der Moraltheologen im deutschsprachigen Raum in der ersten Hälfte des 19. Jahrhunderts. Regensburg 1977.
20 STÖLKEN, Ilona: Komm, laß uns den Geburtenrückgang pflegen!" Die neue Sexualmoral der Weimarer Republik, in: BAGEL-BOHLAN, Anja/ SALEWSLI, Michael, a.a.O., S. 89.
21 LUCIANUS: Erotik der Keuschheit (sic), in: Die Fackel Nr. 192, 7. Jahr, 5. Januar 1906, S. 12. Zitiert in: BAGEL-BOHLAN, Anja/SALEWSLI, Michael, a.a.O., S. 57.
22 ROLSHAUSEN, a.a.O., S. 6f.
23 vgl. STÖLKEN, S. 89.
24 vgl. STÖLKEN, S. 88, zitiert: Meldung „Besteuerung des Bubikopfes", in: Die neue Generation, 23 (1927) S. 301.
25 GÖRRES, a.a.O., S. 43.
26 GÖRRES, a.a.O., S. 43.

Verwechselt mich vor allem nicht!
Brief an den eigenen Sohn
von Michaela F. Heereman

Mein lieber Sohn,

Du hast Dir von mir einen Brief in Sachen Liebe gewünscht. Ich freue mich über Deinen Wunsch. Erstens, weil die Liebe zu den wichtigsten und schönsten – allerdings wohl auch schwierigsten – Themen unseres Lebens gehört. Zweitens, weil ein Brief Dir und mir die Möglichkeit gibt, uns dieses Thema etwas gründlicher vorzuknöpfen, als dies bei der heute weithin gängigen Diskussion, die Liebe und Sex gleichsetzt, der Fall ist. Drittens schließlich erspart uns ein Brief die unweigerlich bei diesem Thema zwischen Mutter und Kind entstehende Befangenheit. Wenn wir nämlich über Liebe und Sexualität nachdenken, dann sprechen wir eben nicht über das Geschlechtsleben australischer Beutelratten – das ließe uns als Unbeteiligte völlig kalt – ja, wir denken auch nicht über den Menschen an sich oder über „die Jugend von heute" nach, sondern letztlich über uns selbst; über Deinen Vater und mich, aber auch über Dich; denn in Sachen Liebe und Sexualität ist jeder, eben weil er Mann oder Frau ist, betroffen; keiner von uns kann diesem Thema neutral gegenüberstehen. Im tiefsten deshalb nicht, weil unsere Sexualität selbst nichts Neutrales im Sinne von wertneutral ist. Womit wir schon mitten im Thema sind.

Im Gegensatz zum Tier, dessen Sexualität durch Instinkte klar geregelt ist, gibt es bei uns in der Frage, wie wir mit unserem Mann- und Frausein umgehen, durchaus *richtig* und *falsch*, ja sogar *gut* und *böse*. Unsere Sexualität kann, je nachdem, wie wir sie leben, im Extremfall zum Verhängnis oder aber – und dies sollte zumindest nach den Vorstellungen Gottes der Normalfall sein – zum Glücksträger des Menschen werden.

Kein anderes Geschöpf auf dieser Welt hat nämlich kein Ausleben seiner Sexualität eine so breite Palette möglicher Verhaltensweisen wie der Mensch:

– Wir *können* um den anderen werben, mit Blumen, Briefen oder Angebereien, *müssen* aber nicht von Natur aus Radschlagen wie ein Pfau, uns in die Brust werfen wie ein Kropftauber oder gar mit Gewalt vorgehen.

– Wir *können* in der Liebe nach unserem Geschmack auswählen, zum Beispiel nach Charakter, Schönheit oder Intelligenz, *müssen* aber zum Glück nicht von Natur aus wie die Dohlen nach Alter und Würde sondieren.

– Wir *können* polygam leben, *müssen* aber nicht von Natur aus wie Platzhirsche Vielweiberei betreiben.

– Wir *können* enthaltsam leben, dauerhaft oder zeitweilig, *müssen* dies aber nicht von Natur aus wie der Junghirsch, für den Zurückhaltung geradezu eine Lebensversicherung bedeutet.

– Wir *können* monogam leben, *müssen* dies aber nicht von Natur aus wie die Graugänse, die ein Leben lang einem Partner die Treue halten.

Du siehst, bei uns gibt es sogar in diesen wichtigen Fragen keine Instinktsicherheit. Alles ist offen, alles ist möglich, alles gestattet uns unsere Natur. Dies heißt jedoch nicht, daß deswegen schon alles natürlich im Sinne von richtig wäre. Natürlich an unserer Sexualität ist erstens, daß wir sie besitzen (jeder Mensch ist, ob Mann oder Frau, ein geschlechtliches Wesen) und zweitens, daß sie uns zur Gestaltung aufgegeben ist. Wir müssen uns entscheiden, was wir mit dieser uns von Natur aus eröffneten Spannbreite möglicher sexueller Verhaltensweisen anfangen, die, um es einmal ganz kraß auszudrücken, von der Nonne bis zur Nutte, vom Zisterzienser bis zum Zuhälter reichen kann.

Wir müssen also unsere Geschlechtlichkeit gestalten; sonst gestaltet sie uns. Die Frage ist nur, welche Zielvorstellung und Methoden wir dabei verfolgen sollten. Und nun empfinde ich zum ersten Mal in meinem Leben einen Dir und mir wohlbekannten und an sich sehr liebgewonnen Tatbestand als Problem. Die Tatsache nämlich, daß ich Deine Mutter und folgerichtig kein Mann bin. Ich kenne mich also in Deinem Innenleben, vor allem im Eigenleben Deines männlichen Körpers, der sich bekanntermaßen ja nicht unerheblich von einem weiblichen unterscheidet, nicht so gut aus.

Dafür aber kenne ich Ängste und Hoffnungen von Frauen in Sachen Liebe und möchte versuchen, Dir diese nahezubringen. Auch von der Erfüllung dieser Hoffnungen durch Männer wie z. B. Deinen Vater, die ihre Sexualität als das leben, was sie ihrem innersten Leben nach ist, nämlich Kraft der Liebe und des Lebens, möchte ich Dir erzählen. Meine Worte mögen hier und da für Deine Ohren, die durch Fernsehen, Straße und Schule anders gewöhnt sind, ein wenig weihevoll und fremd wirken. Doch ich möchte ehrlich schreiben, mich nicht verstellen und mein Herz sprechen lassen. Du wirst das verstehen.

Letztlich träumen alle Frauen davon, als Person und nicht nur als Körper geliebt zu werden. Viele aber erleben das Gegenteil. Sie spüren, daß nicht ihr Wesen, ihre Interessen, ihre Begabungen und Fähigkeiten der eigentliche Anziehungspunkt sind, sondern ihre körperlichen Reize die Hauptrolle spielen. Auch auf die Gefahr hin, mich nun doch als Fachfrau für männliche Sexualität auszugeben, möchte ich Dich auf einen meiner Meinung nach sehr wichtigen Unterschied zwischen männlicher und weiblicher Sexualität aufmerksam machen.

Im allgemeinen ist das sexuelle Interesse beim Mann schneller zu wecken als bei der Frau. Vor allem optische Reize spielen als Auslöser hier eine große Rolle. So kann zwar nicht unbedingt ein hübscher Rücken, aber doch die Fotografie eines hübschen Busens eines ansonsten wildfremden Mädchens die Männerwelt entzücken, ganz unabhängig von der Tatsache, ob die Trägerin dieses Busens darüber hinaus nett oder womöglich eine Zicke ist. Dagegen kenne ich kein einziges Mädchen und keine einzige Frau, die durch Fotos einer behaarten Männerbrust in Wallung geriete. Mindestvoraussetzung dafür wäre, wenigstens den jeweiligen Besitzer zu kennen und zu wissen, ob der Bursche sympathisch oder unsympathisch ist. Daß dieser Unterschied allgemein bekannt und offensichtlich auch nicht einzuebnen ist, erkennst Du daran, daß es so gut wie keine auf weibliche Käufer spezialisierte Pornographie gibt, daß die für die Männerwelt bestimmte Pornoindustrie jedoch ein blühendes Geschäft ist.

In diesem auf den ersten Blick – im wahrsten Sinne des Wortes – weniger personen- als objektbezogenen sexuellen Interesse liegt, wie Du Dir vorstellen kannst, eine große Gefahr. Denn wenn „Mann" seiner Sexualität erlaubt, freiflottierend sich nach geeigneten Objekten umzusehen, bleibt der Mensch als Person auf die Dauer auf der Strecke. Genau dies aber fürchten die meisten Frauen und ersehnen sich das Gegenteil. Sie wollen um ihrer selbst willen wahrgenommen und geliebt werden und möchten, daß in der Liebe die Nähe der Körper ein wahrheitsgemäßes Abbild der Nähe der Herzen ist.

Die Erfüllung dieser Träume wird jedoch in vielen Fällen dadurch erschwert, daß die männliche Sexualität drängender, ich vermute, von Ausnahmen einmal abgesehen, sogar sehr viel bedrängender als die weibliche ist. Das merkt man schon daran, daß auch heute noch, nach der Enttabuisierung dieses Themas, Selbstbefriedigung bei Jungen noch immer sehr viel häufiger anzutreffen ist als bei Mädchen. Aber auch bei der Partnersuche erweist sich die männliche Sexualität als deutlich eroberungslustiger, im Extremfall sogar bis hin zur Gewalttätigkeit.

Verhaltensforscher, wie z. B. Eibel-Eibesfeld, begründen die im Durchschnitt schnellere Erregbarkeit männlicher Sexualität ganz nüchtern mit den Durchsetzungsstrategien der Natur, die diese im Laufe der Evolution entwickelt hat. Biologisch gesehen, ist es die Hauptaufgabe jedes Lebewesens, das eigene Erbgut an die nächste Generation weiterzugeben. Bei den Säugern, zu denen wir biologisch gehören, verfolgen Männchen und Weibchen hierbei unterschiedliche Strategien. Für männliche Exemplare erwies es sich im Laufe der Jahrtausende als die erfolgreichste Methode, das eigene Erbgut so breit wie möglich zu streuen. Für weibliche Vertreter jedoch war es wichtiger, auf die Qualität des Bewerbers zu achten, da es, angesichts der begrenzten Zahl von Nachkommen, die ein Weibchen in seinem Leben austragen kann, biologisch erfolgreicher war, sich wählerisch des besten Vererbers zu versichern und so den relativ wenigen Trägern des eigenen Erbgutes die günstigsten Chancen zu geben.

Kurz: die männliche Neigung zu quantitativen sexuellen Erfolgserlebnissen und der weibliche Hang zu qualitativer Auswahl ist entwicklungsgeschichtlich bedingt (auch wenn Du entgegnen wirst, Du känntest Mädchen, deren Verhalten diese These in Frage stellten) und hat mit einer spezifisch menschlichen Sexualität zunächst noch nichts zu tun. Wobei ich, Du wirst es mir hoffentlich verzeihen, gestehen muß, daß ich die weibliche Ausgangslage für die günstigere halte, insofern die Liebe es immer mehr mit der Qualität als mit der Quantität hält.

Allerdings bedeutet Qualität rein menschlich betrachtet etwas anderes als biologisch gesehen. Qualität meint hier die Tiefe und Aufrichtigkeit der Bindung und gegenseitigen Öffnung. An diesem Punkt zeigt sich ein weiterer Unterschied, über den Du, wenn Du kein Macho werden willst, unbedingt Bescheid wissen mußt.

Heute wird nämlich sehr offen von den lustvollen und schönen Seiten menschlicher Sexualität gesprochen. Das ist gut so. Immer nämlich war es ein Zeichen verklemmter, grämlicher Leibfeindlichkeit, wenn man glaubte, sich dieses sinnlichen Reichtums nicht freuen zu dürfen. Zur Zeit aber schlägt das Pendel oft zur anderen Seite hin aus. Lusterfahrung wird häufig zum einzigen Rechtfertigungsgrund oder zum alleinigen Prüfstein für das „Lohnen" von sexuellen Beziehungen erhoben. Dies ist erstens ein typisch männlicher Kurzschluß; denn nur für Männer ist Triebentlastung immer, egal wie und mit wem sie stattfindet, mit Lust verbunden. Zweitens ist dies eine sehr egoistische und rücksichtslose Sicht der Dinge, denn bei Mädchen und auch bei Frauen ist dies mehrheitlich nicht so. Das Erleben von Lust ist hier abhängig erstens von der körperlichen Reife, die unter 20 Jahren meist noch nicht voll gegeben ist, und zweitens von der Qualität der Beziehung. Je länger sie besteht und je verläßlicher und beglückender sie erlebt wird, desto zuverlässiger stellt sich auch für die Frau ein wirkliches Lusterlebnis ein. Dies ist der Grund, warum sich gerade junge Mädchen nach ihren ersten sexuellen Erfahrungen so oft unerfüllt und enttäuscht fühlen. Der Grund dafür liegt in ihrem jugendlichen Alter und der Kürze der Beziehung.

Ein Mann muß wissen, daß er nicht allein dadurch zu einem Beglücker der Damenwelt wird, weil er bei „Druckabfuhr" auf seine Kosten kommt. Wer dies glaubt, der irrt. Darüber hinaus ist er in Gefahr, ein ziemlich grausliger Bettakrobat und Macho zu werden. Wer wirklich lieben will, muß warten können, muß der Liebe Zeit geben für das Entstehen seelischer und nicht nur körperlicher Nähe. Du siehst die „Vermenschlichung" der männlichen Sexualität bedarf ziemlicher Anstrengung. „Mann" darf nicht in dem Stadium des Filmtitels „Er und ich" stehenbleiben. Und „Ihm" sozusagen das Recht auf ein Eigenleben einräumen. „Er" ist nichts von Dir Abgespaltetes, selbst wenn „Er" sich manchmal so aufführen sollte; sondern „Er" ist auch Du. Du mußt Dich kultivieren durch die Zivilisation der Liebe, und dann wirst Du, gerade weil unsere Sexualität uns mit Leib und Seele prägt, zu einem wirklich liebenswerten und liebesfähigen Mann.

Vermutlich fragst Du Dich nun schon seit langem, warum ich mit solcher Hartnäckigkeit behaupte, daß die menschliche Sexualität sich so erheblich von der Sexualität der Tierwelt unterscheidet. Was also ist das eigentlich Unterscheidende an der menschlichen Sexualität, außer der schon erwähnten Tatsache, daß sie uns, die wir nicht mehr instinktgesteuert sind, zur Gestaltung aufgegeben ist.

Um diese Frage zu beantworten, müssen wir herausfinden, ob es darüber hinaus noch typisch menschliche Eigenschaften an unserer Sexualität gibt, die uns von allen anderen Säugern unterscheiden. Wenn nämlich ja, dann sollten wir vor allem diese nur dem Menschen eigenen Merkmale auf ihren inneren Sinn, ihre innere Wahrheit hin befragen, um so Anhaltspunkte für eine des Menschen würdige Gestaltung unserer Sexualität zu finden.

Bevor wir uns jedoch mit dem Trennenden zwischen Mensch und Tier befassen, müssen wir uns zuerst unserer Gemeinsamkeiten bewußt werden. Da gibt es zwei uns verbindende Merkmale:

1. Die Sexualität ist bei Mensch und Tier ein Trieb. Sogar, wie vorhin erwähnt, ein sehr starker Trieb. Sie steht, rein biologisch gesehen, im Dienst der Arterhaltung, die neben der Selbsterhaltung zu den vitalsten Antriebskräften aller Lebewesen gehört. Wie jeder Trieb drängt auch die Sexualität auf Befriedigung, auf Triebentlastung, hier also auf die Vereinigung von Mann und Frau.

2. Gemeinsam ist Mensch und Tier darüber hinaus, daß Triebentlastung als äußerst lustvoll erlebt werden kann. Wenn Mensch und Tier den Geschlechtstrieb und die damit verbundene Lust-

erfahrung gemeinsam haben, dann heißt dies keineswegs, daß wir diese Merkmale als animalisch abtun oder gar verachten sollten. Im Gegenteil: beides ist, da von Gott geschaffen, in sich gut und richtig, ebenso von Gott bejaht und auch gewollt wie z. B. unser Bedürfnis nach Essen und Trinken und die Freude daran.

Soviel zu den Gemeinsamkeiten und zurück zur Frage, ob es greifbare Unterschiede gibt, die uns Hinweise darauf geben könnten, wie wir menschengemäß mit unserer nicht mehr instinkt-gesteuerten, daher gestaltungsbedürftigen Sexualität umgehen sollen. Du brauchst jetzt keine Angst zu haben, daß ich ins Philosophieren gerate. An einigen handfesten biologischen Fakten möchte ich Dir aufzeigen, was an unserer Geschlechtlichkeit das typisch Menschliche ist:

1. Nur der Mensch kann Herr bzw. Herrin seiner Triebe also auch seiner Sexualität sein. Das heißt, er ist nicht triebgesteuert wie das Tier, sondern *er selbst kann* seine Triebe steuern. Nach dem Motto zu leben, „was der Körper braucht, soll er haben", ist gerade nicht typisch menschlich, sondern typisch tierisch; denn diese armen Viecher *können* gar nichts anderes tun als das, was der Körper gerade braucht. Wir dagegen *können* Herr im eigenen Hause sein.

Warum sollten wir uns diese Mühe machen? Ich meine, um der Liebe willen. Damit ist nichts Übermenschliches gemeint, sondern die Verwirklichung des spezifisch Menschlichen an unserer Sexualität, das Du an folgenden weiteren Merkmalen erkennen kannst:

2. Nur der Mensch ist nicht an Paarungszeiten gebunden. Dadurch sind Mann und Frau nicht nur im Herbst oder Frühjahr füreinander interessant, sondern sozusagen jeden Tag. Der Sinn dieser im Laufe der Evolution erfolgten Loslösung menschlicher Sexualität von Paarungszeiten besteht, nach Meinung der Wissenschaftler, darin, Mann und Frau – zugunsten der „Aufzucht der Nachkommenschaft" – eine engere und tiefere Bindung zu ermöglichen.

Wenn sich schon die „Biologie" zugunsten unserer Kinder solche Tricks ausdenkt, um wieviel mehr sollten wir uns dann mit Kopf und Herz bemühen, diese uns von Natur aus mitgegebene Fähigkeit zur verläßlichen Bindung auch zu aktivieren.

3. Nur der Mensch kann sich in der körperlichen Liebe bewußt für oder gegen Nachkommenschaft entscheiden. Das Tier ist in seiner

Sexualität triebhaft auf Zeugung oder Empfängnis hingeordnet. Allein dem Menschen ist es möglich, bewußt und aus Liebe Leben weiterzugeben und nicht nur stumpf wie ein Tier der Arterhaltung zu dienen. Darüber hinaus kann er seine Liebe immer wieder körperlich zum Ausdruck bringen, auch ohne ein Kind zeugen zu wollen, so daß die gegenseitige Bindung immer tiefer wird.
Glaubst Du, daß es bei (noch) wechselnden Partnern schon um eine tiefe Bindung oder gar um neues Leben gehen kann?

4. Nur der Mensch hat Schamgefühl. Er schämt sich seiner Nacktheit und Sexualität nicht, weil diese etwa unanständig oder minderwertig wären. Im Gegenteil, Schamgefühl oder Tabus schützen von ihrem ursprünglichen Wortsinn her, Wertvolles; in unserem Fall die Liebe. Denn die körperliche Vereinigung von Mann und Frau ist mehr als Arterhaltung. Sie ist ein persönliches, unverwechselbares, sogar je unwiederholbares Geschehen zwischen den Liebenden, ein nur den beiden gehörendes Ereignis. Daher verbirgt der Mensch in allen Kulturen – wenn auch auf je andere Weise – das Geschlechtliche vor den Augen der Öffentlichkeit; er will diesen intimen Bereich, der unsere Sexualität über das rein Triebhafte weit hinaushebt, als etwas ganz Persönliches bewahren.

Solltest Du zufällig im Zoo schon einmal Menschenaffen bei der Paarung beobachtet haben, dann weißt Du vielleicht, was ich meine. Die nicht zu leugnende Ähnlichkeit des Vorgangs berührt uns peinlich. Wir spüren die Gefahr der Verwechslung und wissen gleichzeitig, daß sich hier gänzlich anderes abspielt. Hier Arterhaltung, in stumpfer Triebsteuerung, „ohne Ansehen der Person", dort ein freies, zutiefst persönliches Geschehen zwischen zwei einzigartigen Menschen. Dies ist auch der Grund, warum öffentlich zur Schau gestellter Geschlechtsverkehr, ob auf städtischen Bühnen oder in einschlägigen Videofilmen zum Glück noch immer das Schamgefühl der meisten Menschen verletzt: die Angst vor Verwechslung. Nietzsche schreibt im „Zarathustra": „Verwechselt mich vor allem nicht." Gerade in der Liebe wollen wir nicht verwechselt werden.

Gerade in der Liebe erhoffen wir uns Diskretion (lat. discretio: Unterscheidungsvermögen), Unterscheidungsfähigkeit. Und weil nur der Mensch zu solcher Diskretion fähig ist, hat Sigmund Freud

Recht mit seinem Satz: „Die Abwesenheit von Scham ist das erste Anzeichen von Schwachsinn." Auch der nächste Unterschied weist uns auf diesen personalen Aspekt menschlicher Sexualität hin: 5. Nur die Menschen können sich bei der körperlichen Vereinigung anschauen; allen anderen Säugern (mit Ausnahme einer einzigen Affenart) ist dies von ihrem Körperbau her unmöglich. Diese anatomische Bevorzugung der Menschen empfinde ich als echtes Geschenk Gottes, als Ausdruck menschlicher Würde, als Zeichen der Berufung zur Liebe. An unserer Körpersprache können wir ablesen, daß es bei dem engsten Zusammensein von Mann und Frau um mehr geht als um Arterhaltung, um mehr auch als nur um individuellen Lustgewinn. Nämlich um gemeinsames wunderschönes, ja ekstatisches Erleben des Einswerdens und des Zusammengehörens. Sich anschauen zu dürfen, heißt: den geliebten Menschen immer neu erkennen zu dürfen. Es heißt auch, sich selbst vorbehaltlos zu erkennenzugeben. Sogar „nackt und bloß" fühlen Liebende sich daher nie „bloßgestellt".

Langer Rede kurzer Sinn: Der Mensch ist zwar ein geschlechtliches Wesen, aber er ist mehr als das: er ist Person. Oder bist Du schon einem Tier begegnet, das sich schämen kann, nackt zu sein, das sich also der Freiheit und Einmaligkeit seiner „Liebe" bewußt wäre. Das sich dafür interessiert, ob es Sohn oder Tochter in die Welt gesetzt hat. Oder das seinen soundsovielten Hochzeitstag feiert, sich also seiner „Treue" bewußt wäre? Wahrscheinlich nicht, denn nur dem Menschen ist es gegeben, in freier Entscheidung zu lieben, bewußt zu zeugen und willentlich treu zu sein.

Eben dies hebt ihn über das Tier hinaus, macht ihn erst wirklich zum Menschen. Ja, mehr noch. Eben dies macht uns zum Ebenbild Gottes. Im Alten Testament heißt es nämlich bei der Erschaffung des Menschen: „Gott schuf den Menschen nach seinem Abbild, nach seinem Bild und Gleichnis schuf er ihn, als Mann und Frau erschuf er ihn." Unser Mann- und Frausein macht es uns möglich, Gott ähnlich, in freier Entscheidung zu lieben, bewußt Leben zu schenken und Leben liebenswert zu erhalten, und willentlich treu zu sein.

Ich hoffe, Du verstehst nach diesem langen Anlauf, daß es mir nicht um Verbote, sondern um Glück und Würde des Menschen geht. Unsere Geschlechtlichkeit ist die Kraft, die uns zur Liebe in all ihren Ausdrucksformen und zur Weitergabe von Leben befähigt. Wer zu einem liebesfähigen, verläßlichen und starken Erwachsenen werden will, der muß die nur der menschlichen Sexualität eigene Möglichkeit zur personalen Bindung ernst nehmen. Verschwende diese Gabe nicht, bevor Du nicht körperlich wie seelisch reif dafür bist, die beiden Sinngehalte unserer Geschlechtlichkeit, zumindest grundsätzlich, bejahen zu können: Erstens die Liebe und zweitens das Entstehen neuen Lebens.

Ich weiß, daß spätestens hier einige Deiner Altersgenossen sagen werden: „Die spinnt ja! Enthaltsamkeit, möglichst noch bis man die Richtige gefunden hat? Das geht doch gar nicht!"

Doch – es geht, wenngleich Ihr es sicher heute schwerer habt als alle Generationen vor Euch. Noch nie wurde so platt wie heute Sex zur Liebe erklärt, noch nie Sex als selbstverständliches unverbindliches Konsumgut, als eine neben vielen anderen lustversprechenden Drogen gehandelt und genutzt. Noch nie gab es eine derart flächendeckende Versorgung der Bevölkerung im öffentlichen wie im privaten Bereich mit sexuell aufreizenden Slogans, Abbildungen und Filmen.

Vermutlich ist es deshalb für Jungen noch schwerer geworden, ohne Selbstbefriedigung auszukommen; auch für Mädchen scheint dies dank „Bravo", „Girls" und ähnlicher Informationsquellen fast zur Pflichtübung zu werden.

Irgendwo las ich einmal, man solle es mit diesem Problem halten wie beim Skifahren: Wenn man hinfällt, so schnell wie möglich aufstehen und weiterfahren. Nicht dauernd ans Stürzen denken, sich nicht durch wiederholte Stürze deprimieren lassen, sondern so oft aufstehen und weiterfahren, bis man die Piste ohne Stürze bewältigt. Obwohl ich diesem Ratschlag weitgehend zustimme, ist es mir dennoch ein Anliegen, Dich darauf aufmerksam zu machen, daß und warum auch dieser Vergleich hinkt: Beim Skifahren sind Stürze naturgegeben, bei unserem Thema nicht. Allerdings nur dann nicht, wenn Du den Spruch „Gelegenheit macht Diebe" beherzigst, d.h. aufreizenden Gesprächen, Begegnungen, Filmen, Musikclips, einschlägigen Heftchen etc. aus dem Weg gehst.

Dann geht es leichter ohne Selbstbefriedigung – nach glaubwürdigen Aussagen auch Dir bekannter Vertrauensmänner selbst für

Jungen – und für Mädchen erst recht. Und genau dies wünsche ich Dir.

Zwar macht Selbstbefriedigung weder dumm noch geisteskrank, wie es früher ganzen Generationen eingehämmert wurde. Auch ist sie nach meinem Verständnis nicht „automatisch" eine Sünde. Schon im 13. Jahrhundert erklärte der Kirchenvater Thomas von Aquin, daß die Sünde des Fleisches „umso leichter sei, je mächtiger die Leidenschaft, die einen dazu treibe". Auf deutsch, gerade weil die Sexualität eine so vitale, schwer wiederstehliche Macht darstellt und die Verführungen unserer Zeit so mächtig sind, ist unsere Freiheit manchmal eingeschränkt. Von schwerer Sünde aber können wir nur dann sprechen, wenn sie in freier und willentlicher, also bewußter Ablehnung des Willens Gottes geschieht. Ist der freie Wille aus besagten Gründen jedoch eingeschränkt, und wird gar der Wille Gottes überhaupt nicht wahrgenommen – und dies ist heutzutage leider der Normalfall geworden –, dann kann man von schwerer Sünde wohl kaum reden.

Dennoch bliebe der Tatbestand eines objektiv falschen Umgangs mit Deiner Sexualität, die Dir gegeben ist als eine Kraft, die Dich auf einen geliebten Menschen hin öffnen und Dich gerade nicht auf Dich selbst fixieren soll. Wie der Name Selbstbefriedigung zeigt, liegt genau hierin die Gefahr. Du bist Dir selbst immer verfügbar. Eine sozusagen immer präsente Droge aber birgt in sich die Gefahr, daß man keine Selbstbeherrschung, keine Selbstkontrolle lernt. Die Bedürfnisse des Körpers können bei kraftloser Nachgiebigkeit gegen sich selbst übermächtig werden. Nicht Du beherrschst dann Deine Sexualität, sondern sie Dich.

Bei solchen Kräfteverhältnissen aber ist man für die Liebe nur bedingt tauglich. Denn die Liebe sucht, wie der Heilige Paulus schreibt, nicht das Ihrige, sondern sie will dem anderen gut. Darum ist es mir so wichtig, daß Du in Sachen Sexualität erstens als Kind Gottes den Willen Gottes wahrnimmst, der uns diese Kraft als Quelle der Liebe und des Lebens schenkt, und daß Du zweitens Dir die körperliche und seelische Freiheit bewahrst, Dein Mannsein auch in diesem Sinne leben zu können. Nur, wer sich selbst in der Hand hat, kann zärtlich, einfühlsam, rücksichtsvoll und treu sein, womit wir wieder bei den Träumen der Frauen angelangt sind.

Verwechselt mich vor allem nicht!

Letztlich träumen Männer wie Frauen denselben Traum, nämlich von *dem* Mann oder *der* Frau ihres Lebens. Das Traurige ist nur, daß sie auf der Suche nach dem richtigen Partner zu den falschen Mitteln, dem Sex, greifen.

Denn wenn junge Menschen, auf der Suche nach dem großen Glück, von Bett zu Bett schlüpfen, dann schwächen sie genau das, was sie eigentlich einüben wollen: ihre Liebesfähigkeit. Genauso wenig, wie Du auf Probe leben und auf Probe sterben kannst, so wenig kannst Du auch auf Probe lieben (Johannes Paul II.). Wenn Du es dennoch versuchst, trägst entweder Du oder trägt der andere Verletzungen und Narben davon. Vernarbte Haut ist nicht mehr so sensibel, sie fühlt nicht mehr so gut. Dies gilt auch in der Liebe. Es entsteht eine Art seelische Hornhaut, man verhärtet in Sachen Liebe. Denn wenn einer mit vielen schläft, welche Zeichen der Liebe bleiben ihm eigentlich noch, wenn er wirklich zu lieben beginnt? Mir sagte einmal ein junger Mann, als er endlich die Richtige gefunden hatte: „Ich könnte mir vor Wut ein Monogramm in den Nabel beißen für jeden Kuß, den ich vorher einer anderen gegeben habe."

Ob eine die Richtige ist, stellt sich übrigens nicht zuerst im Bett heraus, sondern vorher auf all den Feldern, die unser Leben ausmachen. Es sind die Wertvorstellungen, die jemand mitbringt, seine Haltung zu Familie und Beruf, zu Politik, seine Hobbys und Freunde, sein Glaube und Humor. Gemeinsamkeiten in diesen Bereichen sind die beste Voraussetzung für ein körperliches Zusammenpassen – nicht umgekehrt.

So abwegig ist es daher nicht, wenn die Kirche auch heute noch der Auffassung ist, daß die körperlich vollzogene Liebe zwischen Mann und Frau ihren eigentlichen Ort in der Ehe hat. Dies entspricht den uns von Natur aus mitgegebenen beiden Sinngehalten menschlicher Sexualität:

1. der Liebe – denn Liebe will Bindung, will Dauer, d. h. verläßlich tragende Treue und eine auch nach außen bezeugte und erkennbare Zusammengehörigkeit.
2. dem Leben – denn Kinder, die Zeichen und Frucht der Liebe ihrer Eltern sind, brauchen deren verläßlich bergende Bindung als ideale Voraussetzung für ein glückendes und glückliches Leben.

Für Katholiken kommt noch ein weiteres hinzu, nämlich das sakramentale Verständnis der Ehe. Dieses verdanken wir der hohen Meinung Gottes, die dieser von der Liebe zwischen Mann und Frau hat. Im Alten wie im Neuen Testament dient nämlich die Liebe zwischen Mann und Frau immer wieder als Bild für die Liebe Gottes zu uns. Aus diesem Vergleich erwächst das sakramentale Verständnis der Ehe. Denn ein Sakrament ist nichts anderes als die Gegenwart Gottes in einem uns verständlichen Zeichen. In der Ehe ist der „Ort" der Gegenwart Gottes die Liebe zwischen Mann und Frau. Er ist mit seiner Liebe in unserer Liebe gegenwärtig. Einen stärkeren und mächtigeren Bundesgenossen als ihn, der die Liebe schlechthin ist, können wir uns eigentlich gar nicht vorstellen. Daher ist die kirchliche Rede von der Unauflöslichkeit der sakramentalen Ehe nicht primär ein juristisches Verdikt nach dem Motto „Wer heiratet, hat lebenslänglich", sondern es ist zuerst eine Verheißung, die Zusage Gottes: meine Liebe in eurer Liebe, meine Treue trägt eure Treue.

Wer sich auf diese Zusage verläßt, der wird mit der Liebe, mit den Kräften, die diese Liebe ermöglichen, sorgsam – fast möchte ich sagen, ehrfürchtig umgehen. Wer auf diese Verheißung baut, der wird reich beschenkt. Von ganzem Herzen wünsche ich Dir diese beglückenden Erfahrungen im Umgang mit der Liebe. Es umarmt Dich

Deine Mutter

One-night-stands, Gewissensbisse und Schuldgefühle
Zur Fremderlösung in Psychotherapie und Beichte
von Christa Meves

„Ich habe krankhafte Schuldgefühle", sagt die neunzehnjährige Conny zu mir in der Sprechstunde. „Seit mich mein erster Freund, den ich sehr liebte, im Stich gelassen hat, habe ich angefangen, mit vielen verschiedenen Männern zu schlafen. Ich fang mir die so richtig ein – in den Diskotheken, das geht ganz einfach. Ich schlafe mit ihnen, und wenn sie sich dann in mich verliebt haben, setze ich sie vor die Tür, indem ich sage, daß sie im Bett nicht so recht etwas taugen, daß andere das besser können. Mir macht es unheimlichen Spaß, sie so richtig mit Genuß sitzen zu lassen. Aber nun ist mir eins passiert: Ich kann ohne einen Mann im Bett gar nicht mehr auskommen. Das hat mich geärgert, und ich habe versucht, mich zurückzuhalten, einfach um meine innere Freiheit nicht zu verlieren. Aber je mehr ich mich bemühe, um so schwerer gelingt mir das. Als ich kürzlich so schnell keinen passenden Mann fand, hab' ich sogar etwas mit einem Taxifahrer angefangen. Aber hinterher sage ich mir: Was soll das? Das ist doch einfach nur schlimm. Irgendwie fühle ich mich schlecht, eben schuldig, gemein gegen meine Partner, nicht in Ordnung. Können Sie das wegmachen? Verklemmte Schuldgefühle – das ist doch Ihr Spezialgebiet, nicht wahr?" Ich frage Conny, ob ihr denn irgend jemand Vorhaltungen mache und ihr ihre Lebensweise vorwerfe. „Nein, wieso?" antwortet sie, „ich bin absolut antiautoritär erzogen worden; meine Eltern sind geschieden, und keiner redet mir drein – schon ganz und gar nicht, seit ich selbständig bin". Ich frage sie, ob sie kirchlich gebunden sei. Conny wehrt lachend ab: Nein, nein, damit hätten die Eltern, die auch keiner Religionsgemeinschaft angehörten, sie gar nicht erst belastet.

„Ich verstehe, warum Sie das fragen", sagt sie, „Sie wollen wissen, wer mir die Schuldgefühle eingeredet hat; aber das ist es ja gerade, was mich so irritiert: Solche Leute gab es praktisch nicht in meiner Erziehung. Zuletzt hatten wir im Internat einen Lehrer, der sehr progressiv war – und in unserer Klasse haben alle sehr früh mit Geschlechtsverkehr angefangen. Keiner fand etwas dabei. Die Pille nehme ich schon seit drei Jahren. Es wäre im Grunde alles o. k., wenn nicht immer wieder diese nagenden Gedanken kämen, daß es nicht richtig ist, was ich tue."

Ich frage Conny, ob sie denn irgendwelche Befürchtungen habe. „Ja, schon", kommt es zögernd, „ich bin schon ein paarmal geschlechtskrank gewesen; aber das schaffen die Ärzte einem ja rasch wieder weg – dennoch denke ich schon manchmal, daß ich mich irgendwie verpfusche, daß mich vielleicht eines Tages keiner mehr will,... daß ich irgendwie verkomme. Jedenfalls finde ich mich eben einfach schlimm. Jeden Morgen wache ich mit dieser Stimmung auf, und sie macht mich ganz krank. Vielleicht können Sie das mit Hypnose wegmachen?"

Ich sage Conny nach einer gründlichen testpsychologischen Untersuchung, daß das von ihr als krankhaft vermutete Schuldgefühl in ihrem Fall *kein* Kennzeichen von Verklemmtheit sei, sondern im Gegenteil ein – gottlob noch vorhandenes Merkmal eines doch noch funktionierenden Gewissens. „Gewissen?" ruft Conny aus, „aber wie komme ich denn dazu? Unser Lehrer hat immer gesagt, Gewissen sei lediglich die Folge einer nach innen gewendeten gelungenen Manipulation durch die Erzieher. Das mußten wir richtig mit einem Fachausdruck auswendig lernen: Gewissen ist die Folge eines introjizierten Über-Ich. Wir haben nämlich auch Psychologieunterricht gehabt", erklärt Conny stolz.

Ich staune. Zwar ist auch Conny offenbar nicht nur liberal, sondern fremdbestimmend, manipuliert erzogen worden; sie hat eine Schulung zur *Abdressur* des Gewissens durchgemacht – und dennoch plagt es sie! Das spricht für eine erstaunliche Unverfälschbarkeit ihrer seelischen Substanz.

Denn es kann ja keine Rede davon sein, daß unser Gewissen, das wie ein Signal aufblinkt, wenn wir Schuld auf uns geladen haben, wie das Bremslicht am Auto durch den Mechaniker, von den Erziehern allein eingepflanzt worden ist! Nein, unser Gewissen ist eine bereits vorprogrammierte Funktion, die von dem Augenblick jenes Reifegrades ab in Aktion tritt, in dem der Mensch gut und böse zu unterscheiden in der Lage ist. Daß wir diese Grundwahrheit der menschlichen Psyche in den letzten Jahrzehnten so völlig zu übersehen begonnen haben, liegt daran, daß das Nachdenken über den Menschen in der letzten Zeit zu einer merkwürdigen Entfernung von der gründlichen Beobachtung geführt hat. Das Wunschdenken begann in den Wissenschaften vom Menschen über die exakte Forschung zu triumphieren, und zwar ein *Wunschdenken*, das zum Rausch und damit zur Vernebelung der Wirklichkeit führte. Neu entstand der alte Traum vom selbstgemachten Menschen, der eine Tabula rasa (von an sich guter Substanz) sei, in die allein die Erzieher ihre Prägungen zu kratzen hätten, und es entstand auf einer solchen verabsolutierten Milieutheorie die Vorstellung, daß Schuldgefühle allein von repressiven Erziehern aus sadistischer Machtlust erzeugt seien. Neu entstand der Rausch vom Menschenparadies – von Menschenhand gemacht. Eine solche Ideologie wird die ihr genehmen Forschungsergebnisse übersteigert betonen, andere, unangenehme unterdrücken. Und das geschieht heute allenthalben: Schuldgefühle sind in diesem ideologischen Konzept grundsätzlich Negativposten, Ausgeburten einer fehlmanipulierenden Fremdbestimmung. Gewissensbisse sind allein „introjiziertes Über-Ich".

Dabei muß hier unterscheidend festgehalten werden: In der Tat gibt es in der Psychopathologie das folgende Phänomen: daß ein Mensch von übersteigerten Schuldgefühlen gequält wird: Die putzsüchtige Hausfrau, die keinen Feierabend und keine Mittagspause genießen kann, weil die Arbeit sie aus allen Ecken anklagend anstiert, das Schulkind, das sich schlaflos wälzt, weil es fürchtet, in dem sonst gewiß fehlerlosen Diktat einen Satzzeichenfehler gemacht zu haben, der Angestellte, der Nacht für Nacht über den Akten sitzt, die er am Feierabend mit heimgenommen hat, weil er sich schuldig fühlt, wenn einmal etwas liegen bleibt – Menschen mit solchen Symptomen leiden in der Tat an einer Gewissenskrankheit: an der *Wucherung* dieser an sich so lebensnotwendigen seelischen Kontrollfunktion. Und in der Tat ist diese Schwierigkeit meist durch eine extrem leistungsbemühte, zu früh fordernde Einstellung der Bezugspersonen hervorgerufen worden. Aber genauso unsinnig, wie es wäre, wenn man dem Herzen seine lebensnotwendige Funktion im Organismus des Menschen aberkennte, weil es das Phänomen „krankes Herz" gibt, genauso destruktiv ist es, dem Gewissen und seinem Ausdruck, dem Schuldgefühl eine autochthone, ja lebensnotwendige und konstruktive Aufgabe in unserem Leben abzusprechen.

Der zweite Fehlschluß, auf dessen Boden man das heute versucht, ist die Gegebenheit, daß das kleine Kind in seiner ersten Lebenszeit Gewissensregungen noch nicht kennt. Erst mit der Möglichkeit, sich selbst als abgetrennt von der Umwelt zu erleben, wächst dem Menschen allmählich auch die Unterscheidungsfähigkeit von gut und böse zu. Da die konkreten Inhalte der ethischen Kategorien freilich in den verschiedenen Gesellschaften im Detail mehr oder weniger voneinander abweichen, schließt der Wunschdenker unserer Tage nun messerscharf, daß die Moral eine willkürliche Phantasieausgeburt der jeweils Herrschenden in einer Gesellschaft sei, wobei man verkennt, daß uns die Völkerkunde dennoch vermitteln kann, daß bei aller Vielfalt der Moralen eine in ihren Grundpfeilern einheitliche Ethik in der gesamten Art Mensch durchaus zu verzeichnen und in den Gesetzbüchern der Kulturvölker festgeschrieben ist. Diese Gesetzbücher sind so lange nötig, bis der an sich zu mündiger Freiheit und Selbstverantwortung vorprogrammierte Mensch diesen Status noch nicht erreicht hat. Wenn wir weiter vorangekommen sind, wenn wir durch bessere Erziehung gelernt haben, der Funktion des Gewissens zu angemessener Entfaltung zu verhelfen, wird es – das ist zumindest denkbar – nicht mehr so viele Gesetze, nicht mehr so viele Vorschriften, nicht mehr so viele Polizeikontrollen zu geben brauchen, weil der Mensch selbstverantwortlich und gewissenhaft Selbstkontrolle freiwillig und aus Vernunft vollzieht.

Die Tatsache, daß der gesunde Mensch Schuld zu empfinden in der Lage ist, ist ein Kennzeichen dafür, daß er als ein Freier, als ein sich selbst Zügelnder mit einer inneren Kontrollfunktion gedacht ist. Als Schuldiger macht der Mensch die Erfahrung, daß er nicht nur gut ist, sondern daß er auch böse zu werden in der Lage ist. Böse sein heißt grundsätzlich, nicht mehr im Einklang zu sein mit seiner Bestimmung als Mensch, nicht mehr im Einklang zu sein mit seinem Lebensauftrag vor Gott und dem Liebesgebot an seinem Mitmenschen. Deshalb schlägt bei erzgesunden Jugendlichen sogar noch jetzt das Gewissen an, wenn sie trotz aller Manipulationen zur Gewissenlosigkeit ihres Handelns nicht konstruktiv, sondern destruktiv oder verschwenderisch unnütz sind. Deshalb werden die jungen Männer bei Onaniemißbrauch auch heute noch ebensosehr von einem unbestimmten Mißbehagen befallen wie bei Nikotin- oder Alkoholabusus oder einer hemmungslosen Sexualsucht. Das Gewissen ist eben progressiver als all die Progressiven, die den Menschen Totalemanzipation von der Verantwortung für sich selbst lehren wollen.

Und auch die Erfahrungen dieser Generation mit der Reue können uns Neues lehren, bzw. im Grunde Altes wieder bewußt machen: Viele Menschen heute erkennen voll wachsendem Mißbehagen, daß sie durch irgendeine Hemmungslosigkeit in einen Zwang geraten. Allergisch gegen diese neue Unzufriedenheit, das heißt im Grunde: von Reue geplagt, beschließen sie, sich zu ändern. Aber nun machen sie die furchtbare Entdeckung, daß das keineswegs so einfach geht. Die Anspannung des Willens, die Fixierung der Gedanken auf den Widerstand gegen eine Haltung, die man bereut, bewirkt, daß er auf die Dauer kaum durchhaltbar ist. Der Mensch gerät in eine Verkrampfung, die es ihm zunehmend schwerer macht, der Versuchung zu widerstehen. Deshalb enthält das Sprichwort „Der Weg zur Hölle ist mit guten Vorsätzen gepflastert" eine so große überzeitliche psychologische Weisheit. Diese Erfahrung des Menschen mit sich selbst hat nun freilich eine furchtbare Folge: Er muß sich in dem Maße, wie er vergeblich gegen das bereute „Laster" ankämpft, zugestehen, daß er schwach ist, daß er keineswegs das Maß an Willensstärke und Willensfreiheit besitzt, das er bei sich ganz selbstverständlich vorausgesetzt hatte. Mit dem permanenten Gefühl von Schuld, mit dem Wachsen des reuevollen Bedürfnisses nach Schuldlosigkeit geht eine zunehmende Einbuße seines Selbstwertgefühls einher. Eine solche Entwicklung kann in permanent negative Teufelskreise führen, so daß der Mensch schließlich in Depressionen bis zur Selbstmordneigung geraten kann. In solchen Situationen bedarf der so an seiner Schuld Leidende dringend der Hilfe.

Der moderne Mensch sieht diese Hilfe nicht immer in einem anderen Menschen. Um seiner Schuld zu entfliehen, beginnt mancher heute nach einem anderen Wertsystem zu suchen, in dem seine Schuld nicht negativ eingestuft wird, so daß er Entlastung findet. Es gibt viele neu erstellte Verhaltensvorschläge in unserer Gesellschaft, die zum Beispiel auf die Einhaltung der mosaischen Gesetzestafeln keinen Wert mehr legen. Und viele unserer enttabuierenden, liberalisierenden Trends sind manchem Menschen, ohne daß ihm das so recht ins Bewußtsein rückt, bitter notwendig, um ihn von drückender Schuld zu entlasten. Andere Menschen versuchen ihr eigenes Ungenügen zum neuen Gesetz zu machen, das heißt sie versuchen, Mittäter zu finden in der Hoffnung, auf diese Weise von Schuld entlastet zu werden. Meist helfen solche Versuche jedoch nur eine relativ kurze Lebenswegstrecke lang: Das Gewissen stellt wiederum bohrend den Anspruch auf Änderung der Situation.

Nicht selten wird die Not so groß, daß Seelenfachleute aufgesucht werden. Vielen Schuldigen ist in der Tat von Psychoanalytikern geholfen worden, ihre Schuldgefühle und auch das peinigende Verhalten loszuwerden. Wodurch? Meist gibt der Analytiker keineswegs irgendwelche Anweisungen zur Korrektur; der versierte Fachmann kommt auch keineswegs auf die Idee, seinen Patienten die Schuldgefühle einfach auszureden und für nicht relevant zu erklären. M. E. besteht der entscheidende heilende Effekt in solchen Fällen in der Gegebenheit, daß der Analytiker durch sein schweigendes Zuhören a) zum *Mitwisser* gemacht wird (das hat bereits einen stark entlastenden Effekt) und b) daß er gegen den Patienten trotz seines Mitwissens permanent eine tolerante Verläßlichkeit an den Tag legt. Der Analytiker vermittelt dem „sündhaften" Patienten die Erfahrung, nicht verlassen zu werden. Diese Haltung des Arztes hilft dem Leidenden aus der verkrampften Haltung vergeblicher Änderungsversuche heraus, und in diesem entspannten Feld ist die Unterlassung des bereuten Verhaltens dann doch – ja gerade erst – möglich. Heilend ist also letztlich die Erfahrung verläßlicher Geborgenheit, die dennoch den Anspruch auf Änderung nicht außer acht läßt.

Ich leuchte diesen Vorgang deshalb so ausführlich aus, um deutlich werden zu lassen: Eigentlich drängen die Phänomene Schuld und Reue in die Erkenntnis hinein, daß „mit meiner Macht nichts getan ist", daß sie rasch am Ende ist, daß der Mensch der Hilfe von *außen* bedarf, daß er gewissermaßen auf Fremderlösung angewiesen ist. Es ist also Schein, daß der Mensch, der sich in der Psychoanalyse einem nicht-direktiven Heilverfahren unterwirft, sich am eigenen Schopf aus dem Sumpf zieht. Die Revision von Schuld bedarf der Fremderlösung. Im Grunde geschieht Heilung in solchem modernen psychotherapeutischen Verfahren auf der gleichen Basis, auf der Heilung im Neuen Testament geschieht. Anders ausgedrückt: Der helfende Mensch vertritt unbewußt Christus, der allein die eigentliche Erlösung bewirkt.

Auf unserem Lebensweg gleichen Schuld und Reue elektrisch geladenen Zäunen, die uns signalisieren, daß wir an unsere Grenze gestoßen sind, daß das Leben zum Abgrund wird, wenn wir sie immer wieder übersteigen, zur Sackgasse, wenn wir an ihnen verharren. Änderung der Marschrichtung wird zwingend zugewiesen; aber sie kann nur geschehen, wenn der Mensch in dieser Situation seine Verranntheit einsieht und die Hybris aufgibt, daß *er* sein Leben selbst bestimmt. Schuld und Reue zwingen den Menschen zu sinnvollem Fortschritt in die Knie. In dem Augenblick, in dem er es wagt zu beten: „Herr, sei mir Sünder gnädig!", kann ihn nämlich auch die frohmachende Verheißung des Christentums treffen: Du wirst geliebt, Du bist erlöst, ja gerade mit dieser Deiner Schuld! Dabei spielt die Reue die Rolle des Bahners in diese fundamentale Fremderlösung hinein. Schuld und Reue haben also höchst sinnvolle Funktionen im Leben des Menschen: Sie nötigen ihn zu seinem Heil auf den Weg, der ihn vor heillosem Verderben bewahrt.

Die Zauber-Pille oder Pillen-Zauber?

Medizinische Ethik und katholische Lehre

von Rudolf Müller

Zu Risiken und Nebenwirkungen fragen Sie Ihren Arzt oder Apotheker

Ein Slogan, den uns die Werbung, zugegeben gezwungenermaßen, pausenlos einhämmert. Wir können ihn nicht mehr hören. Oft wollen wir ihn auch nicht mehr hören. Wir wollen nicht hören, daß der Nikotinkonsum unserer Gesundheit schadet, wir wollen nicht bei jedem Glas Bier oder Wein an eventuelle Risiken erinnert werden, nicht bei jedem Obsttörtchen an unseren Cholesterinspiegel und nicht bei jedem Geschlechtsverkehr an eventuelle Risiken denken müssen. Ist die Kette stringent? Gehören Aids-Infektion und Schwangerschaft zu solchen Risiken? Ist der Geschlechtsverkehr heute mit Essen, Trinken und anderen Genüssen gleichzusetzen?

„Frische Früchte zwischen Orchideenblüten, der unwiderstehliche Duft von tiefschwarzem Kaffee – das Frühstücksbuffet hätte glatt aus einem orientalischen Märchen sein können. Sogar Prinzen gab es, bronzefarben und recht ansehnlich. Einige von ihnen habe ich kurz darauf beim Katamaransegeln wiedergetroffen. Mutige Korsaren wie ich, ... In den folgenden Tagen bin ich häufiger fremdgegangen und habe einfach alles mal ausprobiert..." Es handelt sich hierbei nicht etwa um einen Auszug aus den Memoiren von Benoite Groult, sondern um die Anzeige eines Ferienclubs in einer großen Illustrierten. Man sieht, die normative Kraft des Faktischen hat zugeschlagen, und der Sprachgebrauch, das Neudeutsch kam unmittelbar hinterher. Aus „Ehebruch" wurde galant der „Seitensprung" oder „fremdgehen" – etwa wie außerhalb des Hauses essen

– aus „Abtreibung" oder der „Tötung der Leibesfrucht" wurde „Interruptio" (wobei nichts unterbrochen, sondern abgebrochen wird). Aus der anfänglichen Entschuldigung „ist doch nicht so schlimm" wurde das salonfähige „das brauch ich jetzt einfach". Noch regen wir uns über Sex mit Kindern oder Tieren auf, doch wenn der Zeitgeist will, daß das schon morgen salonfähig wird, findet er einen psychologisch-sozialintegrativen Argumentationsweg, der dies moralisch legitimiert. Da es scheinbar keine objektiv verbindliche Moral mehr gibt, moralisches Handeln sich an Intuition und Gefühlen orientiert, meldet sich auch das Gewissen nicht mehr. Es ist, wie J. Gaarder in seinem Roman „Sofies Welt" schreibt: 'Vernunft und Gewissen können mit einem Muskel verglichen werden, wenn man ihn nicht mehr benutzt, wird er langsam schwächer und schlaffer." Wenn heute bereits über 50 % der Jugendlichen zwischen 15 und 17 Jahren Sex in allen Formen freizügig praktizieren als ginge es um einen Volkssport, („Am besten ist, Du knallst´ ne Jungfrau, dann ist das AIDS-Risiko gleich null!" siehe Tempo-Ausgabe Mai 1994) nützen auch die harten amerikanischen Methoden, um die Promiskuität einzudämmen, nichts mehr. Statt positiver Aufklärung wird hier bei den Jugendlichen das Geschäft vornehmlich mit der Angst betrieben, indem der Geschlechtsverkehr mit Russisch Roulette verglichen wird, der einen auch mit Kondom in den AIDS-Tod reißen kann (Focus 17/94, S. 241). Das ist Chaos.

Ein ähnliches Chaos findet sich bei der Empfängnisverhütung bzw. der Pille. Hoch schlagen die Wogen der Meinungsextremisten. Kaum eine Frau weiß, was sie da eigentlich schluckt, welche Risiken sie nicht nur physiologisch, sondern auch psychologisch bereitwillig, fahrlässig oder vorsätzlich inkauf nimmt – geschweige denn, wie die hormonale Kontrazeption funktioniert. Selbst in medizinischen Fachkreisen werden Begriffe wie Kontrazeption bis ins Irreale verändert, um die eigene persönliche Einstellung pseudowissenschaftlich zu begründen. So heißt es im Deutschen Ärzteblatt (91, Heft Nr. 17, v. 29.April 1994) in einem Beitrag über hormonale Kontrazeption, daß es sich bei der postkoitalen Kontrazeption (der sogenannten Pille danach) wegen der noch nicht erfolgten Einnistung in die Gebärmutterschleimhaut (Nidation) weder um eine übliche Kontrazeption noch um eine Interruptio handele. Aus diesem Grunde würde die Methode auch als „Interzeption" bezeichnet. Nun ist aber die Empfängnis als die Befruchtung der weiblichen Eizelle definiert. Die „Zeption" ist also erfolgt und weder mit „Kontra" noch mit „Inter" zu umschreiben. Ob es sich von diesem Moment an nicht doch um ein menschliches Wesen oder einen im Werden begriffenen Menschen handelt, ist heftig umstritten. Weder die moderne Medizin noch die moderne Philosophie sind sich auf diesem Gebiet einig, so daß mit einer ungeheuren Irrtumswahrscheinlichkeit gehandelt wird. Vielleicht lacht oder weint man in 20 – 30 Jahren, wenn die Wissenschaft sich weiterentwickelt hat, über unsere Art und Weise der Empfängnisverhütung und Denkweise bzw. die Leichtfertigkeit mit dem Umgang von Leben, wie wir heute über das „zu heiße Bad davor" lachen.

Wohl kaum ein Thema ist emotional und ideologisch so besetzt wie das der Kontrazeption. Eine sachliche Auseinandersetzung ist so nur noch schwer möglich. Die konservativen Katholiken reden davon, daß jede hormonale Kontrazeption abtreibende Wirkung habe, sprechen von der „Pille" als einem Teufelszeug, ihre Gegner schmeißen Nidations- und Ovulationshemmer in einen Topf, verharmlosen Hormongaben, als seien das keine Tabletten mehr. Begriffe werden mißbraucht, die Physiologie ist nicht bekannt, festgefahrene Überzeugungen lassen eine seriöse Beschäftigung mit dem Thema hüben wie drüben kaum mehr zu. Wer von den Kirchengegnern hat denn gar die sogenannte Pillenenzyklika gelesen? Wer weiß denn heute noch, wer der sogenannte Pillenpapst war? Wer von den Konservativen weiß um die Unterschiede der einzelnen Präparate, kann die psychischen Nöte von Frauen oder gar die Problematik einer medizinischen Indikation zur Kontrazeption richtig einschätzen?

Radikale Positionen zu vertreten, kann in gewisser Hinsicht einfach sein, denn man braucht sich mit den Fragen und Problemfällen nicht fundamental auseinanderzusetzen. Zunächst gilt es, Begriffe zu klären, Emotionen zu entschärfen, um vielleicht der Wahrheit ein Stück näherzukommen.

Tablette oder Pillchen?

"Nehmen Sie die Pille?" "Ja klar, ich nehme die Pille!" Kein Mitglied unserer Gesellschaft wüßte nicht, daß es sich bei dieser Pille um ein hormonelles Kontrazeptivum handelt, daß es um Empfängnisverhütung geht. Allein der Sprachgebrauch beweist, welchen rasanten Siegeszug dieses Medikament in den vergangenen 35 Jahren erlebt hat. Es gibt keine andere „Pille", die so häufig verschrieben und geschluckt wird. Ja, allein die Frage, ob es sich dabei tatsächlich noch um ein Medikament handelt, ist Beweis für die Gewöhnung an etwas, das man beinahe benutzt wie ein Deodorant und Parfüm. Fragt man Patienten, welche Medikamente sie einnehmen, wird die Pille zumeist unterschlagen, nicht aus falscher Scheu, sondern aus Gewöhnung an etwas, das zum Alltag gehört. Was bewirkt die Pille? Was geschieht im Organismus? Stehen die Risiken und Nebenwirkungen in Relation zum erwünschten Effekt? Was verändert die Pille bzw. die Gewöhnung daran im Menschen? Die Pille als ein Medikament, das nicht nur die Moral, sondern auch das Sexualverhalten einer ganzen Gesellschaft geändert hat?

Die Geschichte der Empfängnisverhütung ist so alt wie die der Sexualität. Kuriositäten wie das heiße Bad der Männer vor dem Geschlechtsverkehr, um die Fruchtbarkeit des Spermas zu reduzieren, das Speisen bestimmter Kräuter etc. zeugen vom Einfallsreichtum des Menschen. Bei der Empfängnisverhütung können wir drei Gruppen unterscheiden:

1.) Die mechanische Empfängnisverhütung mit Pessar, Diaphragma, Kondomen etc.
2.) Die natürliche Empfängnisverhütung: Knaus-Ogino, Temperaturmethode, Billings etc.
3.) Die medikamentöse Empfängnisverhütung: Orale Kontrazeption der Frau, Spritze für den Mann (im Versuchsstadium), lokalchemische Kontrazeption.

Als Dr. Pincus Ende der 50er Jahre die ersten Erfolge auf dem Gebiet der oralen Antikonzeption nachweisen konnte, war erstmals die sichere Möglichkeit der Empfängnisverhütung gegeben. Er entdeckte, daß es bei oraler Einnahme von Progesteron nicht zu einer Ovulation (Eisprung) kam. Inzwischen ist eine Vielzahl an Präparaten entwickelt worden, die weit über die Entdeckung des Dr. Pincus hinausgehen. Zur Differenzierung der Wirkansätze und Erläuterung der heute verwendeten Begriffe erfolgt eine kurze Rekapitulation der physiologischen Grundlagen.

Medizinische Aspekte

Der Zyklus der Frau dauert normalerweise 28 Tage. Er wird gesteuert durch ein komplexes Zusammenwirken verschiedener Hormone aus der Hypophyse, Hypothalamus und Ovar. Das Ziel ist die zyklische Bereitstellung befruchtungsfähiger Eizellen. Der Zyklus gliedert sich in eine Aufbauphase (Proliferationsphase während der Follikelreifung) im Anschluß an die erfolgte Regelblutung, in der die Schleimhaut der Gebärmutter sich regeneriert und für eine eventuelle Einnistung einer befruchteten Eizelle präpariert. Dieser Prozeß dauert etwa 14 Tage und endet mit dem Eisprung, der Ovulation. Der Eierstock bildet nach der Ovulation das Hormon Progesteron, das wiederum die Uterusschleimhaut zum Wachstum und zur Bildung von Nährstoffen für eine eventuelle Nidation anregt. Diese Phase nennt man Sekretionsphase. Erfolgt keine Nidation, werden Teile dieser Gebärmutterschleimhaut abgestoßen, und erneut setzt die Menstruation ein. Vor Beginn der Aufbauphase wird die durch die Menstruation verletzte Epithelschicht mit einer neuen Schleimhaut überzogen. Dieser Vorgang dauert 2 Tage und heißt Regenerationsphase. Die anfänglich verwendeten Hormonpräparate zur Kontrazeption hatten viele Nebenwirkungen. Heutzutage sind Präparate entwickelt worden, die nur noch geringe Hormondosen enthalten; somit konnten eine Vielzahl von Risiken und Nebenwirkungen reduziert werden. Für gewöhnlich werden heute als Ovulationshemmer Kombinationspräparate mit Gestagen - und Östrogen-Derivaten eingenommen, die aber immer noch eine beträchtliche Anzahl von möglichen Nebenwirkungen aufweisen. Diese Risiken dürfen weder verharmlost noch dramatisiert werden. Es finden sich bisweilen harmlose Nebenwirkungen wie Kopfschmerzen, Übelkeit, Sehstörungen bis hin zu gravierenden, ja lebensgefährlichen wie Bluthochdruck, venöse und arterielle thromboembolische Krankheiten, Endometriose etc.

Bereits das Studium der möglichen Nebenwirkungen zeigt aus medizinischer Sicht, daß die hormonale Kontrazeption nicht für jede Frau in Frage kommt. Es gibt viele Kontraindikationen für diese Medikation. Auch der medikamentöse Aspekt der Pille wird klar. Eine vorübergehende physiologische Sterilität läßt sich keinesfalls erreichen. Der weibliche Hormonhaushalt wird eindeutig manipuliert. Diese Medikation ist demnach keinesfalls vergleichbar etwa mit der Substitution von Schilddrüsenhormonen bei bestimmten Erkrankungen. Bei dieser Substitution läßt sich ein physiologischer Wirkspiegel im Blut erreichen, der ohne Nebenwirkungen ist. Dies ist aber bei der hormonalen Kontrazeption nicht möglich, da mit erhöhten Hormonspiegeln eine physiologische Reaktion unterdrückt werden soll.

Nun muß bei jedem Medikament eine Risiko- und Nutzenabwägung vom Arzt erwogen werden. Es gibt wohl kein Medikament, das keine Risiken oder mögliche Nebenwirkungen hat; deshalb muß die Indikation für jedes Medikament ernsthaft geprüft werden. Eine gewisse überkritische Mentalität ist in letzter Zeit bei den Patienten entstanden. Oftmals hört man, daß bestimmte Tabletten gar nicht eingenommen wurden, da die Lektüre des Beipackzettels abgeschreckt hätte. Dies hört man bei den Kontrazeptiva selten.

Sinnvollerweise sollte demnach eine medizinische Indikation zur hormonalen Kontrazeption vorliegen, da andernfalls das Nutzen-Risikoverhältnis zumindest fragwürdig erscheint. Eine solche Indikation liegt dann vor, wenn somatische oder psychische Störungen durch eine Schwangerschaft verschlechtert werden können, bei Zyklusunregelmäßigkeiten und Erbkrankheiten. Die Ovulationshemmer haben mit Abstand den niedrigsten Pearl-Index (ungewollte Schwangerschaften pro 100 Frauenjahre), so daß bei einer vorliegenden Indikation auf diese Art der Kontrazeption zurückgegriffen werden sollte. Die von Pillengegnern so oft proklamierte natürliche Empfängnisverhütung ist bei Frauen für eine medizinische Indikation nicht praktikabel, da Zyklusunregelmäßigkeiten, Streßsituationen, kleine Bagatellinfekte oder ähnliches vorliegen können, die diese Methode zu unsicher machen (Pearl-Index 1-10/100).

Bei den oralen Kontrazeptiva bestehen nach wie vor Risiken, die die Frauen auf sich nehmen, um nicht schwanger zu werden und/oder in anderen Fällen allzeit bereit zu sein. Die Kontrazeption hängt bei dieser Methode ausschließlich von der Disziplin der Frau ab und wird „auf ihrem Rücken" ausgetragen. Nicht alle Präparate, die als Kontrazeptiva gehandelt werden, können als solche bezeichnet werden. Von den Ovulationshemmern zu unterscheiden sind zum einen die Minipille und zum anderen die sogenannte „Pille danach", die postkoitale Pille. Zumeist werden beide Präparate unter dem gleichen Kapitel der hormonalen Kontrazeption abgehandelt. Dies ist nicht exakt. Es ist wohl einleuchtend, daß es einen wesentlichen Unterschied gibt zwischen Medikamenten, die eine Befruchtung unmöglich machen und Tabletten, die die Einnistung einer befruchteten Eizelle verhindern.

Die Minipille enthält Gestagene in einer niedrigen Dosierung. Diese reicht nicht aus, eine Ovulation zu verhindern, ist aber aufgrund der geringen Hormondosis besser verträglich und mit weniger Risiken behaftet. Ihr Wirkmechanismus liegt in einer Veränderung des Zervixsekretes und damit einer Hemmung der Spermienaszension, sowie in einer Veränderung des Endometriums mit Verschlechterung der Nidationsbedingungen. Hinzu kommt eine Störung der Tubenmotilität. Die Minipille ist somit eine Mischung zwischen hormonaler Kontrazeption und Nidationshemmern.

Bei der sogenannten postkoitalen Kontrazeption liegt der Wirkungszeitraum eindeutig zwischen Befruchtung der Oozyte und Nidation der Blastozyte. Hierbei kommen entweder die alleinige Östrogen- oder Gestagengabe in höherer Dosierung oder aber kombinierte Östrogen-Gestagen-Gaben zur Anwendung. Die Medikamente werden über 5 Tage hindurch eingenommen und haben heutzutage nur wenig mehr Nebenwirkungen als die hormonalen Kontrazeptiva.

Nicht eingegangen wird in diesem Zusammenhang auf die lokalchemischen Verhütungsmittel wie Gelees, Salben, Suppositorien etc., die spermizid und motilitätshemmend wirken.

Medizinethische Aspekte

Wir gehen heute durch einen Quasi-Supermarkt der Empfängnisverhütung. Durch die in den letzten Jahren entstandene AIDS-Angst hat der Gebrauch von Kondomen exponentiell zugenommen. Sie hängen in den Regalen neben Bonbontüten und Parfüms. Das Ausleben von Sexualität hat durch die neue große Seuche keinen Knacks erlitten. Die Promiskuität wächst. Der Gebrauch von Kaugummi und Kondomen ist egalisiert. Der Kaugummi hält den Atem frisch, das Kondom schützt vor HIV. Vielleicht merken wir langsam, wohin die Entwicklung galoppiert. Was not tut, ist nicht nur die Aufklärung über den Gebrauch von Medikamenten und den Schutz vor ansteckenden Krankheiten; so es denn noch eine medizinische Ethik gibt – sie wird an den meisten Universitäten nicht mehr gelehrt-, verpflichtet sie zu einem ganzheitlichen Patientenbild, das sich an bestimmten Grundwerten orientiert. Jede Entkopplung von Sexualität und Liebe, jede Zweckentfremdung einer medizinischen Maßnahme muß dem Menschen als Person auf Dauer schaden. Warum also gab und gibt es soviel Wirbel um die hormonale Kontrazeption?

Die sogenannte Pille hat Moralvorstellungen und Sittenbewußtsein weltweit entscheidend mitgeprägt, so daß sie wie kaum ein anderes Medikament medizinethische Konsequenzen mit sich bringt. Die hormonale Kontrazeption ist eine wirksame Art und Weise, eine Schwangerschaft zu verhüten. Aus medizinethischer Sicht spricht nichts gegen die Rezeptur hormonaler Kontrazeptiva bei bestehender medizinischer Indikation. Neben der medizinischen Indikation findet die Pille darüber hinaus breite Anwendung auch und gerade bei jüngeren Frauen, die eine möglichst unbeschwerte Sexualität ausleben möchten oder aber einen festen Partner haben, mit dem sie regelmäßig verkehren. Bei ihnen ist eine medizinische Indikation nicht gegeben und der Einsatz hochpotenter hormonaler Kontrazeptiva zweifelhaft.

Nun wird behauptet, daß sich durch eine weitgefächerte Aufklärung und großzügige Verschreibung der hormonalen Kontrazeptiva die Anzahl der ungewollten Schwangerschaften und damit der Abtreibungen reduzieren ließe. Dies mag aus epidemiologischer Sicht der Fall sein. Eine medizinische Ethik jedoch, die sich auf dem Grundsatz des kleineren Übels, hier etwa Pille statt Abtreibung, begründet, ist mehr als zweifelhaft. Heute wird man oft schon dann belächelt, wenn man nur darauf hinweist, daß es theoretisch bei jedem Geschlechtsverkehr mit geschlechtsreifen Partnern zu einer Schwangerschaft kommen kann. Vielleicht aber wird gerade dadurch etwas von der Größe dieses gemeinsamen Aktes verständlich, der eben mehr ist als ein Austausch von Körperflüssigkeiten. Es muß vorsichtig daran erinnert werden, daß man auch und gerade Jugendlichen den Unterschied zwischen ‚mit dem Partner Eis essen' und ‚ins Bett gehen' klar machen muß. Sicher ist das nicht die primäre Verantwortung des Arztes. Es ist die Verantwortung vieler Institutionen und Mitglieder unserer Gesellschaft. Geht es nur um das „Eis essen", begleitet vom amerikanischen „have fun", dann besteht die ethische Verantwortung des Arztes darin, Safer Sex zur Vermeidung der Verbreitung ansteckender Krankheiten zu propagieren. Das Bestreben eines um ethisches Handeln bemühten Menschen und insbesondere eines Arztes muß es jedoch auf Dauer sein, zu einem verantwortungsvollen Umgang mit der Sexualität anzuleiten. Gerade auf dem Gebiet der Sexualität läßt sich eine Vielzahl von Perversionen und Krankhaftem beobachten, die nachdenklich stimmt und eigentlich nach Prävention schreien müßte.

Es wird allzuoft den Patienten das verschrieben, was sie wünschen, ihnen aber auf Dauer schadet, oder durch deren Einnahme sie sich Risiken aussetzen, die sie in der gesamten Tragweite nicht abschätzen können. Wenn heutzutage eine Frau die Pille verschrieben haben möchte, müßte der Arzt nach dem Warum und Wieso fragen. Er kann auf Dauer nicht den Weg des geringsten Widerstandes gehen, sondern muß Ausschau halten nach echten und gesunden Alternativen. Arzt und Patientin müssen sich darüber im Klaren sein, daß durch die Einnahme der Pille die Frau automatisch zur Patientin wird. Im Beipackzettel ist zu lesen, daß dieses Medikament nur unter ärztlicher Aufsicht eingenommen werden sollte. Doch wird die Frau bloß dadurch zur Patientin, weil sie eine Schwangerschaft verhindern oder ihre Sexualität ausleben möchte. Eine ungeheure ethische Verantwortung! Jungen Menschen muß man klar machen, daß eine Schwangerschaft keine Krankheit ist, vor der man sich mit der Pille schützen kann, sondern daß der Geschlechtsverkehr naturgemäß ein „Ja" zu einem Menschen bedeutet, mit dem man auch eine eventuelle Folge des Beischlafs zu teilen bereit wäre.

Ein weiterer ethischer Aspekt scheint mir von elementarer Bedeutung: Die Nidationshemmer verhindern die Einnistung einer befruchteten Eizelle in der vorbereiteten Gebärmutterschleimhaut. Es muß bestritten werden, daß es sich hierbei um eine Kontrazeption handelt, da die „Zeption" bereits erfolgt ist. Daß diese Methode eine potentielle Abtreibung verursacht, ist denkbar, aber nicht beweisbar. Es würde den Rahmen dieses Beitrags sprengen, über den Beginn menschlichen Lebens nachzudenken. Es ist jedoch besorgniserregend, wie schnell wir uns in der Medizin an Dinge gewöhnt haben, die keinesfalls wissenschaftlich belegt sind, sondern durch Proklamation oder Thesen begründet werden. Auch wenn eine befruchtete Eizelle sich nicht im Uterus einnistet, kann es zu einer Schwangerschaft kommen, etwa die Bauchhöhlenschwangerschaften oder Eileitergraviditäten, die zumeist mit dem Tod der Leibesfrucht enden, in Einzelfällen aber auch ausgetragen werden. Es können also weder der Zeitpunkt noch der Ort der Einnistung prinzipiell als Kriterium für ein menschliches Leben genommen werden; und doch wird „die Pille danach" munter als orales Kontrazeptivum bezeichnet, verschrieben und geschluckt.

(Es sei angemerkt, daß bislang niemand weiß, wann menschliches Leben beginnt; aber die Beweislast z. B., daß eine befruchtete Eizelle kein menschliches Leben ist, liegt beim Handelnden und nicht beim Fragenden.)

Im Eid des Hippokrates, den bis vor wenigen Jahren noch alle Ärzte leisteten, heißt es: „Auch werde ich nie einer Frau ein Mittel zur Vernichtung keimenden Lebens geben". Nun, der mehr als 2000 Jahre alte Eid ist abgeschafft, wir Ärzte wurden aufgeklärter (oder abgeklärter), wissen im Grunde nicht viel mehr über den Beginn des menschlichen Lebens, haben aber mitentschieden, daß es nicht so ist, wie der alte Hippokrates meinte; eine befruchtete Eizelle fällt demnach nicht unter den Begriff des keimenden Lebens und kann „interzeptiert" werden.

In oben zitiertem Artikel des Deutschen Ärzteblattes weisen die Autoren (Wessel und Büscher, Universitätsklinik Berlin) darauf hin, daß die postkoitale Kontrazeption vor der Nidation der befruchteten Eizelle wirkt, also zu einem Zeitpunkt, zu dem in keiner Weise – in deutlichem Gegensatz zur Abruptio – die Entwicklungschancen einer eventuell befruchteten Eizelle vorhersehbar sind. Unter natürlichen Reproduktionsbedingungen gilt, daß nach Fertilisation etwa 50 % der Eizellen spontan degenerieren und meist unbemerkt zugrunde gehen". Sollte diese Anmerkung eine Rechtfertigung für die Nidationshemmer sein, so muß festgehalten werden, daß sie an der wesentlichen Frage vorbeigeht. Die Perspektive eines wie auch immer gearteten Lebens kann niemals darüber entscheiden, ob es sich um ein Lebewesen handelt oder nicht. (Im Gegensatz hierzu werden in der modernen Medizin operative Eingriffe und entstellende Chemotherapien durchgeführt, um auch bei einer Perspektive weit unter 50 % zu versuchen, das Leben zu verlängern.) Die Frage bleibt: Was kommt wesentlich (das heißt das Wesen eines menschlichen Lebens Ausmachende) nach der erfolgten Befruchtung außer Nährstoffen etc. hinzu? Solange diese Frage nicht beantwortet ist, darf über Lebensbeginn nicht entschieden werden und ist die „Pille danach" mit RU 468 vergleichbar. Beide Pillen können aus ethischen Gründen nicht als Notlösung für „Sexpannen" benutzt werden, da hierbei zu viel auf dem Spiel steht, nämlich das Leben, dessen Integrität zu schützen ist, vom Anfang bis zum Ende. Wenn es um den Menschen geht, reichen bloße Annahmen ohne eine lückenlose Beweisführung eben nicht aus. (Sollte also auch nur die theoretische Möglichkeit bestehen, daß diese Medikamente einen abortiven Effekt haben, bzw. daß es sich bereits nach der Befruchtung der Eizelle um menschliches Leben handelt, was m.E. evident erscheint, dann darf ein solches Medikament nicht weiter verschrieben werden.)

Kirche, Pille und Gesellschaft

Die katholische Kirche hat einen wesentlichen Anteil daran, daß die hormonale Kontrazeption nicht ohne anhaltende Diskussion in das normale gesellschaftliche Leben integriert wurde. Heute geben viele Frauenverbände und vornehmlich aus dem alternativen Lager kommende Stimmen der vielgeschmähten kirchlichen Lehrmeinung diesbezüglich recht, wenn auch aus anderen Gründen. So abwegig und mittelalterlich kann's also nicht sein.

Die Kirche hat das Recht und die Pflicht, über neuere Entwicklungen, wissenschaftliche Erkenntnisse, soweit sie die Schöpfung und vornehmlich den Menschen betreffen, ihren Gläubigen oder auch der Gesellschaft ihre Position dazu kundzutun. Erstaunlich ist in unserer Gesellschaft, daß so viele, die mit der Kirche gar nichts zu tun haben, an solchen Lehräußerungen Anstoß nehmen. Ich darf vielleicht vorausschicken, daß zunächst eine enorme Unwissenheit über die Glaubenslehre bei vielen Christen und Nichtchristen auffällt. Viele beziehen ihre religiöse Bildung vornehmlich aus Illustrierten und dem Fernsehen, reden aber überall mit. Man kennt keine Sachverhalte, sondern Schlagworte. Man glaubt nicht an die ersten fünf Gebote, aber wettert über das sechste. Was soll das?

Geht man nach dem, was man heute tut, was heute gesellschaftsfähig ist und vertreten wird, muß man sich bezüglich der Ehe und Partnerschaft an Begriffe gewöhnen, die der Bamberger Philosoph Stefan Wolf propagiert: Die alte Monogamie ist out. Es geht um Lebensabschnittspartner, die sich professionell von einer Teilzeitlebensgemeinschaft in die nächste hangeln, als wechselten sie die Stadt oder den Job. Auch wenn die Gefahr bestünde, den Partner ohne viel Federlesens „wegzuzappen", wenn er nicht mehr spannend genug ist, sei das kein Grund, an überholten Modellen festzuhalten. Die dumme Zweierbeziehung von gestern wird zugunsten der sequentiellen Polygamie geopfert. Die Ehe als Lebensperspektive oder gar als etwas Sakrales, als ein Sakrament, wird belächelt oder beschimpft.

Ein Nachvollziehen der Gedankengänge etwa der Enzykliken Humanae vitae und Veritatis splendor ist nur einem Menschen möglich, der bestimmte Prämissen, Grundwerte und Tugenden akzeptiert und sich bemüht, die Dinge aus dem Blickwinkel eines nach der Wahrheit suchenden oder gar gläubigen Menschen zu betrachten. Gelangt er zu einem anderen Ergebnis, ist dies sein gutes Recht, und er hat die Freiheit, so zu leben. Woher aber kommt die Aggressivität der Kritik sowohl aus den eigenen Reihen der Kirche als auch von Außenstehenden, wenn Katholiken ihre Auffassung von Sexualmoral erklären und begründen? In einer Verlautbarung der deutschen Bischöfe zur seelsorglichen Lage nach dem Erscheinen von Humanae vitae, der Königssteiner-Erklärung vom August 1968 heißt es: „Wer glaubt, in seiner privaten Theorie und Praxis von einer nicht unfehlbaren Lehre des kirchlichen Amtes abweichen zu dürfen, muß sich nüchtern und selbstkritisch in seinem Gewissen fragen, ob er dies vor Gott verantworten kann." Aggressivität oder gar Polemik sind also in diesem Zusammenhang nicht angebracht.

Die Kirche beruft sich bei der Erläuterung ihrer Sicht der Sexmoral immer wieder auf das natürliche Sittengesetz. Die Existenz eines natürlichen Sittengesetzes wird von vielen heute ebenso bestritten wie die Existenz des Gewissens. Es ist demnach müßig, mit Menschen über Kirche und Sexualität bzw. Verhütung zu reden, wenn diese Prämissen nicht akzeptiert werden. Interessant ist in diesem Zusammenhang dennoch, daß beispielsweise die Sexualmoral des Islam in vielerlei Hinsicht eine wesentlich härtere Linie verfolgt als die Kirche, jedoch kaum kritisiert wird.

Vorurteile

Ernst zu nehmen sind hingegen meines Erachtens diejenigen praktizierenden Katholiken, die sich an den Aussagen zur Empfängnisverhütung und insbesondere an der „Pillenverkündigung" stoßen und auch nach ernsthafter Prüfung und Lektüre die Argumentation der Kirche nicht nachvollziehen können. Es kann in diesen Aufzeichnungen nicht um die Rehabilitation einer Enzyklika oder mehrerer Enzykliken gehen. Einige gängige Vorurteile sowie einige emotionsfreie Fragen möchte ich kurz aufgreifen.

Immer wieder hört man von Berufenen und Unberufenen, die Kirche gehe davon aus, daß der eheliche Akt nur dann ehrlich und erlaubt sei, wenn er für eine eventuelle Zeugung offen ist. Die oben genannten Enzykliken jedoch betonen an vielen Stellen, daß der

Geschlechtsverkehr in erster Linie dafür da sei, „die Verbundenheit der Gatten zum Ausdruck zu bringen" (Humanae vitae Art. 11). Die liebende Vereinigung ist auch ohne Blick auf die Fortpflanzung wichtig und elementar für jede Ehe. Andernfalls müßte die Kirche Geschlechtsverkehr nach den Wechseljahren der Frau, während einer Schwangerschaft oder auch, wenn man die sogenannte natürliche Empfängnisverhütung praktiziert, konsequenterweise ablehnen. Das Vorurteil, die Kirche fordere, daß bei jedem Verkehr an Zeugung gedacht werden müßte, ist also in dieser Form nicht haltbar.

Bereits in Humanae vitae steht, daß der Geschlechtsverkehr große Bedeutung für die Harmonie und gegenseitige Treue der Gatten besitzt (Art. 3, Abschnitt 1). Im 9. Artikel der gleichen Enzyklika kommt der Papst erst als viertes Wesensmerkmal der ehelichen Liebe auf die Fruchtbarkeit zu sprechen, die Offenheit für eine weitere Liebe bedeutet. Es ist wohl ein Wesensmerkmal christlichen Miteinanders, daß sich dieses Miteinander nicht in ein egoistisches Untereinander umwandeln läßt. Die Kirche geht in diesem Zusammenhang noch einen Schritt weiter. Im Artikel 11 heißt es, daß „jeder eheliche Akt von sich aus auf die Erzeugung menschlichen Lebens hingeordnet bleiben muß", ein Satz, an dem sich viele stoßen. Was aber heißt dies anderes, als was im Artikel über die medizinethischen Aspekte bereits erwähnt wurde: Unter welchen Verhütungsbedingungen auch immer, eine Schwangerschaft kann theoretisch entstehen und muß im „Ja" zum Partner, mit dem man verkehrt, infiziert sein.

Weiter heißt es im 12. Artikel: „Diese vom Lehramt oft dargelegte Lehre gründet in einer von Gott bestimmten unlösbaren Verknüpfung der beiden Sinngehalte – liebende Vereinigung und Fortpflanzung –, die beide dem ehelichen Akt innewohnen. Diese Verknüpfung darf der Mensch nicht eigenmächtig trennen."

Wird also ein Sinngehalt, etwa die Fortpflanzungsfähigkeit durch Unfruchtbarkeit mit steigendem Alter oder durch eine Krankheit vom Sinngehalt der liebenden Vereinigung durch die „Natur" getrennt, ist auch weiterhin der eheliche Akt in sich gut.

Die Liebe der Eheleute, auch und gerade die körperliche Liebe, sind für die Existenz ihrer Gemeinschaft wesentlich. Eine reine einseitige Lustbarkeit mit vollkommener Loslösung oder Eventualität des eigentlichen Sinngehaltes muß auch hier zum Absterben der Liebe führen. Die große Sorge der Kirche ist, daß der eine oder andere Ehepartner zum Gebrauchsobjekt degradiert wird, da die Eheleute die Rücksichtnahme verlernen, um sich in Zeiten der Krankheit des einen oder anderen Partners, beherrschen zu können. Dies will und muß gelernt werden. Diese Sorgen sind berechtigt. Nicht zuletzt die hohe Scheidungsrate weist darauf hin, daß die Kirche recht hat. Vielleicht geht es aber auch weniger um den verbotenen Umgang mit der Empfängnisverhütung als vielmehr um den rechten Gebrauch der Sexualität in der Ehe. Wird eine hormonale Kontrazeption betrieben, ist die oben skizzierte Gefahr der Unfähigkeit zur Enthaltsamkeit gegeben.

Fragen

Zweifellos besteht ein wesentlicher Unterschied zwischen der hormonellen medikamentösen Unterdrückung der Ovulation und der Wahl der unfruchtbaren Periode. Dies leuchtet ein. Ist die hormonale Kontrazeption also tatsächlich in sich böse und schlecht? Die Kirche akzeptiert, daß die Pille in Ausnahmefällen aus Gesundheitsgründen eingenommen werden muß, wenn sie also als Medikament benutzt wird. Zur Heilung körperlicher Krankheiten, heißt es weiter in Humanae vitae (Art.15), ist die Einnahme der Pille erlaubt. Hier darf, um etwa die Fruchtbarkeit zu steigern oder den Zyklus zu stabilisieren, die Pille eingenommen werden. Es geht also nicht um einen primitiven Fatalismus, wer unfruchtbar ist, bekommt eben keine Kinder, und das ist Gottes Wille. Nein, hier darf die Natur mit der Vernunft manipuliert werden, da es nicht um Entkopplung von Sinngehalten geht. Somit wird nicht der Gebrauch der Pille als vielmehr ihr Mißbrauch verurteilt. Dies ist nicht nur aus religiösen Gründen, sondern vor allem aus ethischen Überlegungen nachvollziehbar.

Zur Regulierung der Kinderzahl, die jeder Katholik mit dem eigenen Gewissen vereinbaren muß, akzeptiert die Kirche die natürliche Empfängnisverhütung und lehnt die Pille ab. Hierbei argumentiert sie wie folgt: „Während die geschlechtliche Vereinigung ihrer ganzen Natur nach nur ein vorbehaltloses gegenseitiges Sich-Schenken der Gatten zum Ausdruck bringt, wird sie durch die Empfängnisverhütung zu einer objektiv widersprüchlichen Gebärde, zu einem Sich-Nicht-Ganz-Schenken. So kommt zur aktiven Zurückweisung der Offenheit für das Leben auch eine Verfälschung der inneren Wahrheit ehelicher Liebe, die ja zur Hingabe in personaler Ganzheit berufen ist. Dieser anthroposophische und moralische Unterschied zwischen der Empfängnisverhütung und der Zuflucht zu den natürlichen Fruchtbarkeitszyklen ist mit zwei sich ausschließenden Vorstellungen von Person und menschlicher Sexualität verknüpft" (Familiaris consortio Abschn. 32).

Man darf die Sinngehalte der liebenden Vereinigung und der Fortpflanzung also nicht eigenmächtig trennen. Die Argumentation gegen die orale Kontrazeption über die Sinngehalte beim Geschlechtsverkehr bzw. die Ordnung der Natur ist für viele Katholiken nicht nachvollziehbar. Wohlgemerkt geht es hierbei um die Argumentation nicht um den Sinngehalt. Und so tun sich Fragen auf: Ist die natürliche Empfängnisverhütung nicht eine andersartige Manipulation der Natur?

Manipuliert wird bei dieser Methode tatsächlich, denn gerade in der Zeit der Ovulation ist nachgewiesenermaßen das gegenseitige Verlangen der Partner am stärksten. Weiterhin besteht kein Zweifel, daß beim Praktizieren der natürlichen Empfängnisverhütung bei optimalen Voraussetzungen (regelmäßiger Zyklus einer gesunden Frau) ein Pearl-Index von 1 – 10 (orale Kontrazeptiva Pearl 0,2 – 1,5) erreicht werden kann. Niemand wird bestreiten, daß auch hier die beiden Sinngehalte bewußt voneinander getrennt werden. Die Natur, die der Mensch mit der Vernunft beherrschen kann, wird, um es salopp zu formulieren, ausgetrickst. Der Sinngehalt der Fortpflanzung fehlt. Hinzu kommt die Frage, ob es tatsächlich so"natürlich" ist, jeden morgen zunächst die Temperatur zu messen, den Vaginalschleim auf Spinnbarkeit zu untersuchen, zu rechnen, um dann dem Ehegatten mitzuteilen, daß heute die liebende Vereinigung möglich ist? Viele Männer und Frauen fühlen sich dadurch psychisch mehr malträtiert und manipuliert bzw. unwürdiger behandelt, als wenn man in christlichem Geist und in Freiheit bestimmte Tage der Woche oder Zeiten des Monats wählt, um im Sinne eines Fastenopfers nicht miteinander zu verkehren, und so auch Enthaltsamkeit zu üben. Ist demnach keine Empfängnisverhütung gut? Weder die künstliche noch die natürliche? Im 16. Artikel der Enzyklika weist Paul VI. darauf hin, daß die von Gott gesetzte Ordnung der Natur einzuhalten ist. Und doch, so fragen sich viele, darf man die gesetzte Ordnung mit der natürlichen Empfängnisverhütung manipulieren? Es geht nicht darum, eine Forderung oder den moralischen Anspruch der Kirche zu entschärfen, aber die Frage sei erlaubt, ob Eltern einer kinderreichen Familie, die längst unter Beweis gestellt haben, daß sie die Sinngehalte von liebender Vereinigung und Fortpflanzung respektieren, ebenso hierunter zu subsumieren sind wie Menschen, die ihre Sexualität mit Hilfe der hormonalen Kontrazeption ungehindert ausleben möchten? Der Vorwurf, hier handele es sich um Derivate der Situations- und Gesinnungsethik, greift in diesem Zusammenhang nicht, da die beschriebenen Situationen wesentlich voneinander verschieden sind. Andernfalls wäre die Pille auch im Krankheitsfall zu verwerfen.

In „veritatis splendor" wird in Abschnitt 79 Paulus zitiert: „Man darf nicht Böses tun, damit Gutes entsteht." Ist die Pille aber etwas „in sich Schlechtes", so ist sie mit der gleichen Konsequenz abzulehnen, wie auch alle oben genannten Ausnahmen. Auch der Argumentationstrick, beim Gebrauch der Pille nähme man die hormonelle Sterilität in Kauf und habe primär etwas anderes, nämlich die Regulierung des Zyklus oder die Behandlung von Krankheiten im Sinn, hinkt beträchtlich, wenn es sich um etwas „in sich Schlechtes" handelt.

Weiterhin muß die Frage gelten, ob es legitim sei, in der Argumentation von „Familiaris consortio" einen naturalistischen Gedankengang zur Dokumentation zu benutzen. Naturalistisch will in diesem Zusammenhang heißen, „von der Natur herkommend" zu argumentieren. Schauen wir etwa auf den Zweck der Ernährung: Dürfen wir sie nur zu Zwecken der Lebenserhaltung benutzen, dann würden jeder Schluck Wein, jedes Stück Kuchen, die nicht elementar für die Ernährung, sondern ausschließlich für unsere Gaumenfreude sind, ein falsches Bild von Person und Moral offenbaren?

Oder läßt sich plötzlich doch Essen und Geschlechtsverkehr miteinander vergleichen? Wie oben dargestellt wurde, besteht jedoch auch bei Einnahme der Pille die Möglichkeit einer Schwangerschaft, wenn auch mit einem geringeren Pearl-Index. Bei optimalen Voraussetzungen sind die beiden Indices sogar identisch. Liegen der anthroposophische und moralische Unterschied (und damit die Sicht der Person und seiner Würde) in der Einahme eines Medikaments? Besteht dieser Anspruch absolut? Ist dieser Anspruch aufhebbar, etwa wenn Ordensfrauen vor den Folgen einer Vergewaltigung zu schützen sind, oder Frauen, die im Falle einer Schwangerschaft ernsthaft erkrankten? Sind Ehepartner, die allnächtlich nebeneinanderliegen, in einer solchen Situation mit der alleinigen Enthaltsamkeit nicht überfordert? Ist die „Zuflucht zu den unfruchtbaren Tagen" tatsächlich natürliche Empfängnisverhütung oder ein rationales Ausspielen der von Gott gewollten Ordnung? Wieso liegt eine Entkopplung der Sinngehalte bei der medikamentösen Empfängnisverhütung vor, bei einer natürlichen Methode aber mit dem gleichen Index nicht?

Ich hoffe, ich habe hier auch aus medizinischer Sicht klargestellt, daß es einen wesentlichen Unterschied zwischen oraler Kontrazeption und der sogenannten natürlichen Empfängnisverhütung gibt. Die kirchlichen Lehrmeinungen hierzu sind alles andere als weltfremd oder unbegründet. Es bleiben jedoch die oben gestellten Fragen an Argumentationsschemata, Fragen, die Sorgen und Nöten des Alltags katholischer Ehepaare gelten. Diese fallen, wie man mir zu recht vorhalten wird, unter den großen Mantel der Pastoraltheologie, des sogenannten Einzelfalls; und hier liegt das Hauptproblem der Diskussion um Empfängnisverhütung: Diejenigen, die so vehement gegen die kirchlichen Positionen wettern, haben zumeist keine rechte Beziehung zu einer vertrauenswürdigen Pastoraltheologie. Der große Trend in unserer Gesellschaft „weg von den Priestern und hin zu den Psychologen und Psychiatern", ist eines der Probleme, warum kirchliche Glaubensinhalte und Lehrmeinungen erst gar nicht studiert werden. Diese Haltung paßt in die moderne Vorstellung, daß wir alle Spezialisten in Fragen der eigenen Moral und des eigenen Glaubens sind.

Die Kirche kann nicht für die orale Kontrazeption eintreten. Es hieße, die sexuelle Promiskuität zu fördern, etwas zu verharmlosen, was in ganz bestimmten Fällen erlaubt sein kann. Es bleibt ein fundamentaler Unterschied, ob ein 16jähriges Mädchen oder eine verheiratete Frau mit mehreren Kindern nach Prüfung ihres Gewissens die Pille nimmt. Außerdem muß die Kirche über die Ehe als Sakrament wachen und meldet zu Recht Bedenken an, wenn die eheliche Liebe von der Pille oder ähnlichem dominiert und die grundsätzliche Offenheit für weiteres Leben kategorisch hormonell abgeblockt wird. Es gibt Fragen, die man nicht pauschal von „oben" entscheiden kann. Wer guten Willens ist, wird den Unterschied verstehen. Ich möchte keinen Stab für die hormonale Kontrazeption brechen, wohl aber an eine sinnvolle Pastoraltheologie erinnern, die auch die Kritiker von Humanae vitae überzeugen oder aber einfach zu besänftigen vermag.

(Auf eine überalterte Vorstellung in der Humanae vitae darf ich in diesem Zusammenhang hinweisen. Dort heißt es im 11. Artikel, daß „Gott ja die natürlichen Gesetze und Zeiten der Fruchtbarkeit in seiner Weisheit so gefügt hat, daß diese schon von selbst Abstände in der Aufeinanderfolge der Geburten schaffen." Da heute immer weniger Frauen stillen, bzw. stillen können, können sie unmittelbar nach der Geburt erneut schwanger werden. Selbst wenn sie regelmäßig stillen, bedeutet das keine Garantie für einen physiologischen Abstand zwischen den Geburten. Man sieht auch an diesem Beispiel, daß eine Aktualisierung und Differenzierung bestimmter Äußerungen notwendig erscheinen.)

Es bleibt die eingangs gestellte Frage: Ist die Pille tatsächlich eine Zauberpille? Die Frage muß man positiv beantworten, wenn man bedenkt, was sie alles verzaubert und verändert hat. Entwicklungen, die viele als zauberhaft ansehen, hat sie entscheidend mitgeprägt. Sie ist ein gutes Medikament, das seine Indikation und Risiken hat. Bei Mißbrauch besteht als Risiko und Nebenwirkung der sogenannte Pillenzauber, der rasch zum faulen Zauber werden kann.

Diskriminiert die Kirche Homosexuelle?

Anmerkungen zum Thema Homosexualität und Kirche

von Manfred Lütz

Kaum eine Frage beansprucht in den Medien so unverhältnismäßig viel Raum wie das Thema Homosexualität. Dennoch sind offene und eventuell kontroverse Diskussionen eher selten. Denn die Frage, ob es Sinn machen kann, eine vorhandene homosexuelle Neigung nicht genital auszuleben, ist geradezu tabu. Erschwerend kommt hinzu, daß nach den unbestreitbaren Diskriminierungen und Verfolgungen dieser Randgruppe und bei der Heimsuchung durch AIDS, auf Seiten der Betroffenen manch ohnmächtige Wut aufgestaut ist, so daß Debatten oft in einer hochemotionalisierten Atmosphäre stattfinden. Das ist einer differenzierten Sichtweise nicht zuträglich.

Nun ist gar nicht zu leugnen, daß eine spießig-bürgerliche Gesellschaft sich die eigene labile Wohlanständigkeit oft dadurch bestätigte, daß sie mit pharisäischer Arroganz Minderheiten diffamierte: Juden, „Sozis", Katholiken, Homosexuelle. Es ist schmerzlich, festzustellen, daß auch manche Christen sich an solchen Kampagnen beteiligten oder derartige Haltungen an den Tag legten. Das schuf den Nährboden für jene menschenverachtende Ideologie, die im Schatten der Ressentiments Krematorien baute. Auch Homosexuelle gehörten zu den Opfern. Nie wieder darf so etwas geschehen. Immer haben wir im Gedächtnis zu bewahren, was der Katechismus der katholischen Kirche schreibt: „Eine nicht geringe Anzahl von Männern und Frauen sind homosexuell veranlagt. Sie haben diese Veranlagung nicht selbst gewählt; für die meisten von ihnen stellt sie eine Prüfung dar. Ihnen ist mit Achtung, Mitleid und Takt zu begegnen. Man hüte sich, sie in irgendeiner Weise ungerecht zurückzusetzen." (2358)[1]

Achtung bedeutet aber dann auch, freimütig und ehrlich zur moralischen Einschätzung homosexueller Handlungen Stellung zu beziehen, ohne sich über die betreffenden Menschen zu stellen. Warum nun rückte im Gefolge der „sexuellen Revolution" Homosexualität so sehr ins Zentrum der öffentlichen Debatten? Der Grund ist wohl darin zu suchen, daß eine hedonistische Weltanschauung, die im diesseitigen Leben maximalen Lustgewinn anstrebt, in der Sexualität ihre wesentliche Triebfeder und ihren Ausdruck findet. Während aber Heterosexualität durch die Eingebundenheit in die traditionelle Ehe und die Offenheit auf Kinder über sich hinausweist, ist bei der Homosexualität eine Konzentration auf Sexualität bis hin zu ihrer Isolierung eher möglich, da jener sinnverleihende Kontext fehlt. Es ist also durchaus kein Zufall, daß auf dem Gebiet der Homosexualität mit oft nicht unerheblicher Militanz der Kampf gegen jede über das Diesseits hinausweisende Religion geradezu exemplarisch geführt wird. Da aus den oben genannten Gründen das Thema Homosexualität als weitgehend unantastbar gilt, kann unter dem Schutz solcher Immunität das allgemein herrschende Bedürfnisbefriedigungsdiktat hier nahezu ohne Widerspruch verkündet werden. Auf diese Weise kann die Homosexualitätsdiskussion zum Ansatzpunkt werden, mit dem jede transzendente Weltdeutung ausgehebelt und zum Schweigen gebracht wird. So wächst auf dem Gebiet von Sexualität und Moral eine inzwischen fast grenzenlose Warum-nicht-Mentalität.

Kein Wunder also, daß Christen – und hier vor allem Katholiken – oft hilflos vor einem solchen Wust an Empfindlichkeiten und Tabus einerseits und ressentimentgeladener Militanz andererseits stehen. Es liegt nahe, entweder widerstandslos das völlige Ausleben homosexueller Neigungen zu akzeptieren oder dem Thema auszuweichen. Im einen Fall übernimmt man kritiklos gewisse hedonistische Grundannahmen, was über kurz oder lang zur Selbstaufhebung des christlichen Standpunktes führen muß. Auch das Ausweichen führt aber auf Dauer zur Verdunstung christlicher Weltdeutung.

Dagegen hat die katholische Kirche – am grundlegendsten in dem Schreiben der Glaubenskongregation von 1986[2] – zu dieser Frage mit allem Respekt, aber auch mit aller Deutlichkeit Stellung bezogen. Je länger die wissenschaftliche Beschäftigung mit der psychologischen Frage nach den Ursachen der Homosexualität dauert, desto unklarer wird die Lage. Während noch Freud in der Homosexualität eine schwere, frühkindlich erworbene Störung sah und daher bis in unsere Zeit Homosexuelle nicht als Psychoanalytiker zugelassen werden konnten, sagt heute beispielsweise der berühmte Psychoanalytiker Otto Kernberg auf die Frage nach der Ursache der Homosexualität lapidar: „Wir wissen es nicht." Zwar gibt es noch ganz vereinzelte Stimmen, die Homosexualität für „behandelbar" halten.[3] Der große Trend aber geht dahin, pragmatisch festzustellen, daß etwa 4 Prozent der Männer und etwa 2 Prozent der Frauen manifest homosexuell sind und daß es fast als Kunstfehler gilt, das irgendwie „wegzubehandeln".[4]

Die Vatikanische Erklärung von 1986 ist hier auf dem neuesten Stand und wertet daher sehr behutsam eine homosexuelle Neigung nicht in sich als Sünde, sondern sozusagen als sexuelle Behinderung, also als einen ungeordneten Zustand. Daß es sich um keine ganzheitliche Sexualität handelt – da von der Dreiheit sexuelle Lust, personale Liebe, vitale Offenheit auf Kinder der dritte Punkt prinzipiell ausfällt[5]–, das bestätigen Homosexuelle selbst, wenn sie unter Kinderlosigkeit leiden und sich um Adoptionen bemühen. Homosexualität wird insofern als defizitäre Form der Sexualität erlebt, und genau das entspricht der Überzeugung der Kirche. Bis hierher besteht demnach sogar weitgehend Konsens und die Kirche ist hier sozusagen „milder" als die Psychoanalyse, die in ihrer klassischen Form Homosexualität völlig pathologisiert.

Umstrittener wird es, wenn die Kirche mit der gesamten biblischen Tradition erklärt, daß konkrete homosexuelle Handlungen dann aber sündhaft sind, da sie der Schöpfungsordnung widersprechen mit ihrer tiefen ganzheitlichen Einbindung der Sexualität. Das genitale Ausleben der homosexuellen Neigung zeitigt – möglicherweise durch die dann übermäßige Bedeutung der Sexualität – labile, häufig wechselnde Beziehungen. Die starke Fixierung auf den bloßen Sex, – vor allem in männlich-homosexueller Literatur[6]– während die lesbische Literatur mehr die einer Benutzung von Menschen als Sexualobjekte, wenngleich so etwas wie personale Liebe selbstverständlich auch Homosexuellen möglich ist. Jedenfalls läuft jede enge Definition, die den Menschen entscheidend über seine sexuelle Orientierung versteht, der weiten christlichen Sicht des Menschen als ganzheitlicher Person zuwider. Für Christen kann es nicht „den Schwulen" oder „die Lesbe" geben, sondern eben Menschen mit homosexueller Neigung. Schließlich ist auch das Fehlen einer vitalen Geschlechterspannung in homosexuellen Beziehungen problematisch. Die Kirche hält all diese Probleme mit der genitalen Homosexualität für einen Ausdruck der Ungeordnetheit solcher homosexueller Beziehungen und lehrt insofern, daß nicht schon die homosexuelle Veranlagung, wohl aber homosexuelle Handlungen „in keinem Fall zu billigen sind" (Katechismus 2357) – eine sehr präzise Unterscheidung.

An dieser Stelle muß man allerdings darauf hinweisen, daß es wohl nur einem wirklich gläubigen Menschen plausibel zu machen ist, warum er auf eine sexuelle Triebbefriedigung um eines ganzheitlichen Lebenssinns in der Schöpfung Gottes willen verzichten soll. Und selbst dann dürfte es ihm in unserer völlig sexualisierten Gesellschaft schwerfallen, solche sexuelle Abstinenz auch zu leben. Die Kirche hat in ihrer jahrhundertelangen Menschenkenntnis große Behutsamkeit mit hier verstrickten Menschen gefordert, eine intensive seelsorgliche Zuwendung verlangt, und Gott immer wieder um Kraft für die Menschen gebeten, die mit manchmal heroischer Entschiedenheit ihre homosexuelle Neigung so integrieren, daß sie der Schöpfungsordnung gemäß leben. Wer die Beichte nicht kennt, muß freilich solche moralischen Prinzipien für sehr hart halten.

Wer schließlich an nichts glaubt, das über dieses Leben hinausgeht, der wird in der Tat maximale Lustbefriedigung im Leben suchen – und warum dann nicht auch durch Ausleben homoerotischer Sexualität. Man wird dann aber auch dem Christen zugestehen müssen, daß er im Glauben annehmen kann, was im Weltkatechismus über homosexuelle Menschen steht: „Auch diese Menschen sind berufen, in ihrem Leben den Willen Gottes zu erfüllen und, wenn sie Christen sind, die Schwierigkeiten, die ihnen aus ihrer Veranlagung erwachsen können, mit dem Kreuzesopfer des Herrn zu vereinen." (2358)

Anmerkungen

1 Katechismus der katholischen Kirche, München 1993
2 Schreiben der Kongregation für die Glaubenslehre an die Bischöfe der katholischen Kirche über die Seelsorge für homosexuelle Personen. Verlautbarungen des Apostolischen Stuhls 72, 1986.
3 Gerard van den Aardweg: Das Drama des gewöhnlichen Homosexuellen, Neuhausen-Stuttgart 1992.
4 Vergleiche hierzu auch grundsätzlich: Walter Bräutigam, Ulrich Clement: Sexualmedizin im Grundriß. Stuttgart/New York 1986; Volkmar Sigusch: Therapie sexueller Störungen, Stuttgart/New York 1980; Preben Hertoft: Klinische Sexologie, Köln 1989.
5 Siehe meinen Aufsatz S. 115 „Die ganzheitlich ökologische Sicht von Sexualität".
6 Rüdiger Lautmann (Hg): Homosexualität, Handbuch der Theorie- und Forschungsgeschichte, Frankfurt/New York 1993.

Ein Labyrinth ohne Ariadnefaden
Von der sexuellen Befreiung zum Leistungsprinzip

von Wolfgang Schmidbauer

Sexualaufklärung, die äußerliche Befreiung durch Pille und Pro Familia, durch Nacktbaden im Englischen Garten und Video-Porno – was hat uns das alles gebracht? Sind wir, um ungescheut die abgeschmackte Frage zu stellen, glücklicher? Solange die Befreiung unterdrückter Triebe noch paradiesische Verheißung war, gab es zweifellos mehr Spannungen und Reize als heute. Die Lust wurde genossen und dann gebüßt, wie der Inzest des mythischen Ödipus. Schuld- und Strafängste beherrschten das Bild. Der Psychoanalytiker sah seine Aufgabe darin, das strenge Über-Ich zu mildern, es zu veranlassen, mehr Befriedigung zuzulassen, einen breiteren Bereich des sexuellen Spektrums lustvoll zu gestatten.

Was widerfährt dem Schiffbrüchigen im Dreisternelokal?

Die Welle empirischer Sexualforschung half dabei, zu entdecken, was alles möglich ist, was schadlos erlaubt sein könnte, wenn wir uns erst einmal zu einer wirklich sexualfreundlichen Moral durchgerungen hätten. Männer und Frauen, Jugendliche und alte Leute wurden gründlich befragt. Ein Plexiglaspenis mit eingebauter Filmkamera erlaubte ungeahnte Einblicke. Erogene Punkte und Zonen wurden kartographisch erfaßt. Die Menschen hätten so lustvoll glücklich sein können wie ein halbverhungerter Schiffbrüchiger, den eine gute Fee in ein Dreisternelokal versetzt.

Aber wie die Gefahr groß sein mag, daß der ausgehungerte Matrose sich am Geschenk der Fee überfrißt und mit der Küche eines Armenspitals besser bedient gewesen wäre, so schleppte die befreite Sexualität ein schleichendes Gift in die Intimsphäre: Normendruck, Leistungsforderung, Orgasmuszwang. Es lag allzu nahe: Wenn Liebe mit Sexualität zusammenhängt (tut sie das etwa nicht?), wenn Sexualität als zielgerichteter psychologischer Ablauf exakt erforscht ist, dann wird Liebe machbar. Der befreite Trieb domestiziert sich durch das Wissen, das ihm abgerungen wurde. Die Sexualforscher mit dem Plexiglaspenis interessierte weder die Psyche noch die Physiologie der (wenigen) Versuchspersonen, die sich solchen Prozeduren verweigerten. Sie hielten es mit Francis Bacon: Da die Natur freiwillig zu wenig bekennt, muß man ihr tieferes Wissen unter der Folter des Experiments abzwingen.

Die Folgen der Popularisierung solchen Wissens fingen an, auf ganz unerwartete Weise die Psychotherapeuten zu beschäftigen. Diese sprachen von „Kolle-Geschädigten": Personen, die vor einem Übermaß an selbstgeforderter Sexualperfektion zusammenbrechen und Lust wie Potenz verlieren. Als ich (während meiner Tätigkeit als Medizinjournalist) den Ausdruck zitierte, erhielt die Redaktion einen Protestbrief von Oswalt Kolle. So sei das nicht gemeint gewesen, er selbst habe sich immer dagegen verwahrt, Sexualität als Leistung zu fordern, habe stets auf Gefühl und Lust hingewiesen. Heute gebe ich Kolle recht. Wer den Journalisten für die Folgen seiner Nachricht verantwortlich macht, handelt nicht viel weiser als der orientalische Despot, der die Überbringer schlechter Botschaften köpfen läßt. Worte sind machtlos, wenn sie affirmativ den Zeitgeist vertreiben wollen. Die schönen Reden der Familienpolitiker erinnern mich an einen Forstbeamten, der den sterbenden Wäldern eine Predigt hält, es sich doch noch einmal anders und besser zu überlegen. Die Beschwörungen der Sexualaufklärung, doch bitte keinem Leistungsdenken zu verfallen, wirken ähnlich hilflos. Wenn überhaupt zu etwas, dann führen sie womöglich dazu, daß sich die Betroffenen zusätzlich anstrengen, nicht angestrengt zu wirken, nicht an Leistung zu denken.

Was brachte die Welle der Sexualaufklärung zum Überkippen?

Als ich zusagte, einen Essay über Sexualforschung zu schreiben, stellte ich mir die Aufgabe zunächst leicht vor. Ich habe mich schon als Psychologiestudent mit dem Thema befaßt und für ein medizinisches Magazin eine Titelgeschichte zu den damals brandneuen sexualphysiologischen Forschungen von Masters und Johnson geschrieben. Meine Praxis als Psychoanalytiker läßt mich immer wieder solchen Fragen begegnen (obwohl sicher seltener, als der Außenstehende sich vorstellen mag, der sein Bild der Analyse mit einem Klischee von Pansexualismus verbindet).

Dennoch habe ich mit ungewohnten Hemmungen gekämpft, die Arbeit an diesem Text zu beginnen. Wie kein anderes Thema in unserem von Hunger und Kälte befreiten Teil der Welt packt die Sexualität den ganzen Menschen. Amor vincit omnia – die Liebe besiegt alles, hieß es früher: der fleischliche Amor, nicht die inzestgehemmte, schwesterliche Caritas. Der Sexualforscher gerät in einen klassisch-abendländischen Konflikt: Der Inhalt seiner Arbeit ist triebhaft, hebt Grenzen und Ordnungen auf. Die Form der Forschung hingegen befriedigt allenfalls Motive, die Freud „zielgehemmt" genannt hat: die Neugier, die Hilfe, welche besseres Verstehen dem Menschen anbietet. Ich bin der Texte müde, die allein in der Verletzung von Tabus ihre Rechtfertigung suchen. Der karitative Charakter der Selbstentblößung ist mir fragwürdig geworden. Gerade weil es zum Wesen der Sexualität gehört, das Individuum aus seinen rational kontrollierten Grenzen herauszuholen, wird vorbildhafte Befreiung oft weniger ermutigend als lähmend oder öde. Seht, wie mutig ich mich über die Tabus hinwegsetze! Aber es sind nicht alle frei, die ihrer Ketten spotten, sagte Lessing. Gleichzeitig ist es auch nicht einfach, abgehoben, ohne die eigene Person einzubeziehen, über Sexualität zu schreiben.

Literatur, die ich zur Einstimmung las, verwirrte mich eher noch mehr. Da gab es die alten Sexualforscher, Krafft-Ebbing oder Magnus Hirschfeld (dessen Todestag im Jahr 1935 sich am 15. Mai zum fünfzigsten Mal jährt), die mit großer Geduld und dem Sammlerfleiß von Schmetterlingsforschern Perversionen beschrieben haben (in den alten Büchern noch in Latein: Wer das gelernt hatte, hatte auch Charakterstärke und einen wissenschaftlichen Geist!). Ihnen folgten die Statistiker, deren Berichte meine eigene Pubertät begleitet haben. Nach der unerfüllbaren Norm des katholischen Beichtspiegels („Unzüchtig berührt? Wo? Wann? Wie oft?") vermittelten sie nur die Durchschnittsnorm: Wann ist ein Mann am potentesten? Wie oft kommen Frauen zum Orgasmus? Der Kinsey-Report vermaß die Sexualität wie ein Sportlehrer Leistungen in Hochsprung und Dauerlauf.

Die neue, biologisch-statistische Sexualforschung wurde von der amerikabegeisterten Gesellschaft der späten fünfziger Jahre begierig aufgenommen. Ich persönlich erlebte das so, daß die Leere, welche die vereinten Anstrengungen eines kleinbürgerlichen Elternhauses und einer katholisch geprägten öffentlichen Moral im Bereich meiner Sexualität geschaffen hatten, durch technische Informationen ausgefüllt wurde. Wie in der neutestamentlichen Geschichte von den Folgen der Teufelsaustreibung: In das ausgefegte, von allem Bösen gereinigte Haus kehren die vertriebenen Geister vielfältiger und stärker zurück. Lange Zeit schien es ungeheuer einfach, fortschrittlich zu sein. Man mußte nur die Tabus, die bisher keiner zu verletzen gewagt hatte, mutig angehen. Weil sich Hildegard Knef als Malermodell in dem Film „Die Sünderin" hüllenlos zeigte, erbosten sich die deutschen Bischöfe und gaben uns kritischen Gymnasiasten Gelegenheit, auf der Seite des Fortschritts zu sein. Aufklärungsfilme (wie „Helga"), Aufklärungsserien in den Illustrierten brachten die von Kant gepriesene „Befreiung des Menschen aus selbstverschuldeter Unmündigkeit" vollends auf den Begriff von Busen und Hintern, auf die Unterscheidung von klitoralem und vaginalem Orgasmus. Heute ist die Sexualaufklärung in Jugendzeitschriften zu finden: Womit Kolle in der „Neuen Revue" Millionen Erwachsener fesselte, mag heute noch heranwachsende Kinder und junge Teenager als „Bravo"-Serie zu schamvollem Umblättern oder großkotzigem Drüberstehen bewegen. Was brachte die Welle der Sexualaufklärung zum Überkippen und zum Zusammenbruch? Ich vermute, es war jene andere Bewegung, die heute mit dem Jahr 1968 indentifiziert wird: die Studentenbewegung. Die Väter hatten sich durch ihre Verstrickung in das Naziregime unglaubwürdig gemacht und waren von den amerikanischen Stiefvätern abgesetzt und vertreten worden.

Wer nach dem Krieg studieren wollte, mußte fast durchweg amerikanische Lehrbücher verwenden. Von diesen Stiefvätern und von den eigentlichen Vätern grenzte sich die Studentenbewegung gleichermaßen ab – wie ihre Lehrmeister Adorno und Marcuse, beide von den Nazis vertrieben, aber der amerikanischen Lebensweise gegenüber höchst kritisch eingestellt. Das Generationsbündnis der Großväter und Enkel richtete sich gegen Väter und Stiefväter. Doch die Rückgriffe auf hoffnungsvolle Anfänge der kommunistischen Revolution im Sinn sexueller Befreiung und antiautoritärer Kindererziehung erwiesen sich als unzureichend. „Wer zweimal mit derselben pennt, gehört schon zum Establishment!" Dieser Spruch aus der legendären Kommune I gab vor, ein Problem zu lösen, das er nicht einmal klar ausdrücken konnte: Die Angst, revolutionäre Triebkraft durch sexuelle Nähe zu verlieren, kleidete sich in den Mantel der Bindungsscheu. Aber die Sehnsucht nach der „bürgerlichen" Zweierbeziehung war stärker als die Versuche, sie aufzuheben. Die neuen Kommunen waren manchmal repressiver, fast immer weniger stabil als die fragwürdig gewordene bürgerliche Familie.

Warum ist die Suche nach dem Märchenprinzen so ergebnislos?

In den der Studentenbewegung folgenden, vielfältigen alternativen Gruppen machte sich ein neues, offensives Bewußtsein – Liebe als „Rebellion zu zweit" – eher bei den homosexuellen Orientierungen bemerkbar, vor allem in der Frauenbewegung. Die Verschiedenheit der Geschlechter scheint hier nicht mehr durch sexuelle Anziehung überbrückbar. Der Leistungsdruck im Gefolge der Sexwelle wurde nicht als gemeinsames Leid von Frauen und Männern gesehen, sondern als etwas, was Frauen und Männern auferlegt und angetan wird. Darin drückt sich gerade im Aufbäumen gegen Normierungen die Unterwerfung unter die versteckte Norm der späten Industriegesellschaft aus, daß Schwierigkeiten möglichst individualisiert, in persönliche Verantwortung hinausgelegt werden sollen.

Die in der psychoanalytischen Praxis behandelten und damit auch in einer Gründlichkeit untersuchten Fälle, welche die üblichen Fragebogenauskünfte weit übertrifft, sind nicht im Sinn der statischen Umfrage repräsentativ. Aber sie signalisieren eine Trendwende, die erst aus den vieldeutigen Daten der Befragungen herauszufiltern wäre. Diese Wende läuft darauf hinaus, daß der Therapeut nicht mehr von einem Über-Ich zu befreien hat, sondern von einem Über-Es. Nicht mehr Schuldgefühle über begangene Sünden plagen seinen Patienten, sondern Versagensängste: daß er nicht gut genug, nicht intensiv genug empfindet, daß er nicht „richtig" lieben kann, zu keiner „richtigen" Beziehung fähig ist. Die Näheangst und Bindungsscheu, die sich daraus ergeben, haben viele Gesichter. Oft werden sie an einen Partner delegiert, von dem die Betroffenen glauben, er sei faszinierend, aber unerreichbar. Tatsächlich fasziniert er, weil und nur solange er unerreichbar ist.

Während früher emotionale Passivität ein Privileg der Frauen war, die gewählt und erobert werden sollten (und allenfalls unauffällig mit dem verlorenen Taschentuch nachhelfen durften), wird sie heute nicht nur in den Hollywoodfilmen ein männliches Attribut. Ein Buch wie Svende Merians *Suche nach dem Märchenprinzen* erreicht Höchstauflagen. Hier klagt eine verdeckt beziehungsängstliche und perfektionistische Frau die offene, nachweisbare Beziehungsscheu eines mangelhaft emanzipierten Mannes erbittert an. Die Zeichnung von Doris Lerche, in der zwei schlappe Narzißten nebeneinander sitzen und sich sagen: „Ich möchte mal so richtig geliebt werden!" – „Ich auch" – trifft die Situation ziemlich präzise. Der Partner wird genau beobachtet, ober er auch die richtigen Gefühle bringt. Dann kann man ihm Gleiches mit Gleichem vergelten.

Woher sollte die Sexualforschung wissen, was sie bewirkte?

Die naiven Sexualbefreier haben etwas übersehen, was der pessimistischere Freud nie aus den Augen verloren hat: Die Bürde der kulturellen Einschränkungen bleibt hart zu tragen, auch wenn es gelingt, punktuelle Erleichterungen zu schaffen. Gerade durch die wachsen auch die Erwartungen. Die von Wilhelm Reich geäußerte Hoffnung, die autoritären Strukturen der Industriegesellschaft mit der Brechstange einer sexuellen Enttabuisierung aus den Angeln zu heben, ist gescheitert. Statt dessen greifen Prinzipien der industriellen Produktionsweise und vor allem des Marketing von Konsumgütern auf die Sexualität über. Das drückt sich schon in der Sprache aus: Man „investiert" in eine Beziehung (aber nur in eine „richtige", eben keine „oberflächliche Bettgeschichte").

Dieses Scheitern der Aufklärung hat gerade die gesellschaftskritischen Sexualforscher resignativ und gegeneinander aggressiv gemacht. Befragungen oder objektivierende Forschung im Stil von Masters und Johnson sind out – aber was ist in? Alles unter Kontrolle und nichts in Ordnung. die Sexualberatung ist zum politischen Zankapfel geworden, um den sich die kirchlichen Stellen mit den weltlichen streiten. Auch Konflikte zwischen Berufsgruppen spielen eine Rolle, seit der Klientenmarkt für Ärzte, Eheberater und Psychologen enger wird. Als kürzlich die psychotherapeutisch weitergebildeten Mediziner durchsetzten, daß den Gynäkologen die Möglichkeit beschnitten wurde, Psychotherapie-Leistungen in ihren Sprechstunden anzurechnen, wurde Protest laut. Eine Berufsgruppe, die lange Zeit durch die reaktionärsten Äußerungen zur Sexualität aufgefallen war, posierte in der Rolle naturwüchsiger Sexualberater.

Manche Frauenärzte sind das in der Tat – nicht anders als katholische Eheberater, die sich ihrem Gewissen mehr verantwortlich fühlen als den päpstlichen Enzykliken. Auch das ist eine Entwicklung, die sich Magnus Hirschfeld nicht hätte träumen lassen. Sexualberatung wird heute für die breite Bevölkerung kostenlos angeboten. Daß damit die Probleme der Menschen in ihren sexuellen Beziehungen weniger oder leichter geworden sind, wird niemand mehr glauben. Aber auch die Polizei benützt schließlich das Wachsen der Kriminalität nicht dazu, sich in Frage zu stellen, sondern neue Planstellen für Beamte zu fordern.

Die Frage wird unabweisbar, was übersehen wurde in der Sexualforschung, wenn sie in dieser Weise unfähig war, die Folgen der eigenen Aufklärungswirkungen vorherzusagen. Nun ist das gewiß keine Schande. Kaum eine Wissenschaft vemochte es bisher, ihre sozialen Wirkungen auch nur annähernd vorauszuahnen. Günther Anders hat in seinem Buch über die *Antiquiertheit des Menschen* diese Situation geradezu zum Grundsatz unserer fortgeschrittenen Zivilisation erklärt. Statt uns in Utopien zu träumen, verschließen wir die Augen vor einer Zukunft, die seit der Entdeckung der Atombombe buchstäblich unvorstellbar geworden ist.

Warum sind Carmen und Don Juan auf der Bühne unsterblich?

Die bürgerliche Gesellschaft des neunzehnten Jahrhunderts, deren Traditionen unser Leben immer noch strukturieren wie die Meridiane eine Zeichnung des Kartographen, hat den Menschen in Widersprüche gezwungen, mit denen viele Individuen nicht fertig werden konnten. Zunächst wurde dieses Versagen als Krankheit angesehen und der Medizin überantwortet, die sich dadurch zu einem mächtigen, konsolidierten Berufsstand entwickelte. Vergessen waren die Doktores Eisenbart, die Zahnreißer und Starstecher, die auf Jahrmärkten ihre Kunst ins Volk schrien. Die medizinische Perspektive mit ihrer Konzentration auf den einzelnen Menschen führt immer dann in gefährliche Sackgassen, wenn die Ursachen nicht in einem weiteren Eindringen (quasi unter die Haut der Betroffenen) gefunden werden könnten, sondern nur darin, daß die eigene wissenschaftliche Zuständigkeit in Frage gestellt wird. Viel spricht dafür, daß Sexualität nicht sinnvoll verdinglicht werden kann wie die menschliche Verdauung oder die Muskulatur. Weil jedoch die Sexualstörungen individuelle Krankheiten sein sollten, nicht ein Ausdruck gesellschaftlicher Widersprüche, mußte auch die Sexualität zu einer behandelbaren Sache werden, die von Sexualforschern untersucht, von Sexualmedizinern und -therapeuten bei Störungen versorgt werden sollte.

So ist die Entwicklungs- und Wirkungsgeschichte der Sexualforschung ein getreuliches Abbild der Industriegesellschaft. Um mehr Menschen vor materieller Not zu bewahren, als es je zuvor möglich war, wurde der Natur der Krieg erklärt, wurde sie unterworfen und dienstbar gemacht. Das betraf aber nicht nur die äußere Natur, die heute an die Grenzen ihrer Belastbarkeit kommt, sondern ebensosehr auch die innere Natur. Leider hat sich gezeigt, daß die Lösung des bürgerlichen Sexualdilemmas nicht so einfach ist, wie es scheinen mochte.

Ich persönlich glaube, daß die psychosozialen Helferberufe nicht deshalb nützlich und notwendig sind, weil sie den Menschen etwas geben, was diese früher nicht hatten. Ich vermute eher, daß sie notdürftig und bruchstückhaft etwas ersetzen, was verlorengegangen ist. Schmerz und Trauer, Versagung und Tod sind unbesiegbar. Die Generationen vor uns konnten nicht etwa wegen einer mystischen Kraft ohne Psychotherapie leben, sondern weil sie es tun mußten und es kein Versprechen des größten Glücks für die größte Zahl gab. Dieses Versprechen ist in der Form, in der es die Konsumgesellschaft gibt, nicht einlösbar: Doppelt schmerzlich fällt, wer erwartet und durch die übermäßige Präsenz von Leistungs- und Liebesglück in den Medien darauf getrimmt ist, das unausweichliche Schicksal des Menschen sei Erfolg und Lust. In der Realität heißt dieses Schicksal oft genug: Schwäche, Versagen und Alter. Wenn ich an meinen Klienten erlebe, wie sich erfolgsgewohnte und -verwöhnte Menschen ihre intimen Beziehungen zur Hölle machen, weil es keiner dem anderen genau recht machen kann, denke ich oft daran, wie weit entfernt von ihrer Schwäche und Hinfälligkeit diese Klienten sind, die auf der Suche nach dem lupenreinen Glück nur trübes Unglück finden, sich und ihre Partner aber anscheinend für unzerstörbar halten.

In meiner Praxis als Psychotherapeut, der mit sexuellen und mit Beziehungsschwierigkeiten zu tun hat, versuche ich Ansprüche an die eigenen und fremden Emotionen zu mildern und den Weg zu Empfindungen zu finden, die der Norm weder entsprechen noch sie widerlegen, sondern endlich einen freien Raum finden, in dem sich diese Normfrage nicht mehr stellt. Meine tiefe Skepsis gegenüber allen technischen Rezepten und Vokabularien, die angeblich unsere Beziehungen und unsere Sexualität verbessern sollen, veranlaßt mich aber nicht dazu, mich auf eine antitechnische Position festzulegen. André Béjin geht mir zu weit, wenn er die therapeutische Hartnäckigkeit der Sexualtherapeuten (von ihm Orgasmologen genannt) als Vernichtungswerk an den menschlichen Leidenschaften brandmarkt. Wir wissen wenig über menschliche Leidenschaften. Aber es scheint mir durchaus möglich, daß sie durch eine Therapie à la Masters/Johnson weder verläßlich vernichtet (wie Béjin zu glauben scheint) noch verläßlich hergestellt werden können, wie es der berufliche Narzißmus mancher Therapeuten zu fordern scheint. So mische ich in meine analytische Arbeit lerntheoretisch orientierte

Ratschläge oder empfehle eine Verhaltenstherapie, wo sie sinnvoll scheint. Wenn die Psychoanalyse etwas über menschliche Beziehungen erfahren und sie verändern kann, dann nicht als Wissenschaft, sondern als Kunst. Als Kunst eines Dialogs, in dem sich nicht eine narzißtische Monarchie einem formbaren Material gegenüber austobt, sondern ein sensibles Gleichgewicht zwischen zwei verschiedenen narzißtischen Systemen hergestellt wird.

Rätselhaft scheint mir dabei immer wieder die Psychologie der menschlichen Leidenschaft. Sie zu entziffern, gelingt den Künstlern in der Regel besser als den Wissenschaftlern. Aber ist eine solche Trennung überhaupt sinnvoll? In den großen Arbeiten Freuds, um ein Beispiel zu nennen, scheint mir diese Arbeitsteilung aufgehoben und eine Synthese erreicht, die ihrem Gegenstand gerechter wird als der seichte Positivismus, den eine modische Freud-Kritik einklagen möchte. Weshalb stellen wir Gestalten wie die Zigeunerin Carmen, den adeligen Playboy Don Giovanni oder den Marquis de Sade auf die Bühne? Warum gerade sie, wenn bürgerliche Autoren versuchen, das Wesen der Sexualität zu erfassen? Wenn wir uns heute immer noch (oder schon wieder) für diese Gestalten interessieren, schwingt die Sehnsucht nach einer Epoche mit, in der sich Ich-Triebe und Sexualtriebe, Wildnis und Kultur, noch eindeutig und abgegrenzt gegenüberstanden, in der nicht, wie heute, die Wildnis künstlich angelegt war. Aber hat es solche Zeiten wirklich gegeben? War es damals nicht eher so, daß wegen der härteren Lebensbedingungen die Leidenschaften durch krasse Not entfacht wurden?

„Die Liebe vom Zigeuner stammt – liebst du mich nicht, bin ich entflammt", lautet die gängige Übersetzung der Habanera in Bizets „Carmen". Der Autor muß ein Vorurteil gegen Zigeuner gehabt haben. Im Original wird gesagt: „L'amour est un oiseau rebelle", ein viel deutlicherer Ausdruck der bürgerlichen Liebesideologie. Wo die Vernunft gefühlsfeindlich geworden ist, müssen die Gefühle unvernünftig werden. Statt dem pädagogischen Ideal zu folgen und genau da zu lieben, wo Sicherheit und Gegenliebe warten, findet der rebellische Eros nur den liebenswert, der erobert werden muß, bereitet ihm nur Lust, was verboten ist. Aber auch darin drückt sich eine Norm aus – sie ist nur wie ein Handschuh umgedreht. Eine Gemeinsamkeit von Carmen, Don Juan und de Sade ist die innere

Kälte, mit der sie den Sieg der Leidenschaft über die Gefühle ihrer Partner/Partnerinnen planen. Mit all ihrer Tücke sind sie überlegene Gestalten in einer Welt, in der Liebe zum Aufrechnen von Liebesbeweisen verkommt und der gleichzeitige Orgasmus die Leidenschaften verläßlicher kontrolliert, als Kette und Peitsche des Libertins den Gegenstand seines Begehrens unterwerfen konnten.

Die Schwelle zum bürgerlichen Zeitalter war kaum überschritten, da schrieb Heinrich von Kleist seine Betrachtung „Über das Marionettentheater", in der die Ambivalenz des Wissens in der Gefühlswelt eindringlich dargestellt ist. Das Wissen stört, aber es ist gleichzeitig nicht wieder rückgängig zu machen. Das Paradies ist verloren, der Cherub bewacht den Eingang. Nur wer um die ganze Erde herumwandert, kann vielleicht eine Hintertür finden. Phänomenologisch ist diese Schilderung bis heute nicht übertroffen. Wir wissen allerdings heute genauer, daß es das Macht- und Unterwerfungsprinzip des Wissens gebenüber der Natur ist, welches diese Schwierigkeiten verursacht. Die intime Liebe ist heute eine Art Sondermülldeponie, die aufnehmen soll, was die öffentliche Gefühlsarmut den Individuen antut. Damit wird sie hoffnungslos überfordert und „kippt um" „nicht anders als ein mit Schadstoffen überladener Fluß, der endlich seine Selbstreinigungskraft verliert und nun nicht einmal den Schmutz verkraften kann, mit dem er früher mühelos fertig wurde. Leistungsnormen in sexueller Entspannung sind ein hilfloser Versuch, mit dieser Situation fertig zu werden.

Der Artikel wurde zuerst veröffentlicht im *Frankfurter Allgemeinen Magazin* vom 18.5.1985. Abdruck mit freundlicher Genehmigung des Verlages.

„Zölibatär leben bringt doch überhaupt nichts!"
Die charismatische Ehelosigkeit
und ihre Bedeutung für die Gesamtkirche*

von Josef Arquer

Christus spricht von der Ehelosigkeit „um des Himmelreiches willen" und fügt hinzu: „Wer es fassen kann, der fasse es". Tatsächlich ist das Zölibat heute vielfältiger Gegnerschaft ausgesetzt: Bei weitem nicht jeder vermag es „zu fassen", erst recht nicht in einer hochsensualisierten und sexualisierten Gesellschaft wie der unseren.

Unabhängig davon liegt die Frage nahe, ob ein zölibatäres Leben der menschlichen Natur angemessen ist, ob es nicht vielmehr Ausdruck einer mehr oder weniger subtilen Leibfeindlichkeit ist; ob es sich nicht um eine zwar vielleicht heroische Entsagung handelt, die aber alles in allem sinnlos bleibt; ob hier nicht die irrige Ansicht eine Rolle spielt, daß die Hinwendung zum Ehepartner notwendigerweise mit einer Abwendung von Gott verbunden ist etc.

Augustinus mag vielleicht eine Antwort gelingen, wenn er in einer Ermahnung an gottgeweihte Frauen schreibt: „Wenn ihr also eine große Liebe euren Gatten schuldet, wie sehr müßt ihr nicht den lieben, um dessentwillen ihr keinen Gatten wolltet? Es ist euch nicht erlaubt, denjenigen wenig zu lieben, um dessentwillen ihr nicht liebtet, was erlaubt gewesen wäre." Tatsächlich kann man die christliche Ehelosigkeit nicht anders als einen Weg der intensiven Einheit mit Christus beschreiben. Die Jungfräulichkeit verdeutlicht den „bräutlichen Charakter" der Zuneigung zu Christus. Wo sie nicht als Chance für ein besonders verliebtes Leben begriffen wird, wird die Seele spröde und kauzig.

Abgesehen davon, daß das Zölibat der Priester und Laien auch rein zeitlich einen besonderen Einsatz für das christliche Apostolat ermöglicht, hat es schon aus sich heraus eine apostolische Dimension. Denn die Ehelosigkeit

„um des Himmelreiches willen" ist Ausdruck eines unbedingten Glaubens an ein Leben nach dem Tod. *Jungfräulichkeit bedeutet, sich der Verheißungen Jesu so sicher zu sein, daß man sein Dasein ganz und gar auf sie ausrichtet – ohne Furcht, dabei in dieser Welt zu kurz zu kommen. Dies wird für viele Menschen Anlaß genug sein, über die Werteordnung ihres eigenen Lebens nachzudenken. Letzten Endes setzt ein zölibatäres Leben immer eine entsprechende Berufung voraus, mit der Gott zugleich die „Gnade der Beharrlichkeit" schenkt.*

Ist die christliche Ehelosigkeit ein Wert?

In manchen Texten der römisch-katholischen Liturgie ist von einem „Glanz der Jungfräulichkeit" die Rede, so etwa bei der Marien-Präfation in der heiligen Messe. Außenstehende mögen dies als innerkirchliche Rhetorik, als verbale Selbstbeweihräucherung auffassen. Denn was glänzt bei der Jungfräulichkeit? Was ist positiv zu werten, wenn jemand seinen Leib, der für die Liebe, das Zeugen und Empfangen geschaffen ist, „bewahrt" – für wen und wozu? Und wie soll eine Gesellschaft, in der Sexualität eine eminent wichtige, wenn auch bisweilen sehr traurige Rolle spielt, für einen solchen weltfernen Verzicht überhaupt einen Sensus entwickeln können?

Viele Menschen, die die Sprache der Kirche vom „Glanz der Jungfräulichkeit" verwundert hören, werden sicherlich eher dazu neigen, sich mit der jüdischen Tradition zu identifizieren. Ein alter jüdischer Text besagt: „Es gibt vier Arten von Menschen, die man als tot erachten kann: Aussätzige, Blinde, Kinderlose und Zahlungsunfähige".

Und doch, die Kirche hält an der Möglichkeit, ehelos zu leben, fest und spricht sogar von einem Ideal, auf das sie ihre Priester praktisch ausnahmslos verpflichtet.

Warum ist das Thema aktuell?

Wahrscheinlich ist es nicht möglich, diese Wertung der Kirche der Allgemeinheit verständlich zu machen, denn ihre letzte Begründung – „um des Himmelreiches willen" – ist für die einen eine Abstraktion, für die anderen eine Torheit, ein Ärgernis oder bloß eine Floskel. Trotz allem, das Thema bleibt aktuell und auch heute haben wir es mit einem Zeichen zu tun, das den Menschen schon immer „unter die Haut" gegangen ist. Auch für einen Christen, der den Glauben und seine Aussagen ernst nehmen will, ist das Thema selbstverständlich aktuell – nicht zuletzt für Christen, die verheiratet oder gewillt sind, den Weg der Ehe zu gehen. So könnte man an die Christen die Frage richten: „Ihr aber, wofür haltet ihr die christliche Jungfräulichkeit?" Das Wort aus dem 1. Petrusbrief nach den Gründen unserer Hoffnung gilt auch hier: „Seid stets bereit, jedem Rede und Antwort zu stehen, der euch fragt nach der Jungfräulichkeit – unabhängig davon, welche Lebensform die eure ist."

Da die Jungfräulichkeit um des Himmelreiches willen ein Zeichen ist, hat sie nicht nur Sinn und Bedeutung für den unmittelbar Betroffenen, sondern auch für diejenigen, die in der Ehe leben. Auch die Ehe ist ein Zeichen. Wie diese zeichenhaft auf die Verbindung von Christus mit seiner Kirche verweist, so ist auch die Jungfräulichkeit ein „Zeichen, das alle Glieder der Kirche wirksam zur Erfüllung der Pflichten ihrer christlichen Berufung hinziehen kann und soll", wie es in der „Dogmatischen Konstitution über die Kirche" des II. Vatikanischen Konzils, (Nr. 43 und 44) heißt.

Ein weiterer Grund zur Aktualität ist dadurch gegeben, daß die Kirche sich in unserer Zeit in einer einzigartigen, nie zuvor dagewesenen Art und Weise in das Geheimnis der Geschlechtlichkeit, der Liebe und der Ehe vertieft. Es gibt weder ein anderes Konzil noch einen anderen Papst, der sich in dieser Hinsicht mit dem II. Vatikanum bzw. mit den letzten Päpsten, besonders mit Johannes Paul II., vergleichen ließe. Um aber nicht den Fehler früherer Autoren nun von der anderen Seite her erneut zu begehen, bedarf das Sprechen von der Liebe zwischen Mann und Frau auch einer Ergänzung durch den Blick auf das eigenartige Phänomen der christlichen Jungfräulichkeit.

Ein letzter Grund für die Aktualität sei genannt: „Die Beobachtung der vollkommenen Enthaltsamkeit rührt sehr unmittelbar an tiefere Neigungen der menschlichen Natur", sagt das II. Vatikanische Konzil (Dekret Perfectae Caritatis 12) und gibt damit eine schmerzliche Ur-Erfahrung all derer wieder, die sich auf das Wort Jesu über die Jungfräulichkeit um des Himmelreiches willen eingelassen haben. Das gilt mehr denn je, denn heute fällt den Menschen nicht nur die sexuelle Enthaltsamkeit schwer. Schon die Anerkennung und erst recht die Einhaltung der „normalen katholischen Sexualmoral" scheint vielen Menschen unmöglich und verrückt zu sein. Wie aber sollen sie dann erst eine Sensibilität für den Zölibat entwickeln können?

Übrigens zeigen ja auch die regelmäßig in der Geschichte der Kirche aufbrechenden Diskussionen über den Zölibat, wie leicht der Sinn für das, was mit der christlichen Jungfräulichkeit gemeint ist, verloren gehen kann bzw. verloren gegangen ist. Mehr und mehr beginnt das Thema Zölibat die kirchliche Öffentlichkeit auch heute zu beschäftigen. Kein Wunder, denn wenn das Papsttum und der Zölibat immer gemeinsam ein Gegenstand des Hasses und der Bestreitung zu sein pflegen (A. Möhler), dann kann das in einer Zeit des anti-römischen Affektes ja auch gar nicht anders sein.

Im folgenden kann weder das Zölibat-Gesetz der lateinischen Kirche noch die Frage, ob die Kirche in der heutigen Zeit an der Verpflichtung der Priester zum Zölibat festhalten soll oder nicht, behandelt werden. Ehelosigkeit und Zölibat hängen innerlich zusammen, sind aber nicht identisch. Und wenn auch der Zölibat als ein den Klerus der Kirche verpflichtendes Gesetz die Sinnhaftigkeit der christlichen Ehelosigkeit voraussetzt, so bleibt die christliche Ehelosigkeit auch dann eine wertvolle Form des Christseins, wenn sich die Kirche eines Tages entschließen sollte, das Zölibat-Gesetz zu modifizieren oder ganz aufzugeben.

Ob sie dies tun soll oder nicht, hängt nicht von der Frage ab, ob der Zölibat notwendig und unverzichtbar ist – das ist er nämlich nicht! –, sondern nur davon, ob er, aufs Ganze gesehen und trotz aller Schwierigkeit, ihn zu leben, sinnvoll ist, das heißt letztlich dem obersten Gesetz der Kirche, dem Heil der Seelen (dem „salus animarum") dient.

Unberücksichtigt muß hier auch die Beschäftigung mit der Entwicklung der christlichen Jungfräulichkeit im Laufe der Geschichte bleiben, ebenso die an sich wichtige Frage, inwieweit nicht-christliche Strömungen die kirchliche Entwicklung mitbeeinflußt oder gar so überlagert haben, daß Prüderie und Leibverachtung ein schier unentwirrbares Geflecht mit genuin christlicher Motivation bildeten.

Christliche und nicht-christliche „Ehelosigkeit"

Betrachtet man die Traditionen anderer Völker, so findet man genau besehen keine Religion oder Kultur, die der Ehelosigkeit einen positiven Wert zuzuerkennen vermag. Das gilt auch für die Welt des Alten Testamentes. Alles, „nicht nur die Gründe der menschlichen Natur, sondern auch jene vom Reiche Gottes her", sprach für die Ehe, meint Johannes Paul II. in einer wissenschaftlichen Schrift. Der Papst versucht, mit einer Paraphrase der Worte Jesu anschaulich zu machen, wie die Lehre Jesu für die Jünger etwas Neues, Unerhörtes, einen Bruch mit ihren bisherigen Gedankengängen bedeutete: „Ich weiß, daß alles, was ich euch jetzt sagen werde, für euer Gewissen und euer Leibverständnis große Schwierigkeiten bringen wird. Ich spreche nämlich zu euch von der Ehelosigkeit, die ihr zweifellos mit physischer Impotenz, angeboren oder durch menschlichen Eingriff erworben, in Verbindung bringt. Ich hingegen möchte euch sagen, daß Ehelosigkeit auch freiwillig sein und vom Menschen, um des Himmelreiches willen' gewählt werden kann".

Was aber ist nun der Sinn und Wert einer Jungfräulichkeit „um des Himmelreiches willen"? Schon der Zusatz „... um des Himmelreiches willen" macht aufmerksam: Es geht sicher nicht um eine Nur-Ehelosigkeit. Ehelosigkeit als solche ist für viele Menschen trauriges Schicksal, Verarmung des Lebens, Unglück, aber sicher kein Ideal. Natürlich hat ein Christ die Möglichkeit, auch in solchen Situationen ein Leid zu sehen, das er als Kreuz annehmen kann.

Aber: Was sollte denn klug daran sein, seinen Leib bis zum vollständigen Verzicht sogar auf die eheliche Vereinigung zu quälen, wenn dies zugleich nutzlos sein sollte für die Ewigkeit? Oder: Wenn es in den Augen Gottes völlig gleichgültig wäre, ob jemand ehelos oder verheiratet lebte, dann gäbe es kein wirkliches Motiv mehr für die Entscheidung zur Ehelosigkeit. Alles hängt von der Frage ab: Was ist „christliche Ehelosigkeit"? Wodurch unterscheidet sich die „Ehelosigkeit um des Himmelreiches willen" von dem gewöhnlichen Zustand des Unverheiratetseins? Was heißt hier „Himmelreich" und inwiefern kann die Ehelosigkeit in einen wirklichen Zusammenhang mit „Himmelreich" treten?

Das christliche Menschenbild: Bestimmung zur Liebe

Ob die Jungfräulichkeit ein Wert ist – und wenn ja, in welchem Sinn-, hängt in entscheidender Weise vom Menschenbild ab: Betrachtet man den Leib als Gefängnis der Seele und sieht man die geistigen Akte von den sinnlichen Kräften eher behindert denn gefördert, dann liegt der Schluß nahe: Die sexuelle Nicht-Aktivität ist ein Mittel, um Kräfte des Geistes freizusetzen.

Wer so denkt, hat keine Schwierigkeiten, die Jungfräulichkeit als Ideal eigentlich jedes Menschen zu sehen. Legt man aber die authentisch christliche Sicht der Ehe zugrunde, dann ist die Ehe ein Bund der Liebe, und die Jungfräulichkeit ist nicht einfach ein Verzicht auf besonders intensive „sinnliche Freuden", sondern sie ist die Entscheidung, auf das Wunder der Liebe gleichsam zu verzichten wie auf die Vater- oder Mutterschaft.

Aber auch eine solche authentisch christliche Einstellung läßt zunächst einmal nicht erkennen, wieso ein solcher Verzicht positiv sein soll und wieso die Kirche von einem „Glanz der Jungfräulichkeit" sprechen kann. Es ist nötig, einen weiteren Schritt zu tun.

Der Mensch ist auf Erden, um Gott und seinen Nächsten zu lieben und einmal in den Himmel zu kommen. So definiert der Katechismus den Sinn des menschlichen Lebens. In der Tat, es gibt keine tiefere und keine wichtigere Aussage über den Menschen als eben diese: Der Mensch ist ein Geschöpf Gottes, fähig zur Liebe, die auch seine Bestimmung ist. Denn – indem Gott den Menschen nach seinem Bild und Gleichnis erschuf – hat er ihn aus Liebe ins Dasein gerufen und gleichzeitig zur Liebe berufen.

Aus dieser gottgewollten Bestimmung des Menschen ergibt sich ein Grundprinzip jedes religiösen Lebens: Alle Regeln, Gebräuche und Ausdrucksformen der Spiritualität müssen im Dienst der Liebe stehen und sich von der Liebe her rechtfertigen lassen! Mit einem

Wort des Kirchenlehrers Franz von Sales: „Der Liebe steht im christlichen Gesetz die Fülle der Macht zu, so wie geschrieben steht: Die Liebe vermag alles. ... Alles ist für die Liebe bestimmt und die Liebe für Gott. Alles muß der Liebe dienen, sie aber muß niemand dienen". Dies gilt natürlich auch für die Ehelosigkeit. Entweder ist sie eine Form der Liebe oder aber sie hat keine Existenzberechtigung! Darum heißt es im Apostolischen Schreiben „Familiaris consortio" (1981) von Johannes Paul II: „Die christliche Offenbarung kennt zwei besondere Weisen, die Berufung der menschlichen Person zur Liebe ganzheitlich zu verwirklichen: die Ehe und die Jungfräulichkeit".

Einwände...

„Nur wenn der Gegensatz scharf und wohlgerüstet auftritt, kann der Satz in all seinem Glanz erscheinen", so formuliert A. Möhler in seiner auch heute noch lesenswerten Studie über den Zölibat (Der ungeteilte Dienst) ein wohlbewährtes und von Thomas v. Aquin zur höchsten Kunst entwickeltes Denkprinzip. In diesem Geist gilt es, sich den Einwänden zu stellen. Ja, es ist zum besseren Verständnis zunächst einmal außerordentlich wichtig, sie – sozusagen kopfschüttelnd – zu betrachten und zu sehen, wieviele gute Gründe gegen sie zu sprechen scheinen.

Mangelndes Gespür für das Sinnhafte?

Bei der Behandlung des Themas in seiner Summa Theologica (II,142,1) brandmarkt Thomas die grundsätzliche Abneigung gegenüber allem und jedem, was „sinnlich" ist, als Laster der „Unsinnlichkeit". Dieses Laster bestehe darin, im Widerspruch zum wahren Wohl des Menschen alle sinnlichen Freuden abzulehnen und darum auf sie verzichten zu wollen, soweit dies der Mensch, ohne sein Leben zu zerstören, überhaupt kann. Deswegen stellt er als systematischer Denker die Frage, ob die Jungfräulichkeit nicht doch als un-moralisch betrachtet werden könnte.

Zugespitzt formuliert: Ehelosigkeit und Zölibat könnten das heroische, aber eigentlich unchristliche Relikt eines manichäisch-leibfeindlichen Einflusses früherer Zeiten sein. Im 4. Jahrhundert mußte die Kirche eine Bestimmung erlassen, um all diejenigen ihrer kirchlichen Ämter zu entheben, die sich solcher Leibverachtung schuldig machten. Kirchenrechtliche Vorschriften aus dem 4. Jh. besagen: Wenn sich jemand der Speisen oder der Ehe enthält und zwar nicht aus Askese, sondern aus Abscheu, weil er vergessen hat, daß Gott die Schöpfung gut gemacht hat, und blasphemisch die Schöpfung schlecht nennt, so lasse er sich eines Besseren belehren oder er ist abzusetzen und aus der Kirche auszuschließen. Deshalb ist die Frage erlaubt, ob die freiwillig gewählte Ehelosigkeit nicht doch ein Ausdruck solcher Leib-Verachtung sei? Mag die Bewertung des Leibes heute auch eine andere sein als früher, es wäre ja denkbar, daß die theoretisch positive Wertung des Leibes in der Praxis noch nicht überall zum Durchbruch gelangt ist.

Die Antwort des Thomas auf den Einwand, den er sich selber stellt, können wir hier nur knapp wiedergeben: Die christliche Ehelosigkeit ist keine Verachtung der Sinnlichkeit als solcher. Der Ehelose wählt die Enthaltung im Hinblick auf ein höheres Ziel, nämlich um ganz für Gott frei zu sein.

Dazu ist ergänzend zu sagen, daß die christliche Ehelosigkeit eigentlich nicht ein Verzicht „auf Sinnlichkeit" ist (als ob diese das Wesen der Ehe ausmachte!), sondern ein Verzicht auf die eheliche Liebe und – darin auch enthalten – auf die Dimension der Sinnlichkeit, die sie ausdrückt.

Verachtung eines hohen Wertes?

Auch der Philosoph Dietrich von Hildebrand stellt am Anfang seiner Überlegungen über die Ehelosigkeit die Frage: Soll und darf denn der Mensch auf ein so hohes Geschenk Gottes verzichten? Hohe Werte lassen der Seele Flügel wachsen, und jedes hohe Gut führt die Seele zu Gott: „Sobald ein hoher Wert unsere Seele wirklich ergreift, erwacht sie erst zu dem ihr gemäßen Zustand. Sie wird aus der Peripherie in die Tiefe geführt, zu sich selbst; sie wird gesammelt; sie wird, wenn auch nur für einen Augenblick, emporgehoben über die Trägheit und Stumpfheit des Alltags. Es wachsen ihr Flügel, wie Platon sagt. Das demütig-ehrfürchtig-liebende Ich, an das die Werte appellieren, gelangt wenigstens für diesen Augenblick zu voller Herrschaft gegenüber Hochmut und Begehrlichkeit. Schmelzen diese nicht in einem Menschen, der von etwas Erhabenem, Schönem wahrhaft ergriffen und zu Tränen gerührt wird, erfolgt nicht in diesem Augenblick ein Durchbruch durch die Kruste der Verhärtung und Abstumpfung? Ist nicht die Seele dann geneigter zu allem Guten? Fallen uns nicht immer, wenn wir wirklich von hohen Werten ergriffen sind, gleichsam die Schuppen von den Augen und erfassen wir nicht erst jetzt die wahre Wirklichkeit, die eigentlich gültige Welt, die unser blödes, im Alltagsnebel getrübtes Auge immer wieder aus dem Blick verliert?"

Dies trete aber „am deutlichsten hervor in dem höchsten irdischen Gut, der Ehe, vor allem... in der christlichen Ehe". Ist diese Form der Entsagung nicht doch ähnlich negativ zu bewerten wie die verrückte Idee der Jansenisten mit ihrer Empfehlung, aus Demut auf die Eucharistie zu verzichten? Läßt der Verzicht auf die Ehe nicht doch eine gefährliche Leere im Menschen zurück, die für ihn sogar zur Sünde werden könnte?

Die hier nur knapp wiedergegebene Antwort Hildebrands: Verzicht auf die Ehe sei nur dann möglich und gut, wenn die Leere, die in der Seele dadurch entstehe, durch Gott ausgefüllt würde.

Heroisches, aber sinnloses Opfer?

Noch in einer anderen Weise läßt sich der Sinn der Jungfräulichkeit in Frage stellen: Angenommen, es lassen sich die ersten beiden Einwände widerlegen, bleibt dann nicht immer noch die Frage: Wozu? Der Verweis auf den Verzicht genügt nicht. Denn dieser ist als solcher kein Wert.

„Verdienstlich" ist letztlich immer nur die Liebe, die dem Verzicht seinen Wert verleiht. Wollte jemand aber sagen: Nun, das ist die Antwort, die Jungfräulichkeit muß „aus Liebe" übernommen werden, so ist auch diese Auskunft ungenügend. Denn es muß einen echten Zusammenhang zwischen Liebe und Ehelosigkeit geben.

Die Behauptung allein, man nehme sie „aus Liebe" auf sich, genügt noch nicht. Denn es ist unmöglich, das Motiv „aus Liebe" willkürlich mit allem und jedem zu verbinden. „Aus Liebe" kann man nur etwas tun, wenn ein objektiver, organisch-sinnvoller Zusammenhang zwischen der Liebe auf der einen Seite und dem Tun auf der anderen Seite besteht. Folgende Geschichte kann das Gemeinte illustrieren: Wenn eine Frau liebevoll für ihren Mann kocht und sich dabei die Hand verbrennt, kann man sagen: Sie hat „aus Liebe" zu ihm gehandelt und sich in diesem Sinn „aus Liebe zu ihm" die Hand verbrannt. Wenn sie sich aber die Hand absichtlich verbrennen und sich dabei denken würde, sie tue es „aus Liebe" zu ihrem Mann, müßte man sagen: Mit der Liebe hat das nichts zu tun! Wie dumm von ihr! So läßt sich auch bezüglich der Ehelosigkeit fragen: Wie soll sie denn im Dienst der Liebe stehen? Wie ist diese Zuordnung zu begreifen?

Dietrich von Hildebrand sagt dazu: „Der Akt, in dem dieses Geheimnis... auf ewig versiegelt Jesus in die Hände gelegt wird, bedeutet nun eine analoge Selbstübergabe an Jesus und eine Vermählung mit ihm wie die christliche Hingabe eine Selbstübergabe an ein Geschöpf."

Gott und Ehepartner als Konkurrenten?

Steckt in der idealisierten Ehelosigkeit nicht eine falsche Theologie, die so tut, als müsse die Hinwendung zum Ehepartner mit einer Abwendung von Gott verbunden sein? Wird nicht stillschweigend vorausgesetzt, daß der Mensch wählen muß zwischen der Liebe zu Gott oder dem Geschöpf: umso „weniger Geschöpf", umso „mehr Gott", und umso „mehr Geschöpf, umso „weniger Gott"?

Daher sei die Frage erlaubt, ob Gott eifersüchtig ist, wenn der Mann seine Frau in die Arme nimmt? Wäre es so, ergäbe sich daraus die Folgerung: Das Konzil irrte sich, als es die Berufung aller Menschen, auch der Verheirateten, zur Heiligkeit proklamierte. Es hätte sagen müssen: Eigentlich sollten alle Christen ehelos bleiben; denn die vollkommene Gottesliebe schließe ja immer die eheliche Liebe aus. Wenn dies aber eben nicht so ist, das heißt, wenn die eheliche Liebe mit der

Liebe zu Gott nicht in einer unlösbaren Konkurrenz steht, sondern mit ihr vereinbar ist, warum dann der Verzicht? Sicher steht Gott nicht in „Konkurrenz" zum Ehepartner. Aber das eheähnliche Leben „für Gott allein" ist eine besondere Möglichkeit, die Gemeinschaft mit Gott zu leben. Mit einer Infragestellung oder einer Abwertung der Ehe hat das nichts zu tun.

Wir leben noch nicht im Himmel

Im Evangelium legen die Sadduzäer Jesus eine Fangfrage vor: Wenn eine Frau mehrere Männer hatte, wem gehört sie bei der Auferstehung? Jesus antwortet: „Wenn nämlich die Menschen von den Toten auferstehen, werden sie nicht mehr heiraten, sondern sie werden sein wie die Engel im Himmel" (Mk 12,25). Aber ist es legitim, sich darauf zu berufen, um hier und jetzt Jungfräulichkeit zu begründen?

Mag sein, daß wir ohne eheliche Beziehungen leben werden. Aber wir leben ja noch nicht im Himmel! Wir benützen ja auch keine Steigeisen in der Stadt nur deswegen, weil wir sie vielleicht übermorgen im Hochgebirge brauchen werden! Warum also hier auf Erden ehelos leben, nur weil das Leben der Liebe im Himmel anders, nämlich ehelos sein wird? Dazu läßt sich sagen: Die Benützung von Steigeisen in der Stadt könnte dann sinnvoll sein, wenn die Straßen in ähnlicher Weise vereist wären wie die Berge. Dies bedeutet im analogen Sinne für die christliche Jungfräulichkeit, daß sie schon in diesem Leben sinnvoll ist, wenn auch das ewige Leben in das irdische Leben bereits hineinreicht und schon jetzt beginnt. Genau das aber ist die Überzeugung der Kirche: Durch die Liebe ist das irdische Leben „Beginn des ewigen Lebens". Darum ist auch Ehelosigkeit schon jetzt sinnvoll und möglich.

Die bräutliche Beziehung zu Christus

Die meisten der vorhin erwähnten Einwände lassen sich nur dann entkräften, wenn man zeigen kann, daß die christliche Ehelosigkeit eine Lebensform der Liebe ist. Nur wenn dies gelingt, ist der Verzicht auf die Ehe ein möglicher und sogar idealer Weg für den Christen.

Wohin man auch schauen mag, von Anfang an hat die Kirche die Jungfräulichkeit um des Himmelreiches willen so gesehen – als eine Form der Liebe zu Christus. Augustinus schreibt gegen Ende einer Ermahnung an gottgeweihte Frauen: „Wenn ihr also eine große Liebe euren Gatten schuldetet, wie sehr müßt ihr nicht den lieben, um dessentwillen ihr keinen Gatten wolltet? ... Es ist euch nicht erlaubt, denjenigen wenig zu lieben, um dessentwillen ihr nicht liebtet, was erlaubt gewesen wäre." Ebenso schreibt Franz von Sales, den die Kirche als einen der großen Seelenführer betrachtet, in einem seiner Briefe: „Ist es nicht eine große Freude, zu unserem Herrn sagen zu können: ‚Mein Herz und mein Fleisch erzittern vor Freude in Deiner Güte'; aus Liebe zu ihr gebe ich jede andere Liebe auf und für ihre Freude verzichte ich auf alle anderen Freuden. Welches Glück, nichts von weltlichen Vergnügungen für diesen Leib zurückbehalten zu haben, damit man vollständig das Herz seinem Gott schenken kann!"

Mit ausdrucksstarken Worten hat Johannes Paul II. die Frage kommentiert: „Die eine wie die andere Liebe ist bestrebt, jene bräutliche Bedeutung des Leibes zum Ausdruck zu bringen, die der personalen Struktur des Mannes und der Frau ‚seit dem Anfang' eingeprägt ist". Damit ist der entscheidende Punkt angesprochen: Die bräutliche Bedeutung des menschlichen Leibes – sagt Johannes Paul II. weiter – ist nicht nur die Grundlage der Ehe, sondern auch der Jungfräulichkeit: „Auf Grund derselben Verfügung über die eigene Person und aufgrund derselben bräutlichen Bedeutung des Leibes bei Mann und Frau vermag sich die Liebe herauszubilden, die den Menschen für das ganze Leben in der Ehe verbindet (vgl. Mt 19,3–10), aber es kann sich auch die Liebe herausbilden, die den Menschen für das ganze Leben zur Ehelosigkeit ‚um des Himmelreiches willen' verpflichtet." Behauptet wird nichts Geringeres als eben dies: In der Jungfräulichkeit zeige sich eine – im Modus des Verzichtes auch „körperliche" – Liebe zu Gott. Allerdings, sie ist und bleibt ein Geheimnis, und eine Ausschmückung der Begriffe ohne eine wahrhaft sensible Diskretion würde ins Peinliche und

Lächerliche abgleiten. Es genügt zu sagen: Die Jungfräulichkeit verdeutlicht den „bräutlichen Charakter der Liebe zu Christus", sie zeigt diese Liebe als Möglichkeit auf, sie ist eine charismatische (d. h. in einer gottgeschenkten Gnade begründete) Entscheidung für Christus.

Um zu sein, was sie sein soll, muß die Jungfräulichkeit gelebte Zweisamkeit mit Gott sein, bewußte und sich in geistigen Akten immer wieder aktualisierende Hinwendung zu Gott. Nach außen ein Verzicht, ist sie in ihrem Inneren immerwährendes Gebet, was übrigens auch dem Anliegen des Paulus und einer urchristlichen Argumentation zugunsten des Zölibates entspricht.

In dieser alles andere dominierenden Beziehung zu Gott liegt eine wichtige Botschaft an die Umwelt: Der Mensch ist nicht nur zweigeschlechtlich angelegt – vor allen anderen Bestimmungen ist er für Gott geschaffen und damit für die Beziehung zu ihm. Ob verheiratet oder nicht, jeder Mensch ist auch „vor Gott mit Gott ‚allein'" Johannes Paul II.). Ehelosigkeit beinhaltet unbestreitbar Einsamkeit, aber eine von Christus erfüllte Einsamkeit. Daß sie nicht bloß zur unerträglichen Leere wird, die die Seele verkümmern läßt, ist freilich Sache des Glaubens. Wer Christus in die Wüste folgt, heißt es bei dem mittelalterlichen Autor Petrus von Blois, soll nicht über die Frage verzweifeln, was er trinken und essen wird.

Eschatologisches Zeichen und Zeichen des Glaubens

Der Mensch ist für Gott geschaffen. Damit ist die Jungfräulichkeit auch ein „eschatologisches Zeichen", d. h. sie verweist auf den endgültigen Zustand der Vollendung bei Gott, „jenseits" des irdischen Lebens. Der Begriff des eschatologischen Zeichens läßt sich in einer Atmosphäre des „verdünnten Glaubens" nicht ohne weiteres nachvollziehen. Aber es empfiehlt sich nachzudenken, was damit gemeint ist: Die Jungfräulichkeit ist – zwar noch gehüllt in das Dunkel des Glaubens, aber dennoch wirklich – genau die Existenz-weise des „Im Himmel sein", das heißt, in Liebe zu Christus und zugleich in der vollen Gemeinschaft mit allen Heiligen zu leben. Dem entspricht auch das Argument des hl. Paulus, der dem

Christen rät, so zu leben, als wäre er nicht verheiratet – „denn die Gestalt dieser Welt vergeht" (1 Kor 7,31). Wer so lebt, wie es der endgültigen Existenz des Menschen im Himmel entspricht, setzt eine Tat des Glaubens, die man wirklich „radikal" nennen darf: sie betrifft nämlich die Wurzeln des Menschseins. Jungfräulichkeit heißt: Jemand ist sich der Verheißungen Jesu so sicher, daß er sein Leben ganz und gar auf sie hin ausrichtet. In einer innerweltlich unsinnigen Weise setzt er alles auf diese eine „Karte": Daher ist der Zölibat eine einzigartige Manifestation des Glaubens an Christus. Ohne ihn hätte der Zölibat keinen Sinn. Der Zölibat ist eine der wenigen Dinge, die nur der Glaube an und die Liebe zu Christus rechtfertigen können. Es ist der Glaube, daß diese irdische Existenz nur ein Unterwegssein ist und daß die eigentliche, letztlich gültige Erfüllung in der Ewigkeit, dem endgültigen Zustand, liegt. In diesen Akt legt man auch die im Menschen tief verwurzelte Sehnsucht nach Glück und Erwartung von Glück in der Ewigkeit. Hier ist eine Unbedingtheit des Glaubens, in der man nicht das Leben genießen will und auf die Ewigkeit hofft, sondern in der man einen Status erwählt, in dem man die Schiffe hinter sich verbrennt und nur aus dem Glauben lebt.

Verzicht und Fruchtbarkeit

Wer, das Himmelreich vorwegnehmend, „weltfremd" aus dem Glauben lebt und zwar in einer so wichtigen Frage wie der Bindung oder Nicht-Hingabe an einen Partner, nimmt ein Kreuz auf sich. Dieses Kreuz ist die unvermeidliche Kehrseite der besonderen Hingabe an Gott. Aber auch: Es bleibt solange heilbringendes Kreuz, solange es Konsequenz der Liebe ist. Ohne diese verkommt es zur sinnlosen Verarmung.

Es handelt sich also um eine Selbsthingabe, die als Verzicht verstanden, aber vor allem aus Liebe vollzogen werden muß. Man muß hier einer gewissen Verharmlosung ebenso eine Absage erteilen wie einer Opfer-Mystik, die so tut, als ob die Ehe nur ein Himmel voller Geigen wäre und der Unverheiratete daher nur ein bedauernswertes Opferlamm. So bitter und schmerzlich die Einsamkeit eines

Priesters sein kann – die Not der Eltern mit ihren Kindern oder das Leid eines Verheirateten, der nicht wirklich geliebt oder sogar verlassen wird, kann viel größer sein.

Ein gewisser Tonfall der Klage über die Ehelosigkeit steht übrigens auch im Widerspruch zum Wesen der Liebe: Der Liebende nimmt Opfer gerne auf sich und rechnet dem Geliebten nicht ständig vor, was er ihm alles schenkt! In einer zentralen Schicht seines Wesens spricht der Ehelose ein glückliches Ja zu diesem Leid, begrüßt es als Kreuz, das ihn ja mit Christus verbindet. Wahr freilich bleibt, daß gerade eine starke, gesunde Persönlichkeit kein Opfer so schmerzhaft empfinden wird wie gerade den Verzicht auf die geschlechtliche Liebe.

Dieses Leiden an der Sehnsucht gehört zu jenem Kreuz, das Gott vom ehelosen Christen täglich verlangt: „Gott hat ein Recht darauf, daß jeder von uns sich dieser Prüfung stellt, wenn es schon wahr ist, daß das irdische Leben für jeden Menschen eine Prüfungszeit bleibt. Gott will aber auch zugleich, daß wir siegreich aus solchen Prüfungen hervorgehen, und er schenkt uns dazu die entsprechende Hilfe", schreibt Johannes Paul II. in dem Brief an die Priester zum Gründonnerstag 1979.

Im Dienste der Kirche

Angesichts des unlösbaren Bundes zwischen Christus und seiner Kirche kann es nicht anders sein: Jungfräulichkeit im Sinne des Evangeliums steht auch im Dienst der Kirche.

Die Jungfräulichkeit ist zwar Verzicht auf die Gemeinschaft der Ehe. Aber sie führt in eine andere Gemeinschaft hinein, der nicht – wie der Ehe – die Exclusivität anhaftet, sondern die auch in diesem Punkt das endzeitliche Sein des Menschen vorwegnimmt: Der Ehelose ist „fähig, in seinem Alleinsein... eine neue und sogar erfülltere Form der... Gemeinschaft ... zu entdecken" (Johannes Paul II.). In dieser neuen Gemeinschaft ist die Jungfräulichkeit auch als das Kreuz fruchtbar, das sie ist: „Der Priester wird durch seinen Zölibat zum ‚Menschen für die anderen', und zwar anders als jemand, der sich mit einer Frau verbindet... Indem der Priester auf diese den

Verheirateten eigene Weise auf die Vaterschaft verzichtet, sucht er eine andere Vaterschaft, ja fast sogar eine andere Mutterschaft, wenn er an die Worte des Apostels von den Kindern denkt, für die er Geburtswehen leidet". Im Dienste der Kirche steht die Jungfräulichkeit schließlich als eine Art Verkündigung. Denn sie trägt die Verkündigung der künftigen Auferstehung in die vergängliche Welt. Sie weist – einer Aussage Jesu folgend – darauf hin, „daß es einen Zustand der Ehelosigkeit gibt, in dem der Mensch – Mann und Frau – dank der Verherrlichung seines geist-leiblichen Seins in der ewigen Einheit mit Gott sowohl die Fülle der persönlichen Hingabe als auch die der zwischenmenschlichen Gemeinschaft von Personen findet".

Jungfräulichkeit und Ehe

So gesehen gehören Ehe und Jungfräulichkeit wirklich zusammen. Beide, der Verheiratete und der Ehelose, sollten auf das, was die Lebensform des anderen sagt, hinhören. Die Botschaft der jungfräulichen Lebensform für denjenigen, der in der Ehe lebt, lautet: Der Leib ist nicht nur in der ehelichen Form fähig, Hingabe zu leben. Der Mensch ist für Gott geschaffen. Darum muß der Ehepartner nicht „das ganze Glück" sein, ja er soll es auch nicht sein, denn das wäre Götzendienst. Außerdem würde er bei diesem Anspruch notwendig scheitern. Alle Verliebten müssen letztlich entdecken, „daß Liebe nicht Sich-Sättigen bedeutet noch Sich-gegenseitig-Verschlingen", wie Thibbon sagt, sondern das gemeinsame Erdulden des Hungers, um es in gemeinsames Gebet zu verwandeln.

Die subjektive Motivation

Der Wert jedes äußeren oder inneren Aktes hängt ab von der Motivation, die ihn beseelt. Die Motivation der Ehelosigkeit muß die Hingabe an Jesus sein, das Reich Gottes und die Kirche. Das heißt aber auch: Es ist unmöglich, die christliche Jungfräulichkeit in „blindem Gehorsam" auf sich zu nehmen. Wollte jemand sagen, er wolle oder brauche das gar nicht zu verstehen, ihm genüge es, daß die Kirche den Zölibat fordere, so müßte man ihm antworten: So edel deine Bereitschaft sein mag, im Hinblick auf die Jungfräulichkeit ist sie widersinnig und unannehmbar. Dieser Verzicht ist nur möglich, wenn man sich dessen, was man wählt, ebenso voll bewußt ist wie dessen, worauf man verzichtet. Ohne dieses innere Erfassen wird man die Ehelosigkeit nur verdrossen und stumpf leben können. Dann wird sie weder ein „Zeichen" werden, noch wird der Betreffende seine eigene Entfaltung erreichen. Die Seele verkümmert, wenn die ständige, innere Wachheit fehlt, die sie auf Gott ausrichtet: der eine flüchtet in alle möglichen Ersatzbefriedigungen, der andere reagiert mit einer subtilen Form der Resignation und Apathie, wieder ein anderer wird möglicherweise in irgendeiner Form fanatisch werden oder verharrt in einer öden Leere, die alles andere denn ein Ideal ist.

Der Verheiratete ist „geteilt", sagt Paulus. Daraus folgt, daß der Unverheiratete durch eine besondere Einheit gekennzeichnet sein müßte, die durch Ersatzhandlungen wieder gefährdet wird. Diese Einheit ist die Folge eines Willens, der das Reich Gottes an die erste, alles dominierende Stelle des Lebens setzt. Der ehelos Lebende bedarf nicht irgendeiner Motivation, sondern der Richtigen! Man erweist der Jungfräulichkeit nicht nur keinen Dienst, sondern fügt ihr gar Schaden zu, wenn man falsch argumentiert (etwa, indem man ein rein negatives oder spießiges Bild der Ehe zeichnet, an das Kindergeschrei in der Nacht erinnert etc.). Falsch ist übrigens auch die Rede vom „unversehrten Leib" als solchem. Der Leib wird durch die eheliche Liebe ja nicht „versehrt", sondern er ist für sie geschaffen!

Der ehelos Lebende muß auf die Versuchung des Hochmuts gefaßt sein. Nach kirchlicher Lehre ist die Ehelosigkeit um des Himmelreiches willen – gemessen an bestimmten Kriterien und nicht in jeder Hinsicht! – „das Bessere" gegenüber der Ehe. Das heißt aber nicht, der Ehelose wäre auf jeden Fall persönlich „besser" als der Verheiratete. Diesen Trugschluß hat bereits Augustinus widerlegt: „Ich bin nicht besser als Abraham; aber die Keuschheit der Ehelosen ist besser als die Keuschheit der Verheirateten".

Die Jungfräulichkeit ist, als Beziehung der Liebe zu Christus, ein Geschenk Gottes an den Menschen. In einer Betrachtung über das

Leben des hl. Augustinus führt Franz von Sales aus: „Die Keuschheit ist aber eine Gabe Gottes, die man nicht mit Brachialgewalt erwirbt und nicht durch Geschicklichkeit und Kunstgriffe bewahrt. Die Gaben Gottes reißt man ja nicht mit seinen Händen durch Anstrengung und Gewalt an sich; sie werden umsonst gegeben und nach der Disposition des Herzens. Was muß man also tun, um diese Gabe Gottes aus seinen Händen zu gewinnen und an sich zu ziehen, da niemand keusch sein kann, wenn nicht der Herr ihm Gnade schenkt...?" Zur Bewahrung der Keuschheit weiß der Heilige letztlich nur einen Weg: Alle asketischen Mittel sind nutzlos, wenn sie nicht von demütigem Gebet begleitet werden. Für den Ehelosen ist dies ein Grund mehr, die Jungfräulichkeit auf Demut zu gründen. Dies erfordert ein besonderes Gespür bei der Erziehung zur Jungfräulichkeit. Ohne Zweifel hat es in Kirche und Gesellschaft Formen einer „Sexualerziehung" gegeben, die oft genug einer Nicht-Erziehung gleichkamen – mit den entsprechend negativen Folgen. Was die Erziehung zum Priester betrifft, könnte man nach Torelló (Zölibat und Persönlichkeit) vier negative Modelle aufzählen: die engelhafte Pädagogik, die Pädagogik der Angst, der Unwissenheit und der Restriktion.

Neben diesen falschen Modellen wäre heute noch eine „Pädagogik der sexuellen Erfahrung" und des sexuellen Experimentierens (angeblich um zu „wissen, worauf man verzichtet") zu erwähnen. Dabei wird übersehen, daß man Liebe niemals ad experimentum erleben kann – und natürlich erst recht nicht eheliche Gemeinschaft. Junge Menschen müssen außerdem erfahren, wie man ehelos leben kann und wie Schwierigkeiten zu meistern sind. So sehr der zölibatär Lebende fähig sein muß, in der erfüllten Einsamkeit mit Gott zu leben, so braucht er zugleich Gemeinschaft. Wenn Schwierigkeiten auftauchen, bedarf es gerade auch in diesem Bereich einer gesunden Nüchternheit. Ein zölibatär lebender Christ sollte in der Lage sein, mit entsprechend geeigneten Menschen auch über jene Probleme zu sprechen, die sich aus seiner Ehelosigkeit ergeben. Dabei ist es besonders wichtig, die eigentlichen Hintergründe einer möglichen Krise zu beachten. Denn nicht selten steht hinter den „Problemen mit dem Zölibat" nicht in erster Linie eine Frau, sondern eine Glaubenskrise. Und warum sollte ein gesunder Mensch auch ohne Partner für eine Sache leben, an die er nicht mehr so richtig glaubt?

Schlußbemerkung

Es ist gesagt worden, daß die Jungfräulichkeit zur „Theologie der großen Erwartung" gehört und daß sie „unser Kreuz, aber auch unsere Freude" ist, weil sie in der Quelle aller Freude, der Liebe, wurzelt. Christliche Ehelosigkeit umfaßt immer Schmerz und Freude. Teresa von Avila berichtet von der Antwort eines Mädchens, das ins Kloster eintreten wollte, auf die Frage, was sie mitgenommen habe: „Mich selbst und zehn Taschentücher, um meine Jugend zu beweinen."
Jesus spricht in einem Gleichnis von der Suche nach einer kostbaren Perle. Vielleicht läßt sich die Geschichte in unserem Zusammenhang so ausweiten: Seine Güter verschleudern, das ist die Haltung der Dirne. Seinen Reichtum im Tresor einschließen, das ist die Haltung des eingefleischten Junggesellen, der er auch bleiben möchte, weil es „sich doch so leichter leben läßt". Mit seinem Vermögen wirtschaften und davon leben – so handeln die Verheirateten. Die Besitztümer schweren Herzens, aber doch voll Freude verkaufen, um die Perle kaufen zu können – das tun jene, die sich auf den ehelosen Weg um des Himmelreiches willen einlassen und die mit aller Kraft versuchen, Christus zu folgen.

* Dem Beitrag liegt ein bislang noch unveröffentlichter Aufsatz von Prof. Dr. Andreas Laun OSFS zugrunde.

Drittes Kapitel

Ehe und Familie

Sexualität und Keuschheit in der Ehe
Ein persönliches Zeugnis

von Michaela F. Heereman

Ich kann mir durchaus Themen vorstellen, deren Behandlung für eine Autorin weniger schwierig sind als ausgerechnet dieses. Jedesmal, wenn ich mich damit befasse, befällt mich eine eher unbequeme Befangenheit. Eine Befangenheit, die aus zwei Gründen schwer abzustreifen ist.

Erstens betrifft dieses Thema das Persönlichste eines Menschen, von dem man wohl mit Fug und Recht behaupten könnte, daß es niemanden etwas angehe. Wenn ich dennoch davon spreche, dann deshalb, weil mein Mann und ich bei dem Versuch, den kirchlichen Weisungen wenigstens ansatzweise zu folgen, zunehmend deren bereichernde und beglückende Wirkung erfahren haben. Gerade in unserer Zeit, in der solch eine Not in Fragen der Sexualität herrscht, so viele Menschen mit den falschen Mitteln nach dem Richtigen suchen, nämlich mit Sex nach Liebe fahnden, in der so viele Menschen schließlich fast suchtartig auf ihre Sexualität als eine, neben anderen lustversprechenden Drogen zurückgeworfen sind, da darf man solche Erfahrungen, die der Liebe dienen und daher zum Glücklichsein beitragen, nicht einfach verschweigen.

Der zweite Befangenheitsgrund erwächst aus dem Nachdenken über das, was eigentlich eheliche Keuschheit ist. Unversehens befinde ich mich dann selbst auf dem Prüfstand und muß feststellen: Was wir als Ideal erkannt haben, können wir im alltäglichen Leben nicht immer verwirklichen. So daß ich mich fragen muß: Darf ich überhaupt etwas als richtig darstellen, was uns selbst nicht immer gelingt? Bei dieser Überlegung hat mich ein Satz von Origines getröstet, ein Satz, der Stellung bezieht zu Jesu Rat, vollkommen arm zu leben. „Ich weiß nicht, wie man die vollkommene Armut leben soll", gesteht Origines hier ein, „aber wenn ich, nur weil ich es nicht kann, diesen Ratschlag Jesu verheimlichen würde, dann müßte ich mich eines doppelten Vergehens anklagen, einmal des eigenen Unvermögens und zum anderen der Tatsache, daß ich einen Rat Jesu oder ein Gebot Gottes – in dem ja immer Verheißung enthalten ist – anderen Menschen nur wegen meiner eigenen Schwäche verschweige." Deswegen versuche ich nun doch über die eheliche Keuschheit zu reden, weil ich mich eben nicht dieses doppelten Vergehens anklagen möchte.

Und Gott sah, daß es gut war

Was ist nun überhaupt unter ehelicher Keuschheit zu verstehen? Ich glaube, erst einmal ist eine grundsätzliche Klarstellung nötig. Keuschheit ist nicht dasselbe wie Enthaltsamkeit und schon gar nicht wie Jungfräulichkeit. Diese grundverschiedenen Wirklichkeiten sind in den letzten Jahrhunderten oft in einen Topf geworfen worden. Wurde ich in letzter Zeit nach dem Thema dieses Beitrages gefragt, dann bemerkte ich, daß auch heute in den Köpfen des katholischen Otto Normalverbrauchers eine beträchtliche Begriffsverwirrung herrscht und sich wiederholt blanke Verwunderung in den Augen meiner Gesprächspartner zeigte. Ja, einer platzte gar auf gut rheinisch heraus: „Ja, wat is dat dan?" Mein Gesprächspartner meinte offensichtlich, man könne entweder nur keusch oder nur verheiratet sein, aber keinesfalls beides gleichzeitig.

Dieses traurige und beschwerliche Mißverständnis beruht auf einem unausgesprochenen und sicher auch unbewußten Manichäismus, der sich bis in unsere heutigen Tage erhalten hat. Man vermutet, daß alles Leiblich-Sinnliche, das Essen-und-Trinken-Müssen, das Sich-vermehren-Sollen und womöglich auch noch die Freude an alldem eigentlich etwas ist, was der Würde des Menschen, eines mit Geist und Seele begabten Wesens, gar nicht entspräche, und deshalb seiner und gar seines Schöpfers unwürdig sei. Aus diesem Irrtum heraus unterstellt man dem Christentum eine leibfeindliche Haltung und hält es für ein Markenzeichen christlicher Askese, alle diese leibliche Regungen vollständig unterdrücken und sich möglichst unabhängig davon machen zu sollen, um dann zu einer rein geistigen Lebensweise aufsteigen zu können. Eine solche Auffassung wäre jedoch zutiefst unchristlich. Hier wird ein Urgedanke der Offenbarung, nämlich unser Schöpfungsglaube, einfach nicht ernst genommen. Alles von Gott Geschaffene ist gut, lesen wir im Timotheus-Brief (1 Tim 4,4), und auch im ersten Buch Mose lesen wir nach der Beschreibung jedes Schöpfungstages den wunderschönen Satz: „Und Gott sah, daß es gut war."

Dieses Zitat „Gott sah, daß es gut war" bezieht sich auf alles Geschaffene, auf alles Menschliche, und steht in vollem Einklang mit Gottes Heilsabsicht, der mit der Fleischwerdung seines Sohnes, auch nach dem Sündenfall, noch einmal alles Geschaffene, auch alles Leibliche, bejaht und vorbehaltlos rehabilitiert. Der Kirchenlehrer, der als erster und einziger diesen Satz „Omnis creatura dei bona est" (1 Tim 4,4) wirklich ernst nimmt und tatsächlich zu Ende denkt, ist Thomas von Aquin. Seine Aussagen über das, was Keuschheit bedeutet, haben mich mit Joseph Piepers Hilfe so nach und nach einsehen und erkennen lassen, daß und was uns die Kirche über die menschliche Sexualität zu sagen hat.

Die Ordo rationis

Für Thomas von Aquin ist das Geschlechtliche nicht etwa ein notwendiges Übel, das im Blick auf die Erhaltung des Menschengeschlechts eben hinzunehmen ist. Für ihn ist die menschliche Geschlechtskraft etwas in sich Gutes. Ja, er spricht dem männlichen Samen etwas Göttliches zu. (Da das weibliche Ei bis dahin noch nicht entdeckt war, brauchen übrigens wir Frauen uns zumindest bei diesem Satz nicht zurückgesetzt zu fühlen.) Weiterhin vertritt Thomas die Ansicht, daß auch die mit der Geschlechtskraft verbundene Lust etwas in sich Gutes sei, und dem Menschen ebenso angemessen sei wie Lachen oder Schlafen. Leibfeindliches ist in seinen Ausführungen über die Keuschheit nicht zu finden. Er nimmt den Satz, daß alles, was Gott geschaffen hat, in sich gut ist, wirklich ernst. Thomas von Aquin knüpft allerdings den rechten Gebrauch der Geschlechtlichkeit an eine Bedingung: Der Gebrauch hat in der Ordo rationis, in der Ordnung der Vernunft zu erfolgen. Und hier sind wir nun endlich bei dem angelangt, was im Sinne von Thomas von Aquin Keuschheit bedeutet, und was auch mir das Verständnis dafür geöffnet hat. Nach Thomas liegt das Wesen der Keuschheit darin, daß sie im Bereich der Geschlechtskraft die Ordnung der Vernunft – die Ordo rationis – wahrt. Der Philosoph Joseph Pieper interpretiert diesen Begriff „Ordo rationis" in seinem Buch „Das Viergespann" auf folgende Weise. „Vernunftgemäß in diesem Sinn ist das, was in sich selbst Recht ist, das, was der Wirklichkeit entspricht." Die Ordo rationis wird also verwirklicht, wenn ein Geschehen nach der Wirklichkeit der Dinge und ihrer inneren Wahrheit geordnet ist.

Ich meine, daß diese Interpretation vom vernunftgemäßen Gebrauch der Geschlechtlichkeit zutiefst unser Geschöpfsein zum Ausdruck bringt. Diese Interpretation betont, daß wir nicht als unbeschriebene Blätter uferlos manipulierbar sind, sondern daß wir an uns, so wie in der Ordnung der Natur, die Handschrift Gottes erkennen können und daher versuchen dürfen, daraus seinen Willen abzulesen. Die Kraft der Ratio meint bei Thomas von Aquin die Kraft des Menschen, die Wirklichkeit zu erfassen, wobei für ihn die Wirklichkeit weder durch den Verstand noch die Sinne alleine erfaßt werden, sondern nur mit allen unseren Dimensionen erkannt werden kann, also mit Verstand, Sinnen und Gemüt, die sich ja gegenseitig durchdringen und aufeinander angewiesen sind. Das zu wissen, ist heute sehr wichtig. Denn auch unsere Sinne stellen eine wichtige Kraft dar, mit der wir der Wirklichkeit begegnen. Ohne unsere Augen und Ohren, ohne das Hören, Tasten, Sehen und Riechen und auch ohne unser Gemüt könnten wir der Wirklichkeit nicht begegnen. Mit Ratio als erkennender Kraft ist in diesem übergreifenden Zusammenhang aber nicht nur die Einheit von Gemüts-, Sinnes- und Verstandeskräften gemeint, sondern auch die Kraft des Glaubens ist mit eingeschlossen. D. h., bei dem Versuch, mit dieser umfassenden Kraft der Ratio die eigentliche Bedeutung menschlicher Sexualität zu erkennen, müssen wir auch die Aussagen des Glaubens miteinbeziehen. Der Glaube deutet die Liebe zwischen Mann und Frau als Abbild der unverbrüchlich treuen Liebe Gottes zu uns Menschen. Deshalb muß der Mensch ernsthaft versuchen, in der Liebe zwischen Mann und Frau die Liebe Gottes zu ihm, die Liebe Christi zu seiner Kirche zu erkennen und seiner sichtbar werden zu lassen.

Wenn diese Aussagen des Glaubens nicht einfach verfremdend über unsere Natur gestülpt sein sollen – das wäre ja dann durchaus nicht christlich gedacht, denn die Gnade, wie wir ebenfalls bei Thomas von Aquin gelernt haben, vergewaltigt nicht die Natur, sondern vervollkommnet sie – dann muß schon das Biologisch-Natürliche der menschlichen Sexualität Merkmale und Fähigkeiten erkennen lassen, die zeigen, daß der Mensch auf diese Aussagen des Glaubens antworten und sie im Leben auch wirklich umsetzen kann. Diese Merkmale sind nun tatsächlich auffindbar, und sie zeigen, daß Sexualität erstens Kraft der Bindung und Ausdruck der Liebe ist, und zweitens Kraft, aus der neues Leben entsteht.

Die Besonderheit menschlicher Sexualität

Der erste Wahrheitsgehalt menschlicher Sexualität als Kraft zur Bindung und Ausdruck von Liebe, ist heute leider nicht mehr selbstverständlich. Darauf deutet schon die Tatsache hin, daß die furchtbaren Infektionszahlen von Aids letztlich auf permissives Verhalten von Teilen der Bevölkerung zurückzuführen sind. „Wechselnde und unbekannte Partner" – wie es ausgerechnet die CDU-geführte Bundesregierung in einer der ersten Aids-Kampagnen als selbstverständliches Sexualverhalten der Bevölkerung dargestellt hat – sind tatsächlich in manchen Gruppen der Bevölkerung nichts Außergewöhnliches. Wir merken das auch an Schlagworten wie „Genuß ohne Reue", „Quick-Sex", „One-night-Stand" oder an dem studentischen Slogan der 70er Jahre: „Wer zweimal mit derselben pennt, gehört schon zum Establishment". Ich zitiere dies nicht nur zur dichterischen Erbauung, sondern auch weil dieser Satz – wenn auch studentisch zugespitzt – zum Ausdruck bringt, daß manche Menschen sexuelle Beziehungen nicht primär aus Liebe eingehen. Sie halten ihre Sexualität für ein lustversprechendes Konsumgut, dessen Genuß ungefähr auf derselben Stufe angesiedelt wird wie das „Zischen" eines schönen kühlen Bieres. Wenn sich dann noch nebenbei Liebe und Bindung einstellen, dann nimmt man dies zwar durchaus froh und gerne entgegen, aber darin wird eben nicht ein erster und wesentlicher Inhalt menschlicher Sexualität gesehen.

Besonders bedrückend ist es, mehr und mehr die Überzeugung vorzufinden, daß es nicht möglich sei, mit dem Gebrauch der Geschlechtskraft bis zu dem Moment zu warten, wo Bindung und Liebe gemeint sind. Immer häufiger wird die Meinung vertreten, ein solches Wartenkönnen übersteige die Fähigkeit des Menschen. Dieses Ideal, so meint man, liege jenseits verwirklichbarer Möglichkeiten menschlicher Sexualität.

Wenn ich darüber nachzudenken versuche, ob es eine spezifisch menschliche Sexualität gibt, und mich dafür an der inneren Wahrheit der Dinge, hier also an der Wahrheit menschlicher Sexualität auch auf der biologischen Ebene, ausrichte, dann muß ich zunächst einmal feststellen, daß auch die Sexualität des Menschen ein Trieb ist, der auf Triebbefriedigung hin ausgerichtet ist, so wie Hunger auf Sättigung zielt. Diesen Triebcharakter der Sexualität haben wir tatsächlich mit den Tieren gemeinsam. Ebenso die Verknüpfung von Triebbefriedigung mit Lustempfindung. Dies heißt jedoch nicht, daß beides, also Triebcharakter und Lust nur, weil wir sie mit den Tieren gemeinsam haben, etwas in sich Minderwertiges sei. Eine solche Argumentation würde unseren Schöpfungsglauben nicht ernst nehmen. Aber beides macht noch nicht das eigentlich Menschliche an unserer Sexualität aus. Es gibt da etwas, was wirklich spezifisch menschlich ist, etwas, was den Menschen von allen übrigen Säugern, zu denen wir biologisch gehören, unterscheidet: nämlich die Tatsache, daß der Mensch zwar seine Sexualität als Vorgabe vorfindet, sie ihm aber zur Gestaltung aufgegeben ist. Unsere Geschlechtskraft ist ja nicht mehr instinktgesteuert und besitzt keine umfassende Instinktsicherheit. Der Mensch verfügt vielmehr über eine immer wache, immer bereite Sexualität. Über eine Sexualität, die – vom Aspekt der Fortpflanzung unabhängig – immer lebendig ist. Als einziger unter den Säugern ist der Mensch von Paarungs- oder Brunftzeiten befreit. Und schließlich dokumentiert noch ein weiterer Aspekt die Besonderheit menschlicher Sexualität: Nur dem Menschen ist es möglich, sich bei der liebenden Vereinigung einander zugewandt zu sein.*

Diese Tatsache nun, daß Menschen einander zugewandt sich liebend umarmen können, heißt für mich, daß es in der körperlichen Vereinigung von Mann und Frau ganz sicher weder um reine Arterhaltung geht noch ausschließlich um je individuellen Lustgewinn. Man darf vielmehr den anderen und sich selbst als das geliebte Du erkennen. Als mir dies klar wurde, ist für mich die Sprache des alten Testamentes ganz lebendig geworden. Das, was die Exegeten als Euphemismus bezeichnen, nämlich den Ausdruck des Alten Testamentes „bien" (erkennen) als Wort für Geschlechtsverkehr, ist seitdem für mich keine schamhaft beschönigende Umschreibung mehr, sondern sprachliche Treffsicherheit der Alten. Hier wird der ganzheitliche Gehalt der körperlichen Vereinigung von Mann und Frau gesehen und präzise zum Ausdruck gebracht, daß es hierbei um das gegenseitige vorbehalt- und bedingungslose Sich-erkennen und Sich-zu-erkennen-Geben geht. An diesem Wort „Erkennen" merkt man, wie einäugig wir geworden sind, wenn wir etwa vom „Geschlechtsverkehr" sprechen, etwa im Sinne von Morgenstern: „Es war ein Knie, sonst nichts." Als ob es sich bei der liebenden Vereinigung nur um das Genitale handeln würde! Andererseits muß man leider sagen, daß auch unsere Sprache hier Treffsicherheit beweist. Vielen von uns ist offensichtlich das Gefühl dafür verloren gegangen, was eigentlich mit „Erkennen" gemeint ist. Wenn einer tatsächlich wechselnde und sogar kaum unbekannte Partner hat, dann hat dies nichts mehr mit „Erkennen" zu tun. Dann ist vielmehr das Feigenblatt von Adam und Eva – was das gegenseitige Sich-Erkennen immer den beiden Liebenden vorbehalten hat – vor das Gesicht gerutscht: Nicht mehr die Person des anderen ist gemeint – daher interessiert sein Gesicht nicht –, sondern nur noch dessen Körper.

Wenn Keuschheit also bedeutet, sich an der inneren Wahrheit der geschaffenen Wirklichkeit zu orientieren, dann dürfen wir sowohl von der Biologie als auch von der Offenbarung her unsere geschlechtlichen Kräfte folglich nur dann aktualisieren, wenn es um Bindung, also um Liebe geht. Dann bleibt natürlich vieles von dem ausgeschlossen, was heute zum Teil gang und gäbe erscheint: Weder der Körper des anderen noch der eigene wird zum reinen Lustobjekt degradiert; man spürt, daß wechselnde „Beziehungskisten" und unbekannte Partner mit der inneren Wahrheit menschlicher Sexualität ungefähr soviel gemein haben wie Schlammringen mit klassischem Ballett.

Merkwürdigerweise meinen heute viele, ein Sichbeschränken auf den geliebten Partner bedeute Einengung und Begrenzung. Aber ich muß sagen, daß mir in diesem Zusammenhang das Wort Einengung und Begrenzung weder in den Kopf noch über die Lippen will. In einer selbstverständlich gelebten Treue, in einer fraglos und einfach für normal gehaltenen Treue, in einer solchen Atmosphäre kann man wirklich frei sein. In ihr entsteht ein Freiraum und eine Freiheit, die man sich größer gar nicht vorstellen kann. Weil man in einer solch selbstverständlich gelebten Treue Geborgenheit und Sicherheit entwickeln kann, braucht man um den anderen und um die Beständigkeit der Liebe keine Angst zu haben. Hier weiß man, daß man nicht Besitztum oder Prestigeobjekt des anderen, kein austauschbares Objekt, kein benutzter Körper ist, sondern als Person geliebt wird. Wo jedoch sexuelle „Großzügigkeit" als Zeichen von Freiheit mißverstanden wird, zur Freiheit also sexuelle Beziehungen ohne Bindung und Liebe gehören, da wachsen unglaubliche Ängste und Mißtrauen: In Zeiten von Aids Angst um sich selbst, Angst um den anderen; Eifersucht, Trauer um sich und Trauer um den anderen, Trauer vielleicht auch wegen der eigenen Schwäche, der man sich resigniert ergeben hat. In einer solchen Atmosphäre kann man nicht frei sein. Was hier als Freiheit bezeichnet wird, bringt oft leidvolle Not hervor, die Herz und Hirn gleichermaßen beklemmt.

Wir müssen den Menschen deshalb wieder klarmachen, daß Körper und Herz, also Leib und Seele, eine Einheit sind. Daß die Sprache des Körpers mit der Sprache des Herzens übereinstimmen muß. Wenn in der Sexualität die Nähe der Körper der Nähe der Herzen nicht entspricht, wird der Mensch körperlich und seelisch krank. Neben den vielen bisher schon bekannten Geschlechtskrankheiten gibt uns Aids heute die Quittung, was das Körperliche betrifft. Die seelische Erkrankung äußert sich in ungeheurer Zunahme von Bindungsschwäche und Bindungsangst, gerade dort, wo in permissiver Art und Weise Sexualität gelebt wird. Untersuchungen zeigen: Je früher Jugendliche sexuell aktiv werden, was notgedrungen zu häufigen Partnerwechseln führt – man kann nicht mit 14 oder 15 schon den Mann oder die Frau fürs Leben gefunden haben –, desto skeptischer bzw. hoffnungsloser gehen vor allem die jungen Mädchen die Suche nach dem definitiven Partner an. Etwas abgeschwächt trifft dies auch auf die Jungen zu. Es fehlt vielen jungen Menschen inzwischen oft die innere Kraft, darauf zu hoffen, daß es so etwas wie echte Liebe gibt. Wo aber die Hoffnung fehlt und Liebe nicht erfahren wird, da werden Leib und Seele krank.

Fortpflanzung und Verhütung

Der zweite Wahrheitsgehalt von Sexualität ist die Weitergabe des Lebens. Grundsätzlich bestreitet wohl niemand, daß unsere Sexualität auch dazu dient. Psychische, physische, aber auch materielle Lebensumstände setzen hier jedoch klare Grenzen. Nicht umsonst gelten heute schon Familien mit zwei oder gar drei Kindern als kinderreiche Familien. Zwar wird der genuine Auftrag eines Ehepaares zu einer verantworteten Elterschaft allgemein anerkannt, aber die Meinungen gehen auseinander, wie man eine solche verantwortete Elternschaft lebt und wie man mit seiner Sexualität umgeht, wenn man glaubt, noch kein Kind oder kein weiteres mehr verantworten zu können. Es geht nun also um die strittige Frage der Empfängnisregelung. Um es gleich vorauszuschicken: Ich bin der Überzeugung, daß uns auch in dieser Frage das Hinhören auf die natürlichen Vorgaben des Körpers einen Weg weisen kann, den ich darin sehe, sich den natürlichen Monatsrhythmus der Frau zunutze zu machen. Ich bin der Kirche unendlich dankbar für das Aufweisen des Weges der natürlichen Familienplanung. Dieser Weg hat sich für meinen Mann und mich nicht nur als gangbar, sondern auch als beglückend und bereichernd erwiesen. Aus mehreren Gründen:

Erstens ist diese „Methode", die eigentlich mehr eine Lebenshaltung denn eine empfängnisregelnde Technik ist, gesundheitlich sicher die beste. Nach wie vor kann man bei den heutigen Pillenpräparaten psychische wie physische Nebenfolgen nicht ausschließen.

Zweitens kommt sie der Liebe zugute. Zum einen ist sie der partnerschaftlichste, fairste Weg. Die Last der Verhütung ist nicht nur von einem der beiden Betroffenen zu tragen, sondern sie muß von beiden „geschultert" werden. Dies ist wohl auch der Grund, warum dieser Weg des weiteren eine sehr positive „Nebenwirkung" hat, die sich häufig als Hauptfolge in einer Ehe herausstellt: Mann und Frau beginnen nämlich miteinander über dieses Thema zu sprechen. Denn sie müssen ja beide, zu gleichen Teilen, durch Verzicht auf das eheliche Zusammenkommen an den fruchtbaren Tagen ihren Beitrag zu einer verantworteten Elternschaft leisten. So wird häufig die Sprachlosigkeit, die so viele Paare in Sache Liebe lähmt und bedrückt, überwunden. Denn die Notwendigkeit, sich über geeignete oder ungeeignete Zeitpunkte einigen zu müssen, hat sich oft als hervorragendes „Sprungbrett" erwiesen, um von dort nun auch in ein Gespräch über die eigenen Bedürfnisse, Hoffnungen, Ängste und Freuden aneinander „eintauchen" zu können. Gerade diese Gesprächsfähigkeit kommt dem personalen Wesen der menschlichen Sexualität zugute. Allerdings liegt im Hinblick auf das Personale auch die Hauptschwierigkeit dieses Weges: Die „Treue" zum Kalender hat meiner Meinung nach nur solange ihre Berechtigung, als sie nicht ihrerseits diesen personalen Kern der ehelichen Liebe erdrückt. Darauf werde ich noch zurückkommen.

Drittens ist die natürliche Familienplanung ein Weg, der die eheliche Vereinigung nie zur Routine, zur Alltagskost verkommen läßt. Paare, die diesen Weg gehen und dadurch auch Zeiten des Verzichts kennen, brauchen, um füreinander anziehend zu bleiben, nicht immer neue, immer verrücktere oder gar perverse Reize; das eheliche Miteinander bleibt auch noch nach 5, 10, 20 oder noch mehr Jahren ein immer neu ersehntes und erwünschtes Geschenk, das sich die ursprüngliche Kraft des wirklichen Einswerdens mit dem geliebten Menschen bewahrt.

Viertens: Auf dem Weg der natürlichen Familienplanung ist uns im Glauben noch eine ganz andere, unerwartete Erfahrung zugewachsen. Wenn man den lebenschenkenden Kräften im Menschen weder mechanisch noch chemisch die Spitze nimmt, dann entsteht dadurch eine ganz neue Ehrfurcht vor den Quellen des Lebens. Zum einen gewinnt man eine tiefe Ehrfurcht vor dem Körper des anderen, in dem man bei dieser Lebensweise ja ganz bewußt dessen potentielle Vaterschaft bzw. Mutterschaft erlebt. Und es erwächst zugleich auch eine neue Ehrfurcht vor dem eigenen Körper, vor der eigenen, möglichen Mutterschaft bzw. Vaterschaft. Vor allen Dingen aber erfährt man existentiell die Nähe der Lebensquelle überhaupt, nämlich die Nähe Gottes. Man erfährt unter Umständen, daß Er uns sozusagen neues Leben anträgt, daß Er uns, salopp ausgedrückt, aber buchstäblich so gemeint, „auf ein Kind einlädt". Meiner Erfahrung nach ist dies der Grund, warum so viele Paare, die nach der natürlichen Familienplanung leben, deutlich mehr Kinder haben als andere: Nicht etwa, weil die Methode nichts taugt, sondern, weil der Mut zum Leben, die Freude an Kindern aus dieser Erfahrung der Mitwirkung Gottes an unserem Elternsein oder Elternwerden stammt. Durch diese Art, Ehe zu leben, ist mir erst klar geworden, daß der Glaube unserer Kirche tatsächlich ganz leibhaftig ist, daß die sakramentale Aussage der Gegenwart Gottes in einem äußeren Zeichen (ein Sakrament) wirklich spürbar erlebt werden kann. Das ist etwas, was dann wiederum die eheliche Liebe bereichert und sie dauerhaft zu tragen vermag. Denn sie wird gehalten von dem Vertrauen, das Seine Liebe in unserer ist und Seine Treue unsere Treue trägt. Dieses Erleben der Mitwirkung Gottes in der Ehe kommt auch den Kindern zugute. Denn unsere Einstellung zu ihnen, unsere Erziehung werden getragen von dieser Erfahrung, daß ihr Leben letztlich aus Gottes Händen kommt und nicht wir ihre letztverantwortlichen Verursacher sind.

Wo wir nur Instrument für Gott sind, der am Ende allein das Leben schenkt, dort können wir unsere Kinder auch leichter als Geschenk bzw. als Leihgabe und nicht als Eigentum begreifen. Das gibt uns eine der wichtigsten Erziehungshilfen. Man versucht bewußter, der Versuchung zu widerstehen, die Kinder nach den eigenen Vorstellungen und Wünschen modellieren zu wollen, so als wären sie unser Besitztum. Wir wissen einfach sehr viel besser: Dieses Kind ist ein Wesen für sich. Gott hat es so, wie es ist, für gut befunden, wir haben es zu Lehen bekommen. Wir können und müssen ihm nur die richtigen Wachstumsbedingungen geben, das richtige Klima, den guten Boden, vielleicht auch noch eine Kletterstange, damit es gerade wächst, aber daran herumschneiden, es beschneiden, ihm etwas aufpfropfen wollen, das dürfen wir nicht. Und das ist eine Erfahrung, die, wie ich glaube, unser Familienleben und unser Elternsein sehr erleichtert hat.

Gerade weil wir diesen Weg der natürlichen Familienplanung, den die Kirche weist, als so beglückend erfahren haben, wünschte ich mir, daß mehr junge Menschen ihn für sich entdeckten. Dies gelänge leichter, wenn so mancher Vertreter der Kirche nicht primär mit Sündendefinitionen, sondern mit dem Reichtum, der in diesem ganzheitlichen Verständnis der Sexualität liegt, argumentierte; wenn er darüber hinaus auch die Klippen und Fährnisse dieses Weges berücksichtigte und letztlich, wie die deutschen Bischöfe dies in der Königsteiner Erklärung getan haben, die Gewissensentscheidung der Betroffenen respektiert.

Es ist wahr, Liebe und Leben sind die beiden Sinngehalte menschlicher Sexualität. Sie gehören grundsätzlich zusammen. Wahr ist aber auch, daß zeitweise die Wahrung dieser Einheit, bezogen auf den einzelnen ehelichen Akt, zu schweren Belastungen, unter Umständen sogar zur Gefährdung von Ehen führen kann.

Zwar hält uns die Schöpfungsordnung fruchtbare und unfruchtbare Tage bereit, so daß wir uns unsere Liebe zeigen können, auch ohne ein Kind zu zeugen. Und es gibt Zeiten in einer Ehe, in der die beiden Sinngehalte, Liebe und Leben, sozusagen im Gleichgewicht sind; die Annahme der Schöpfungsordnung, um die Fruchtbarkeit zu regeln, und der Wunsch, die gegenseitige Liebe mit allen Sinnen erfahren und sich bezeugen zu können, stehen – trotz Zeiten des Verzichts – in einem harmonischen Verhältnis zueinander.

Es gibt aber auch Zeiten, vor allem, wenn die Familienplanung mit verantwortlichen Gründen abgeschlossen ist, in denen sich dieses Gleichgewicht zu Ungunsten der Liebe zu verschieben droht. Dann nämlich, wenn „Treue zum Kalender" die Oberhand über die personale Dimension der ehelichen Vereinigung gewinnen würde. Zur Schöpfungsordnung gehört nämlich meiner Meinung nach nicht nur der monatliche Rhythmus der Frau, der die Fruchtbarkeit regeln könnte. Sondern zu ihr gehört auch die personale Wirklichkeit ehelicher Liebe: Nicht um eines Kindes willen, sondern um ihrer selbst willen, um ihrer Liebe willen, wollen Mann und Frau zusammenkommen. In der ehelichen Wirklichkeit spielt normalerweise der Aspekt der Fruchtbarkeit eine untergeordnete Rolle. Im Vordergrund steht immer der personale Aspekt: Sich zu erkennen als Liebende und Geliebte.

Hier zu einem Gleichgewicht zu finden, in dem man einerseits zumindest grundsätzlich um die Zusammengehörigkeit von Liebe und Leben weiß, andererseits jedoch die Liebe nicht verletzt, ist Aufgabe und Recht eines jeden Paares. Meiner Erfahrung nach gibt es dabei nie endgültige Lösungen. Wer sich für den Willen Gottes offenhält, erlebt immer Überraschungen, auch auf diesem Gebiet. In Rückbindung an den Willen Gottes, in der daraus erwachsenden Freiheit der Kinder Gottes brauchen wir gerade dort, wo es um die Liebe geht, nicht zu eng und sündenängstlich zu sein. Mit derselben Offenheit und dem selben Großmut sollten wir uns aber andererseits auch für neue Wege und Lösungen bereithalten, die Gott uns eventuell anträgt. Manch einer kommt auf diese Weise zu einer größeren Familie, als ursprünglich geplant, dadurch aber auch zu beglückendem „Leben in Fülle". Manch einer erfährt im Entschluß zum Verzicht ein unvermutetes, beglückendes Wachsen in Glaube, Hoffnung und Liebe.

Darauf kommt es letztlich an, daß wir in und durch unsere Liebe, die uns ein Abbild der Liebe Gottes zu uns sein will, Gott entgegenwachsen, jeder auf dem Weg, den Gott ihm anträgt.

---

* Ein ausführliche Erläuterung des Themas Sexualität von Mensch und Tier entnehmen Sie bitte meinem Beitrag *Verwechselt mich vor allem nicht.*

Die Ehe als besonderer Ort der Menschenwürde
Versuch einer metaphysischen Grundlegung

von Martin Rothweiler

Einführung

Wie kann man das folgende Bibelzitat philosophisch deuten: „Deshalb wird ein Mensch seinen Vater und seine Mutter verlassen und seinem Weibe anhangen, und die beiden werden ein Fleisch sein" (Eph 5,31)? Was bedeutet das „ein Fleisch sein", von dem auch im zweiten Schöpfungsbericht[1] die Rede ist? Welche besondere Beziehung zwischen zwei Menschen unterschiedlichen Geschlechts ist damit gemeint?

Wörtlich kann diese fleischliche Einswerdung wohl nicht gemeint sein. Denn offensichtlich behält die Frau wie der Mann auch in der Ehe seinen eigenen Leib, sie werden also der materiellen Bedeutung nach nicht zu einem Leib. Ist es nicht gerade dem Materiellen eigen, daß es undurchdringlich ist und nicht mit etwas anderem eins werden kann, während Immaterielles dafür durchaus offen ist. Nehmen wir als Beispiel die menschliche Erkenntnis, die wesentlich darin besteht, daß ich den Gegenstand, den ich erkenne, seinem immateriellen Gehalt nach in mich aufnehme und zwar nicht materiell, aber immateriell mit ihm eins werde? Zwei Menschen bleiben ob in oder außerhalb der Ehe offensichtlich immer noch verschieden. Wir machen unsere Individualität und menschliche Identität nicht mehr nur am Daumenabdruck, sondern an unserem jeweils unverwechselbaren genetischen Code fest. Nicht, daß unser genetischer Code unsere Identität letztlich ausmacht, aber er ist der biologische für alle Menschen nachvollziehbare Prüfstein, daß jemand als ein unverwechselbares Individuum der Spezies Mensch angehört, mithin ein Mensch ist. Wenn wir die Zugehörigkeit zur Spezies Mensch von anderen Kriterien abhängig machen, etwa davon, ob sich ein Mensch schließlich auf eine menschliche Weise auch tatsächlich äußert, so daß wir an seinem Verhalten den Gebrauch der Vernunft und des freien Willens ablesen können, dann geraten wir in leidlich bekannte Bahnen, in denen zwar auch von Menschenrechten geredet wird, die Frage aber, wer denn nun zur Spezies Mensch gehört, den jeweils definierten Kriterien anheimgestellt ist. Kurz und gut: An der biologisch-leiblichen Identität von Mann und Frau ändert sich auch nach der Eheschließung nichts. Mann und Frau werden also real nicht ein Fleisch.

Eine zweite Interpretation des Ein-Fleisch-Werdens, die zwar den metaphorischen Charakter der Aussage berücksichtigt, sich aber noch an der materiellen Bedeutung des Wortes orientiert, legt sich nahe: Das Einswerden könnte schlicht eine Anspielung auf die geschlechtliche Vereinigung von Mann und Frau sein und darüber hinaus auf den prokreativen Zweck dieser Vereinigung hinwiesen. Mann und Frau werden in dem gezeugten neuen menschlichen Leben zu einem Fleisch.

Der Kontext beider erwähnter Bibelstellen gestattet zwar eine solche Interpretation, geht aber offensichtlich über sie hinaus. In der Genesis geht es darum, daß der Mensch nicht allein sei und Gott ihm „eine Hilfe machen (will), die ihm entspricht"(Gen 2,18). Im Epheser-Brief geht es um die besondere Liebe zwischen Mann und Frau und näherhin um ihr geheimnisvolles Abbild der Liebe Christi zu seiner Kirche. Vor allem der Epheser-Brief legt nahe, daß mit der Aussage „und die zwei werden ein Fleisch sein" eine unauflösliche Einheit gemeint ist, die Mann und Frau eingehen. Mann und Frau gehören so zusammen, daß man gleichsam nicht mehr von dem einen reden kann, ohne den anderen zu erwähnen.

Um diesen besonderen Charakter der Ehe als menschlicher Gemeinschaft soll es uns im folgenden gehen. Dabei wollen wir die Ehe philosophisch betrachten, das heißt, ich werde mich nur Argumenten bedienen, die der Vernunft zugänglich sind und sich nicht auf Geoffenbartes berufen – auch wenn zum Philosophieren als Lebensvollzug gehört, daß die gesamte Wirklichkeit, das heißt auch die Offenbarungswahrheiten in den Blick kommen und nichts, was zur Wirklichkeit gehört, von vornherein ausgeklammert werden darf. Anstöße hat es von der Offenbarung her für die Philosophie immer gegeben, wenn wir etwa an den Begriff der Person denken. Auch die Existenz Gottes, die uns in der Offenbarung ansichtig wird, läßt sich philosophisch erschließen. Aber dazu später mehr.

Es geht mir hier darum, die natürliche Ehe „natürlich" zu begründen und ihren Stellenwert für den Menschen und die menschliche Gesellschaft deutlich zu machen. Gerade in Zeiten, in denen der Glaube schwindet oder auch alles mögliche geglaubt wird – was meines Erachtens dasselbe ist –, scheint es mir wichtig, vernünftig zu argumentieren, das heißt die Augen zu öffnen für das, was wir auf natürliche Weise erkennen können, was also für jeden Menschen prinzipiell nachvollziehbar ist. Dies kann für den Nichtgläubigen den Blick für das Übernatürliche freimachen und dem Gläubigen die Einsicht vermitteln, daß sein Glaube der Vernunft nicht widerspricht, sondern mit ihr konform und über sie hinausgeht.

Ich möchte meinen Beitrag entsprechend dem Titel „Die Ehe als besonderer Ort der Menschenwürde – Versuch einer metaphysischen Grundlegung" wie folgt gliedern:

1. Was ist eine Ehe?
2. Was heißt Menschenwürde, und welche besondere Stellung kommt der Ehe hinsichtlich der Menschenwürde zu?
3. Worauf gründen Menschenwürde und der Wert der ehelichen Gemeinschaft im letzten? – Die metaphysische Grundlage der Ehe und der Menschenwürde

1. Was ist eine Ehe?

Versuchen wir also herauszufinden, wodurch sich die Ehe gegenüber anderen menschlichen Gemeinschaften auszeichnet.

Ein erstes wesentliches Charakteristikum ist die Freiwilligkeit der ehelichen Gemeinschaft. Einer Familie oder dem Staat gehören wir nicht durch eine eigene Entscheidung an, sondern aufgrund unserer Geburt. Die Ehe setzt hingegen voraus, daß die Frau oder der Mann sich frei füreinander entscheiden. Einer erzwungenen Ehe würde man mit Recht Ihre Gültigkeit absprechen.

Die Freiwilligkeit finden wir aber auch in anderen menschlichen Gemeinschaften, etwa bei Interessensverbänden, zu denen sich Menschen freiwillig zusammenschließen, um bestimmte Zwecke zu verfolgen. Man verfolgt ein gemeinsames Ziel, dessen Erreichung allen Mitgliedern zum Vorteil gereichen wird. Wer aber im einzelnen „mit von der Partie" ist, spielt letztlich keine Rolle, ja wenn das Ziel einmal erreicht ist, kann sich ein solcher Zweckverband ruhigen Gewissens auflösen.

Sowohl der Staat als auch der Interessensverband sind selbstverständlich Personengemeinschaften, doch kommt in ihnen der Personcharakter des Menschen nicht so stark zum Vorschein. Der einzelne tritt hinter dem gemeinsamen Ziel zurück, je nach Größe des gesellschaftlichen Zusammenschlusses herrscht ein mehr oder weniger anonymes Verhältnis unter den Mitgliedern vor. Der andere begegnet mir zwar immer auch als Person, der ich Respekt schulde, aber er erscheint mir mehr als Mitstreiter denn als diese konkrete unverwechselbare einmalige Person. Diese Dimension des Menschen bleibt im Hintergrund.

Damit ist neben der Freiwiligkeit des Zusammenschlusses ein zweites Kriterium herausgestellt, das die Ehe kennzeichnet und bereits von einigen anderen Formen menschlicher Gemeinschaft unterscheidet: In der Ehe steht die Person des anderen im Vordergrund. Wäre es in ihr ähnlich bestellt wie in einem Zweckverband, dann käme es wohlmöglich zu der dann allerdings berechtigten Konsequenz, daß, wenn einmal der Zweck, etwa Kinder zu zeugen und zu erziehen, erfüllt ist, also nach der sogenannten Familienphase – wie es im Amtsdeutsch heißt –, auch dieser „Verein" sich einfach auflöst, oder schon vorzeitig, wenn abzusehen ist, daß der Ehezweck nicht erfüllbar ist. Kinderlose Ehen hätten in dieser utilitaristischen beziehungsweise konsequentialistischen Sicht der Ehe eigentlich keinen Sinn. Eine solche Sichtweise ähnelt in ganz kurioser Weise auch der hedonistischen Auffassung, die in der Ehe einen Zweckverband zur Erreichung einer zweisamen Genußoptimierung sieht. Auch hier ist klar: Läßt sich dieser Zweck nicht mehr erfüllen, aus welchen Gründen auch immer, hat die Ehe ihren Sinn verloren, und an Sinnlosem, das ist jedermann einsichtig, soll man sich schließlich nicht aufhalten.

Halten wir bisher fest: Die Ehe ist eine auf Freiwilligkeit gegründete menschliche Gemeinschaft, in der bei der Verfolgung eines gemeinsamen Zwecks die Person des anderen im Vordergrund steht. Es kommt ganz darauf an, wer der andere ist. Dasselbe kann man allerdings auch von einer Freundschaft sagen. Der Freund interessiert sich vor allem für die Person des anderen. Ein Freund wird sich aus Liebe selbst dann für Unternehmungen des anderen interessieren, wenn sie ihn von der Sache her im Grunde langweilen. Eine Freundschaft überdauert kurzfristige gemeinsame Ziele und übersteht große räumliche Entfernungen und Zeiten, in denen man sich lange nicht sieht. Gewiß gibt es sehr viele verschiedene Grade von Freundschaft, aber man wird sicherlich sagen können, daß in einer Freundschaft der andere ins Zentrum des „Interesses" rückt und daß eine Freundschaft um so intensiver ist, je stärker die Person des anderen im Mittelpunkt der Beziehung steht. Mit anderen Worten: In der Freundschaft ist der andere für mich nicht Mittel zur Erreichung eines Zieles, sondern selbst Ziel meines Handelns und Bemühens.

Ich respektiere den anderen nicht nur als Person und achte darauf, daß ich ihn niemals nur als Mittel, sondern immer auch als jemanden anerkenne, der wie ich zur Selbstbestimmung, zu einer eigenen Zielsetzung fähig ist – dazu bin ich in jeder menschlichen Gemeinschaft gehalten. Vielmehr wird er mir de facto zum Ziel, zum Gegenstand meiner Zuneigung. Der andere wird von mir geliebt um seiner selbst willen. Ich habe zwar auch einen Gewinn durch die Freundschaft, aber selbst wenn dieser Profit ausbliebe, wird meine Liebe zu ihm nicht erlöschen; oder es war eine Freundschaft, die sich letztlich doch auf der Ebene eines Interessensverbandes abgespielt hat, nur daß er lediglich aus zwei Personen bestand, die sich gut kennen, einander also nicht anonym sind.

In der Freundschaftsliebe gehe ich also nicht auf in einem bloßen Wir, bin ich nicht nur Teil einer Gemeinschaft, sondern stehe ich in einem ganz persönlichen Verhältnis zu einem anderen. Der andere wird mir zum Du. Da, wo jemand geliebt wird, wird er aus der Menge herausgehoben und als einzelner in seinem Innersten angesprochen. Lieben heißt, ausdrücklich ja zu jemandem sagen, zu sagen, es ist gut, daß es dich gibt, ich will dir wohl, ich will dein

Wohl. In der Freundschaft wird diese Liebe erwidert, sie ist keine Einbahnstraße. Anhand der Freundschaft als menschlicher Gemeinschaft haben wir etwas präzisiert, was es bedeutet, wenn wir sagen, daß es bei der Ehe um den jeweils anderen ganz persönlich geht. Es heißt im Grunde nichts anderes als: Der andere wird von uns geliebt; und umgekehrt: Wir werden vom anderen geliebt. In der Liebe, die sowohl eine Freundschaft als auch die Ehe konstituiert, wird der andere zum Ziel. Was ich im Rahmen einer Freundschaft, einer Ehe tue, tue ich immer auch für den anderen und um der Freundschaft beziehungsweise um der ehelichen Liebe selbst willen. Dies findet seinen Ausdruck vor allem in der Treue, denn sie stellt unter Beweis, daß es mir im letzten nicht um irgendwelche vorübergehenden Eigenschaften des anderen geht, wiewohl sie der Ausgangspunkt einer Freundschaft sein können und es oft auch sind, sondern um das Bleibende in ihm, sein Innerstes, sein Ich.

Was unterscheidet aber die Ehe von der Freundschaft, die eheliche Liebe von der Liebe zwischen Freunden?

In keiner anderen zwischenmenschlichen Beziehung wird wohl in so radikalem und umfassenden Sinne gesagt: Ich liebe Dich.[2] Und nirgendwo sonst wird so entschieden gefragt: Liebst Du mich, oder liebst Du nur etwas an mir, liebst Du mich letztlich aus irgendeinem Grund, der ich nicht selber bin. Ausgangspunkt dieser ehelichen Liebe mag sein, was will: das Aussehen, die Entdeckung gemeinsamer Interessen und Auffassungen oder der Gedanke, für die Zukunft ausgesorgt zu haben, weil der oder die Auserwählte aus begütertem Hause stammt. Es ist ja nicht immer Liebe auf den ersten Blick, in dem in rational nicht erklärbarer Weise diese Aussage „Ich liebe Dich" in dem tiefen oben genannten Sinne schon enthalten ist. Am Ende verlangt wirkliche eheliche Liebe aber immer diesen Zusatz: Ich liebe dich, egal was passieren mag. Erst wo diese Zusage innerlich bewußt vollzogen wird, handelt es sich um echte eheliche Liebe.

Freunde kann ich mehrere haben, aber die eheliche Liebe geht tiefer, ist radikaler und meint in unüberbietbarer Weise den anderen. Der andere bekommt einen einzigartigen Stellenwert in meinem Leben.[3] Ich liebe ihn ganz und schenke mich ihm ganz, mit Leib und

Seele und der andere schenkt sich mir. Diese Ganzheit der gegenseitigen Hingabe erfordert Ausschließlichkeit. Die monogame Ehe ist keine Frucht eines positiven göttlichen Gesetzes, sondern entspricht der Natur der ehelichen Liebe, denn auf diese radikale, tiefe Weise kann ich nur einen anderen Menschen lieben. Eine solche Liebe ist unteilbar, auch wenn andere Menschen an dieser Liebe auf ihre Weise teilhaben können. So werden die Kinder an dieser elterlichen Liebe wachsen und sie auf ihre kindliche Art nachahmen. Die eheliche Liebe läßt die beiden Liebenden zu einer Einheit werden. Die Tiefendimension und die von ihr verlangte Ausschließlichkeit unterscheidet die eheliche Liebe von der bloßen Freundschaft.

Vielleicht ist an dieser Stelle ein klärendes Wort zur Selbsthingabe nötig. Selbsthingabe, darf nicht so verstanden werden, als ob ich mich selbst dem anderen derart überantworte, daß ich mich ihm als Mittel für seine Zwecke zur Verfügung stelle. Auch mich selbst, darf ich nie nur als Mittel, sondern muß mich immer auch als Selbstzweck begreifen und in meinen Handlungen als jemand verhalten, der sich selbst Ziele setzt und für sein Handeln verantwortlich ist und sich im wohlverstandenen Sinne das Gesetz seines Handelns nicht aus der Hand nehmen lassen darf. Meine Hingabe ist immer eine verantwortete und zu verantwortende Hingabe.

Die besondere Einheit, von der wir eben gesprochen haben, ist als vollmenschliche Einheit nur zwischen Mann und Frau möglich, da sie den Menschen nicht nur als geistiges Wesen einbezieht, sondern in vollem Umfang, das heißt auch seinen Leib. Der menschliche Leib ist aufgrund seiner Geschlechtlichkeit auf Selbsttranszendenz und Vereinigung mit dem jeweils anderen Geschlecht hin ausgerichtet. Im Geschlechtstrieb erkennen wir die physische Grundlage der leiblichen Vereinigung von Mann und Frau. Der Trieb ist darauf angewiesen in die ausgezeichnete Form der ehelichen Liebe integriert zu werden, um zu seiner Erfüllung zu kommen. Würde man seine Erfüllung reduktionistisch in bloßer Lusterfüllung oder exklusiv in der Zeugung von Nachkommenschaft sehen, also ohne seine Einbindung in die eheliche Liebe, würde man im einen wie im anderen Fall, wenn auch in unterschiedlicher Weise, den Partner verzwecken, das heißt letztlich mißbrauchen. Man würde leiblich eine Hingabe bezeugen, die innerlich nicht vollzogen worden ist. Es wäre ein heuchlerischer Akt. Der erste Fall des Mißbrauchs zeigt sich in der Promiskuität, der zweite wohl weniger verbreitete Fall trat unter anderem im Dritten Reich gemeinsam mit dem Fernziel der Menschenzüchtung im „Lebensborn" geschichtlich in Erscheinung. Allerdings gibt es diese Form der Verobjektivierung des geschlechtlichen Partners auch nach dem Motto: „Ich will ein Kind, egal von wem."

Wir haben also ein weiteres auch gegenüber der Freundschaft unterscheidendes Element der ehelichen Liebe dazugewonnen: die leibliche Vereinigung von Mann und Frau. Sie gehört zur gegenseitigen Ganzhingabe, zur vollen ehelichen Liebe und nur zu ihr. Sie ist ein Spezifikum ehelicher Liebe.

Folgerichtig gehört auch zur Ehe, die Achtung des der geschlechtlichen Vereinigung innewohnenden Zwecks, das heißt die Offenheit für die Zeugung neuen menschlichen Lebens, die Offenheit für Kinder und die Übernahme der Verantwortung ihrer Erziehung. Wenn ich eben betont habe, daß die Reduktion auf den Lustgewinn also auch die Reduktion auf die Zeugungsfunktion zum Fehlverhalten gegenüber dem Partner führen, so gehören doch beide dazu: die Zeugung menschlichen Lebens als der natürliche, wesentliche Zweck der geschlechtlichen Vereinigung, der objektiv gesehen immer gegeben ist, ganz gleich, ob er seinem Sinngehalt angemessen in die eheliche Liebe eingebunden ist oder nicht; und die Lust, das sinnliche Wohlgefallen, das die geschlechtliche Vereinigung positiv umgibt, allerdings nicht per se, wenn man sich etwa das grausame Verbrechen der Vergewaltigung vergegenwärtigt. An diesem Extremfall sexuellen Mißbrauchs kann man zum einen ersehen, wie die Konzentration auf den Lustgewinn zur Instrumentalisierung des anderen führt, und zum anderen, wie sehr das beiderseitige sinnliche Wohlgefallen vom angemessenen „Sitz im Leben" der Menschen abhängig ist.

Die geschlechtliche Vereinigung und mithin also ihr Zweck, nämlich die Zeugung von Nachkommenschaft, jedenfalls die innere Bereitschaft dazu, sind ein wesentlicher Bestandteil der ehelichen Liebe. Damit ist ein weiteres Spezifikum der ehelichen Liebe benannt: die besondere schöpferische, genauer gesagt mitschöpferische, prokreative Dimension der ehelichen Liebe. Daß die Zeugung eines Menschen in die ehelichen Liebe eingebettet sein soll, erhellt nicht nur aus der gegenseitigen Ganzhingabe, deren zwar nicht einziges, aber spezifisches Ausdrucksmittel sie ist, sondern auch aus der Verantwortung, die die Zeugung eines Kindes mit sich bringt, nämlich dieses Kind auch zu ernähren und zu erziehen. Die eheliche Liebe umfaßt also nicht nur die gegenseitige Ganzhingabe, sondern geht in ihrem vollen Vollzug zugleich über die Liebenden hinaus. Denn ihre Bereitschaft, neues menschliches Leben hervorzubringen, richtet sich ja prinzipiell auf ein drittes hin: das Kind.

Damit ist längst nicht alles über den Zweck der Ehe gesagt.[4] Aber es dürfte hinreichend klar sein, wodurch sich die eheliche Liebe, gegenüber anderen Formen gemeinschaftlichen Lebens auszeichnet: die gegenseitige ausschließliche Ganzhingabe und ihre prokreative Dimension.

2. Was heißt Menschenwürde, und welche besondere Stellung kommt der Ehe hinsichtlich der Menschenwürde zu?

Und was hat das bisher Gesagte mit der menschlichen Würde zu tun? Nun, wenn wir von Menschenwürde reden, so wollen wir in der Regel damit zum Ausdruck bringen, daß dem Menschen ein besonderer Wert, eine besondere Qualität zu eigen ist, die ihn zu jemanden macht, über den nicht einfach verfügt werden kann wie über eine Sache. Im Grundgesetz der Bundesrepublik Deutschland heißt es im Art. I, Abs. 1: „Die Würde des Menschen ist unantastbar". Dieser Satz kann für sich genommen sowohl als schlichte Feststellung eines Sachverhalts verstanden werden, daß also die Würde eines Menschen gar nicht angetastet werden kann, als auch im Sinne einer die Menschenrechte letztlich begründenden Rechtsnorm, die eigentlich meint: Die Würde des Menschen darf nicht angetastet werden.

Was bedeutet „Würde" eigentlich? Der Begriff „Würde" ist wohl kaum in eine Definition zu fassen, aber wir können versuchen, uns seiner Bedeutung durch Beispiele zu nähern. Wenn ein Mensch etwa außer sich vor Zorn ist und öffentlich einen anderen Menschen, vielleicht seinen Untergebenen, demütigt oder wenn jemand, koste es, was es wolle, beständig seinen Bedürfnissen nachgeht und sie unmittelbar befriedigt sehen will, von dem sagen wir, er habe seine Würde verloren. Würde verlieren setzt offensichtlich Freiheit voraus. Im ersten Fall liegt ein Mißbrauch der Freiheit vor, im zweiten

295

Fall verhält sich der Mensch gerade so, als habe er gar keinen freien Willen, als könne er sich nicht von seinen Bedürfnissen .auch einmal distanzieren; letzteres nicht um der Askese als solcher willen, sondern weil in der Askese eine Souveränität und „Seinsmächtigkeit" zum Ausdruck kommt, zu der kein Tier fähig ist. Ein hungriges Tier würde einen Leckerbissen niemals liegen lassen können, wenn es nicht durch andere äußere Umstände wie etwa drohende Lebensgefahr daran gehindert wird. Das Tier geht, wenn man so will, in seiner Umwelt auf, hat keine Distanz zu ihr und vor allem zu sich selbst, ist nicht souverän. Der Mensch hingegen ist Herr über seine eigenen Handlungen, ist den Reizen der Umwelt nicht einfach ausgeliefert, sondern kann sich frei für oder gegen sie entscheiden. Freiheit, das ist die entscheidende Grundlage, um überhaupt von Würde reden zu können, und zwar nicht irgendeine physische Freiheit, sondern die Freiheit des Willens, deren Voraussetzung die Vernunft ist. Nicht vernunftbegabte Lebewesen reagieren sofort unreflektiert, instinktiv auf das ihnen von den Sinnen angebotene Gut, wenn es ihrer inneren sinnlichen Bedarfsmeldung entspricht. Der Mensch erkennt natürlich auch etwas als Gut, weil es seinen sinnlichen oder geistigen Bedürfnissen oder Wünschen entspricht. Aber er muß das, was er als das in irgendeinerweise „für ihn Gute" erkennt, nicht notwendig auch tatsächlich anstreben. Er kann es einer Prüfung unterziehen und sich fragen, ob es sich bei diesem Gut, nur um ein scheinbares Gut oder ein wirkliches Gut handelt. Dem Zuckerkranken mag eine Süßspeise sich zunächst als verlockend, also als ein Gut für ihn zeigen, weil ihn danach verlangt. Aber da das Gut „Süßspeise", angeregt von der sinnlichen Wahrnehmung der Puddingschüssel immer auch den Verstand passiert, um es salopp zu sagen, von ihm also präsentiert wird und sich der Wille auf vom Verstand präsentierte Güter oder Werte bezieht, deshalb hat etwa der Zuckerkranke die Chance, darüber nachzudenken und zu erkennen, daß angesichts seiner Lebenssituation der Verzehr dieser Speise eben gerade kein wirkliches Gut für ihn ist. Der Mensch ist natürlich frei, sich auch für das vermeintliche Gut zu entscheiden. Der magenkranke Rauhaardackel wird auf sein Fressen indes lediglich verzichten, weil ihm der Appetit vergangen ist. Vernunftbegabtheit und freier Wille, begründen jene „Seinsmächtigkeit", jene Absolutheit oder auch Souveränität und zu verantwortende Macht über seine eigenen Handlungen, die den Menschen vor allen anderen Dingen auszeichnen.

Wo diese Freiheit in besonderer Weise bezeugt wird, wo der Mensch also in seinem Verhalten deutlich zeigt, daß er sich nicht von den äußeren Umständen treiben läßt, daß es für ihn Wesentliches und Unwesentliches gibt, da scheint etwas von seiner Würde auf. Es kommt wohl von daher, daß wir eher dem gelassenen Menschen Würde zusprechen als dem Hektiker, der angesichts mannigfaltiger Aufgaben seine Souveränität zu verlieren scheint.

Kehren wir zum ersten Fall zurück, zu demjenigen, der seine Würde aufs Spiel gesetzt hat, weil er einen anderen gedemütigt, erniedrigt und vor anderen bloßgestellt hat oder dergleichen ähnliches mehr. Er hat seine Würde offensichtlich deshalb verloren, weil er die Würde des anderen verletzt, nicht respektiert hat. Er hat den Anspruch des anderen auf die Respektierung seiner Würde mißachtet und damit praktisch den prinzipiellen Anspruch eines jeden Menschen auf die Respektierung seiner Würde geleugnet. Durch diesen Mißbrauch seiner Freiheit entwürdigt er letztlich sich selbst.

Dagegen scheint uns derjenige, der unter einer solchen Demütigung zu leiden hat, seine Würde deshalb nicht verloren zu haben. Die Würde kann streng genommen dem anderen Menschen nicht geraubt werden, selbst dadurch nicht, daß man ihn umbringt. Nicht der Märtyrer verliert seine Würde, sondern sein Mörder.

Was dem anderen allerdings genommen werden kann, ist die Chance, seine Würde zur Geltung zu bringen, ihr Ausdruck zu verleihen. So führt etwa die Folter dazu, daß der Wille eines Menschen gebrochen wird, daß er durch physischen Schmerz seiner Selbstbestimmung beraubt und zu Handlungen gezwungen wird, die er nicht wollen würde, wenn er überhaupt noch wollen könnte. Ihm wird faktisch die Möglichkeit genommen, seiner freien Selbstbestimmung Ausdruck zu verleihen. Er ist zur Manipulationsmasse geworden, zu einem bloßen Instrument. Seinen freien Willen vermag er nicht mehr zu artikulieren.

Menschenwürde meint also zweierlei: etwas Unverlierbares und etwas, das man durchaus verlieren kann und von dem man mehr oder weniger besitzen kann.

Die verlierbare Menschenwürde steht für die sittliche Qualität eines Menschen, für die Art und Weise, wie er seine Freiheit gebraucht, ob in Einklang oder in Widerspruch zu seinem menschlichen Wesen. Unverlierbar indes ist jenes Minimum an Würde, das jedem Menschen zukommt, jene „Freiheit als mögliche Sittlichkeit"[5], wie Robert Spaemann es ausdrückt. „Der Mensch", so Spaemann weiter, „ist, solange er lebt, von der Art, daß wir ihm die Zustimmung zum Guten zumuten können und müssen. Diese Zustimmung aber kann nur in Freiheit geschehen. Und sowohl die Zumutung der Zustimmung als auch die Gewährung jenes Freiraumes, in dem allein sie vollzogen werden kann, sind fundamentale Akte der Achtung der Menschenwürde."[6] Das bedeutet aber nicht, daß wir die Achtung der Menschenwürde nur einem Menschen entgegenbringen müssen, dessen empirisches Erscheinungsbild uns seine Vernunftbegabtheit und Fähigkeit zur sittlichen Selbstbestimmung unter Beweis stellt, der also beide Begabungen beziehungsweise Fähigkeiten, nämlich vernünftige Erkenntnis und freie Entscheidung realisiert. Wir achten schließlich nicht die Erkenntnisakte oder Entscheidungen selbst, sondern im letzten denjenigen der sie trägt, das dahinterliegende „Ich". Dieses „Ich" müssen wir auch da annehmen, wo es sich nicht zeigt, wo wir lediglich über das Kriterium der biologischen Zugehörigkeit zur Spezies Mensch verfügen und wo wir aufgrund dieser biologischen Zugehörigkeit auf seine in seiner Substanz verankerten Vernünftigkeit und Freiheitsfähigkeit schließen können, auch wenn wir sie noch nicht oder nicht mehr aktualisiert vorfinden, ja selbst, wenn wir sie überhaupt nicht bei ihm zu entdecken vermögen, wie etwa bei von Geburt an schwerstgehirngeschädigten Menschen.

Beispiele der Mißachtung der Menschenwürde gibt es in unserer sogenannten zivilisierten und aufgeklärten Gesellschaft zuhauf, weil wir eben nicht auf der Grundlage der Zugehörigkeit zur Spezies Mensch die Würde der Person, das „Ich", seine Anlage zur Freiheit achten, sondern bestimmte tatsächliche Eigenschaften des Menschen zum Kriterium dafür machen, ob wir ihm die Menschenwürde zuerkennen und er folglich in den Genuß der Menschenrechte kommt oder nicht. Ob der Mensch zehn oder zwanzig Wochen alt ist, ob er geboren oder ungeboren ist, behindert oder nicht behindert, darf keine Rolle spielen, oder wir haben eigentlich den Gedanken der Menschenrechte prinzipiell schon aufgegeben und geben es uns nur nicht zu. Denn seine Menschenwürde und sein Anspruch auf Menschenrechte verdanke sich dann nicht seinem eigenen Menschsein selbst, sondern der Entscheidung eines anderen Menschen oder der Mehrheit eines Volkes.

Die Menschenwürde beruht, so haben wir gesagt, in der Fähigkeit des Menschen zur freien sittlichen Selbstbestimmung – wobei freie Selbstbestimmung freilich nicht bedeutet, daß es keine dem Menschen vorgegebenen und aufgetragenen Ziele gibt, sondern lediglich, daß er sie frei zu wählen vermag. In dieser Fähigkeit des Menschen zur freien Selbstbestimmung, die als Voraussetzung immer auch die Wahrheitsfähigkeit des Menschen einschließt, liegt auch der Grund für den Selbstzweckcharakter, das heißt dafür, daß der Mensch niemals nur als Mittel behandelt werden darf, sondern immer auch als ein Zweck an sich.

Die Achtung dieses Selbstzweckcharakters kennzeichnet die Ehe, wie wir im ersten Kapitel gesehen haben, in besonderer Weise, und sie kommt in ihr vielfältig zum Ausdruck. Nicht nur im Sinne der Respektierung des anderen, sondern weit darüber hinausgehend in der liebenden Wertschätzung des anderen als eines „Selbstzwecks" für den es sich individuell zu leben und zu sterben lohnt.

Die Würde des Menschen tritt also in der Ehe einmal im Liebenden aufgrund seiner frei geschenkten Liebe zutage. Mit der von der ehelichen Liebe getragenen Entscheidung für einen anderen Menschen artikuliere ich gerade in der Treue auch jene Souveränität und Würde, die Zeugnis dafür gibt, daß ich mein Leben nicht von momentanen Stimmungen und Versuchungen bestimmen lasse.

Zum anderen offenbart sich die Menschenwürde auf der Seite des Geliebten, der eben durch die Liebe des anderen eine besondere aktive Wertschätzung erfährt, die über die passive Wertschätzung, die in dem Respekt vor dem anderen durch Nicht-Verletzung seiner Würde liegt, weit hinausgeht. Während der Respekt zwar immer auch dem einzelnen gilt, aber im Grunde eine Haltung darstellt, die ich undifferenziert gegenüber allen Menschen einnehme, also im allgemeinen bleibt und vor allem in der Unterlassung menschenverletzender Handlungen besteht, hebe ich in der ehelichen Liebe und durch mein Eheversprechen, also durch eine aktive Handlung, durch eine immer wieder zu erneuernde und in konkreten Handlungen unter Beweis zu stellende Entscheidung einen einzelnen Menschen aus der Menge heraus und weise ihm durch meine Liebe vor den Augen aller einen in gewisser Weise absoluten und unbedingten Wert zu, also etwas, das seine Würde, seinen Selbstzweck in besonderer Weise zum Vorschein bringt. Denn ich sage in der ehelichen Liebe: Du bist es wert für mich, daß ich bei dir bleibe, in guten und in schlechten Tagen, egal ob du krank bist oder gesund, mag kommen, was wolle. Ich werde dich stets lieben und dir die Treue halten.

Hinzu kommt: Die eheliche Liebe läßt auch den Leib an der Würde des Menschen teilhaben, sie anerkennt in ausgezeichneter Weise seinen personalen Charakter. Sogenannte „offene Beziehungen" enthalten dem menschlichen Körper seinen Anteil an der Würde vor und negieren ihn de facto. Offene Beziehungen werten den menschlichen Leib nicht auf, weil sie ihm das geben, was er braucht – eine solche Sprache verrät ja schon die isolierte Stellung des menschlichen Körpers –, sondern werten ihn ab, behandeln ihn gleichsam als etwas Äußeres, wie eine Sache, die mit mir zwar irgend etwas zu tun hat, aber die nicht ich bin, die nicht ein integraler Bestandteil meiner selbst ist. In der Ehe hingegen findet der Mensch als ganzer Anerkennung. Beide geben sich dem anderen ganz, mit Leib und Seele, und werden als Mensch ganz geliebt. Der Mensch wird als Leib-Seele-Wesen gewürdigt und nicht dualistisch entzweit.

Ein weiterer Aspekt, der die Ehe zu einem besonderen Ort der Menschenwürde macht, ist selbstverständlich ihre Ausrichtung und Offenheit für Kinder, die Zeugung neuer Träger dieser menschlichen Würde. Keinem anderen Wesen ist es vergönnt, an der Schaffung eines freien Wesens mitzuwirken. Die Bereitschaft zur Annahme von Kindern setzt ein deutliches Beispiel dafür, daß die Kinder von der Empfängnis an ein eigenes Recht besitzen, das Sie nicht von den Eltern erst zugesprochen bekommen müssen. Ihre Menschenwürde ist unabhängig vom aktuellen Gebrauch der Vernunft und des freien Willens und geht ihm voraus.

In der Erziehung der Kinder zum rechten Gebrauch ihrer Freiheit liegt die vorzügliche Aufgabe der Eltern. Durch das Erleben der elterlichen Liebe, durch die Erfahrung der Kinder, daß sie geliebt werden, weil sie da sind und nicht weil sie irgend etwas leisten, erfahren Kinder erst ihren Wert und ihre Würde. Das Selbstwertgefühl, ja die Erkenntnis der eigenen Würde und die Achtung vor ihr werden wesentlich durch die Liebe der Eltern erfahren. Wo diese fehlt, folgt nicht selten Verunsicherung und ein Gefühl der Minderwertigkeit und schließlich die Unfähigkeit, andere zu lieben und in ihrer Würde zu achten, weil es praktisch unmöglich ist, anderen mitzuteilen, was man selbst nicht erfahren hat.

Nicht, daß die Würde erst durch die Liebe des anderen begründet wird. Aber unsere Würde kommt erst zum Tragen, wird erlebbar, wenn wir geliebt werden und zwar ohne ein anschließendes „um zu", sondern um unserer selbst willen.

Um nicht mißverstanden zu werden, scheint mir wichtig zu betonen, daß Ehe und Familie, wenn sie nicht ihrem Wesen gemäß gelebt werden, zur Hölle auf Erden werden können. Wohl gerade weil sie in besonderer Weise darauf abzielen, den Wert des Menschen an sich zu unterstreichen, ihm diesen Wert, seine Würde auf konkrete Weise erleben zu lassen, ist ihr Mißbrauch besonders grausam. Da wo geliebt wird, wo man sich dem anderen schenkt und öffnet, kann man leicht verletzt werden. Aber auch diese negative Erfahrung der Ehe oder Familie als Hölle unterstreicht, wenn auch auf tragische Weise, daß die Ehe ein besonderer Ort der Menschenwürde ist, ja sie die Aufgabe hat, Hort der Menschenwürde in der Gesellschaft zu sein.

Man könnte es mit diesen Reflexionen über die Ehe als besonderen Ort der Menschenwürde bewenden lassen. Aber mir scheint, wir sind noch nicht zu einer eigentlichen Begründung der Menschenwürde vorgedrungen.

3. Worauf gründen Menschenwürde und der Wert der ehelichen Gemeinschaft im letzten? – Die metaphysische Grundlage der Ehe und der Menschenwürde.

Bisher sind wir stillschweigend davon ausgegangen, daß der Mensch eine Sonderstellung einnimmt, die ihm aufgrund seiner Fähigkeit zur Selbstbestimmung, das heißt aufgrund seiner Vernunft und seines freien Willens zukommt.

Übrigens ist ja auch die Wahl des Ehepartners eine Ausübung dieser Selbstbestimmung. Ich wähle das Ziel meiner Liebe im letzten frei aus, auch wenn anfänglich Regungen eine Rolle spielen, die nicht meinem freien Willen entspringen, sondern von mir eigentlich nicht ganz „kontrollierte" Zustände sind. Oder geht etwa eine bewußte Wahl voraus, wenn mein Auge plötzlich an einer Person haften bleibt, die spontan meine Aufmerksamkeit beansprucht, die eine Anziehungskraft auf mich ausübt, im echten Sinne attraktiv ist.? Wohl kaum.

Und noch eine Zwischenbemerkung scheint mir wichtig: Nicht nur die Liebe auf den ersten Blick ist nicht rational erklärbar, sondern jede Liebe entbehrt eines letzten rationalen Grundes. In keinem Fall erscheint die Liebe als Ergebnis einer logischen Folge von Argumenten. Sie ist letztlich immer ein völlig ungeschuldeter freier Entschluß. Es mag ein sicheres Gefühl geben, aber kein stichhaltiges Argument. Daß ich mich für jemanden entscheide, entspringt keiner Notwendigkeit. Die Wahl hätte auch jemand anderen treffen können oder gar keinen, ohne daß ich deshalb schon wider die Vernunft oder unmenschlich, sprich moralisch verwerflich gehandelt hätte. Der andere kann als Mensch noch so viele Qualitäten verkörpern. Ein „deshalb muß ich ihn heiraten" gibt es dennoch nicht.

Also noch einmal. Wir haben bisher einfach vorausgesetzt, daß der Mensch sich durch seine Vernunft und seinen freien Willen vor allem anderen, was wir so auf Erden kennen, auszeichnet. Aber warum ist das überhaupt so? Zeigt es sich denn nicht immer deutlicher, daß der freie Wille gar nicht die Krönung der Schöpfung ist, sondern ein Unfall der Geschichte. Zerstört nicht gerade der Mensch aufgrund seiner Vernunft und seines Willens zur Macht die ansonsten harmonische Natur? Der freie Wille als Fehlkonstruktion der Evolution, in deren Verlauf er möglicherweise durch die Selbstvernichtung des Menschen oder durch Gleichschaltung des Willens mit dem naturgegebenen Verlauf der Geschichte wieder verschwindet und sich so als untauglich und nicht überlebensfähig erweist? Der freie Wille als Mangelerscheinung der Natur? Natürlich könnten wir entgegenhalten, daß bislang der Mensch durch Vernunft und freien Willen auch segensreich gewirkt hat, aber einen letzten absoluten Maßstab hätten wir damit noch nicht. Woher wissen wir, daß die freie Selbstbestimmung ein Privileg ist, daß sie uns qualitativ von anderen Wesen unterscheidet, und zwar im Sinne einer Höherstellung? Oder ist die Rede von der Menschenwürde nur ein geschickter Schachzug des Menschen, sich über die anderen Geschöpfe zu erheben, um sich ihrer nach Gutdünken auch bemächtigen zu können? Was berechtigt uns also zu dieser Forderung nach der unbedingten Achtung unserer Würde, die wir keinem anderen Lebewesen zugestehen, jedenfalls nicht in der absoluten Form, wie wir sie für uns beanspruchen? Welches absolute Kriterium haben wir eigentlich dafür, daß der Mensch im Vergleich zu anderen Lebewesen nicht nur für sich selbst einen Zweck darstellt – dies gilt in gewissem Sinne von jedem Lebewesen, wenn man es aus seiner eigenen Perspektive betrachtet –, sondern daß er ein Selbstzweck an sich ist und durch nichts und niemanden zu einem bloßen Mittel werden darf, dem also eine gewisse Unbedingtheit und Absolutheit anhaftet?

Vergleichen können wir aber nur, wenn es etwas gibt, das allen Dingen gemeinsam ist, zu dem alle einen Bezug haben, zu dem sich alle irgendwie verhalten, wenn es also etwas gibt, das jenseits ihrer unterschiedlichen Naturen liegt. Damit wechseln wir von der physischen Betrachtung der Dinge zur meta-physischen Betrachtung.

Meta-physik meint dasjenige, was nach der Physik kommt, was hinter den natürlichen Gegebenheiten liegt, diesen also zugrunde liegt. Sie betrachtet nicht spezifische Bereiche der Wirklichkeit, sondern hat gerade das allen Dingen Gemeinsame im Auge. Etwas metaphysisch betrachten heißt, es im Lichte dieser allen Dingen gemeinsamen Grundlage zu schauen.

Die ebenso klassische wie schlichte und einleuchtende Antwort auf die Frage, ob es denn so eine die Wesensunterschiede der Dinge übergreifende „Instanz" gibt, lautet: Allen Dingen kommt zu, daß sie „seiend" sind. Nun ist „seiend" alles andere als ein gewöhnliches Prädikat. Denn was nicht irgendwie seiend ist, ist eben überhaupt nicht. Der Begriff des Seienden umfaßt nicht nur alles in einem extensiven Sinne, wie etwa der Gattungsbegriff Lebewesen alle Individuen dieser Gattung umfaßt, sondern ihm kann im Gegensatz zum Gattungsbegriff auch der Sache nach nichts hinzugefügt werden, das nicht selbst schon im Begriff des Seienden mitenthalten ist. Wenn etwa bei der klassischen Definition des Menschen als vernunftbegabtes Lebewesen die Vernunftbegabtheit als spezifische Differenz zum Begriff des Lebewesens gleichsam von außen hinzukommt, weil der Mensch sich durch sie von den anderen Lebewesen unterscheidet, so bezieht zwar der Begriff Lebwesen dem Umfang nach auch alle Menschen ein, dem Inhalt nach wird ihm aber etwas der Sache nach Neues hinzugefügt, das nicht schon in ihm enthalten ist. Die Vernunftbegabtheit ist also etwas der Sache nach Neues, liegt außerhalb des Begriffsinhalts Lebewesen. Währenddessen können wir keine spezifische Differenz, ja überhaupt keinen Begriff ausmachen, der nicht auch im Begriff des Seienden enthalten wäre. Das Seiende ist in diesem Sinne ein echter transzendentaler Begriff, der alles einschließt, dem Umfang wie dem Inhalt nach. Es geht dem Begriff des Seienden nicht so wie den Gattungsbegriffen, deren inhaltliche Bestandteile in dem Maße abnehmen, wie ihr Umfang zunimmt. Er ist also, weil der umfassendste nicht deshalb auch schon der leerste Begriff. Im Gegenteil, er schließt die Bedeutungsfülle aller anderen Begriffe mit ein. Der italienische Thomist Cornelio Fabro hat auf diese sogenannte intensive Bedeutung des Seienden aufmerksam gemacht.[7]

Thomas von Aquin, an dessen Metaphysik ich mich im folgenden orientiere, drückt dies unter anderem in seinen *Quaestiones disputatae de veritate* so aus: „quaelibet natura est essentialiter ens.[8]" Jedwede Natur ist wesentlich Seiendes. Diese alles umschließende und durchdringende Bedeutung des Seienden zeigt sich auch darin, daß wir, wo immer wir etwas erfassen, es als Seiendes erfassen. Ja wir können keiner Realität gewahr werden, wenn sie uns nicht irgendwie als Seiendes begegnet. Damit ist nicht gemeint, daß wir zuerst den Begriff des Seienden gewissermaßen separat und zeitlich vorweg erkennen und dann erst den konkreten Gegenstand oder Sachverhalt. Vielmehr, daß zu jeder Erfassung einer spezifischen Wirklichkeit, und mag sie auch noch so konfus sein, grundlegend dazugehört, daß wir das, was wir erkennen, als ein „alquid est", ein „etwas ist" erfassen.[9] Erst in einem zweiten Schritt, nämlich der intensiven Reflexion auf diesen Sachverhalt, gewinnen wir jenen umfassenden und jegliche inhaltliche Fülle einschließenden Begriff des Seienden. Das Seiende, „ens", bezeichnet alles dem Umfang wie dem Inhalt nach, extensiv wie intensiv. Das Seiende ist daher ein analoger Begriff, das heißt knapp formuliert, er wird von allem seiner eigentlichen Bedeutung nach, aber nicht in gleicher

Weise ausgesagt. Jede konkrete Sache ist auf seine eigene spezielle Weise seiend, aber eben Seiendes im eigentlichen und nicht metaphorischen Sinne.

Dieser Sachverhalt macht uns darauf aufmerksam, daß wir es bei jedem Seienden mit zwei grundlegenden Komponenten zu tun haben. In jedem Seienden steckt etwas, das ihm Aktualität oder mit anderen Worten Seinsfülle verleiht und etwas, das das Seiende zu einem bestimmten Seienden macht. Letzteres leistet die Wesensform, die „essentia". Sie nimmt das Sein in bestimmter Weise auf, das dem Seienden letztlich seine Aktualität und inhaltliche Fülle verleiht. Die Wesensform bestimmt ein Seiendes im Sinne einer „contractio". Sie schränkt, wenn man so will, die unendliche Bedeutungsfülllle, die das „esse" an sich besitzt in bestimmter Weise ein und wird dadurch zum Gestaltungsprinzip des Seienden. Sie bleibt immer auf den Empfang des Seins angewiesen und stellt von daher nicht etwas Eigenständiges dar, das sozusagen positiv außerhalb des Seins liegt. Vielmehr ist sie ein negatives, einschränkendes Prinzip, das aufgrund seiner einschränkenden Rolle begrenzend und bestimmend wirkt.

Wenn Thomas das Seiende „id quod habet esse" nennt, also etwas, das Sein hat, dann drückt er in der wohl knappsten Form diese Grundstruktur jedes Seienden aus: daß nämlich jedes Seiende ein Kompositum ist, sich zusammensetzt aus diesen beiden Prinzipien: „essentia" und „actus essendi". Die Existenz einer Sache ist die Folge dieser Komposition.

Warum eigentlich dieser Ausflug in die Metaphysik, der allerdings noch nicht beendet ist? Die Reflexion auf das Seiende als Seiendes – das ist der Gegenstand der Metaphysik – hat uns gezeigt, daß jedes Seiende ein Kompositum ist, das heißt, daß in seinem Wesen nicht schon der Grund seiner Existenz liegt. Wir könnten alle auch nicht existieren. Unsere Wesensnatur Menschsein besagt nicht, daß wir existieren müssen. Das so komponierte, Seiende hat Sein und ist nicht selbst Sein. Es hat sein Sein empfangen, verdankt sich also nicht selbst, trägt den Grund seines Seins nicht in sich, sondern weist durch seine empfangenes Sein über sich hinaus, und zwar schließlich auf etwas, das seinerseits nicht mehr zusammengesetzt ist, sondern Sein ist und damit alle Vollkommenheiten in sich birgt.

305

Wenn sich alles einem anderen verdankte und nichts sich selbst, dann wäre gar nichts. Damit überhaupt etwas existiert, bedarf es einer Instanz, die ihr Sein nicht wiederum empfangen hat, sondern Sein selbst ist. Dies ist die Antwort auf die radikale Frage „Warum ist überhaupt etwas und nicht vielmehr nichts?". Diese Instanz, diesen letzten Ursprung nennt Thomas das „esse per se subsistens".

Es ist ein Sein, das nicht nur eigenständig ist, wie etwa auch der Mensch eigenständig ist – also nicht nur das, was in der klassischen Philosophie mit Substanz bezeichnet wird –, sondern gänzlich kraft seiner selbst ist. Damit ist nicht gemeint, daß Gott sich ala Münchhausen selbst aus dem Nichts ins Sein gerufen hat. Das wäre schlechterdings unmöglich. Denn das Nichts ist ja nicht und könnte auch nichts bewirken. Vielmehr ist gemeint, daß er notwendigerweise ist, weil der Grund seines Seins in seinem Wesen liegt oder genauer gesagt, seine Wesenheit, „essentia", und sein Sein, „esse", identisch sind. Er hat also immer schon existiert, und jede Form der Begrenzung ist ihm fremd. Das „esse per se subsistens" ist der Inbegriff der Vollkommenheit.

Aber warum hat dieses absolut Vollkommene überhaupt etwas geschaffen, also etwas Unvollkommenes hervorgebracht? Versuchen wir darauf eine Antwort zu geben.

Notwendig kann diese Hervorbringung von Seiendem nicht sein, denn als vollkommenes Wesen bedarf er der Schöpfung ja keineswegs. Das Gegenteil anzunehmen, stünde geradezu in Widerspruch zu seiner Vollkommenheit. Es hieße das Vollkommene wesensmäßig mit Endlichem zu verquicken, was mit seinem unendlichen Sein inkompatibel wäre. Auch zu denken, daß ihm da etwas rein zufällig „heraussprudelt", würde in klarem Widerspruch zu seiner Seinsmächtigkeit und seiner totalen „Selbstbegründetheit" stehen. Zur Vollkommenheit gehört offensichtlich auch, daß man „sich unter Kontrolle hat". Einem Mensch, der sich nicht unter Kontrolle hat und eigentlich nicht weiß, was er tut, werden wir dies als Schwäche und Unvollkommenheit auslegen, wohl kaum als besonderen Erweis dafür, daß er sich wirklich menschlich verhält.

Bleibt uns also anzunehmen, daß die Schöpfung eine bewußte freie Tat des Ursprungs ist. Diese Freiheit aber setzt Erkenntnis voraus. Wir haben es also am Ursprung der Welt mit einem erkennenden und freien Wesen zu tun, mit einem jemand, mit einer Person. Daß wir es mit einem erkennenden Wesen zu tun haben, erhellt auch aus der Tatsache, daß wir die Welt als eine gestaltete und strukturierte vorfinden. Wir können etwa in den Naturwissenschaften Gesetzmäßigkeiten ausmachen. Allein die schlichte Tatsache, daß wir andere von uns selbst nicht geschaffene Dinge erkennen können, heißt, daß die Welt für unseren Geist prinzipiell einsehbar ist. Wir können ihr einen immateriellen Gehalt entlocken. Sie verweist uns auf einen geistigen Urheber, ähnlich wie ein Kunstwerk auf seinen Urheber verweist oder ein Haus auf den Entwurf des Architekten. Diesen geistigen Urheber nennen wir Gott.

Kehren wir zur Fragestellung zurück, nachdem wir den Urgrund der Welt als eine Person ausgemacht haben. Warum hat Gott die Welt geschaffen?

Gottes Selbsterkenntnis bzw. Wahrheit genügt nicht, um die Schöpfung zu begründen. Die Schöpfung, das haben wir bereits gesehen, entspringt einem freien Akt, bedarf also der Vermittlung durch den göttlichen Willen, da wir ansonsten Endliches mit Unendlichem notwendig miteinander verknüpfen würden, was dem Unendlichen aber widerspricht. Außerdem: Läge der Grund der Schöpfung in der Selbsterkenntnis Gottes, wäre also die Selbsterkenntnis Gottes, in der Gott auch alle möglichen Weisen erkennt, in denen etwas von ihm Verschiedenes an ihm teilhaben kann, prinzipiell schöpferisch, dann wären alle möglichen Formen der Teilhabe an ihm schöpferisch realisiert. Das ist aber offensichtlich nicht der Fall. Denn wir finden in der Schöpfung nur bestimmte Weisen der Teilhabe realisiert. Zur Selbsterkenntnis Gottes muß folglich ein Willensakt Gottes treten.

Ja, und was will Gott eigentlich? Die Frage scheint ziemlich vermessen, aber es gibt eine möglicherweise überaschend simple Antwort darauf: natürlich sich selbst.

Gott erkennt sich selbst, erkennt seine Vollkommenheit, mit anderen Worten seine absolute unübertreffliche Güte und liebt diese Güte, die er selbst ist. Als der Vollkommene braucht er nach nichts zu streben, sondern seine Liebe ist von Beginn an restlos erfüllt. Gott liebt also sich selbst.

Aber auch diese Selbstliebe – die nichts mit Egoismus zu tun hat – bzw. die Liebe seiner eigenen Güte genügt nicht, um Schöpfung zu begründen. Gott schuldet die Schöpfung nicht seiner Güte. Seine Güte erfordert sie nicht. Gottes Liebe zu seiner Güte begründet zwar, warum Gott alles, was er tut, aus Liebe zu sich tut, aber liefert keinen Grund dafür, daß er dieses oder jenes schafft oder daß er überhaupt schafft.

Der letzte Grund kann folglich nur im freien, völlig ungeschuldeten, liebenden Wahlwillen Gottes selbst liegen.[10] Gott hat die Welt völlig frei erschaffen. Nicht einmal seine Güte liefert einen ausreichenden Grund. Er hat sie aus Liebe zu sich erschaffen, obwohl diese Liebe als vollkommene Liebe der Schöpfung nicht bedarf, um vollkommen zu sein. Die Schöpfung atmet den Geist der Freiheit und der Liebe. Sie ist auf die Liebe Gottes hin ausgerichtet. Ihr Sinn liegt darin, Gott zu lieben.

Der letzte Grund der Schöpfung ist daher kein rationaler Grund, sondern die Liebe. Die Schöpfung widerspricht zwar nicht der Vernunft, aber die Vernunft allein vermag sie nicht zu erklären. Ihre Grundstruktur ist übervernünftig, sie trägt den Charakter des letztlich Ungeschuldeten, der Liebe, mit sich.

Welche Bedeutung hat dieser metaphysische Kontext für den Menschen und für die Stellung der ehelichen Liebe im besonderen?

Wir haben aufgrund unserer metaphysischen Reflexion bestimmte Erkenntnisse gewonnen über den absoluten Maßstab dieser Welt – nach diesem Maßstab hatten wir uns ja erkundigen wollen, um dem Verdacht zu entgehen, die Rede von der Menschenwürde sei eine geschickt angelegte Strategie, um die Überlebenschancen der Menschheit zu erhöhen.

Nun, vom absoluten Maßstab der Welt, von seinem Ursprung und Ziel, dem „esse per se subsistens", kurzum von Gott können wir unter anderem nunmehr mit Fug und Recht sagen, daß er ein erkennendes und freies Wesen ist, also ein jemand, eine Person; und darüber hinaus, daß er die Welt in völlig freiem Entschluß aus Liebe zu sich geschaffen und damit die Liebe zu Gott als den tiefsten innersten Sinn der Schöpfung gestiftet hat.

Dem Menschen eignet rein philosophisch gesehen offensichtlich aufgrund seiner Vernunftbegabtheit und Willensfreiheit eine außergewöhnliche Ähnlichkeit mit Gott. Er repräsentiert Gott wie kein anderes Wesen, unter denen, die wir auf Erden kennen, und zwar gerade in dem, was den Menschen gegenüber anderen Wesen auszeichnet, nämlich seine Vernünftigkeit und Willensfreiheit. Er vermag zu erkennen, frei zu entscheiden, sich Ziele zu setzen und vor allem den Sinn der Schöpfung, nämlich Gott zu lieben, ausdrücklich zu erfüllen. Kein anderes Geschöpf, das unserer natürlichen Erkenntnis zugänglich ist, ist dazu im eigentlichen Sinne in der Lage. Er steht Gott also einen entscheidenden Schritt näher, ist ihm ähnlicher als die anderen Wesen, die Gott auch alle irgendwie ähneln, und zwar allein schon durch ihr Sein. In dieser besonderen Gottähnlichkeit, die wir Gottebenbildlichkeit nennen können, um sie von der allen Wesen aufgrund ihres Seins innewohnenden Gottähnlichkeit zu unterscheiden, liegt die Menschenwürde und seine objektive Höherstellung gegenüber anderen Lebewesen begründet. Der Mensch hat wesentlich mehr Anteil an Gott.

Der Mensch verdankt seine unverlierbare Würde objektiv gesehen also nicht der Gleichstellung mit anderen Menschen oder der ihn bewertenden Einschätzung seiner Mitmenschen, sondern seiner Ebenbildlichkeit Gottes und natürlich der Tatsache, daß Gott ihn mit Freiheit ausgestattet ins Sein gesetzt hat. An dieser Stelle scheint mir wichtig, noch einmal zu betonen, daß wir zu diesem Ergebnis auf philosophischem Wege gelangt sind, auch wenn die gewählte Terminologie an die Genesis erinnert.

Die Würde des Menschen zeigt sich aber nicht nur in der Ebenbildlichkeit seines Wesens, sondern sie erstrahlt um so klarer, je mehr wir der inneren Struktur der Schöpfung entsprechen, die im Geliebtwerden und Lieben besteht, und ihren Sinn, wie er sich der metaphysischen Betrachtung erschließt, erfüllen;. je mehr wir also Gott auch in dem ähneln, wie wir leben und handeln, das heißt, je mehr wir an der Liebe Gottes teilhaben und andere teilhaben lassen. Und nur freie Wesen sind dazu im eigentlichen Sinne in der Lage. Aber unsere Gottähnlichkeit erscheint auch da in besonderer Weise, wo wir geliebt werden und damit an Gottes Güte teilhaben dürfen.

Dies geschieht aber in besonderer und vielfältiger Weise, wie wir gesehen haben gerade in der ehelichen Liebe. In ihr dreht es sich ja um die Liebe, und zwar nicht abstrakt, sondern konkret. Denn Lieben meint immer etwas beziehungsweise jemanden Lieben. Liebe im eigentlichen Sinne bezieht sich immer auf eine konkrete Person. Natürlich könnten wir jetzt sagen: Va bene, wir lieben Gott, denn schließlich ist er ja eine konkrete Person und kein abstrakter Begriff, wie ich zu zeigen versucht habe, und basta! Aber unsere Liebe liefe Gefahr, dennoch im Abstrakten zu verbleiben, wenn sie sich nicht entsprechend unserer leib-seelischen Verfaßtheit in der Liebe zu konkreten Menschen oder einem konkreten Menschen realisierte. In der ehelichen Gemeinschaft verwirklicht sich diese Berufung zur Liebe in besonderer Weise, und zwar dreifach: als Liebender, als Geliebter und in der Liebe zu neuem Leben.

Als Liebender schenkt sich der Mensch in der ehelichen Liebe freiwillig dem anderen ganz, das heißt mit Leib und Seele, ohne Fristen, bis zum Lebensende. Damit nimmt er selbst teil an der Liebe Gottes, wir Gott ähnlicher. Er stellt seine Liebe unter Beweis, indem er beständig seinem Partner Anteil an seinem Leben schenkt, so wie Gott beständig den Geschöpfen Anteil an seinem Leben schenkt.

Er liebt ihn mit einer Ausschließlichkeit und Treue, ähnlich der Ausschließlichkeit und Treue, die Gott uns gegenüber beansprucht.

In dieser Ausschließlichkeit und Treue der geschenkten Liebe kommt in der ehelichen Liebe die Würde des anderen, des Menschen als geliebten, zur Geltung. Ihm kommt eine quasi-göttliche Stellung für den anderen zu. Wir lassen den anderen Menschen in der Ehe durch unsere Ganzhingabe an der Einzigartigkeit und Exklusivität, ja an der Absolutheit Gottes teilhaben. In dieser ehelichen Treue kann der Mensch auch vorzüglich seine Liebe zu Gott unter Beweis stellen. Wir schenken in der ehelichen Liebe dem anderen Anteil an unserer Liebe zu Gott.

Und schließlich besteht die Gottähnlichkeit und besondere Würde der ehelichen Liebe in der besonderen Anteilnahme an der schöpferischen Dimension der göttlichen Liebe, in der Zeugung und liebenden Annahme neuen menschlichen Lebens.

Der metaphysische Zusammenhang, in dem der Mensch und die eheliche Gemeinschaft stehen, hat so hoffe ich, den tiefen Sinn der ehelichen Liebe deutlich gemacht und gezeigt, welche entscheidende Stellung der Ehe hinsichtlich der Menschenwürde zukommt.

Gelebte eheliche Liebe ist ein Garant für die Achtung der Menschenwürde und lebenswichtig für die Entwicklung der menschlichen Kultur. Das scheint aus dem Bewußtsein geraten zu sein.

Anmerkungen

1 Vgl. Gen 2,24.
2 Vgl. Dietrich von Hildebrand, Die Ehe, St. Ottilien, 3. durchgesehene Auflage, 1983, S. 10.
3 Vgl. u. a. Viktor E. Fankl, Der Mensch vor der Frage nach dem Sinn, München/Zürich 81990, S. 93
4 Zu den Ehezwecken und ihrer Hierarchie vgl. u. a. heo G. Belmans, Der objektive Sinn menschlichen Handelns. Die Ehemoral des hl. Thomas von Aquin, Vallendar/Schönstatt 1984, S. 326–346.
5 Robert Spaemann, Über den Begriff der Menschenwürde, in: Scheidewege. Jahresschrift für skeptisches Denken, Jg. 15 1985/6, S. 28.
6 Ebd.
7 Cornelio Fabro, Partecipazione e causalità secondo San Tommaso d'Aquino, Turin 1960.
8 De veritate, q.1 a.1.
9 „Illud autem quod primo intellectus concipit quasi notissimum et in quod conceptiones omnes resolvit est ens" (De veritate, q.1 a.1).
10 Vgl. Julio Raul Mendez, El amor fundamento de la participaciòn metafisica, Buenos Aires/Salta 1990, S. 240–249.

Elternschaft

Erfahrungen und Perspektiven

von Martine Liminski

Als ich fast genau auf den heutigen Tag vor 23 Jahren heiratete, da war es noch relativ einfach, sich eine klare und ungetrübte Perspektive von dieser Allianz vor Augen zu führen. Es gab Freunde und Bekannte, die fleißig an der gemeinsamen Zukunft mitzimmerten. Auch ein Priester und Philosoph klöppelte manch krumme Vorstellung gerade. Humanae Vitae war drei Jahre alt, ich neunzehn, mein Mann einundzwanzig. In der Zwischenzeit habe ich manchen Strauß ausgefochten – nicht nur gegen die plötzlichen Ideen unserer mittlerweile zehn Kinder, die sind zu ertragen – sondern vor allem gegen die sinnlosen Aufbrüche und ideologischen Rasereien des Milieus. Ich glaube, zwanzig Jahre nach Humanae Vitae ist die Zukunft einer christlichen Ehe nicht mehr so selbstverständlich in den Rahmen dieser Gesellschaft einzupassen, und dieser schlichte Befund macht es so dringlich, neu über Person, Ehe, Geschlechtlichkeit, Elternschaft und vielleicht auch einige Tugenden nachzudenken, die ebenfalls nicht mehr so selbstverständlich sind.

Zunächst eine Klarstellung: Ich habe Predigten gehört, in denen die Heilige Familie von Nazareth als das große Vorbild einer christlichen Ehe und Familie präsentiert wird. Mit ihr solle man sich identifizieren. Ideal wäre es, hört man sogar bisweilen, wenn man zu ihrem menschlichen Abbild würde.

Ich halte dies für überzogen und weltfremd. Kein christliches Ehepaar würde es wohl als natürlich betrachten, zeitlebens eine Josefsehe zu führen. Meistens soll man dabei auch noch viele Kinder bekommen. Der Pflegevater Jesu und die Gottesmutter hatten im Heilsplan eine bestimmte, unwiederholbare Funktion und Berufung. Davon kann es kein Abbild geben, wie es übrigens auch von anderen Familien kein Abbild geben kann und auch nicht sollte. Die Lebens-Umstände und die in diesen Umständen sich formenden Persönlichkeiten sind keine Serienware, keine religiösen Abziehbilder noch Aufkleber eines Ideals.

Über Klischees lohnt es nicht, sich den Kopf zu zerbrechen. Aber es gibt vorbildhafte Eigenschaften und Tugenden. Und das ist es auch, was man mit dem Vorbild aus Nazareth meint. Diese vorbildhaften Eigenschaften und Tugenden, das volle Menschsein im Angesicht Gottes, das gilt es, in die Normalität des Alltags zu übersetzen.

Wie sieht das konkret aus? In einer Gesellschaft, in der das kleine Karo dominiert, in der der Besitzburger König und der Christ der *Underdog* ist, in der es „in" ist, eins oder keine Kinder zu haben und betroffen Verständnis zu fordern für Abtreiber-Ärzte, in der Kinder schon in den Schulen mit Drogen verführt und vom Staat mit Kondomen überschüttet werden, in dieser Gesellschaft muß um die Ebene des Übernatürlichen, des Normalen und Anständigen im Alltag wahrlich gerungen werden.

Zum Beispiel Bravo: Vor einigen Jahren wollte Annabelle wie die meisten Mädchen ihrer Klasse diese Zeitschrift lesen. Wir waren dagegen. Wir argumentierten mit Belegen aus der sogenannten Jugendzeitschrift, die darlegten, auf welche Art und Weise die jungen Leute verführt und verdorben werden. Dann ging es nur noch um die Poster. Wir gaben nach, fest entschlossen, den Kampf bis zum Ende zu führen, sobald ein paar Poster herumliegen sollten, so daß die Geschwister die Rückseiten lesen konnten. Es dauerte nicht lange. Die Diskussionen waren endlos Sie drehten sich bald im Kreise. Bei diesen Gesprächen ging und geht es jedoch nicht darum, die Diskussion zu gewinnen sondern die Kinder. Die wichtigsten Argumente sind die persönlichen.

Solche Diskussionen sind manchmal hitzig, je nach Temperament. Sie dürfen es sein, solange sie nicht verletzend werden. Ich würde sagen, die Mühe lohnt sich immer. Manchmal wird sie auch rasch belohnt. Natürlich gab es beim Fall Bravo keinen Gewinner.

Aber zwei Tage später hörte ich, wie Annabelle am Telefon mit ihrer Freundin über Bravo diskutierte. Sie gebrauchte dieselben Argumente, die sie vorher aus unserem Mund abgelehnt und zu widerlegen versucht hatte. Man sollte nicht glauben, daß diese jungen Leute nicht nachdenken. Sie tun es auf ihre Weise.

Diese Zeitschrift ist übrigens nur Symptom einer, wie ich finde, im Kern ehe- und familienkranken Gesellschaft. Da ist seit langem ein neues Phänomen zu beobachten, der Single[1]. Riesige Handelsmessen sind auf die kleinen Bedürfnisse des einzelnen Herrn oder der einzelnen Dame konzentriert. Die Warenhäuser und Lebensmittelläden überbieten sich mit immer raffinierter zubereiteten Ein-Mann-Portionen. Der Single-Haushalt hat längst den Markt erobert. „One man one home", heißt das Zauberwort der Geschäftsleute. Als ich neulich einen Topf für meine Familie kaufen wollte, sagte man mir im größten Warenhaus Europas: „Solche Töpfe haben wir nicht. Dafür müssen Sie zum Großküchenhandel." Das machte mich nachdenklich. Es gibt keine großen Töpfe mehr. Dafür um so mehr kleine in allen Größen. Gewiß, das sind lächerliche Details des Alltags. Aber mir scheint, in den kleinen, engen Portionen offenbart sich auch ein Maß an Reduktion des Geistes und der Herzen.

Denn es geht nicht nur um das *Gadget*, die verspielte nützliche Kleinigkeit oder die rasch wachsende Freizeit-Industrie. Das sind nur Zeichen, überdies wertneutral. Ich fürchte vielmehr, daß diese Phänomene Geisteshaltungen widerspiegeln, die von den meisten Medien, der „Bewußtseinsindustrie" wie Enzensberger sagt, gefördert werden.

Es ist einfach so: Wir leben in einer Mediengesellschaft, einer Stimmungsdemokratie.[2] Die Medien aber zeichnen mehrheitlich ein konfliktives Bild von Ehe und Familie. Wer da mit Werten kommt, christlichen zumal, der läuft leicht Gefahr, ausgelacht zu werden. Das wäre nicht weiter schlimm, würde es nicht eines beweisen, nämlich: Das Perverse ist zum Selbstverständlichen geworden. Das Normale, das Menschliche im christlichen Sinn, die Ethik der Ehe ist Sache einer Minderheit. Und zwar einer Minderheit auch in den christlichen Ländern des alten Kontinents.

Oder ein Beispiel aus dem Alltag. In der katholischen Mädchenschule unserer Tochter wird im Sexualkundeunterricht über alle möglichen Formen und Mittel der Empfängnisverhütung gesprochen. Über eine allerdings nicht, nämlich die natürliche Geburtenregelung. Ist es die Angst vor dem wahrhaft menschlichen Leben, *timor humanae vitae*? Wo besser als in katholischen Schulen kann und sollte die Ethik der Ehe, der Inhalt der katholischen Sitten- und Morallehre gelehrt werden? Es ist ein Glücksfall, daß unsere Tochter zuhause um Informationen zur natürlichen Geburtenregelung bat. Sie war die einzige in der Klasse, die sich dafür interessierte. So ist die Wirklichkeit. Und warum ist sie so? Der Zürcher Soziologe und Philosoph Hermann Lübbe nennt einen nachdenkenswerten Grund, die Selbstermächtigung. Er meint damit eine „Selbstermächtigung zum Verstoß gegen die Regeln des gemeinen Rechts und des moralischen Common sense unter Berufung auf das höhere Recht der eigenen, nach ideologischen Maßgaben moralisch besseren Sache", also eine Selbstermächtigung als Rechtfertigung der eigenen Ideologie und Gesinnung ohne Rücksicht auf die Vernunft, das heißt auch auf Natur und Mensch[3]. Wir kennen diese Rücksichtslosigkeit aus der Geschichte, nicht nur der deutschen. Und ich füge, rückkehrend in den Alltag, noch hinzu: Oft ist nicht einmal die Ideologie, sondern schlicht menschliche Naivität der Grund für diese Selbstermächtigung. Vor allem bei den Inhabern der sogenannten Vierten Gewalt, die so nachhaltig das gesellschaftliche Bewußtsein prägen. Wie leicht und richtig gesagt das ist, zeigt das indirekte Bekenntnis eines bekannten Chefredakteurs und Publizisten. Ich zitiere: „Überraschend viele Journalisten geben, oft unwillkürlich, persönlichen Vorlieben, Abneigungen oder Marotten nach: Der eine mag keinen Schnee, der andere keine Schafe, keine Katholiken, Windsurfer oder Papuas"[4]. Also Marotten und Launen als Ursachen für die tägliche Selbstermächtigung. Unsere Mediengötter sind eben auch nur Menschen.

Nur: Sie wenden sich, wie etliche Werbesendungen auch direkt an die Kinder und Jugendlichen und gaukeln Ihnen ein Selbstbestimmungsrecht und Wunschdenken vor, das zu allem Überdruß auch noch von verschiedenen anderen Seiten gefördert wird. So heißt es in manchen Grundschulen: Wenn ihr wollt, könnt ihr die Hausaufgaben machen. Oder: Eure Eltern sollen sich in eure Hausaufgaben nicht einmischen. Oder die Werbesendung, die sich –

scheinbar harmlos – direkt an die Jugendlichen richtet und Bedürfnisse weckt, die zu Konflikten mit den Eltern führen können. Dasselbe in der Politik: Die unsägliche Kondomwerbung der Familienministerin richtet sich direkt an die Jugendlichen, ohne zu bedenken, daß die Eltern auch noch ein Wörtchen mitreden sollten. Ständig wird auf diese Weise von außen Konflikt in die Familie hineingetragen. Dahinter steht, man sollte besser sagen steckt, eben das Bild von der Ehe und Familie als Interessenclub von Singles, als Konfliktgemeinschaft in der eigensüchtige oder egoistische Interessen ausgetragen werden, nicht selten im Namen einer imaginären Freiheit. Das ist ein subtiler Guerrillakampf gegen die Grundstruktur unserer Gesellschaft.

Ich möchte ein wenig bei diesem Aspekt verweilen diesem lautlosen Kampf gegen Ehemoral, Ehe und Familie. Ein Ausdruck dieses Kampfes ist der jährliche Völkermord in diesem Land an mehr als zweihunderttausend ungeborenen Babies. Er ist die Folge einer geistigen Entwicklung, die den Konsum und das Ego vergöttert. Das fängt an mit dem falschen Bild der Freiheit, die man mit Bindungslosigkeit verwechselt. Das setzt sich fort mit der sogenannten Selbstverwirklichung, die es offenbar nur außer Haus, sprich außerhalb der Familie, in irgendeiner Sekretariatsstube, einem Fließband oder an einer Verkäuferinnenkasse geben kann. Nichts gegen diese Berufe, sie sind ehrenhaft. Aber sie halten glaube ich, einem objektiven Vergleich mit dem Hausfrauen- und Mutterberuf nicht stand. Das geht dann weiter mit dem Bild von der Frau, die Karriere macht, weshalb die Kinder jetzt von morgens sieben bis abends acht in Krippen oder Kindergärten mit mehreren Bezugspersonen zurechtkommen sollen.

„Ein Kind, dessen Mutter es nicht allein versorgen kann", schreibt die Psychagogin Christa Meves, „kann durch viele Erziehungspersonen und verschiedene Erziehungsweisen heimat- und orientierungslos werden"[5]. Was das für die Bindungsfähigkeit der künftigen Staatsbürger bedeutet, für ihren Gemeinschaftssinn, ihre Fähigkeit zu Loyalität, diese Erfahrung haben schon die Sowjets in den dreißiger Jahren gemacht, als sie die Säuglinge den Müttern entrissen und in Heime steckten. Das Ergebnis bei den Jugendlichen: Erhöhte Neigung zu Kriminalität, keine Anerkennung von Autoritäten, auch nicht der staatlichen, gebrochene Persönlichkeitsbilder. In der permissiven Industriegesellschaft des Westens läßt sich unter anderem noch hinzufügen; Liebes- und Leidensunfähigkeit, Angst vor Kindern statt Freude auf sie und mit ihnen, Verabsolutierung der Sexualität, Verobjektivierung des Partners, kurz, Singularisierung des Ego.

War das früher anders? Ich glaube ja. Kinder waren noch bis tief ins neunzehnte Jahrhundert hinein eine Kapitalanlage für den elterlichen Betrieb oder Bauernhof, in den auch die Mutter als „züchtige Hausfrau", wie Schiller sie nannte, noch voll in den Arbeitsprozeß integriert war. Die Familie war so nicht nur eine Solidargemeinschaft sondern auch eine Wirtschaftseinheit. Von dieser Großfamilie ist aber heute nur noch ein kleiner Rest übriggeblieben, die Kernfamilie. Für sie ist die Hausfrau aus Schillers Glocke nicht mehr das Vorbild. Im Gegenteil. Die moderne Frau glaubt heute vielfach, sie müsse, um mit dem Dichter zu sprechen, wie der Mann „hinaus ins feindliche Leben, muß wirken und streben und pflanzen und schaffen, erlisten erraffen, muß wetten und wagen, das Glück zu erjagen". Die Jagd nach dem Glück außer Haus – und auf der Strecke bleiben häufig die Kinder. Mit ihnen meistens auch die Ethik der Ehe.

Das ist der Strom, in dem, besser: gegen den die christlichen Eheleute heute schwimmen. Das prägt bei vielen Kindern, späteren Eltern oder auch Nicht-Eltern, das Bewußtsein. Manche unserer Kinder sagen uns, daß sie später keine große Familie haben möchten. Es sind bezeichnenderweise die labileren. Sie fürchten, im Moment jedenfalls, die Abwertung durch die Single-Gesellschaft. Angesichts dieser Umstände gibt es, so glaube ich, vor allem eine Eigenschaft, die die christliche Ehe und Familie allen anderen Institutionen dieser Gesellschaft vorlebt und in der sie nicht zu ersetzen ist: Die Treue.

In einem Vortrag über die „Identität der christlichen Ehe und Familie" schrieb Kardinal Josef Höffner: „Die Treue ist unbedingte Annahme des anderen Menschen, ein stets neuer Aufbruch zum anderen hin. „Und er zitiert Papst Johannes Paul II., der am 15. November 1980 in Köln sagte: „Man kann nicht nur auf Probe leben, man kann nicht nur auf Probe sterben. Man kann nicht nur auf

Probe lieben, nur auf Probe und Zeit einen Menschen annehmen". Denn „Ehe auf Probe, Ehe auf Zeit sind keine Ehe, sondern Lebenslügen".[6]

Die bedingungslose Treue nährt sich aus dem Glauben, Glauben an die eigene Geschöpflichkeit, die auf das jenseitige Ziel verweist und so ethisches Handeln und Leben erst sinnvoll macht; Glauben auch an eine andere Person, so wie sie ist. Sie nährt sich aus der Hoffnung, daß der gemeinsame Weg zum Ziel führt. Sie nährt sich aus der Liebe, für die kein Weg zu weit und keine Schlucht der menschlichen Schwächen zu tief ist. Die Treue hat zu tun mit dem *actus principalior* der Tapferkeit, dem Standhalten. Sie hat zu tun mit der Gerechtigkeit, indem ich dem Ehepartner und den Kindern das gebe, was ihnen zukommt. Sie hat zu tun mit Zucht und Maß, indem man sich für die anderen auf das Wesentliche konzentriert und gegen die Attacken der Scheinwelt abschirmt. Sie hat zu tun mit der Klugheit, der „*genitrix virtutum*" (Thomas von Aquin), die es unter anderem ermöglicht, sachgerecht zu entscheiden und somit die Treue vor den Versuchungen der Intoleranz oder des Fanatismus bewahrt. Ich weiß nicht, ob irgendein berühmter Theologe oder Kirchenvater es schon gesagt hat, auf jeden Fall sage ich es: Die Treue ist, heute mehr denn je, ein Kind der Kardinaltugenden, der drei theologischen Tugenden sowieso. Und die Untreue? Sie degradiert den Menschen zum Objekt sie verbiestert ihn. Die Untreue führt zur lautlosen Kernspaltung der Gesellschaft.

Die zweite Bemerkung: Unbeteiligte Intellektuelle sind leicht mit dem Postulat nach mehr Großzügigkeit und dem griffigen Zitat eines Kirchenlehrers zur Hand. Großzügigkeit aber ist, glaube ich, mehr eine Tugend des Herzens denn des Verstandes. Es ist einfach zu sagen: „Rückt ein bißchen zusammen, verkneift euch dies oder jenes." Es geht nicht um materielle, meßbare Güter, Leistungen und Gehälter. Wer mißt die Sorge, ja Angst vor dem Milieu? Wer zählt die Einheiten von Lebensmut und Courage? Wer lotet sie aus, die Tiefen der Hilflosigkeit? Angesichts der unendlichen Verantwortung die jedes neue Leben mit sich bringt, sind das Fragen, die zu allererst Verständnis, nicht Lehrsätze oder leuchtende Beispiele erfordern. Das Wissen, daß viele Genies und Helden als fünftes, sechstes zehntes oder gar zweiundzwanzigstes Kind auf die

Welt gekommen sind, kann auch erdrückend sein. Und die Großzügigkeit des Mannes kann sich für die Frau durchaus in brutale Rücksichtslosigkeit wandeln. Es gibt eben biologische und – wichtiger noch – psychologische Grenzen.

Hier sind wir wieder bei der Treue. Die Erfahrung, daß ein Mensch oder mehrere zu mir halten, mich mitziehen und zu mir stehen – ohne daß es ihnen „etwas bringt" – diese Erfahrung bedingungsloser Treue – durch dick und dünn, wie der Volksmund sagt – ist die Mater, in der die Einheit der Ehe gegossen wird. Diese Erfahrung machen Kinder zuerst in der Familie. Und zwar sehr früh. Oft noch bevor sie das Licht der Welt erblicken. Denn angesichts der um sich greifenden Konsum- und Wegwerf-Mentalität des Machbarkeitsdenkens und der Ich-Bezogenheit, ist die „unbedingte Annahme des anderen" (Höffner) durchaus nicht mehr selbstverständlich. Und hunderttausenden ungeborenen Kinder wird diese Mater-Erfahrung schlicht versagt.

Diese Überlegung führt mich zu einem vorletzten Gedanken. Früher unterschied man zwischen legalen und illegalen Kindern, heute zwischen gewollten und ungewollten, gewünschten und unerwünschten Kindern. Gewollt ist dabei meist gleichbedeutend mit geplant, ungewollt oft mit abgetrieben. Die juristische Bezeichnung war allgemeinverständlich, solange die Ehe die Normalform, die anderen Formen der Partnerschaft oder des Zusammenlebens aber nur „Beziehungskisten", sprich Konkubinate waren. Heute ist das Wunschdenken das Kriterium. Gewiß können die Wünsche der Menschen auch mal mit denen Gottes übereinstimmen. Wichtig ist nur, daß das Wunschdenken nicht verabsolutiert wird. Denn es ist in seiner planenden Konsequenz ein unmenschliches, grausames Kriterium, es engt den Lebensraum der Treue ein und führt in dieser Republik zu dem bekannten jährlichen Völkermord. Zur Treue gehört eben auch die Bereitschaft zum Risiko, ein Gedanke, der unseren sicherheitshungrigen Generationen wahrscheinlich recht unbequem ist.

Ich möchte als Fazit eine Anregung geben: Es wird im sogenannten katholischen Raum, also in Schulen, Pfarreien, Krankenhäusern, bei Hausbesuchen, in Kirchenzeitungen immer noch zuwenig über die Erziehung zur Liebe, über die Treue in den kleinen Dingen, über die natürliche Geburtenregelung informiert, geschrieben, gepredigt und gesprochen. Hier könnte man doch mit vereintem Geist der Single-Gesellschaft zu Leibe rücken.

Anmerkungen

1 Nach Angaben des Statistischen Bundesamtes von Anfang April dieses Jahres ist die Zahl der sogenannten Single-Haushalte weitaus stärker gestiegen als die Zahl von Haushalten mit zwei oder mehr Personen. Von 27 Millionen privaten Haushalten, die die Statistiker im März 1987 zählten, bestehen 9,4 Millionen oder 34,6 Prozent aus nur einer Person Das sind 1,9 Prozent mehr als 1986 und doppelt so viele wie 1962. Die Zahl der Haushalte mit Kindern sank von 39,2 Prozent im Jahre 1986 auf 38,8 Prozent für 1987.
2 siehe u.a. G. Bacher, Die Mediendemokratie, aus Die politische Meinung, Juli/August 1988, S. 4ff.
3 H. Lübbe, Politischer Moralismus, Der Triumpf der Gesinnung über die Urteilskraft, Berlin 1987, S. 120f.
4 W. Schneider, Unsere tägliche Desinformation, Hamburg, ²1984, S. 184.
5 Ch Meves, Erziehen lernen, Freiburg-Basellen, ²1984, S. 17.
6 Joseph Kardinal Höffner, Nur Du – und Du für immer, Köln.

Liebe, Ehe und Partnerschaft
aus der Sicht der katholischen Kirche

von Andreas Laun

Inhalt

I. Der Mensch – für die Liebe geschaffen
II. Formen der Liebe
III. Kann die Liebe gelingen?
   1. Skepsis und Resignation
   2. Die Antwort der Kirche: Liebe ist möglich
   3. Die eheliche Liebe ist nicht das Wichtigste
IV. Von der Gefährdung der Liebe und ihrem Immunsystem namens Keuschheit
   1. Begehren ohne Liebe
   2. Liebe, von Egoismus und Hochmut bedroht
V. Liebe und Jawort
VI. Liebe, Zärtlichkeit und sexuelle Vereinigung
VII. Die Liebe und das Kind
   1. Die Vermehrung der Tiere – Zeugung unter Menschen
   2. Der Liebesakt als Ursprung neuen Lebens
   3. Die Familie und ihre Bedeutung für die Entwicklung
VIII. Gesetze der Liebe – Gesetze Gottes zum Wohl des Menschen
   1. Wie Liebe wirklich ist und sein sollte
   2. Liebe kennt keine Unterwerfung und keine Herrschaft
   3. Die Seele aller Sexualität ist Liebe und Zärtlichkeit
   4. Verpönung der „Lust"?
   5. Keuschheit in der Ehe
   6. Treue
   7. Der alltägliche Weg zum neuen Anfang und die Beichte

Liebe und Ehe

    8. Empfängnisregelung – Empfängnisverhütung
       a. Die Bereitschaft zum Kind
       b. Das bedingungslose Ja zum unerwarteten Kind
       c. Das kirchliche Ja zur Empfängnisregelung
    9. Das Nein zur künstlichen Befruchtung
  10. Abweichungen der sexuellen Orientierung und Sünde
IX. Ehe als Sakrament
X. Wie heiratet man kirchlich?
    1. Kirchliche Trauung ist nur für Mitglieder der Kirche möglich
    2. Beide Partner müssen ehefähig sein
    3. Das Problem der Scheidung und der Zweitehe
    4. Das sogenannte „Brautexamen"
       a. Die Unauflöslichkeit der Ehe: „Bis der Tod uns scheidet"
       b. Die „Einheit" der Ehe statt jeder „offenen Ehe"
       c. Die Bereitschaft zum Kind
    5. Die religiöse Einstellung zur Ehe
Schlußbemerkung

I. Der Mensch – für die Liebe geschaffen

Es gibt unmusikalische Menschen und solche, die sich für Technik nicht interessieren. Aber kann es einen Menschen geben, der sich nicht nach der Liebe sehnt? Alle Mythen, Märchen, Geschichten, Filme, kurz die Erfahrung der Menschen aller Zeiten und aller Völker zeigt: Es gibt nichts auf der Welt, was wir Menschen so sehr brauchen als die Liebe, nichts, was wir mit allen Fasern unseres Herzens so sehr ersehnen, nichts, was uns so glücklich macht.

Auch die Bibel redet von Anfang an von der Liebe. Denn in der Paradiesgeschichte gibt Adam zunächst einmal allen Tieren ihren Namen, aber er findet nichts, was ihm entspricht, und so bleibt die Not seiner Einsamkeit. Da schenkt ihm Gott die Frau, die ihm ebenbürtig ist – aus ihm ist sie ja genommen –, und der Mensch bricht in jubelnde Freude aus: *„Endlich Bein von meinem Bein, und Fleisch von meinem Fleisch!"* Gott will die Einsamkeit des Menschen nicht, denn der Mensch ist ja nach dem Ebenbild Gottes geschaffen, und auch Gott ist nicht einsam, sondern lebt in der Fülle der drei Personen.

An anderer Stelle heißt es in der Bibel:

„Stark wie der Tod ist die Liebe, die Leidenschaft ist hart wie die Unterwelt. Ihre Gluten sind Feuergluten, gewaltige Flammen. Auch mächtige Wasser können die Liebe nicht löschen, auch Ströme schwemmen sie nicht weg. Böte einer für die Liebe den ganzen Reichtum seines Hauses, nur verachten würde man ihn."

Eine zeitlose, immer gültige Beschreibung der Liebe, wie sie uns die Bibel überliefert hat (Hld 8, 6 – 7)! So speziell die hier gemeinte Liebe auch sein mag – es ist eben doch die Liebe, von der die Rede ist. Liebe kann man nicht kaufen, nicht machen, nicht erzeugen, sie ist immer ein Geschenk und irgendwie unergründlich.

Liebe ist das Wichtigste im Leben. Was ist der Wert eines Menschen, wonach kann man ihn bemessen? Soll man etwa nach seinen Titeln, seinen Ehrungen, seinem Wissen fragen? Oder gar nach seinen sportlichen Leistungen, der Größe seines Autos und der Höhe seines Gehaltes? Der Apostel Paulus läßt keinen Zweifel, worauf es ankommt: *„Und wenn ich prophetisch reden könnte und alle Geheimnisse wüßte und alle Erkenntnis hätte; wenn ich alle Glaubenskraft besäße und Berge damit versetzen könnte, hätte aber die Liebe nicht, wäre ich nichts."*

Johannes Paul II. bestätigt das auf seine Weise: *„Die Liebe ist die grundlegende und naturgemäße Berufung des Menschen."*

Nochmals anders: Der Mensch ist in erster Linie nicht das denkende, konstruierende, erfindende, arbeitende Wesen, sondern jenes Lebewesen, das fähig ist zu lieben!

II. Formen der Liebe

Es gibt viele Formen der Liebe. Alle sind wichtig, und in unserem Leben haben alle ihren Platz:

– Die Liebe der Eltern zu ihren Kindern, und die Liebe der Kinder zu ihren Eltern.

– Die Liebe von Freunden, die nicht selten stärker ist als die Liebe zwischen Geschwistern und Verwandten;

– Die Liebe zu unserem Nächsten, die uns Jesus mit seiner Geschichte von dem Mann erklärt hat, der auf dem Weg Räubern in die Hände fällt, dann aber von einem „barmherzigen Samariter" gerettet wird.

– Die allerwichtigste Liebe, heute allerdings kaum mehr verstanden, ist die geheimnisvolle, aber so wichtige Liebe zu Gott: „*Du sollst den Herrn, deinen Gott, lieben mit ganzem Herzen und ganzer Seele, mit all deiner Kraft und all deinen Gedanken.*" Wenn jemand diese Liebe ganz und gar fehlte, wäre er im geistigen Bereich wie die Leiche eines ehedem schönen Menschen, vor der den Lebenden nur noch graut! Die Liebe zu Gott ist aber nicht nur die Vollendung des Mensch–Seins überhaupt, sondern sie ist auch die Quelle, der Ursprung, der tragende Grund jeder anderen Liebe.

Noch viele andere Formen der Liebe wären zu nennen: die Liebe zu den Tieren, zur Musik, zur Wissenschaft, zur Kultur, zu dem Land, in dem wir leben, oder ganz allgemein die Liebe zum Leben, die Liebe zur Natur, zur Herrlichkeit Gottes in seiner Schöpfung, an die wir uns ja in jeder heiligen Messe dankbar erinnern.

Und doch: Wenn wir von „der Liebe" reden, meinen wir fast immer nur die Liebe zwischen Mann und Frau. Wir denken dabei vielleicht an Romeo und Julia oder irgendwelche andere Namen, die uns im Theater, im Film, in der Literatur begegnet sind. Sie wären uns weder verständlich noch wichtig, gäbe es in uns selbst nicht die eigene Sehnsucht und die eigene Erfahrung mit der Liebe. Die eigentlichen Liebesgeschichten spielen sich nicht im Fernsehen ab, sondern im wirklichen Leben, auf ihre Weise genauso schön, genauso traurig, genauso dramatisch wie jene, die Shakespeare und andere erfunden haben. Ja, es gäbe keinen Romeo, keine Julia, keinen Tristan und keine Isolde in unseren Büchern und Filmen, wenn es die Liebe nicht längst im Leben der Menschen gegeben hätte. Romeo und Julia leben mitten unter uns, sie haben viele Gesichter und verbergen sich unter anderen Namen, sie sind ein Stück unseres eigenen Seins!

Die wahren Liebesgeschichten ereignen sich in den Dörfern, in den Villen der Reichen und in den Wohnsilos der Großstädte, in Wien so gut wie in Budapest oder Prag, unabhängig vom politischen System und der Farbe der Haut.

Ja die Liebe setzt sich über Grenzen hinweg und läßt sich weder von Flüssen und Bergen noch von Traditionen und Vorurteilen aufhalten. Nicht einmal die Verschiedenheit der Religion ist eine Schranke, die die Liebe nicht schon oft überwunden hätte.

Wie wichtig sind diese nirgends aufgeschriebenen und nicht verfilmten, aber gelebten Liebesgeschichten im Leben der Menschen! Immer, wenn sich zwei Menschen wirklich gefunden haben, erscheint es ihnen wie ein Wunder und doch auch das, was sie immer schon erwarteten. Überall auf der Welt flüstern sie einander zu, was Aitmatov seine*"Dshamilja"* zu ihrem Geliebten sagen läßt: *„Ich liebe dich schon so lange. Noch bevor ich dich kannte, habe ich dich geliebt und auf dich gewartet, und du bist gekommen, als hättest du gewußt, daß ich auf dich warte."*

III. Kann die Liebe gelingen?

1. Skepsis und Resignation

Auf Grund bitterer Erfahrung meinen manche: Liebe ist nur eine Fata Morgana, der wir Menschen zwar immer wieder nachlaufen, die aber letztlich doch bleibt, was sie ist: eine Illusion, ein Traum, ein unerfüllbarer Wunsch. Oder weniger hart formuliert: Im wirklichen Leben gelingt Liebe immer nur bruchstückhaft, dem einen mehr, dem anderen weniger, dem dritten gar nicht. Wir reden zwar, so sagen sie, von Romeo und Julia, aber was wird aus solcher Liebe im 10. Ehejahr? Es hat schon seinen guten Grund, wenn die Liebespaare der Literatur oft genug im Tod enden oder der Dichter so klug ist, seine Geschichte nur bis zur Hochzeit zu erzählen! Hätte sich die Liebe von Romeo und Julia auch im Streß der modernen Arbeitswelt bewährt und gehalten, in der Monotonie des Alltags, in der Anfechtung durch andere Männer oder Frauen? Und was wäre mit der Liebe des Romeo geworden, wenn seine Julia eines Tages querschnittgelähmt gewesen wäre? Wäre er ihr treu geblieben? Romeo als Beamter und Julia als Schuhverkäuferin – was wäre aus ihrer Liebe geworden?

Die Liebe mag sich fast nicht aufhalten lassen, ja, aber wie oft geschieht das zum Unglück der betroffenen Menschen? Was als die große unwiderstehliche Liebe begonnen hat, entlarvt sich immer wieder auch als Illusion – wie in der Erzählung A. Puschkins von der Postmeistertochter, die im Grunde nicht geliebt, sondern nur verführt und dann fallengelassen wird.

2. Antwort der Kirche: Liebe ist möglich

All dieser Skepsis und Trauer, deren tiefster Grund ja doch wieder die Sehnsucht nach Liebe ist, hält die Kirche entgegen:
Liebe ist möglich, Liebe kann gelingen und sie gelingt wirklich – wenn die Menschen sich an die *„Gebrauchsanleitung"* dessen halten, von dem die Liebe stammt. Derjenige, der sich ein Gerät kauft, studiert die Anweisungen des Produzenten, damit er nichts falsch macht, damit es *„geht"* und nicht kaputt wird.

Noch wichtiger ist diese Weisheit im Bereich des Lebendigen, das zwar in manchen Fällen die Heilung, aber nicht beliebig austauschbare Ersatzteile kennt. Jeder, der sich ein Tier hält, weiß, daß er sorgfältig dessen Lebensgesetze beachten muß, wenn er will, daß es gedeiht und sich wohlfühlt. So ähnlich ist es auch mit der Liebe: Auch sie ist etwas Lebendiges, sie wächst und entfaltet sich, sie hat eine innere Dynamik auf ein Ziel hin, und alles hängt davon ab, ob die Liebenden gehorsam und feinfühlig auf das Gesetz der Liebe eingehen, sich ihm anvertrauen und führen lassen. Denn die Liebe gelingt nur dann, wenn man sich ihrer Gesetzmäßigkeit unterwirft.

Die *„Gebote Gottes"* sind aber eben dieses *„Gesetz der Liebe"* eine Grammatik der Liebe, eine Gebrauchsanweisung für die Liebe, eine Anleitung dafür, wie die Liebe wachsen, existieren und durch alle Mühseligkeiten hindurch überleben kann! Und wenn die Kirche *„das sechste Gebot"* verkündet, will sie dies und nur dies tun: vermitteln, was Liebe ist, wie Liebe gelingt und wovor man sie schützen muß!

3. Die eheliche Liebe ist nicht das Wichtigste

Aber vorweg sagt die Kirche etwas anderes, etwas, das scheinbar nichts mit der Liebe zu tun hat und doch eine ihrer tragenden Voraussetzungen ist:
Die Liebe zwischen Mann und Frau ist wichtig, aber nicht das Wichtigste. Sie ist beglückend, aber nicht das Glück. Sie ist sinnvoll, aber nicht der Sinn des Lebens schlechthin! Sie ist für viele der konkrete Weg, aber nicht das Ziel, denn das Ziel aller Ziele ist Gott allein.

Diese Botschaft ist von größter Bedeutung für das Gelingen unseres Lebens und unserer Liebe:
Erstens für diejenigen, die gescheitert sind oder ihren geliebten Partner verloren haben: damit sie nicht in ein Loch der Hoffnungslosigkeit stürzen!

Zweitens aber auch für die glücklich verheirateten Paare, damit sie ihre Beziehung nicht überfrachten und so durch ein verhängnisvolles *„Zuviel"* gefährden. Denn wenn jemand meint, der Partner müsse ein Leben lang *„das ganze Glück"* bedeuten (wie in den verschiedensten Songs oder Operetten behauptet wird), er müsse *„der Größte"* und sie immer *„die Schönste"* sein, der irrt sich. Die Enttäuschung, das heißt die Erfahrung, daß der andere all das nicht ist und nicht sein kann, kommt unausweichlich. Dann aber kann die Liebe (oder was man dafür hielt) an dieser Überforderung zugrunde gehen. Man soll den anderen lieben, aber man darf ihn nicht vergöttern! Das Wort ist verräterisch: Einen Menschen an den Platz rücken, der Gott allein gebührt, ist der Anfang vom Ende. Denn dieser *„Aufgabe"*, für den anderen Gott zu spielen, ist niemand gewachsen, und die Beziehung scheitert an diesem absurden Versuch.

Wenn aber Gott im Leben eines Paares den Platz einnimmt, der ihm zukommt, dann ist die Gefahr gebannt. Letzter Sinn und letztes Glück beider ist Gott, für jeden einzelnen und gleichzeitig beide gemeinsam. Das ist kein Grund zur Eifersucht, sondern befreit die Liebe von einer Last. Auch der geliebteste Mensch kann bleiben, was er ist: ein Mann oder eine Frau, ein Mensch mit Vorzügen und mit Fehlern. *„Gebt den geliebten Menschen, was der Liebe gebührt, und Gott, was Gottes ist"*, könnte man das bekannte Wort Jesu abwandeln.

Wenn man Gott gibt, was Gottes ist, kann man dem Menschen jene Liebe geben, die ihm zukommt und die man dann gar nicht mehr übertreiben kann! Man kann tatsächlich *„ganz Gott"* und zugleich *„ganz dem Mann"* oder *„ganz der Frau"* gehören. Die eine *„Totalität der Liebe"* widerspricht nicht der anderen, sondern ermöglicht sie sogar.

Ist nämlich Gott in der Beziehung gegenwärtig, wird die Liebe zum Partner nicht nur nicht schwächer oder gar langweilig, sondern sie wächst und wird noch mehr als bisher zur Quelle der Freude und des Glückes. Die wahre Religion *„dämpft"* keine irdische Liebe, sondern reinigt sie von bewußten und unbewußten Egoismen. Weit davon entfernt sie zu stören, bringt sie sie zu Vollendung. Je größer die Liebe zu Gott ist, desto größer wird auch die Liebe zu den Geschöpfen sein: zum Mann, zu den Kindern, ja auch zur ganzen Schöpfung.

Das alles sind eigentlich katholische Selbstverständlichkeiten, aber oft so unbekannt, daß man sie aussprechen muß!

IV. *Von der Gefährdung der Liebe und ihrem Immun-System namens Keuschheit*

Es wäre freilich heillos naiv zu glauben, die Liebe sei so etwas wie eine *„Insel der Seligen"*, auf der der Sündenfall nicht stattgefunden hätte. Denn einerseits gibt es krankhafte und entartete, ja verbrecherische Formen, das sexuelle Begehren zu befriedigen, andererseits ist jede noch so große Liebe vom normalen Egoismus bedroht.

1. *Begehren ohne Liebe*

Manche Erscheinungsformen der Sexualität haben mit Liebe nichts zu tun. Auch wenn man die eigentlichen Perversionen übergeht, führen uns sowohl die biblischen Erzählungen als auch große Künstler dieses *„Begehren ohne Liebe"* erschütternd vor Augen:

– Ammon, einer der Söhne Davids, lockt seine Halbschwester in eine Falle und vergewaltigt sie dann.

– Zwei alte Männer beobachten heimlich Susanna, die ahnungslos ein Bad nimmt, wollen sie gefügig machen und sind in dem

Augenblick, in dem sie am Charakter dieser Frau scheitern, sogar bereit, sie durch Verleumdung der Steinigung zuzuführen.

– *„Don Giovanni"*, der große Verführer, wird von Mozart als Opfer dargestellt: Rastlos versucht er, jede Frau, die er betören kann, in das Register seiner *„Siege"* einzutragen, aber ohne die geringste Spur von Interesse an der Frau selbst und daran, welche menschlichen Tragödien er verursacht.

– In dem bekannten Roman von Dostojewski rühmt sich der Vater der *„Brüder Karamasov"*, auch im elendsten Weib noch eine Quelle für seine Lust zu entdecken.

– In Richard III. stellt Shakespeare einen Mann auf die Bühne, der die *„Liebe"* zum Instrument seiner Machtpolitik macht und darum die Stirn hat, sogar die Witwe des von ihm Ermordeten zu umwerben – und dabei auch noch gewinnt!

Es gibt auch Frauen, die die Liebe mißbrauchen:

– *„Carmen"* liebt die Männer nicht, sondern genießt und mißbraucht ihre Macht über sie.

– Delila verrät Simson ohne die geringsten Skrupel gerade in dem Augenblick, in dem er schlafend in ihren Armen liegt.

– Die Tochter der Herodias bringt mit ihrem Tanz Johannes den Täufer um seinen Kopf – diesen Johannes, von dem Jesus sagt, es gebe keinen Größeren als ihn!

– Lady Macbeth zögert nicht, ihre *„Liebe"* zu ihrem Mann zu vergessen, wenn sie nur ihre Machtgier sättigen kann, und so macht sie ihren Mann sogar zum Mörder.

Aber nicht nur auf der Bühne oder in den biblischen Geschichten, jeden Tag ereignen sich auf der Welt unzählige Verbrechen, die um der Lüsternheit und geilen Begierde willen begangen werden, und zwar ohne daß dabei die Schönheit der Musik Mozarts vergessen macht, was diese Taten für die betroffenen Menschen bedeuten! Dieses gemeine, widerwärtige Gesicht der Sexualität ist verbunden mit Begriffen wie sexuelle Gewalt, Ausbeutung und Grausamkeit, Mädchenhandel und Sextourismus. Nicht nur Außenseiter der Gesellschaft haben daran Anteil. Das Geschäft mit der sogenannten *„harten Pornographie"* beweist, das dieser Markt eine zahlreiche und hohe Preise zahlende Kundschaft hat.

Zu erinnern ist übrigens auch an all jene Frauen und Männer, die bedenkenlos eine andere Ehe zerstören, oder auch an jene, die irgendwo „*einheiraten*", wobei ihre Liebe nicht dem Menschen, sondern nur seinem Geld, seinem Ruhm, seiner Macht gilt. Dabei ist es eine Sache, alle Gesichtspunkte vor der Hochzeit und darum auch die finanzielle Grundlage zu erwägen, eine andere ist es, nur – die Betonung liegt auf diesem „*nur*" – auf das Geld zu schauen bzw. diesem alles andere unterzuordnen.

2. Liebe, von Egoismus und Hochmut bedroht

Weil es keine anderen Menschen als sündige Menschen gibt, ist jede Liebe von der Sünde bedroht. Wer das leugnet, kennt weder das Leben noch sich selbst!

Der Ablauf der sexuellen Begegnung ist zwar immer „*derselbe*", und ist doch ganz anders, wenn er von der Liebe beseelt ist als wenn die Umarmung nur ein „*sexueller Judaskuß*" ist, hinter dem sich Selbstsucht, rücksichtsloses Begehren, gewohnheitsmäßiges Benützen des anderen zur Befriedigung des eigenen Bedürfnisses, Neugierde und Selbstbestätigung verbergen. Dann kann es Momente geben, in denen den auch verheirateten Menschen ihre „*Umarmungen wie etwas Entsetzliches vorkommen, etwas Schandbares, Unrechtmäßiges, weil ihnen etwas fehlt*", wie I. Bachmann eine ihrer Figuren einmal sagen läßt.

Dieses fehlende, so unerläßliche „*Etwas*", dessen jede sexuelle Begegnung bedarf, ist die Wahrheit ihrer Liebe. Als Christ kann man hinzufügen: Was sovielen Ehepaaren fehlt, ist die neue Liebe, die erst Christus in die Welt gebracht hat.

Zur Bildung eines reifen Gewissens gehört es, den sexuellen Egoismus vom Verlangen der Liebe unterscheiden zu lernen und tatsächlich eine Art Kampf mit sich selbst zu führen: nicht um sich zu kasteien, sondern um der Liebe Platz zu schaffen – so wie wenn man eine Blume vom Unkraut befreit, das sie zu ersticken droht.

Jene innere Haltung, die sich gegen jede auch noch so kleine Dosis des sexuellen Mißbrauchs wehrt, heißt „*Keuschheit*". Sie ist in einer Welt sexueller Ausbeutung – von der sexistischen Werbung über die Pornographie bis hin zur sexuellen Gewalt – eine absolute Notwendigkeit für jeden Menschen, der seine Würde nicht verlieren will. Sie ist nicht eine Gegenkraft zur Liebe, sondern deren Immunsystem: Ohne Keuschheit gelingt die Liebe nicht, sondern geht früher oder später zugrunde! In Anlehnung an gängige Begriffe von heute könnte man auch sagen: Keuschheit ist der aktive Umweltschutz im Intimbereich, der Lebensraum der Liebe erhalten bleibt.

V. Liebe und Jawort

Platon, der griechische Philosoph, erzählte einmal folgende Geschichte: Hephaistos, der Gott der Schmiedekunst, trifft auf zwei Menschen, die einander lieben. Da fragt er sie: *„Ihr lieben Leute, was kann ich für euch tun?"* Ohne zu zögern antworten sie: *„Schmiede uns zusammen, so daß wir unlösbar und für immer miteinander verbunden sind!"*

Was Platon in der Sprache des Märchens ausgedrückt hat, weiß jeder Verliebte: er will mit seinem Partner verbunden sein. Aber es gibt natürlich keinen *„Gott der Schmiedekunst"*, sondern immer nur einen freien, persönlichen Willen, der sich entscheidet: für den Partner, für die Treue, für die endgültige Verbindung *„bis der Tod uns scheidet"!* Die Bibel fügt hinzu: Diese Bindung gilt nicht nur vor Gott, sondern Gott selbst ist es, der sie mitverursacht. Darum soll, was Gott verbunden hat, der Mensch nicht trennen!

Darum ist das Jawort der Partner keine bürgerliche Konvention, kein Stück Papier, keine Formalität und kein überflüssiger Ritus, der mit Liebe nichts zu tun hätte! Das Gegenteil ist wahr: Das Jawort geht aus der Liebe hervor wie die Blüte aus der Knospe. Freie Liebe ist, hat der englische Schriftsteller Chesterton treffend festgestellt, wie ein weißer Neger, das heißt etwas Widersprüchliches, etwas, das es nicht wirklich gibt! Wer seiner Liebesbeteuerung den Nachsatz anfügt, er könne und wolle sich nicht binden, der belügt vielleicht auch sich selbst, auf jeden Fall aber den Partner:

Wenn er sich wirklich nicht binden will, dann ist seine Liebe noch nicht so, wie sie für ein gemeinsames Leben und vor allem auch die Zeugung gemeinsamer Kinder notwendig wäre.

Mit jemandem leben, ohne sich an ihn binden zu wollen, ist genau genommen dieselbe Zumutung, wie jemanden zu heiraten, ohne ihn wirklich zu lieben.

Lieben ohne Jawort und Jawort ohne Liebe – beides sind Fehlformen in der Beziehung von Mann und Frau.

Natürlich kann es gute Gründe geben, noch nicht zu heiraten oder vielleicht auch eine Ehe überhaupt nicht in Betracht zu ziehen. Liebende tun gut daran, ihren Verstand nicht beiseite zu schieben, sondern ihn gerade in Hinblick auf eine solche Entscheidung einzusetzen und auch auf den einen oder anderen – nicht jeden natürlich! – Rat von außen zu hören. Der Punkt ist aber der: Demjenigen, der wirklich liebt, wird eine solche Zurückhaltung schwer fallen. Er mag einsehen, daß das Jawort übereilt wäre, aber er wird darunter leiden. Denn Liebe ist eine Kraft, die auf Vereinigung drängt.

Die Bindung, das Übernehmen von Verantwortung, die Entscheidung für den anderen, die aus der Liebe hervorgeht, begründet den *Bund der Ehe.* So ist die Ehe die naturgemäße Erfüllung der Liebe und nicht, wie Nestroy zwar witzig, aber letztlich falsch gesagt hat, der schlechte 2. Teil des erfolgreichen *„Stücks von der Liebe"!* Die Ehe ist eine Notwendigkeit der Liebe selbst. Wer anderes behauptet, redet gegen bessere Einsicht oder weiß (noch) nicht, was Liebe wirklich ist. Das bleibt auch dann wahr, wenn man weiß, wie verschieden die Motive derer sind, die in einer – scheinbar – freien Lebensgemeinschaft verbunden sind.

VI. *Liebe, Zärtlichkeit und sexuelle Vereinigung*

Der Mensch besteht aus Fleisch und Blut und ist kein reiner Geist. Dieser Sachverhalt prägt das ganze menschliche Leben, hat aber eine besondere Bedeutung für die Liebe zwischen Mann und Frau. Natürlich, es gibt auch die mütterliche und väterliche Zärtlichkeit, Freunde und Geschwister umarmen sich, Menschen geben einander die Hand, sie winken sich zu oder zeigen sonst irgendwie ihre Sympathie für den anderen – körperliche, sinnenfällige Zeichen der Liebe und Sprache des Leibes.

Aber, und darauf kommt es jetzt an, die Liebe zwischen Mann und Frau stellt den Leib in einer noch anderen, geheimnisvollen Weise in ihren Dienst.

Im Grunde weiß jeder Mensch instinktiv um diesen Unterschied: Wie anders umarmen und küssen sich Liebende als Freunde oder Geschwister!

Weil die Liebe die Gefahr des sexuellen Mißbrauchs weitgehend bannt, bedarf es auch nicht mehr der Scham in der gleichen Weise wie früher. Vor allem aber: Die Liebe weckt die Sehnsucht nach der intimsten Vereinigung, derer Menschen mit Leib und Seele fähig sind.

Man kann es nicht durch irgendwelche Schlußfolgerungen „beweisen", aber in der Tiefe ihres Herzens haben die Menschen immer gewußt und wissen auch heute, was das sexuelle Eins-Werden in der Sprache des Leibes besagt: Ganzhingabe!

Darum sagt Johannes Paul II.: *„Infolgedessen ist die Sexualität, in welcher sich Mann und Frau durch die den Eheleuten eigenen und vorbehaltenen Akte einander schenken, keineswegs etwas rein Biologisches, sondern betrifft den innersten Kern der menschlichen Person als solcher. Auf wahrhaft menschliche Weise wird sie nur vollzogen, wenn sie in jene Liebe integriert ist, mit der Mann und Frau sich bis zum Tod vorbehaltlos einander verpflichten. Die leibliche Ganzhingabe wäre eine Lüge, wenn sie nicht Zeichen und Frucht personaler Ganzhingabe wäre, welche die ganze Person miteinschließt."*

Eine ebenso folgerichtige, aber dem Zeitgeist konträr zuwiderlaufende Regel lautet daher: Menschen, die einander lieben, sollten ihrem Verlangen erst dann nachgeben, wenn sich die Seele das Zeichen der Ganzhingabe zueigen gemacht hat. Das Begehren sollte das Herz niemals „überholen", das heißt der Leib soll in seiner „Sprache" nicht mehr sagen als wahr ist.

Das heißt konkret: Menschen sollten sich erst dann sexuell miteinander vereinigen, wenn sie sich entschieden haben – und nicht erst entscheiden werden!

Dabei hat die Erfahrung aller Völker gezeigt, daß diese Entscheidung ohne eine gewisse Öffentlichkeit in vielen, vielen Fällen höchst fragwürdig bleibt und dann Quelle vieler Leiden werden kann. Aus diesem und anderen Gründen haben sich sowohl profane als auch religiöse Hochzeitsriten entwickelt. Für einen Christen jedenfalls ist es eindeutig, daß seine Ehe erst mit dem Jawort im Angesicht Gottes wirklich beginnt.

Daraus ergibt sich natürlich auch: Je geringer die Liebe und je schwächer der Wille zur Bindung ist, desto größer ist die Sünde; je tiefer hingegen die Liebe ist und je näher die beiden (vielleicht schon Verlobten) dem Jawort sind, das ihre Ehe begründen und beginnen lassen wird, desto kleiner ist der moralische Makel der nicht-ehelichen Vereinigung. Ob man es will oder nicht, die sexuelle Vereinigung ist und bleibt das Zeichen für die Ganzhingabe!

VII. Die Liebe und das Kind

1. Die Vermehrung der Tiere – Zeugung unter Menschen

Sosehr die äußere Gestalt der geschlechtlichen Vereinigung an manche Formen der Vermehrung im Tierreich erinnert, die Zeugung beim Menschen ist doch etwas ganz anderes, und zwar einfach deswegen, weil der Mensch eine Person ist, einen freien Willen und eine Erkenntniskraft besitzt, die das Tier nicht hat. „Adam erkannte Eva, seine Frau; sie wurde schwanger und gebar..." heißt es in der Genesis, dem ersten Buch der Bibel. Wie treffend das Wort „erkennen" für die sexuelle Begegnung eingesetzt wird, aber wie töricht wäre es, wollte man sagen: „Der Kater erkannte die Katze." Nicht umsonst hat die Sprache für viele Vorgänge im Tierreich eigene Begriffe entwickelt, weil eben zum Beispiel „essen" von Menschen und „fressen" der Tiere nicht „dasselbe" ist.

Die sexuelle Brunft stellt die Tiere in den Dienst der Arterhaltung, ohne daß sie wissen, wie ihnen geschieht! Freilich, auch die Tiere lassen in vieler Hinsicht die Handschrift Gottes, sie sind reich an Sinn und staunenswerten Zusammenhängen. Aber was wir bewundern, ist immer nur die Intelligenz im Tier, nicht die Intelligenz des Tieres! Darum kann das Tier im eigentlichen Sinn des Wortes nicht handeln, weder bei seiner Nahrungssuche noch in der Fortpflanzung. Welten liegen zwischen der tierischen Paarung und dem „Erkennen" von Mann und Frau in der ehelichen Umarmung!

2. Der Liebesakt als Ursprung neuen Lebens

In modernen Autos gibt es Hebel, die viele verschiedene Funktionen erfüllen. Das ist praktisch für den Fahrer, hat aber sonst keinen Sinn. In der Liebe ist es anders: Daß gerade aus der innigsten Vereinigung von Mann und Frau neues Leben entsteht, ist nicht nach dem Maß eines multifunktionalen Blinkhebels zu messen, der auch den Scheibenwischer in Betrieb setzt! Nein, es erinnert an eine Wahrheit des christlichen Glaubens, die voll Bedeutung ist:
Gott schafft den Menschen, ja die ganze Welt nicht „einfach so", sondern aus Liebe. Erschüttert stehen wir vor dieser Erklärung der Welt: Es gibt uns, weil Gott uns und alle Geschöpfe, jedes seiner Art entsprechend, wirklich liebt. Der Schöpfungsakt ist ein Liebesakt, sagt die Kirche.

Der Mensch aber, der nach Gottes Ebenbild geschaffen ist, gleicht seinem Schöpfer auf besondere Art und Weise: Seine Natur ist die Fähigkeit zur Liebe, sie allein kann ihn erfüllen, *„selbst verwirklichen"* und glücklich machen. Wie Gott den Leib aus Lehm geformt hat, so die Seele aus dem geheimnisvollen „Stoff", der zur Liebe befähigt und ermächtigt – von den Philosophen trocken eine personale Geistseele genannt.

Die Bestimmung zur Liebe zeigt sich auch in der Zeugung eines neuen Menschen: Wie er selbst sein Dasein der Liebe Gottes und dann, in Abhängigkeit von dieser und in einer Art „Zusammenarbeit" mit Gott, der liebenden Umarmung seiner Eltern verdankt, so gibt er es auch weiter durch die Vereinigung der Liebe!

Allerdings, die Einheit von liebender Umarmung und Zeugung kommt nicht von selbst zustande, sondern ist der Verantwortung des Menschen anheimgegeben und hat ihre innere, notwendige Ordnung:

Wirklich ganz und gar unverzichtbar für die eheliche Vereinigung ist die Liebe. Entgegen einem immer noch weitverbreiteten Vorurteil lehnt die Kirche eine Nur-Zeugungs-Moral entschieden ab: Es ist entwürdigend, unchristlich und damit unmoralisch, sich mit dem Ehepartner nur zu vereinigen, um ein Kind zu zeugen! Oft muß und soll das Motiv: „Wir möchten ein Kind zeugen" fehlen, wenn sich ein Ehepaar verantwortungsvoll verhalten will. Aber niemals fehlen darf der Satz: „Komm zu mir, ich liebe dich!" Denn wer nur um der Zeugung oder gar nur um der Lust willen, also ohne Liebe, mit seinem Partner sexuell verkehren wollte, der sündigt! Das ist wirklich kirchliche Lehre!

Es hat sich auch als nicht sinnvoll erwiesen, über den höheren oder niedrigeren Rang der Liebe oder der Zeugung zu diskutieren. Bereits der Römische Katechismus, vor mehr als 300 Jahren im Auftrag des Trienter Konzils entstanden, lehrte, daß man auch die Liebe den ersten Sinn der Ehe nennen kann. 1930 erinnerte Pius XI. in seiner Enzyklika „Casti Connubii" daran, offenbar, weil er damit bestimmte Konfrontationen entschärfen wollte.

Ganz einfach gesagt: Der eine ist der beste Schachspieler, der andere Meister im Skifahren und der dritte ein rhetorisches Genie. Aber wer ist der größte schlechthin? So auch hier: Schaut man auf die Bedeutung der Liebe für das Gelingen einer Ehe überhaupt und auch die eheliche Umarmung im besonderen, dann ist die Liebe viel wichtiger als die Zeugung, die man in dieser Hinsicht nicht den ersten Sinn der Ehe nennen kann. Als „Krönung" der ehelichen Liebe (2. Vatikanische Konzil) erscheint die Zeugung aber dann, wenn man an das Wunder des Entstehens und Geboren-Werdens eines neuen Menschen denkt, der für die Ewigkeit bestimmt ist.

Man kann die Liebe und die Zeugung eines Kindes in dieser oder jener Perspektive betrachten und miteinander vergleichen, nur gegeneinander ausspielen sollte man sie nicht! Das ist so wenig sinnvoll wie zu fragen, was wichtiger sei, das Auge oder das Ohr!

3. Die Familie und ihre Bedeutung für die Entwicklung

Die Erfahrung zeigt, wie sehr das Kind der Geborgenheit und der Liebe bedarf (und eigentlich nicht nur das Kind)! Man kann Kinder perfekt hygienisch versorgen, sie füttern und wickeln und alles tun, was der Kinderarzt vorschreibt – wenn ihnen die Liebe, die Zärtlichkeit, die Zuwendung der Eltern fehlt, werden sie krank, apathisch, sie verzweifeln in einer wortlosen Weise und gehen buchstäblich seelisch und körperlich zugrunde.

Thomas von Aquin spricht daher von der Familie als einer „geistigen Gebärmutter". Ein treffendes Bild! Wie das heranwachsende

Kind im Schoß seiner Mutter geborgen ist und außerhalb dieses Schutzraumes nicht existieren kann, so ähnlich ist es auch mit den Kindern in der Familie: sie brauchen die sie einhüllende, begleitende, schützende Liebe ihrer Eltern.

Zwar gibt es Grade der Zerrüttung einer Ehe, die es geraten sein lassen, daß die beiden auseinandergehen. Eine solche Trennung kann auch für die Kinder das kleinere Übel sein als das Beisammen-Bleiben um jeden Preis. Es gibt kein göttliches Gebot, zum Beispiel bei einem Trinker auszuharren, der Frau und Kinder regelmäßig verprügelt und noch Schlimmeres androht! Daß das Wohl der Kinder für Ehepaare in der Krise ein zusätzliches, schwerwiegendes Motiv sein sollte, der Trennung nur ja nicht vorschnell zuzustimmen, ist damit natürlich nicht bestritten. Kinder haben ein Recht auf die Liebe ihrer Eltern, und man sollte alles tun, ihnen dieses Recht zu erhalten oder, wenn das aus irgendwelchen Gründen unmöglich ist, ihnen einen Ersatz in Form von Adoptiv- oder Pflegeeltern zu verschaffen.

VIII. Gesetze der Liebe – Gesetze Gottes zum Wohl des Menschen

Aus dieser Sicht der Liebe ergeben sich für die Partnerschaft im allgemeinen und die sexuelle Begegnung im besonderen einige wichtige Regeln, die die Kirche den Menschen zu vermitteln versucht:

1. Wie Liebe wirklich ist und sein sollte!

Was ist Liebe? Statt einer ohnehin nicht möglichen Definition kann man die Liebe beschreiben an Hand ihrer Eigenschaften, wie der Apostel Paulus (1 Kor 13, 1ff) sie aufgezählt hat:

„Die Liebe ist langmütig. Die Liebe ist gütig. Sie ereifert sich nicht, sie prahlt nicht. Sie bläht sich nicht auf: Sie handelt nicht ungehörig, sucht nicht ihren Vorteil, läßt sich nicht zum Zorn reizen, trägt das Böse nicht nach. Sie freut sich nicht über das Unrecht, sondern freut sich an der Wahrheit. Sie erträgt alles, hofft alles, hält allem stand. Die Liebe hört niemals auf."

Paulus hat dabei sicher nicht in erster Linie an die eheliche Liebe gedacht, aber alles, was er sagt, trifft auch auf sie zu. Allerdings, er hat dabei eine Liebe vor Augen, die schon durch die Schule des Evangeliums gegangen ist, möglich nur den Menschen, die beten und in Verbindung mit Christus leben.

2. Liebe kennt keine Unterwerfung und keine Herrschaft

Die Frau soll dem Mann nicht einfach gehorchen, sondern beide sollen sich gegenseitig, einander unterwerfen! Bei dieser Unterwerfung handelt es sich um eine normale Gesetzmäßigkeit der Liebe, die bewirkt, daß man auf den anderen hört und seinen Willen tut.

In seinem Schreiben über die Würde der Frau und in seinen sogenannten „Mittwochsansprachen" über die Theologie des Leibes und der Liebe räumt Johannes Paul II. zwei alte Mißverständnisse aus, die im Lauf der Geschichte viel Leid vor allem über die Frauen gebracht haben:

Das eine bezieht sich auf den Bericht des Sündenfalls, wo Gott Eva voraussagt: Der Mann wird über dich herrschen – das ist die Folge deiner Sünde. Aber, so erklärt der Papst, Gott sagt nicht, er soll über sie wie eine Sklavin oder auch nur ein unmündiges Kind seine Herrschaft ausüben! Mit anderen Worten, die biblische Stelle ist keine Rechtfertigung männlicher Anmaßung, sie gibt keinem Macho recht, sondern ist eine Voraussage der traurigen Folgen der Sünde.

Das zweite Mißverständnis betrifft eine Stelle bei Paulus, wo dieser tatsächlich von der „Unterordnung" der Frauen spricht. Aber diese „Unterordnung", sagt der Papst und kann sich dafür auf Paulus selbst berufen, „ist nicht einseitig, sondern gegenseitig. „Er fährt fort: Das Bewußtsein von dieser Gegenseitigkeit muß sich „den Weg in die Herzen und Gewissen, in das Verhalten und die Sitten bahnen „

Das wird allerdings erst in der neuen, christlichen Liebe möglich sein, wenn die Ehepartner gelernt haben, einander zu lieben wie Christus seine Kirche, und umgekehrt auch die Kirche Christus! Man würde sich kaum getrauen, einen solchen Vergleich anzustellen, wenn es nicht Paulus wäre, der dies geschrieben hat, und zwar, wie die Christen glauben, unter dem Einfluß des Heiligen Geistes. Was für ein Bild! Man sollte im Geiste davor betrachtend stehenbleiben, gleichzeitig immer wieder an seinen Ehepartner denken und sich bewußt vorsagen: So soll ich ihn, meinen Mann, so soll ich sie, meine geliebte Frau, lieben!

3. Die Seele aller Sexualität ist Liebe und Zärtlichkeit

Wahre Liebe ist zärtlich, und die Zärtlichkeit ist unendlich mehr und etwas anderes als „sexuelle Stimulation" oder „Erfahrung" mit dem jeweils anderen Geschlecht. Was ist ein Kuß? Nicht die anatomisch genaue Aufzählung der dabei aktivierten Muskelpartien gibt Auskunft über ihn, wohl aber die folgende Beschreibung: „So legen sich auch im Kuß Lippe an Lippe zum Ausdruck des Verlangens, die Seele in die des anderen so vollkommen zu ergießen, daß beide zu einer einzigen verschmelzen „Wonach sehnen sich Menschen, die einander lieben? Wirklich vor allem nach Sex und Orgasmus? Oder ist es nicht doch menschlicher und damit treffender zu antworten, auch wenn die Formulierung nicht mehr ganz der heutigen Sprache entspricht: „Wann werde ich meine Seele in sein Herz ergießen, wann wird sein Herz in meine Seele einstürmen, wann werden wir selig, vereint und unzertrennlich beisammen leben."

Viele werden überrascht sein: Diese Beschreibung des Kusses und der Sehnsucht nach Geborgenheit, Wärme und Nähe ist schon 300 Jahre alt und stammt aus der Feder eines Bischofs, nämlich des heiligen Franz von Sales, dem die Kirche den Ehrentitel eines Kirchenlehrers verliehen hat.

Was für den Kuß und andere Zärtlichkeiten gilt, gilt erst recht für die eheliche Umarmung. Dem inneren Erleben nach sollte sie in erster Linie der „Höhepunkt der Zärtlichkeit" sein, meint der katholische Philosoph D. von Hildebrand, der sich wie kaum ein anderer mit dem Wunder der Liebe beschäftigt und damit auch die kirchliche Lehrentwicklung nachhaltig beeinflußt hat.

Gerade hier, in dieser intimsten Begegnung der Liebe, darf es keinerlei Macho-Gesinnung, kein Leistungsdenken, keinen Konsum-

Anspruch, keinen Wille zur Selbstbestätigung geben! Auch in der sexuellen Vereinigung bleibt der andere Person und Partner und darf nicht – zu einem vielleicht sogar austauschbaren – Mittel werden, mit Hilfe dessen eigene Bedürfnisse befriedigt werden! Wichtig ist, den anderen immer mit den Augen der Liebe zu sehen, sensibel und offen für seine Empfindungen, sein Erleben, seine Bedürfnisse.

Solange die Liebe letzte Triebfeder und Seele der ehelichen Umarmung ist, braucht man nicht von der „ehelichen Pflicht" zu reden. Oder noch genauer gesagt: Es gibt die eheliche Pflicht zur körperlichen Liebe, von der kein geringerer als Paulus gegenüber bestimmten spinnigen Personen redet, aber „Pflichten der Liebe" sind eben niemals „Pflichten" wie Steuerzahlen und Pünktlichkeit im Büro! Schließlich kann man ja auch von der „Pflicht" der Mutter (oder des Vaters) reden, ihrem Kind die Milch zu geben und mit ihm zu spielen – aber welche Mutter, welcher Vater nennt das eine „Pflicht" in dem drückenden Sinn, in dem wir das Wort sonst gewöhnlich gebrauchen?

4. Verpönung der „Lust"?

Schon Aristoteles lehrt: Es ist sinnlos, nach dem Wert oder Unwert „der Lust" zu fragen. Entscheidend ist vielmehr, woran jemand „Lust" hat. Die Lust am Guten ist gut, die Lust am Bösen ist böse. Angewandt auf die sexuelle Lust heißt das: Sie ist gut, wenn sie dem Sinn der Schöpfung entspricht und im Dienst der Liebe steht; sie ist (in vielen Abstufungen) böse, wenn sie das nicht tut. Wie man sieht:

Über „Lustbejahung" oder „Lustfeindlichkeit" kann man nicht reden, ohne zu sagen, woran jemand Lust hat. Man bewertet ja auch nicht das „Feuer an sich", sondern je nachdem, ob es im Hochofen brennt oder Rauch aus dem Dach aufsteigt!

Nach Thomas von Aquin wäre im Paradies – wie alles andere auch – die sinnliche Lust noch schöner gewesen als in der real existierenden, von der Sünde geprägten Welt, und dies aus folgendem Grund: Das, was der Mensch nach der Absicht Gottes sein sollte, wäre im Paradies vollkommen verwirklicht gewesen. Das hätte auch für die eheliche Umarmung der Liebe gegolten, für die Freude des Herzens und die Lust des Leibes.

Thomas geht sogar noch einen Schritt weiter: Wer die Lust ablehnt, sündigt! Also ist die sinnliche Freude am geliebten Partner nicht nur „erlaubt", sondern gehört zur Liebe! Sie ist eben nicht, wie man manchmal gemeint hat, ein Übel, das sich nur durch einige »Vorteile" (wie das Zustandekommen der Zeugung) rechtfertigen ließe! Eingebettet in die Liebe und von ihr bestimmt, darf und soll es die Lust geben.

Schlecht ist nur die isolierte, geile, lüsterne Begierde, die den anderen zum Mittel der eigenen Befriedigung benützt! Eine Welt liegt zwischen dem besitzergreifenden, egoistischen „Lust-haben auf jemanden" und der Sehnsucht nach dem geliebten Partner, zwischen Don Giovanni auf der einen Seite, den Romeos und Julias, die vor Ungeduld vergehen und die Hochzeitsnacht kaum erwarten können, auf der anderen!

5. Keuschheit in der Ehe

So merkwürdig es klingen mag: Die sexuelle Begegnung der Partner bedarf auch der Keuschheit. Der Grund dafür wurde bereits genannt: Die Liebe ist, wie Johannes Paul II. es ausdrückt, „in einen von der Begierde bedrohten Menschen eingepflanzt". Die Kraft der Liebe aber, die sich gegen die Verfälschung der sexuellen Körpersprache wehrt, nennt die Kirche Keuschheit. Darum ist es nur folgerichtig zu sagen: Die eheliche Liebe bedarf der Keuschheit als eines Schutz- und Abwehr-Systemes, damit die Liebe Liebe bleibt oder gesundet und zu sich selbst zurückfindet. Sexuelles Verlangen, das sich von der Liebe ablöst und verselbständigt, ist immer entwürdigend für beide.

In diesem Zusammenhang läßt sich übrigens auch gut erklären, was die Scham will, soweit sie die sexuelle Sphäre betrifft. Nichts zu tun hat sie mit Prüderie und ihrem gestörten Verhältnis zum eigenen und natürlich auch dem Leib des anderen. Scham ist vielmehr die Aufmerksamkeit des Menschen, der einerseits selbst nicht zum Objekt der bösen, lüsternen Begierde werden will und andererseits

Liebe und Ehe

so taktvoll ist, das sinnliche Begehren anderer nicht unnötig zu reizen. Wer das verstanden hat, der versteht auch, daß Scham aus zwei Gründen mehr oder weniger überdrüssig werden kann: Einmal dann, wenn die Situation das Thema des Begehrens eigentlich wie von selbst ausschließt, wie das zum Beispiel bei einer medizinischen Untersuchung in der Regel der Fall ist. Der Scham bedarf es aber auch in dem Maße nicht mehr, in dem die Liebe die Beziehung der Menschen beherrscht. Die Scham kann in den Hintergrund treten und einem selbstverständlichen Vertrauen Platz machen. Durch die Liebe verwandelt sich die Nacktheit von einer bloßstellenden „Entweihung" in eine Offenbarung (Shakespeare in „Was ihr wollt")!

Um der Vollständigkeit willen ist auch noch anzumerken: Zur wahrhaft ehelichen Begegnung gehört es auch, daß man die geschlechtliche Anlage von Mann und Frau so nimmt, wie sie von Gott geschaffen wurde. Andere Formen der angeblichen Vereinigung mögen einen gewissen sexuellen Reiz – der allerdings besonders (aber nicht nur!) in Hinblick auf die Frau kritisch zu hinterfragen wäre – ausüben, aber sie sind, abgesehen von ihrer Sterilität, keine Sprache der Liebe und keine wirkliche Vereinigung. Darum, und nicht aus irgendwelchen gesundheitlichen Gründen, lehnt die Kirche sie samt und sonders ab.

6. Treue

Der überlistete Ehemann auf der einen Seite und die betrogene Frau auf der anderen mögen ein ewig junges Thema für Lustspiele im Theater und heitere Filme sein – in der Wirklichkeit des Lebens ist Untreue die Ursache schlimmster seelischer Leiden, die sich ohne Zweifel oft auch in körperliche Erkrankungen hinein fortsetzen. Was könnte mehr schmerzen als gerade dort getäuscht und verwundet zu werden, wo man sich geborgen glaubte, angenommen ohne Wenn und Aber, endlich geliebt mit Leib und Seele wie sonst von niemand anderem? Nicht nur in Romanen, auch im wirklichen Leben sind Menschen an einer zerbrochenen Liebe schon seelisch zugrundegegangen, oder kämpften monatelang wie Hamlet mit dem Gedanken an Selbstmord. Der Krieg der Geschlechter, das heißt die Verachtung von manchen Männern für „die Frauen" und die Aggressivität vieler emanzipierter Frauen ist sehr oft nichts anderes als der Reflex auf eine verratene Liebe.

In der Liebe ist der Mensch wie eine Pflanze, die man nicht beliebig versetzen kann. Auch wenn sie überlebt, dauert es lange, bis sie sich, wenn überhaupt, von den Verletzungen ihrer Wurzeln wieder erholt.

Allerdings, Untreue ist nicht Untreue, denn die Gründe und damit auch die Schwere der Schuld können ganz verschieden sein:

Es kann die „dumme Gelegenheit" im Rahmen einer Geschäftsreise sein, die der Betroffene schon am nächsten Tag selbst nicht mehr versteht (die aber deswegen nicht als Bagatelle abgetan werden kann). Am anderen Ende der Möglichkeiten steht die große, in ihrer Nicht-Erfüllbarkeit als tragisch erlebte Liebe wie in der Sage von Tristan und Isolde, und „dazwischen" gibt es viele andere Motive, Verwicklungen, Versuchungen und Ehebrüche: Eine Frau langweilt sich und, von ihren Tagträumen bereitgemacht, beginnt sie mit der Liebe zu spielen, bis sie eines Tages nicht mehr zurück kann. Oft ist es auch der Ehrgeiz im Berufsleben, vielleicht verbunden mit anderen Belastungen, der der Liebe nach und nach den Atem nimmt und in irgendeinem Verhältnis endet, wie es zum Beispiel D. Aitmatov in seiner Erzählung „Du meine Pappel im roten Kopftuch" meisterhaft und erschütternd geschildert hat.

Außerdem gibt es auch jenes gemeine, den anderen Mann oder die andere Frau zur Selbstbestätigung, aus Eitelkeit oder der puren Lust wegen Besitzen-wollen, wie es auch die Bibel erzählt: Außer den schon erwähnten Geschichten von Tamar und Ammon und den beiden Männern, die Susanna erpressen wollen, kann man auch an die ägyptische Königin erinnern, die versucht, Josef zu verführen, der sich ihr aber mit einem geradezu unglaublichen Mut verweigert und seine Standfestigkeit auch büßen muß.

In der Geschichte des Königs David hingegen scheint es, daß er trotz des Mordes, den er um Batseba willen begeht, diese Frau wirklich geliebt hat. Hätte er seine Sünde verdrängt und nicht in Reue und Buße aufgearbeitet, seine Liebe wäre wohl kaum von Dauer gewesen.

Daß sogar echte Liebe Anlaß zur Sünde – genau genommen eben nur Anlaß und nicht deren Ursache! – sein kann, auch dieses unauflösbare Ineinander von Licht und Schatten im Herzen des Menschen gehört zu seiner, des Menschen Tragik und ist eine schmerzliche Erfahrung, die man nicht verschweigen darf.
Eine der ergreifendsten Stellen des Evangeliums ist die Begegnung Jesu mit der Ehebrecherin. Johannes erzählt uns nicht, wie es dazu kam. War sie einfach nur leichtsinnig und flatterhaft? Die Erzählung weist eher in andere Richtung:
Vielleicht hat sie ihr Mann schon seit langem vernachlässigt und möglicherweise selbst betrogen. Jetzt aber ist sie einem anderen Mann begegnet. Zum ersten Mal fühlt sie sich wirklich geliebt und kann der Versuchung nicht widerstehen. Aber sie wird erwischt und von Leuten, deren Doppelmoral sie kennt, vor Jesus hingeschleppt! Jetzt hat sie panische Angst vor dem, was geschehen könnte – bis zu dem Augenblick, in dem die Männer mit ihren Steinen den Blick Jesu nicht mehr aushalten und einer nach dem anderen die Steine fallenläßt und geht. Nie mehr werden sie den Satz vergessen, der die Hände dieser Leute lähmte: „Wer von euch ohne Sünde ist, der werfe den ersten Stein!" Vielleicht haben sich auch manche von ihnen bekehrt. Jesus ist allein mit der Frau zurückgeblieben und jetzt spricht er sie an. Auch er verurteilt sie nicht. Behutsam ermutigt er sie zu einem neuen Anfang in der Treue.
Ähnlich und doch auch wieder ganz anders verläuft die Begegnung Jesu mit der Frau am Jakobsbrunnen. Jesus weiß, sie ist keine ganz einfache Frau, denn sie hatte schon fünf Männer, und der, mit dem sie jetzt lebt, ist nicht ihr Mann. Auch hier erfahren wir nicht mehr über ihr Leben. Warum lebt sie so? Welche Enttäuschungen und Verwundungen hat sie durchgemacht, daß sie soweit kam? Woher ihr Scheitern in all ihren Beziehungen? War sie so ruhelos, daß sie nicht treu bleiben konnte, oder wurde sie von den Männern immer wieder verlassen? Wie auch immer, Jesus weiß um diesen wunden Punkt in ihrem Leben, aber er demütigt sie nicht, sondern beginnt mit ihr ein Gespräch über Gott, der viel wichtiger ist als ihre verschiedenen Männergeschichten.
Es gibt viele Gründe, warum Menschen einander untreu sind. Harmlos ist Untreue nie, auch dann nicht, wenn der eine oder ande-

re Seitensprung unentdeckt bleibt oder sogar Anlaß zu einem zwar schmerzlichen, aber doch neuen Anfang wird. Untreue ist oft der Anfang vom Ende, und sogar wenn die Ehe aufrecht erhalten wird, kehrt die große, beglückende Liebe selten nochmals zurück.

Was kann man tun, um die Treue zu bewahren? Der sicherste Schutz ist die Liebe selbst: Solange sie wach und lebendig ist und man nicht zuläßt, daß die vielen kleinen Lebenszeichen der Liebe, die so wichtig sind, unmerklich verschwinden, ist die Treue nicht einmal eine Frage. Gefährlich ist das Vacuum, die Frustration, die Leere, der ungelöste Konflikt mit seinen Verwundungen, die Kälte der Isolation und die Sprachlosigkeit. Denn wenn dann ein anderer Partner kommt, der im Augenblick Wärme und Verständnis zeigt, steigt die Gefahr sprunghaft an.

Auch an diesem Punkt erweist sich einmal mehr die Wichtigkeit der Liebe zu Gott: Wer kann ohne Liebe leben? Wenn aber Gott sogar in der Not der ehelichen Vereinsamung immer noch die größte und erste Liebe eines Menschen ist, dann läßt sich sogar eine Ehe, die zum Kreuz geworden ist, durchtragen, ohne Bruch! In manchen Fällen, wenn auch nicht immer, liegt darin nochmals die Chance zueinanderzufinden. Man sollte sie ergreifen auch dann, wenn man den anderen da, wo man ihn verlassen hat, nie mehr antrifft.

Gott ist aber auch aus folgendem Grund der Garant der Treue: Ohne Gott zu leben ist eine Qual, und so ist der Atheist, sagt Dostojewski, ein ruheloser Mensch. Könnte es nicht auch sein, daß die Gottlosigkeit vieler Menschen sich in ihrer sexuellen Ruhelosigkeit, in dem Getriebensein von einer vermeintlichen Erfüllung zur anderen auswirkt? Immerhin zeigt schon die Geschichte vom Sündenfall in der Bibel: Die Störung der Gottesbeziehung führt sofort auch zur Störung der ehelichen Beziehung von Adam und Eva und weckt in ihnen das Bedürfnis, sich dem Blick des anderen zu entziehen.

Es erweist sich: Eheliche Treue hängt auch von der Treue zu Gott ab!

Nicht jede Untreue muß bereits zur Katastrophe führen. So schmerzlich und schwierig es sein mag, die Liebe kann auch den Kampf mit der Untreue eines Partners gewinnen. Das mag Zeit und Kraft in Anspruch nehmen wie das Ringen eines Menschen mit einer schweren Krankheit, aber es ist möglich. Werner Bergengruen erzählt zu diesem Thema eine Geschichte, die man nicht vorschnell als „nur erbaulich" und damit als lebensfremd abtun sollte:

Eine Frau verliert sich an einen Fremden und wird nach dem Gesetz ihres Volkes dazu verurteilt, über einen steilen Felsen geworfen zu werden. Ihr Mann aber, der sie liebt, spannt in den Stunden vor ihrer grausamen Hinrichtung ein gewaltiges Netz, das sie auffängt. Da das Gesetz dem Buchstaben nach erfüllt ist – sie wurde ja hinabgestoßen! – darf sie am Leben bleiben, und es beginnt eine neue Geschichte ihrer Liebe. Vielleicht ist es nicht immer möglich, aber doch öfter als man meint, ein solches „Netz", angepaßt an die Situation des modernen Lebens, zu errichten.

Zum Bewahren der Treue gehören natürlich auch bestimmte Regeln. Da die Untreue wie jede andere Sünde im Herzen beginnt, bedarf es einer ganz bestimmten Zurückhaltung der Gedanken und erst recht der Blicke: Denn „wer eine Frau auch nur lüstern anschaut, hat in seinem Herzen schon Ehebruch mit ihr begangen", sagt Jesus, und jedermann weiß, wie wahr das ist.

Bekanntlich behaupten bestimmte, sogar staatlich verordnete Aufklärungsprogramme, man könne in Gedanken, beim Anschauen von Videofilmen oder auch spielerisch alles und jedes Tun und Lassen, was einem „Spaß macht". Einschränkend wird nur gesagt, man sollte dabei keine ungewollten Kinder zeugen, sich keine Krankheit zuziehen und auch mit dem Gesetz nicht in Konflikt geraten. Im übrigen bemühen sich die gleichen Gruppen, die so reden, das Gesetz so liberal wie möglich zu gestalten – was für ein Mißbrauch des herrlichen Begriffs der Freiheit!

Aber solche Programme stehen im Widerspruch zur elementarsten Erfahrung der Menschen mit sich selbst. Wenn man von sexueller Gewalt – um ein Beispiel zu nennen – träumt und sie sich im Film begierig anschaut, dann hängt es vielleicht von der Gelegenheit ab, wann einer zur Tat in seinem wirklichen Leben schreitet.

Ob es angenehm klingt oder nicht: Wer treu bleiben will, muß im Vorfeld gewisse, manchmal lästig erscheinende Regeln beachten – vielleicht auch in Hinblick auf seine ganz persönliche Versuchbarkeit in bestimmten Situationen, um die nur er selbst wirklich Bescheid weiß.

7. Der alltägliche Weg zum neuen Anfang und die Beichte

Bedroht wird die Liebe allerdings nicht nur von der eigentlichen Untreue, sondern längst vorher und unabhängig von ihr von dem alltäglichen Versagen: da eine kleine Rück-sichtslosigkeit, dort ein böses Wort oder ein erregter Wortwechsel, dann wieder ein eisiges Schweigen oder eine Art Machtkampf bezüglich dieses oder jenes Punktes im gemeinsamen Leben. Kurz gesagt: der Stolz, die Eitelkeit, der Egoismus und alle anderen schlechten Haltungen, die das menschliche Herz eben kennt, sind natürlich auch in der Ehe gegenwärtig, bedrohen und belasten die Liebe. Vor allem auch deswegen, weil die Lieblosigkeit dessen, den man liebt, ja doppelt schmerzt.

Darum kann Ehe nur gelingen, wenn sie auch die Selbstreinigung durch Reue, Eingestehen von Schuld auf der einen Seite und die wirkliche Vergebung auf der anderen Seite kennt und regelmäßig, so wie es eben nötig ist, übt.

Leichter tut sich dabei der gläubige Mensch. Er macht ja immer wieder die Erfahrung, wie sehr er selbst auf das Erbarmen Gottes angewiesen ist; umso leichter ist er bereit, auch dem anderen zu verzeihen.

Um dem Menschen bei dieser schwierigen, aber buchstäblich notwendigen Aufgabe zu helfen, hat Gott der Kirche die Beichte geschenkt. Wer sich auf diesen Proze der Erneuerung so einläßt, wie er gemeint ist, merkt nicht nur, wie diese Art der Schuldbewältigung unserer Natur entspricht, sondern er erfährt dabei unmittelbar;, was Versöhnung ist und wie sie gelingen kann:

Zunächst muß jeder Mensch lernen, seine Fehler sich selbst einzugestehen und solch bittere Erkenntnisse auszuhalten. Er muß zugeben können: Trotz aller Entlastungsgründe, ich war und bin verantwortlich für mein Tun und ich habe mich da und dort schuldig gemacht.

Schwierig, aber auch besonders erlösend ist der zweite Schritt, der dem Beichtenden abverlangt wird: Er soll seine Sünden ja nicht bloß im Geheimen denken, auch nicht nur pauschal und allgemein zugeben und sich dabei in der unüberschaubaren Menge aller anderen Sünder („Ja, ja, auch ich bin ein Sünder wie Millionen andere auch") sozusagen verstecken, sondern er wird aufgefordert, sie vor einem lebendigen Gegenüber auszusprechen und zwar in einer Konkretheit, die erkennen läßt: Das habe ich wirklich getan und niemand anderen kann ich dafür verantwortlich machen! Es ist die gleiche Unmittelbarkeit des Zugeben-Könnens wie in der Beziehung zu anderen Menschen, bei denen man sich ja auch manchmal entschuldigen muß.

Sünden als Sünden offenzulegen bedeutet wirklich, sich eine Blöße zu geben, und macht daher verwundbar.

Aber in der Beichte kann sich der Mensch diese Blöße geben, und zwar aus folgendem Grund:

So ratsam es ist, sich sonst fast nirgends „eine Blöße zu geben", in der Beichte erfährt der Mensch, wie Liebe mit Schuld umgeht: Auf das Geständnis der Sünden folgt die Antwort des Verzeihens, der Güte, des Erbarmens. Darum ist dieses Sich-selbst-Bloßstellen ebenso heilsam und wohltuend, wie wenn ein Kranker den Arzt an sich heranläßt und dabei sogar Schmerzen aushält. Die Hauptsache ist er wird gesund!

So wie in früheren Zeiten den Gefangenen eine Eisenkugel an den Fuß gekettet wurde, die sie ständig mitschleppen mußten, so ist der Mensch an seine Schuld gebunden und kann sich aus eigener Kraft nicht befreien. Die Lossprechung des Priesters ist nichts anderes als das Brechen der Kette, und der Mensch kann die Last, die ihn sosehr quälte, endlich liegen- und zurücklassen. Seine „Eisenkugel" ist nicht mehr „seine" Bürde, sie bleibt, weiter im Bild geredet, am Straßenrand liegen, und wird im Rückblick immer kleiner und kleiner, bis sie, endlich, ganz verschwindet:

Vergangenheit, die den Menschen nicht mehr einholen kann, auch wenn vielleicht sogar schmerzende Narben zurückbleiben sollten!

Übrigens gilt selbstredend auch für das Versagen auf dem Gebiet der Sexualität das, was der hl. Pfarrer von Ars, dem man wahrhaftig keinen Laxismus nachsagen kann, so formuliert hat:

„Leichter ist es, in den Himmel zu kommen als in die Hölle, so groß ist die Barmherzigkeit Gottes. Unsere Fehler sind Sandkörner im Vergleich zu dem mächtigen Berg der göttlichen Barmherzigkeit."

8. Empfängnisregelung – Empfängnisverhütung

In vielen anderen Bereichen weiß man längst um die schlimmen Folgen bestimmter Eingriffe in die Natur, obwohl anfänglich als

Fortschritt gepriesen! Allerdings, was den Leib der Frau und den Bereich der Zeugung betrifft, melden im nicht-kirchlichen Raum vorläufig nur wenige ihre Bedenken an: Soll man Froschteiche schützen, gesunde Frauen aber zwingen, fast jeden Tag hochwirksame Präparate der Chemie zu schlucken? Im Dienste welcher Interessen steht die Verhütungsindustrie – wirklich im Dienst der Frauen und zum Vorteil ehelicher Liebe? Oder vielleicht doch dazu, um männlichem Begehren noch mehr Spielraum zu geben, wie heute auch manche Feministinnen sagen und damit dasselbe behaupten wie der ehedem verlachte Papst Paul VI.?

Trotz des scheinbar allmächtigen Zeitgeistes mit seinen gewaltigen finanziellen Ressourcen und trotz des Widerstandes sogar in den eigenen Reihen ist die katholische Kirche bei ihrem Nein zur Pille und anderen Verhütungsmethoden geblieben: Der Mensch sollte den ehelichen Akt einschließlich seiner Fähigkeit, neues Leben zu zeugen, weder durch Verhütungsmittel verstümmeln noch durch künstliche Befruchtung ersetzen, so verständlich die Motive sowohl für das eine als auch das andere in vielen Fällen auch sein mögen.

Allerdings, obwohl die Medien fast keine Gelegenheit auslassen, der Kirche diese ihre Lehre vorzuhalten, ist das, was die Kirche darüber wirklich denkt und lehrt, weithin unbekannt geblieben.

a. Die Bereitschaft zum Kind

Es gibt gültige und glückliche Ehen, die kinderlos bleiben oder zum Beispiel wegen einer schweren Erbkrankheit kinderlos bleiben müssen. Aber die grundsätzliche Bereitschaft, Kinder zu bekommen, gehört zur Ehe.

Wieviele Kinder ein bestimmtes Ehepaar haben kann oder soll, ist zwar nicht ihrem Belieben anheimgestellt, wohl aber Sache ihrer persönlichen Gewissensentscheidung. Außenstehenden – und auch Priester können hier nur „von außen" mitreden – steht es frei, sich eine Meinung zu bilden und, wenn sie darum gebeten werden, diese auch kundzutun. Die Entscheidung fällen kann nur das Ehepaar selbst, und es sollte dies nach objektiven Gesichtspunkten tun. Man kann auch sagen: im Angesicht Gottes und vor dem eigenen Gewissen!

Die „richtige" Zahl ist weder „möglichst viele" noch das kühl-rational geplante Einzelkind. „Richtig" ist die Zahl, für die sich jedes einzelne Ehepaar entscheidet, und zwar auf Grund seiner besonderen, nicht zu verallgemeinernden Lage, die dennoch die Objektivität der Kriterien nicht ausschließt.

b. Das bedingungslose Ja zum unerwarteten Kind

Wenn sich freilich wider Erwarten und Planung erweist, daß die Frau ein weiteres Kind erwartet, dann gibt es für Christen nicht den geringsten Zweifel am Lebensrecht dieses Kindes. Sie sollten es annehmen und den Mut haben, von „guter Hoffnung" zu reden, weil ihnen der Glaube sagt: Die Frau ist nicht einfach „schwanger", sondern „gesegneten Leibes" Daß wir diese Begriffe so gut wie verloren haben, ist wohl auch ein – trauriges – Zeichen der Zeit.

Es gibt keine Abtreibung, die gerechtfertigt wäre, weil es niemals gut ist, einen unschuldigen Menschen direkt zu töten. Das gilt auch dann, wenn das Kind schwer behindert sein sollte. Außerdem, und auch das sollte man wissen und niemand in der Kirche bestreitet es, ist Abtreibung die viel größere Sünde als Verhütung – so diese wirklich Verhütung und nicht im Grunde doch wieder Abtreibung ist oder, wie dies manche Präparate laut ihrem Beipackzettel tun, sowohl verhütend als auch abtreibend wirken.

c. Das kirchliche Ja zur Empfängnisregelung

Die Kirche ist für Empfängnisregelung und für verantwortete Elternschaft.

Die heikle Frage ist nur: Wie geht das konkret? Glücklich über jede Entdeckung, die uns die Gesetze des weiblichen Zyklus noch besser aufschließt als bisher, und in der Hoffnung auf weitere, hilfreiche Fortschritte der Medizin antwortet die Kirche:

Die Ehepartner sollten ihre Zuflucht nicht bei technischen oder chemischen Mitteln suchen, sondern die Verantwortung selbst wahrnehmen, und zwar indem sie sich gemeinsam dem Rhythmus der weiblichen Fruchtbarkeit unterordnen.

Wenn Paulus die Ehepaare auffordert, „sich einander unterzuordnen", dann hat er sicher nicht an die Empfängnisregelung gedacht, aber heute kann man sagen: Die Haltung des gegenseitigen Sich-Unterordnens hat einen neuen, überraschend aktuellen Sinn bekommen, weil sie, wie wir entdeckt haben, gerade auch für den sexuellen Bereich gilt!

Das notwendige Wissen über die biologischen Gesetzmäßigkeiten ihrer Sexualität müssen sich Frauen und Männer freilich aneignen, aber das ist heute möglich auf Grund der bahnbrechenden Arbeit von Ärzten wie J. Rötzer und anderen, die sich auf diesem Gebiet einen Namen gemacht haben.

Das heißt konkret: Wenn kein weiteres Kind zu verantworten ist oder von den Partnern in einem bestimmten Abschnitt ihrer Ehe (noch) nicht gewünscht wird, sollten sie in den fruchtbaren Zeiten der Frau enthaltsam leben – und dies verlangt, wie heute fast jedes Kind weiß, eine gewisse Bereitschaft zum Verzicht sogar dann, wenn der Zyklus der Frau regelmäßig und tatsächlich berechenbar ist.

Den notwendigen Verzicht sollte man weder übertreiben noch verständnislos herunterspielen:

Einerseits gilt: Verzichten-können gehört einfach zum Leben des Menschen, auch in diesem Bereich, und es gibt wahrhaft schlimmere Leiden als von Zeit zu Zeit sexuelle Enthaltsamkeit auf sich nehmen zu müssen. Wer dies wirklich für unzumutbar hält, könnte auch einmal darüber nachdenken, aus welchen anderen Gründen er sehr wohl auf das eheliche Bett und noch dazu leichten Herzens verzichtet – vielleicht genügt ihm dafür die Aussicht auf ein Kartenspiel oder ein Glas Bier mit einem alten Kumpel.

Andererseits gibt es Frauen, deren Zyklus eine hinreichend sichere Berechnung nicht erlaubt und die Methode der Zeitwahl fast ganz und gar unbrauchbar macht. Vergessen darf man auch jene Ehepaare nicht, die aus beruflichen Gründen nur unregelmäßig zusammenkommen können. Der für andere durchaus zumutbare Verzicht wird, so scheint es, zum heroischen Opfer.

Außerdem wird man über die Reichweite des Gebotes, das „Humanae vitae" verkündet, nachdenken müssen. Denn die Enzyklika spricht vom ehelichen Akt und zum Beispiel nicht von einer Vergewaltigung, die es bekanntlich auch in der Ehe gibt.

Diese noch ungelösten Probleme gibt es, und man wird in der Kirche noch viel darüber nachdenken müssen. Aber das ändert nichts an den guten Gründen, die für die Zeitwahl und gegen die Verhütungsmittel sprechen. Einige seien genannt:
– Die sogenannte „periodische Enthaltsamkeit" bezieht beide Partner in die Verantwortung ein. Sie verhindert, daß der Mann der Frau das Problem der Verhütung zuschiebt und sie damit allein läßt.
– Es geht nicht bloß um eine „Methode", sondern um eine Grundhaltung der Ehrfurcht. Der Mann soll der Frau keine sexuelle Dauer-Verfügbarkeit abverlangen, sondern sich mit seinem Verlangen ihrem weiblichen Rhythmus anpassen. Ist dies nicht auch eine Form der Liebe, wenn er die fruchtbare Seite der Weiblichkeit respektiert? Die Frau darf dabei sein, was sie ist und wie sie ist, und muß sich nicht ständig präparieren, um dem Mann recht zu sein. Auch in diesem Sinn könnte man die Formulierung von P. Handke verstehen, der einmal eine seiner Figuren sagen läßt: „Ich erwarte von einem Mann, daß er mich liebt für das, was ich bin, und für das, was ich werde", nämlich eine Mutter!
– Zeiten der Enthaltsamkeit lassen außerdem immer wieder eine Spannung und Sehnsucht aufkommen, die der Liebe dient. Denn die sexuelle Enthaltsamkeit „zwingt" gleichsam die Partner, ihre Liebe und Zärtlichkeit nicht auf den Geschlechtsverkehr zu reduzieren. Sie kann wieder etwas von dem Glanz und dem Reichtum der ersten Liebe in die Ehe zurückbringen. Enthaltsamkeit könnte so auch die Probe aufs Exempel sein, daß Liebe mehr ist als sexuelle Befriedigung.
– Wenn man die Sprache des Leibes wirklich ernst nimmt, dann muß man zugeben: die Verhütungstechniken sind nicht nur ein Nein zur Möglichkeit einer Zeugung, sondern sie stehen auch im Widerspruch zur Liebe, der sie, wie behauptet wird, doch dienen sollten: Wenn nämlich das Verströmen des männlichen Samens in den Schoß der Frau ein Ausdruck des Sich-Schenkens ist, wie kann man behaupten, dieses Zeichen der Liebe sei auch dann gegeben, wenn ein Kondom – da wird es besonders deutlich! – dazwischenliegt und die „Gabe" buchstäblich wieder „mitnimmt"?

„Was Gott verbunden hat, soll der Mensch nicht trennen!" Das gilt für die Ehe und das gilt auch für die sexuelle Vereinigung. Falsch ist das Eingreifen nicht deswegen, weil es künstlich ist. Wäre „Künstlichkeit" als solche unmoralisch, dürften wir auch bei größten Schmerzen nicht mehr zum Zahnarzt gehen und müßten auch sonst auf unzählige Segnungen der Technik verzichten. Falsch ist die „künstliche" Verhütung vielmehr deswegen, weil sie in den intimsten und wunderbarsten Bereich der menschlichen Liebe eingreift. Diese Liebe soll der Mensch nehmen wie sie ist, ohne technische Eingriffe.

9. Das Nein zur künstlichen Befruchtung

Wenn gilt, daß der Mensch die Zeugungsmöglichkeit nicht antasten sollte, um die „Liebe" allein zu haben, dann gilt dies natürlich auch umgekehrt: Es sollte keine Zeugung geben, die nicht Frucht und Ergebnis der Liebe wäre!

Zwei Gründe veranlassen die Kirche, künstliche Zeugung menschlichen Lebens im Reagenzglas abzulehnen:

Erstens hat jedes Kind ein Recht darauf, aus der liebenden Umarmung seiner Eltern hervorzugehen und nicht im Labor produziert zu werden. Menschen sind eben nicht nur geistige Personen, sondern bestehen auch als Fleisch, Blut, Samen und Eizellen, und diese sind nicht nur ein Material, das man benützt. Es genügt nicht, ein Kind zu wollen, sondern dieses soll gezeugt werden in der Verschmelzung von Mann und Frau, in der Hingabe einer wahrhaft menschlichen, das heißt Leib und Seele umfassenden Liebe.

Zweitens ist zu bedenken, daß viele im Labor gezeugte Embryonen nicht nur faktisch sterben, sondern sterben sollen, weil kein Arzt wollen darf, daß alle Embryonen (drei, vier oder fünf!), die er einpflanzt, auch wirklich zur Einnistung kommen! Schlimmer noch: Tritt dennoch eine Mehrlings-Schwangerschaft ein, dann praktizieren heute schon manche Ärzte die selektive Abtreibung, indem sie alle Kinder – auch Embryonen sind ja schon Kinder! – bis auf eines wieder töten. Ähnliche Probleme stellen sich, wenn Embryonen übrigbleiben, das heißt nicht eingepflanzt werden können.

Was dann? Soll man sie einfrieren? Das verschiebt nur das Problem, denn irgendwann muß man dann doch entscheiden, was geschehen soll. Damit ist nicht absolut ausgeschlossen, daß es einmal eine medizinisch-technische Zeugungshilfe geben könnte, die den Kriterien der Kirche entspricht. Aber sogar wenn beide Argumente der Kirche entkräftet werden könnten, so bleiben doch zwei schwerwiegende Versuchungen im Gefolge dieser Technik:

– Die eine ist die Forschung, die an menschlichen Embryonen natürlich brennend interessiert ist. Wenn aber alle Technik zur Verfügung steht, wird man nicht doch Embryonen benützen als Mittel zum Fortschritt der Wissenschaft?

– Die zweite, fast unvermeidliche Versuchung ist die Selektion der Embryonen: Kein Arzt wird bereit sein, einen vermutlich geschädigten Embryo in den Schoß der Frau einzusetzen. Dann aber ist es nur eine Frage der Zeit, wann die Technik die Voraussetzungen für eine routinemäßige Qualitäts-Kontrolle und damit auch zur Selektion der einzupflanzenden Embryonen zur Verfügung gestellt haben wird. In späteren Stadien macht man ja längst dasselbe mit Hilfe der pränatalen Diagnostik und der gegebenenfalls nachfolgenden Abtreibung. Warum sollte man kleine Embryonen besser behandeln als viel größere Föten? Auch die Moral hat ihre innere Logik.

10. Abweichungen der sexuellen Orientierung und Sünde

Wenn Sexualität richtig nur verstanden werden kann im Blick auf die – in dem erläuterten Sinn – „Liebe, die fruchtbar werden kann", dann sind alle anderen sexuellen Wünsche und Praktiken – gemessen an diesem Kriterium – falsch.

Damit ist nicht gesagt, jede noch so kleine Abweichung von der genannten Norm wäre bereits eine Katastrophe. Es ist so wie im Bereich von Gesundheit und Krankheit: Einerseits ist kaum ein Mensch in jeder Hinsicht gesund, andererseits läßt sich die Grenze zwischen „gesund" und „krank" nicht immer ganz genau ziehen. Darüber hinaus kann „krank sein" viel bedeuten – Schnupfen ist eine Krankheit, aber auch AIDS und Krebs.

Angewandt auf sexuelle Verbildungen heißt das:
— Auch im Bereich des Sexuellen ist die Bestimmung von „krankhaft— pervers und „normal" nicht ganz einfach: Gemessen an dem, was Sexualität sein sollte, ist ja auch Selbstbefriedigung oder ein Bordellbesuch „abnormal" und nicht nur Fetischismus oder ein anderes Verhalten, das gesellschaftlich als „pervers" bezeichnet wird. Erst recht richtet sich das Maß der Sünde nicht nach solchen Einteilungen.

— Wenn ein Mensch in sich ab und zu gewisse sexuelle Wünsche entdeckt, die man eigentlich zu den sexuellen Fehlformen rechnen muß, ist das noch lange keine Tragödie. Bei schwach ausgeprägten Antrieben kann er zuversichtlich hoffen, mit ihnen fertigzuwerden wie mit anderen Versuchungen auch. Manche tauchen nur in der Pubertät auf und verschwinden mit dem Beginn des ehelichen Lebens zur Gänze oder doch fast ganz.

— Auch wenn es sich um sehr starke, kaum beherrschbare Antriebe wie eine ganz eindeutig homosexuelle Ausrichtung handeln sollte, besteht kein Grund zur Verzweiflung. Gott kennt keine „Homosexuellen" und keine „ Transvestiten" oder „Zwitter", sondern nur Menschen, die er liebt und die an den Folgen der Sünde — alle Übel hängen mit der Sünde zusammen! — leiden.

Übrigens ist es keine „Diskriminierung" solcher Menschen, wenn man ihre sexuelle Orientierung als „abweichend von der Normalität" bezeichnet. Dabei handelt es sich um eine ebenso sachliche, nicht beleidigende Feststellung, wie wenn man von einem Menschen sagt, er habe eine Hasenscharte — ich, der Verfasser, hatte eine, aber ich käme nicht auf die Idee, deswegen zu behaupten, eine Hasenscharte sei etwas Normales! Die Hasenscharte ist eine Mißbildung, aber deswegen bin ich keine Mißgeburt.

Dasselbe gilt für Menschen mit sexuellen, „Mißbildungen": Sie sind Menschen mit der gleichen Würde und der gleichen Berufung von Gott wie jeder andere. Aber gerade weil man sie als Menschen achtet und ihre sexuelle Erkrankung letztlich für zweitrangig hält, kann und darf man auch von ihrer sexuellen Fehlorientierung reden. Wirklich belastend ist für sie sowohl das betretene Tabuisieren ihrer Probleme und die darin liegende Übertreibung als auch die krampfhafte Behauptung, die ohnehin niemand wirklich glaubt, es sei normal, wenn Männer mit Männern sexuell verkehren oder sich als Frauen verkleiden.

Auch wenn eine bestimmte Veranlagung unveränderlich vorgegeben sein sollte, bleibt jedem Menschen eine gewisse Verantwortung für die Art und Weise, wie er damit umgeht. Wer behauptet, solche Menschen seien ihren Trieben restlos ausgeliefert, ist nicht besonders tolerant, sondern nimmt den Betroffenen ihre Würde, indem er ihnen das eigentlich Menschliche, nämlich Verantwortung und Freiheit abspricht. Den Menschen an seine vielleicht beeinträchtigte, aber dennoch existierende Freiheit zu erinnern, heißt zugleich, ihn als Person ernstnehmen.

Das Wichtigste ist: Wer eine unnatürliche sexuelle Tendenz in sich wahrnimmt, soll seine Lage nicht dramatisieren, sondern daran denken, daß es den vollkommenen, ganz und gar normalen Menschen nicht gibt. Jeder hat seine Probleme, der eine die, der andere jene, und auch er ist mit seinem Problem nicht allein.

Was seine moralische Verpflichtung anlangt, soll er sich vor allem nicht einfach treiben lassen. Die Verpflichtung zu diesem Kampf ist natürlich umso dringlicher, je gefährlicher eine mögliche Verfehlung für andere und den betreffenden Menschen selbst ist oder sein kann. Es bedarf keiner Begründung, daß ein Triebtäter (wie ihn zum Beispiel Fritz Lang in dem berühmten Film: „M – eine Stadt sucht ihren Mörder" geschildert hat) nicht sagen kann, seine Veranlagung sei nicht so schlimm. Ein solcher Mensch hat selbstredend die Verpflichtung, sich anderen anzuvertrauen und Hilfe zu suchen.

IX. *Ehe als Sakrament*

Man muß nicht an Gott glauben, um einen anderen Menschen lieben und heiraten zu können. Liebe, Geschlechtlichkeit, Heiraten und Kinder bekommen – das alles gehört zum normalen, menschlichen Leben.

Vom Glauben her betrachtet ist die Ehe dennoch mehr als nur „etwas ganz Natürliches": Nach der Lehre der katholischen Kirche ist die Ehe ein Sakrament, das heißt ein geheimnisvolles, wirksames Zeichen für die Liebe Gottes zu uns Menschen.

Fragt man nun: „Was an der Ehe ist denn so zeichenhaft?", so lautet die Antwort:
So wie sich Mann und Frau in der Ehe unlösbar miteinander verbinden, so hat sich Jesus Christus mit der Kirche, das heißt mit den Menschen unlösbar verbunden. Wenn man also vom unsichtbaren Gott treffend – so, daß die Rede die Wirklichkeit wirklich trifft – reden will, sucht man sich am besten ein glückliches Ehepaar mit seinen Kindern und sagt:
So ähnlich wie die Liebe dieser beiden müßt ihr euch die Liebe von Jesus Christus zu uns Menschen vorstellen! Dann liegt ihr richtig!
Denn sowohl in der Ehe als auch in der Beziehung Jesu Christi zu den Menschen geht es um die Liebe, um die Entscheidung für den anderen, um Treue und Hingabe, um neues Leben. Eltern bekommen Kinder, und die Kirche pflanzt sich fort in den Menschen, die gläubig werden und durch die Taufe in sie aufgenommen werden.

Man weiß, daß die sogenannte kleine Theresia von Lisieux diese Betrachtung so, wie hier beschrieben, anläßlich eines Besuches von jungverheirateten Verwandten tatsächlich angestellt hat, um ihr Ordensleben besser verstehen zu lernen. Auch die kirchlich gerühmte Ehelosigkeit kann ja nur als eine Form der Liebe richtig verstanden und gelebt werden. Alles andere wäre eine Verarmung des menschlichen Lebens und eine Verkrüppelung der Person, die mit einem Gott wohlgefälligen Opfer nicht das geringste zu tun hätte!

Das Zeichen Ehe ist aber kein leeres Zeichen, sondern bringt dem Menschen das näher, was es darstellt: die Liebe Gottes. Ein Schild, das den Bäcker anzeigt, kann man nicht essen, sondern es verweist nur auf den Ort, wo man Brot bekommen kann. Ein Lebensmittelpaket hingegen, das man dem Hungernden gibt, ist nicht nur eine Ankündigung der Hilfe, sondern es ist bereits Hilfe. So ist es auch mit der Ehe: Sie sagt nicht nur etwas von der Liebe Gottes zu uns Menschen, sondern sie ist ein Stück davon, ein Geschenk von Ihm an uns.

Allerdings, diese Hilfe wirkt nicht magisch, sondern ist immer auch Hilfe zur Selbsthilfe. Das heißt: Wir müssen auch unsere eigenen Kräfte, unsere Klugheit, unsere Sensibilität, unsere Liebe einsetzen, dann wird Er uns auf Seine geheimnisvolle Weise helfen, damit wir nicht scheitern. Gott entmündigt den Menschen niemals, weder im Bösen noch im Guten! Aber richtig gelebt hat das Sakrament der Ehe – wie alle Sakramente – auch eine heilende Kraft bezüglich der Wunden, die ein Mensch vielleicht empfangen oder auch sich selbst zugezogen hat.

X. Wie heiratet man kirchlich?

Es gibt Menschen, die nur deswegen in die Kirche kommen, weil es dort feierlicher ist als am Standesamt.
Solche Hochzeiten kann die Kirche natürlich nicht gutheißen. Wer in der Kirche heiraten will, sollte sich bewußtsein, daß es dabei um mehr geht als um einen schönen äußeren Rahmen.
Heiraten ist eine große Entscheidung vor dem Angesicht Gottes, eine Entscheidung, die der Mensch nicht mehr rückgängig machen kann: Denn „was Gott verbunden hat, soll der Mensch nicht trennen", sagt Jesus.
Welche Voraussetzungen müssen die Paare mitbringen, die kirchlich heiraten wollen? Die Antwort ist eigentlich sehr einfach: Sie müssen katholische Christen sein und wirklich eine Ehe schließen wollen, und zwar in dem Sinn, in dem die Kirche „Ehe" versteht. Das bedeutet folgendes:

1. Kirchliche Trauung ist nur für Mitglieder der Kirche möglich

Normalerweise müssen beide Partner getaufte Katholiken sein. Wenn dies bei einem der Partner nicht der Fall sein sollte, brauchen sie eine besondere Erlaubnis.

2. Beide Partner müssen ehefähig sein

Beide Partner müssen in der Lage sein, eine Ehe einzugehen. Das heißt, es muß geklärt werden, daß der gültigen und erlaubten Eheschließung nichts im Wege steht.

3. Das Problem der Scheidung und der Zweitehe

Eine gültige und gelebte – der Fachausdruck heißt: „vollzogene" – Ehe von Christen kann aus keinem Grund aufgelöst werden, außer durch den Tod.

Dieser Grundsatz der katholischen Kirche läßt erkennen, in welchen Fällen auch die Kirche eine wirkliche oder scheinbare Zweitehe anerkennt:

– Erstens kann die Kirche jene Ehen auflösen, bei denen es niemals eine eheliche Gemeinschaft gab, also „nicht vollzogene Ehen". Man spricht von dem sogenannten „petrinischen Privileg" („petrinisch" = Petrus = Papst).

Zweitens sind nur Ehen absolut unauflöslich, die unter Christen geschlossen wurden. Anders ist es bei der Ehe von zwei Ungetauften. Wenn einer von ihnen katholisch wird und der andere die Ehe nicht mehr aufrechterhalten will, kann diese Ehe „zugunsten des Glaubens" aufgelöst werden. Weil dieser Fall von Paulus besprochen wird (1), spricht man vom „paulinischen Privileg".

Drittens kennt die Kirche die Ehe-Annulierung. Gemeint ist Folgendes: Es kommt vor, daß Menschen heiraten, aber ohne mit „Ehe" das zu meinen und zu wollen, was die Kirche darunter versteht. Zum Beispiel: Ein Ehepaar schließt Kinder grundsätzlich aus, ein anderes plant eine „offene" Ehe, also ohne Treuebindung, bei wieder einem anderen Ehepaar ist der Mann oder die Frau unfähig zur sexuellen Vereinigung. Wenn solche (und einige andere) Ehehindernisse im Rahmen eines „Eheprozesses" bewiesen werden können, erklärt die Kirche: Diese Ehe hat nie bestanden, daher waren die beiden Menschen in den Augen der Kirche nie wirklich „verheiratet" – und können daher ganz normal „wieder" heiraten. Diese Ehe ist dann eigentlich die „erste" Ehe.

Nur ein Fachmann kann im Einzelfall sagen, ob nach den gültigen Ehegesetzen der Kirche eine Annulierung in Frage kommen könnte oder nicht. Steht nach einer Scheidung das Problem einer zweiten Eheschließung an, sollte man sich daher beim Kirchengericht erkundigen.

Ob eine Annulierung möglich ist, sollte zwar jeweils geprüft werden, aber man darf sich keine Illusionen machen: Oft ist sie unmöglich, und darauf folgt das heute so häufige, schmerzliche Ehehindernis einer gültigen, dann aber gescheiterten Ehe. Angesichts dessen, was Jesus über die Unauflöslichkeit der Ehe sagt, sieht sich die Kirche dann nicht befugt, einer kirchlichen Trauung zuzustimmen, solange der Partner aus der ersten Ehe noch lebt.

Wohlbemerkt: Es kann Gründe geben, die eine Trennung und damit eine (staatliche) Scheidung als richtig oder sogar notwendig erscheinen lassen. Das dornige, unlösbare Problem liegt in der Zweitehe! Denn der Wunsch vieler Geschiedener, es nochmals zu versuchen, ist gut zu begreifen.

Wegen des biblischen Neins zur Scheidung im eigentlichen Sinn – im Unterschied zur äußerlichen Trennung – sieht sich die Kirche gezwungen, eine Trauung zu verweigern. Wer dann aber doch zum Standesamt geht und wenigstens dort heiratet, kann leider nicht zu den Sakramenten gehen. Das tut zwar weh, ist aber weder eine „Verurteilung" noch eine „Diskriminierung" oder gar ein Ausschluß aus der Kirche. Schwerwiegende religiöse Gründe sprechen dagegen, und wer sie demütig respektiert, ist enger mit Gott verbunden als derjenige, der sich auf eigene Faust darüber hinwegsetzt.

4. Das sogenannte „Brautexamen"

Für das Gelingen und die Gültigkeit der Ehe ist es wichtig, daß die beiden Partner wirklich das wollen, was die Kirche mit dem Begriff „Ehe" meint. Vor allem drei Punkte sind es, die daher im sogenannten „Brautexamen" geklärt und dann von dem ehewilligen Paar unterschrieben werden müssen:

a. Die Unauflöslichkeit der Ehe: „bis der Tod euch scheidet".

Die Kirche versteht unter der Ehe eine Lebensgemeinschaft „bis der Tod euch scheidet". Nur diejenigen, die wirklich eine unauflösliche Verbindung eingehen wollen, können und sollen kirchlich heiraten.

b. Die „Einheit" der Ehe statt jeder „offenen Ehe"

Die Kirche kennt keine „offenen Ehen", in denen es eine sexuelle Freiheit gegenüber außenstehenden Personen gibt, und zwar auch dann nicht, wenn die Ehepartner dies einvernehmlich ausgemacht hätten.

Die Kirche besteht darauf: Ehe ist der alle anderen ausschließende Bund eines Mannes und einer Frau.

In den Entwicklungsländern bedeutet dies auch ein Nein zur Polygamie und der damit gegebenen Entwürdigung der Frau. Wie bestehende Strukturen im Sinn der christlichen Ehe verändert werden können, ohne daß es dabei zu menschlichen Tragödien kommt, ist dann freilich eine Aufgabe, die viel Klugheit und Geduld erfordert. Aber das Ziel, nämlich die Einehe mit der gleichen Würde von Frau und Mann, steht außer Streit.

c. Die Bereitschaft zum Kind

Grundsätzlich muß, jedes Ehepaar offen und bereit sein, Kinder zu bekommen. Natürlich gibt es auch Ehen, wo man schon vorher weiß, daß keine Kinder kommen können oder wegen eines schweren genetischen Schadens unverantwortbar wären. Ungültig ist eine Ehe aber dann, wenn die Partner (oder auch nur einer von ihnen) sagen: Für uns kommen Kinder nie und nimmer in Frage. Wieviele Kinder das einzelne Paar allerdings haben oder nicht haben soll, müssen die Partner vor ihrem Gewissen selbst entscheiden.

5. Die religiöse Einstellung zur Ehe

Die Kirche empfiehlt den Gläubigen dringend, nicht nur rechtlich gültig zu heiraten, sondern sich in jeder Hinsicht auf die Ehe gut vorzubereiten. Insbesondere sollten die Partner gerade zu diesem Anlaß – wieder einmal – beichten gehen und dann auch die heilige Kommunion empfangen. Denn Gott stellt seine Hilfe nicht zu wie die Post ein Paket. Nur jene Paare, die beten und wirklich nach dem Evangelium zu leben versuchen, werden die Erfahrung machen, daß Gott bei ihnen ist.

Schlußbemerkung

Einmal, als Jesus über die Ehe sprach, sagten die Apostel bedrückt: Wenn die Ehe solche Anforderungen an den Menschen stellt, dann wäre es wohl besser, gar nicht zu heiraten. Auch an einer anderen Stelle scheint ihnen, daß Gott sie überfordert: Wenn das, was Jesus sagt, wahr ist – wer kann dann noch gerettet werden? Darauf antwortet Jesus: „Für Menschen ist das unmöglich, für Gott aber ist alles möglich."

Das biblische Bild von Liebe, Ehe und Familie ist tatsächlich ein hohes – manche werden sagen: ein allzu hohes, lebensfernes und unmögliches – Ideal. Das ist zwar richtig, aber doch nicht die ganze Wahrheit. Zu bedenken ist zweierlei:

– Alles, was Jesus sagt, und nicht nur seine Worte zum Thema Ehe, scheint die Kräfte des Menschen zu übersteigen. Aber ein Stern, der uns den Weg zeigt, ist auch dann für das Leben wichtig, wenn er selbst unerreichbar sein sollte. Das gilt übrigens für alle Gebote der Bergpredigt und nicht nur für die Liebe.

– Auch wenn wir immer ein Stück weit Sünder bleiben, so gibt uns Gott doch die Kraft, im wesentlichen nach dem Gesetz der Liebe zu leben. Allerdings: Ein bloß guter Willen genügt nicht. Nicht zufällig redet die Bibel an vielen Stellen von der „Sklaverei" der Sünde. So wie sich der Sklave in einer zwanghaften Situation befindet, so ist auch der Mensch den bösen Mächten gegenüber unterlegen, solange er nur auf seine Kräfte angewiesen ist. Man kann einem Querschnittgelähmten die Technik des Kletterns erklären und er wird sie verstehen – aber klettern kann er deswegen noch lange nicht! So ist es auch mit der Liebe: Das Verstehen allein ist zu wenig. Der Mensch braucht die Hilfe und die Kraft von Gott, um das Ideal der Liebe verwirklichen zu können. Um diese Hilfe zu empfangen, bedarf es des Gebetes und damit einer lebendigen Verbindung mit Gott: „Die Liebe erweist sich dann stärker als der Tod. Sie siegt, weil sie betet" (Johannes Paul II.).

Dieser Beitrag von P. Dr. Andreas Laun erschien im Franz Sales Verlag, Eichstätt, und ist in einer erweiterten Fassung als Buch mit dem Titel „*Liebe und Partnerschaft aus der Sicht der katholischen Kirche*" erhältlich.

Viertes Kapitel

Überbevölkerung

Brief von Johannes Paul II. an den Generalsekretär der Vereinten Nationen

Papst Johannes Paul II. hat die Vorbereitungen zur Bevölkerungskonferenz der Vereinten Nationen von Kairo kritisiert. Er verurteilte insbesondere Forderungen nach einem angeblichen „Recht auf Abtreibung". Heute sei es dringender denn je, sagte der Papst, gegen Verhaltensmodelle in den reichen und säkularisierten Gesellschaften zu reagieren, die Folge einer genußsüchtigen und permissiven Kultur seien. Der Papst sieht in diesen Verhaltensweisen Zeichen einer oberflächlichen Freiheit und eines falschen Fortschritts. Sie seien Formen der Sklaverei und des Rückschritts, „weil sie den Menschen, den heiligen Charakter des Lebens und die Fähigkeit zu wahrer Liebe schwächen". Johannes Paul II. hatte einen jetzt erst veröffentlichten Brief, der das Datum vom 19. März trägt, an alle Staatsoberhäupter der Welt gerichtet. Darin beklagt der Papst, daß in dem Entwurf für das Schlußdokument der Kairoer Konferenz wichtige ethische Aspekte fehlten, die letztlich über den Aufbau oder die Zerstörung einer Gesellschaft entschieden. Insbesondere kritisiert Johannes Paul II. in dem Schreiben die Ausführungen zur Familie, zur Weitergabe des Lebens und zur Abtreibung. Die Konferenz findet im September 1994 in der ägyptischen Hauptstadt statt. Wir veröffentlichen nachfolgend den Wortlaut des Papstschreibens.

Herr Präsident!

Die Gemeinschaft der Nationen ist kürzlich in die Feier des Internationalen Jahres der Familie eingetreten, das angemessener Weise von der Organisation der Vereinten Nationen ausgerichtet wird.

Die Internationale Konferenz über die Bevölkerung und die Entwicklung, die ebenfalls von der UNO einberufen wurde und im September 1994 in Kairo stattfinden wird, stellt in gleicher Weise ein bedeutendes Treffen dieses Jahres dar. Die Verantwortlichen der Nationen werden auf diese Weise die Gelegenheit haben, die Überlegungen und Verpflichtungen aus den vorausgehenden Konferenzen in Bukarest (1974) und Mexiko (1984) zu ähnlichen Themen auf den Punkt zu bringen. Aber die öffentliche Meinung erwartet von der Begegnung in Kairo vor allem Orientierungen für die Zukunft, im Bewußtsein dessen, was alles auf dem Spiel steht und dem sich alle gegenübergestellt sehen, wie etwa der Wohlstand und die Entwicklung der Völker, das demographische Wachstum der Bevölkerung in der Welt, die Überalterung in einigen Industrieländern, der Kampf gegen Krankheiten oder auch die gewaltsame Umsiedlung ganzer Völker.

Der Heilige Stuhl, getreu seinem Auftrag und mit den ihm eigenen Mitteln, schließt sich gern allen Anstrengungen an, die im Dienst der großen Menschheitsfamilie unternommen werden. Für die katholische Kirche hat am vergangenen 26. Dezember ebenfalls ein „Jahr der Familie" begonnen, das alle Gläubigen zu einer geistigen und moralischen Reflexion über diese menschliche Wirklichkeit als Grundlage des Menschen und der Gesellschaft einlädt.

Ich selbst wollte mich mit einem Brief persönlich an alle Familien wenden. Er erinnert jede Familie daran, daß jedes menschliche Wesen „berufen ist, in der Wahrheit und in der Liebe zu leben" (Nr. 16) und daß das familiäre Heim jene Schule des Lebens bleibt, wo die Spannungen zwischen Unabhängigkeit und Gemeinschaft, zwischen Einheit und Vielfalt auf privilegierter und ursprünglicher Ebene gelebt werden. Dort, glaube ich, gibt es eine Quelle an Menschlichkeit, die die besten schöpferischen Kräfte des sozialen Gefüges hervorbringt, die jeder Staat als wertvolles Gut bewahren sollte. Ohne in die Unabhängigkeit einer Realität einzugreifen, die die zivilen Autoritäten weder schaffen noch ersetzen können, haben diese in der Tat die Pflicht zu versuchen, die Entfaltung der Familie zu begünstigen, nicht nur vom Gesichtspunkt ihrer sozialen Lebenskraft her, sondern auch von ihrer moralischen und spirituellen Gesundheit her.

Deswegen hat das Projekt des Schlußdokumentes der kommenden Konferenz in Kairo meine ganze Aufmerksamkeit gefunden. Es war für mich eine schmerzvolle Überraschung.

Die Neuerungen, die es enthält, sowohl auf konzeptioneller wie auch auf terminologischer Ebene, lassen einen Text zustande kommen, der sich stark von den Dokumenten der Konferenzen von Bukarest und Mexiko unterscheidet. Man kann nur vor den moralischen Verirrungen Angst haben, die die Menschheit leicht in ihren Bann ziehen können in Richtung einer Niederlage, deren erstes Opfer der Mensch selbst wäre.

Man wird beispielsweise feststellen, daß das Thema Entwicklung, das auf der Tagesordnung des Treffens von Kairo steht, mit der sehr komplexen Problematik der Beziehung zwischen Bevölkerung und Entwicklung, die an sich im Mittelpunkt der Debatte stehen sollte, gleichsam unbemerkt untergeht, so sehr, daß die Seiten, die ihm gewidmet sind, noch reduziert wurden.

Die einzige Antwort auf die demographische Frage und auf die Forderungen, die für die ganzheitliche Entwicklung der Person und der Gesellschaft aufgestellt werden, scheint sich auf die Förderung eines Lebensstils zu reduzieren, dessen Konsequenzen für den Fall, daß er als Modell und Aktionsplan für die Zukunft angenommen würde, sich als besonders negativ herausstellen könnte. Die Verantwortlichen der Nationen haben die Pflicht, über diesen Aspekt der Wirklichkeit noch genau und gewissenhaft nachzudenken.

Unter anderem ist das Konzept von Sexualität, wie sie jener Text versteht, völlig individualistisch, da die Ehe nunmehr überwunden zu sein scheint. Nun, eine natürliche und ebenso grundlegende wie universelle Einrichtung, wie es die Familie ist, darf von niemandem so behandelt werden.

Wer könnte Individuen oder Institutionen einen solchen Auftrag erteilen? Die Familie gehört zum Besitzstand der Menschheit! Die allgemeine Erklärung der Menschenrechte bekräftigt zuallererst und eindeutig, daß die Familie „das natürliche und grundlegende Element der Gesellschaft" (Art. 16,3) ist. Das Internationale Jahr der Familie sollte also die bevorzugte Gelegenheit darstellen, damit die Familie von seiten der Gesellschaft und des Staates den Schutz erfährt, der ihr nach Auffassung der allgemeinen Erklärung garantiert werden muß. Dies nicht zu tun hieße, die edelsten Ideale der UNO zu verraten.

Als noch schwerwiegender erscheinen die zahlreichen Vorschläge für eine allgemeine Anerkennung des Rechtes auf Abtreibung ohne jede Einschränkung auf Weltebene: Dies geht weit über das hinaus, wozu gewisse nationale Gesetzgebungen bedauerlicherweise bereits ihre Zustimmung erteilt haben.

In Wirklichkeit hinterläßt die Lektüre dieses Dokumentes, auch wenn es sich richtigerweise nur um ein Projekt handelt, den bitteren Eindruck eines Diktates: Jenes eines Lebensstils, wie er typisch ist für gewisse Schichten einer entwickelten, materiell reichen und säkularisierten Gesellschaft. Werden die Länder, die sensibler für die Werte der Natur, der Moral und der Religion sind, ohne Reaktion eine solche Sichtweise des Menschen und der Gesellschaft akzeptieren?

Wie kann man im Blick auf das Jahr 2000 nicht an die jungen Menschen denken? Welchen Vorschlag macht man ihnen? Eine Gesellschaft von „Dingen" und nicht von „Personen". Das Recht, von ihrer frühesten Jugend an alles grenzenlos zu tun, aber mit der größtmöglichen „Absicherung". Die Gabe der Selbstlosigkeit, die Beherrschung der Triebe, der Sinn für Verantwortung sind Vorstellungen, die man als einer anderen Zeit zugehörig betrachtet. Man würde auf diesen Seiten zum Beispiel gerne die eine oder andere Überlegung über das Gewissen und über die Achtung finden, die andere Betrachtungsweise inspirieren, um die Existenz zu begreifen. Es steht zu befürchten, daß morgen die gleichen jungen Menschen, wenn sie erwachsen sind, von den heute Verantwortlichen die Rechnung dafür verlangen, daß man ihnen den Sinn des Lebens vorenthalten hat, ihnen die Pflichten aufzuzeigen, die einem Sein obliegen, das mit Herz und Intelligenz ausgestattet ist.

Wenn ich mich an eure Exzellenz gewandt habe, wollte ich Ihnen nicht nur mein Unbehagen angesichts eines Entwurfes für ein Dokument mitteilen. Vor allem wollte ich Ihre Aufmerksamkeit auf die schweren Herausforderungen lenken, denen sich die Teilnehmer an der Konferenz von Kairo zu stellen haben. Die so wichtigen Fragen wie die Weitergabe des Lebens, die Familie, die materielle und moralische Entwicklung der Gesellschaft erfordern zweifellos eine tiefergehende Überlegung.

Deswegen wende ich mich an Sie, Herr Präsident, dem das Wohl Ihrer Mitbürger und der ganzen Menschheit am Herzen liegt. Es ist von Wichtigkeit, den Menschen, seinen Sinn für die Heiligkeit des Lebens, seine Fähigkeit zu lieben und sich zu opfern, nicht zu schwächen. Es werden hier sensible Bereiche berührt, durch die unsere Gesellschaft zustandekommt oder zerbricht.

Ich bete zu Gott, daß er Ihnen die Unterscheidungsgabe und den Mut verleihe, auf daß es Ihnen gegeben sei, unter der Mitarbeit so vieler Menschen guten Willens in Ihrem Land und in der Welt neue Wege einzuschlagen, auf denen alle Hand in Hand gehen und zusammen jene erneuerte Welt aufbauen können, die wahrhaft eine Familie, die Völkerfamilie sein möge.

Aus dem Vatikan, am 19. März 1994

Johannes Paul II.

Projektionen, Implosionen, Explosionen
Zur Überbevölkerung und Weltbevölkerungspolitik

von Hans Thomas

„Facing Facts on Population" (Die Fakten zur Bevölkerung erfassen)[1] heißt eine Videokassette für den Schulgebrauch in England. Sie beginnt mit einer typischen Schulsituation: Der Lehrer befragt die Schüler nach ihrer Meinung über den Zusammenhang zwischen Bevölkerungsdichte und Wohlstand. Und die Schüler antworten reihum, daß Bevölkerungswachstum Armut mit sich bringe: Je mehr Menschen, um so ärmer das Land, um so belasteter die Umwelt, um so geringer die Aussicht auf menschenwürdige Entwicklung.

Dann sagt der Lehrer, er habe drei konkrete Länder im Sinn. Im ersten lebten durchschnittlich je km^2 etwa 20 Menschen, das Land habe fruchtbare Böden und reichlich Bodenschätze. Das zweite Land bewohnten rund 150 Menschen je km^2, das Land sei gebirgig, habe entsprechend weniger landwirtschaftlich bestellbare Flächen und so gut wie keine Bodenschätze. Im dritten Land drängten sich pro km^2 mehr als 5.000 Menschen, Platz für Landwirtschaft gebe es eigentlich nicht, auch keine Bodenschätze, und das Wasser sei knapp. Nun fragt der Lehrer, in welchem der Länder eher Wohlstand und in welchem eher Armut herrsche. Und die Schüler sprechen recht entschlossen dem ersten Land Wohlstand, dem zweiten eine Mittelstellung, dem dritten Massenarmut zu.

Nun nennt der Lehrer die drei Länder:
1. Tansania: 24 Menschen je km^2; die mittlere Lebenserwartung beträgt 52 Jahre, das Sozialprodukt pro Kopf jährlich 240 $.
2. Schweiz: 158 Menschen je km^2; die mittlere Lebenserwartung beträgt 77 Jahre, das Sozialprodukt pro Kopf 17.840 $.

3. Hongkong: 5.294 Menschen je km^2; die mittlere Lebenserwartung beträgt 76 Jahre, das Sozialprodukt pro Kopf 6.720 $. Große Überraschung bei den Schülern, die nun eilfertig ihre ursprüngliche Meinung umkehren und hohe Bevölkerungsdichte als eine Bedingung für Wohlstand und Entwicklung anzugeben bereit sind. Als Begründung nennen sie unter anderem günstigere Voraussetzungen für Arbeitsteiligkeit, Leistungsaustausch und Handel und bessere Infrastruktur, die bei mehr Menschen pro Kopf billiger sei.

So einfach, erklärt der Lehrer, sei es nun auch wieder nicht. Aus bloßen Bevölkerungszahlen lasse sich nicht auf Wohlstand und Entwicklung schließen. Sie hingen in erster Linie von anderen Faktoren ab.

Die Ausgangslage jetzt

Einen negativen Zusammenhang von Bevölkerungsdichte und Massenarmut widerlegen tatsächlich – trotz der gewiß einwendbaren Sondersituation – am eindrucksvollsten so bevölkerungsdichte Kleinstaaten wie Hongkong. Das gilt in Europa für Monaco[2] mit 15.263 Einwohnern je km^2 wie in Asien auch für Macao mit 25.412 Einwohnern je km^2 und Singapore mit 4.294 Menschen je km^2. Sie sind sämtlich wirtschaftlich besonders erfolgreich. Zudem haben sich die letzteren in weniger als hundert Jahren aus ähnlichen Verhältnissen, wie sie in deren Nachbarländern herrschen, zu dem entwickelt, was sie heute sind. Betrachtet man den Zeitraum von etwa 150 Jahren, in dem Japan zu einer modernen Wirtschaftsnation wurde und die Entwicklung Südkoreas in den letzten 50 Jahren, fallen hohe Entwicklungsgeschwindigkeit und starkes Bevölkerungswachstum durchaus zusammen. Im Grunde folgen beide Länder zeitversetzt der europäischen Entwicklung. Nach 1967 studierte Simon Kuznets, der bekannte Harvard-Ökonom und Nobelpreisträger (1971) die Entwicklung von Ländern, für die seit 100 Jahren hinreichende Daten vorliegen und stellte fest, daß Nationen mit hohem Bevölkerungswachstum deswegen keineswegs niedrigere Wachstumsraten aufweisen.[3]

Hans Thomas

Ehe von Weltbevölkerungsproblemen gesprochen wird, mögen einige weitere Zahlen zur Bevölkerungsdichte eine Vorstellung von den unterschiedlichen Verhältnissen in verschiedenen Weltgegenden geben. Daß die Bevölkerungsdichte eines Landes mit großem Flächenanteil an Wüste nicht ohne weiteres mit der eines Landes mit nahezu vollständig landwirtschaftlich nutzbaren Flächen vergleichbar ist, daß Japan bei etwa gleicher Bevölkerungsdichte wie Belgien (um 330 Menschen je km^2) in den nicht gebirgigen Küstenstreifen ungleich dichter besiedelt ist, oder daß Rußland mit oder ohne den sibirischen Landesteil völlig verschiedene Zahlen der Bevölkerungsdichte liefert, muß natürlich berücksichtigt werden. Gleichwohl zeigt schon ein kurzer Überblick, daß das heute allenthalben als besonderes Problemland angeführte Bangladesh mit 774 Einwohnern je km^2 und die wohl bevölkerungsökonomisch meiststudierte Insel Mauritius mit 518 Einwohnern je km^2 ausgesprochene Ausnahmefälle sind. Aber auch diese beiden Länder haben eine ganz unterschiedliche Entwicklungsdynamik gezeigt.

Im Vergleich zu europäischen Bevölkerungsdichten (Niederlande und England ca. 360 Einwohner je km^2; Belgien ca. 325; Deutschland ca. 240; Italien 191; Frankreich 102; Spanien 78) liegen die in der Diskussion oft beschworenen Länder Indien (mit 257 Einwohnern je km^2) und Festland-China (mit 114 Einwohnern je km^2 – bei allerdings extremen regionalen Unterschieden) in einem Mittelfeld.

Die meisten Länder Schwarzafrikas mit Ausnahme von Ruanda (1989: 273 Einwohner je km^2) und Nigeria (ca. 100 Einwohner je km^2) sind mit weniger als 50 Einwohner je km^2 besiedelt: Kenia 44, Tansania 24, Zaire 17, Südafrika 32 Menschen je km^2.

Ähnlich dünn besiedelt ist der amerikanische Kontinent, wenn man von den Ausnahmen El Salvador (247 Menschen je km^2) einerseits und Kanada (2,6 Menschen je km^2) andererseits absieht und in den Andenländern und Brasilien die nicht bewohnten Gebirgs- und Regenwaldzonen berücksichtigt. In den USA leben je km^2 26, in Brasilien, Peru und Chile 17, in Uruguay 18, in Paraguay 10, in Argentinien 12 Menschen.

Natürlich springt bei den aufgelisteten afrikanischen Ländern die vergleichsweise dichte Bevölkerung Ruandas in die Augen – angesichts der jüngsten Entgleisung des Landes in einen katastrophalen Genozid. Ist hierfür schicksalhaft das Bevölkerungswachstum verantwortlich, wie manch eilfertiges westliches Urteil lautet? Unbestritten hat das schnelle Bevölkerungswachstum in den letzten Jahrzehnten kurzfristig die großen Entwicklungsprobleme des Landes verschärft. Problemzuspitzungen waren aber weltweit und zu jeder Zeit Anstoß und Triebkraft für neue Entwicklungen. Die vollständige Frage zu Ruanda lautet daher wohl eher, ob die Entgleisung schicksalhaft mit dem Bevölkerungszuwachs vorgezeichnet war oder als politisches Desaster anzusehen ist, als Folge nationaler und internationaler Versäumnisse, rechtzeitig die Weichen für einen langfristigen Wandel zu stellen, für dessen Beschleunigung der kurzfristig entstandene Problemdruck als Treibstoff gewirkt hätte. Oder hat gar die Politik einen solchen Wandel behindert?

Prognosen privilegieren Probleme

Die Schlagzeilen in der Presse, die die Angst vor einer globalen Überbevölkerung infolge einer schicksalhaften Bevölkerungsexplosion verbreiten, scheinen also, von einzelnen extremen Ausnahmen abgesehen, von einer Betrachtung der gegenwärtigen Verhältnisse und, wie noch zu zeigen ist, der geschichtlichen Erfahrungen weniger gestützt zu werden als durch Zukunftsprojektionen, die bekannte Probleme hochrechnen, nicht aber innovative Lösungen, die ja erst noch gefunden werden müssen. Auch die Unwägbarkeiten der Menschheitsgeschichte bleiben auf der Strecke. Solche Zukunftsprojektionen gegenwärtiger Probleme haben ihren Wert, wenn ihre bedingte Aussagekraft bewußt bleibt. Auch in der Vergangenheit wurden immer wieder Zukunftsentwicklungen vorausberechnet, so etwa in Paul Ehrlichs Bestseller von 1968 „The Population Bomb" (Die Bevölkerungsbombe) unmittelbar bevorstehende Hungersnöte, die ganz einfach nicht eingetreten sind. Hätten sich die Voraussagen über Verknappungen von Ressourcen des Club of Rome von 1970 („Grenzen des Wachstums") auch nur andeutungsweise erfüllt, müßten zahlreiche Rohstoffe längst unerschwinglich teuer geworden sein, deren Preis aber tatsächlich gefallen ist. In den letzten Jahren ist denn auch weit mehr als von Ressourcenverknappung von ökologischen Zukunftsproblemen die Rede. Wohl zu Recht. Aber auch hier gilt, daß Zukunftsprojektionen zwar die Probleme, aber nicht die dadurch herausgeforderten Innovationen zu ihrer Lösung hochrechnen. Nicht das Leugnen von Problemen, sondern die Lösung von Problemen hat der Menschheit immer wieder das Überleben gesichert, wie kaum jemand engagierter betont als der Bevölkerungsökonom Julian L. Simon. Angesichts fortschreitender Abholzung läuteten um 1600, schreibt er, in England die Alarmglocken wegen des bevorstehenden Brennstoffmangels für Hausbrand und Eisenindustrie. Das Mangelproblem setzte den Kohlebergbau in Gang, den aber niemand vorausgesehen hatte.

Thomas Robert Malthus (1766–1834) stellte 1798 mit seinem Essay on the Principle of Population (Über das Bevölkerungsgesetz) die Theorie auf, alle Wohlstandshoffnungen der Menschheit seien vergebens, denn die geometrische Bevölkerungszunahme werde dem arithmetischen Wachstum der landwirtschaftlichen Produktion immer davonlaufen. Nur Hungersnöte, Krieg und Krankheit würden ein Bevölkerungswachstum verhindern, das nicht einmal mehr das Existenzminimum gewährleistet. Deshalb werde die Armut sich immer an der Grenze des Existenzminimums bewegen. Zu durchbrechen sei dieser Teufelskreis nur durch unmoralisches Handeln (der anglikanische Geistliche Malthus benutzt das Wort „vice", Laster, wozu er Abtreibung und Verhütung rechnete), Verelendung („misery") und Selbstbeherrschung („self-restraint"). Damals lebten in England rund 10 Millionen Menschen. Um das Jahr 1900 waren es 37 Millionen, heute sind es 47 Millionen. Und sie leben, verglichen mit den Verhältnissen in Großbritannien um 1800, in einem eben nicht vorhergesehenen eindrucksvollen Wohlstand.

Malthus hat seine theoretisch elegant formulierten Thesen bis 1826 mehrmals erweitert, obwohl sie zu diesem Zeitpunkt den damals zugänglichen empirischen Daten schon nicht mehr standhielten. Kaum je ist eine Theorie, die so gründlich widerlegt wurde wie in der Folge die von Malthus, gleichwohl immer wieder so begierig aufgegriffen und verbreitet worden. Wäre sie richtig, hätte der Zustrom von zusätzlichen 12 Millionen Flüchtlingen Westdeutschland nach dem II. Weltkrieg verelenden und zum reifen Opfer für den Kommunismus machen müssen. Tatsächlich aber bestaunte die Welt in den 50er Jahren das Wirtschaftswunder der Bundesrepublik. Der Wirtschaftspessimismus von Malthus hat eine Renaissance erlebt. Die neo-malthusianische wissenschaftliche, wirtschaftliche, soziologische, psychologische und politische Literatur hat seit Paul Ehrlichs „The Population Bomb" wahrhaft apokalyptische Zukunftsszenarien der globalen Bevölkerungsentwicklung ausgemalt. Überbevölkerung und Bevölkerungsexplosion sind nach wie vor liebgewordene und sorgsam gehegte Topoi unserer Medienkommunikation, illustriert von Bildern, die die Erde gerne als Sardinendose oder überfüllten Sportplatz darstellen. Das Bevölkerungsproblem, Resonanzboden des Rufes nach einer internationalen Politik der Geburtenkontrolle (heute spricht man eher von Strategien der „Familienplanung"), wurde vor 25 Jahren in erster Linie in der genannten drohenden Ressourcenknappheit gesehen. Ihr widersprachen schon damals namhafte Ökonomen – so 1975 in Köln der Anglo-Australier Colin Clark (er führte 1937 den Begriff „Bruttosozialprodukt" ein). Heute stehen ökologische Argumente im Vordergrund. Allerdings sind nicht die Entwicklungsländer, sondern die Industrieländer die Hauptverursacher der Umweltbelastungen. Im Vorfeld der Weltbevölkerungskonferenz im September 1994 in Kairo kam dann seitens der Vorbereitungskommissionen erstmals ein dritter Grund für die Notwendigkeit weltweiter Familienplanungsprogramme zur Sprache. Zu Recht sollte Kairo auf die Rolle der Frauen im Entwicklungsprozeß aufmerksam machen und die Frauenförderung in den Mittelpunkt des Interesses stellen. Im UN-Weltbevölkerungsbericht 1994 ist bereits statt von „promotion" von „empowering of women" (Ermächtigung der Frauen) die Rede. In diesem Zusammenhang wurden erstmals sogenannte „reproduktive Rechte" der Frau geltend gemacht, die als eine Art Anspruch auf „sexuelle und reproduktive Gesundheit" erscheinen. Die Begriffe sind alles andere als klar, verlagern aber den Schwerpunkt der Argumentation zugunsten internationaler Familienplanungsprogramme auf eine völlig neue, sozusagen menschenrechtliche Ebene. Drei binnen 20 Jahren verschiedene Begründungen für internationale bevölkerungspolitische Aktionsprogramme lassen aufmerken. Womöglich liegt hier eine der Wurzeln der gelegentlich in Entwicklungsländern sowie neuerlich von der katholischen Kirche erhobenen Kritik, als Agenten einer Bevölkerungspolitik für die Entwicklungsländer mischten sich die Industrieländer in deren ureigenste Belange, um Verhaltensänderungen der Menschen – oft gegen deren kulturelle Traditionen – zu empfehlen oder gar zu erzwingen. Das sei „demographischer Imperialismus".

Geschichtliche Erfahrungen

Im Einvernehmen mit der namhaften dänischen Bevölkerungsökonomin Ester Boserup nannte Colin Clark 1975 die Lehre von Malthus nicht nur unwahr, vielmehr „das genaue Gegenteil der Wahrheit".[4] Wenn die Landwirtschaft mehr produziere, hatte Malthus prophezeit, vermehre sich die Bevölkerung und zehre den Vorteil auf. In Wirklichkeit sei es umgekehrt: „Die Bevölkerung wächst, weil sich der Gesundheitszustand verbessert oder ein Krieg zu Ende gehe, und genau der Bevölkerungszuwachs führt dann zu Verbesserungen der Produktivität in der Landwirtschaft."[5] In Europa habe die im 18. Jahrhundert einsetzende „Bevölkerungsexplosion" – Paradebeispiel England – zur Industrialisierung geführt. Wenn man schon von „Bevölkerungsexplosion" reden wolle, fügte Clark damals hintergründig hinzu, solle man nicht vergessen, daß Explosionen manchmal etwas Gutes bewegen können. Vermutlich sei in trägen Landbevölkerungen nur eine Bevölkerungsexplosion gerade stark genug, um alte Bräuche zu überwinden und durch kreative Kräfte Innovationen freizusetzen.[6]

Als erstes Beispiel einer starken Bevölkerungszunahme nennt Colin Clark Griechenland im 6. und 7. Jahrhundert vor Christus. Darauf folge eine Zeit bemerkenswerter wirtschaftlicher Entwicklung und kultureller Blüte, die sich über den ganzen Mittelmeerraum ausdehnte. Der Historiker Pierre Chaunu beschreibt den Niedergang des römischen Imperiums als Folge nicht von Kriegen oder

Katastrophen, sondern des Fruchtbarkeitsrückgangs der römischen Gesellschaft durch Verhütungstechniken.[7] Auf das europäische Bevölkerungswachstum im 11. und 12. Jahrhundert, so wiederum Colin Clark, sei für die beiden folgenden Jahrhunderte historisch eine besonders rege Bautätigkeit bekundet. Im 16. Jahrhundert sei die niederländische Bevölkerung auf engem Raum stark gewachsen mit der Folge eines außerordentlichen wirtschaftlichen, militärischen und seefahrerischen Aufschwungs bis ins 18. Jahrhundert hinein. Schließlich sei ein schneller Zuwachs der Engländer und Schotten im 18. Jahrhundert bei begrenzten landwirtschaftlichen Möglichkeiten die Ausgangslage der Industrialisierung Großbritanniens und einer großen Zeit der Wissenschaft und Technik gewesen. Ebendies habe sich – um ein Jahrhundert zeitversetzt – in Japan wiederholt.[8]

Historische Entwicklungen in Europa zeichnen auf ähnliche Weise Meinhard Miegel und Stefanie Wahl nach. Ihre 1993 veröffentlichte Untersuchung im Auftrag des Bundesministers für Forschung und Technologie[9] erklärt Epochen höherer Fruchtbarkeit aus einer stärkeren Gemeinschaftsorientierung der Kultur (Familien-, Sippen-, Stammes-, Volks-, Rassenzugehörigkeit werden höher bewertet als die Selbstwahrnehmung des Individuums). Niedergang der Fruchtbarkeit ist eine Folge der Individualisierung der Lebensstile. Biologisch kulturtragender Gemeinsinn versus biologisch kulturzerstörender Individualismus. So plausibel sich zahlreiche Befunde in das einfache, vielleicht allzu glatte Schema dieses Gegensatzes einzufügen scheinen, so verdächtig erscheint der Gegensatz selbst: Zeitkritik, der die Geschichte unterworfen wird? Modernitätskritik mit den Maßstäben der Moderne? Man ist geneigt, einem Rezensenten recht zu geben, der die Schwäche des Buches in dessen Fixierung auf den modernen Gegensatz von Individuum und Gemeinschaft sieht, der seinerseits bereits einer individualistischen Perspektive entspringt. Der gerade für die europäische Kultur so zentrale Begriff der Person, der das Individuum gerade nicht vereinzelt, sondern als gemeinschaftsbezogen begreift, werde, schreibt der Rezensent, von den Autoren nicht gewürdigt.[10]

Bevölkerungsimplosion der Indusrieländer – ein Tabu?

Gründlich räumen Miegel und Wahl mit der Illusion auf, die westlichen Industrieländer mit ihrem gegenwärtigen Geburtendefizit könnten schwerwiegenden demographischen Zukunftsproblemen entgehen, ohne ihr gegenwärtiges Reproduktionsverhalten tiefgreifend zu ändern.

Global verzeichnen neuere demographische Studien zwei gegenläufige Tendenzen: Erheblicher Geburtenrückgang in den westlichen Industrieländern, weitere Bevölkerungszunahme in den sogenannten Entwicklungsländern. Allerdings sind auch hier – aufs Ganze gesehen, wenn auch mit deutlichen regionalen Unterschieden – die Kinderzahlen je Frau von 6 – 7 (1970) auf 3,7 (heute) gesunken. 60 Prozent des Weges zum Erhaltungsniveau (unter modernen medizinischen Versorgungsverhältnissen 2,13 Lebendgeburten je Frau) haben sie also in 25 Jahren zurückgelegt. Diese Abnahme der Fruchtbarkeit wird als Zeichen eines demographischen Übergangs in Richtung auf eine (spontane) Stabilisierung der Bevölkerungen gedeutet, ein Vorgang, den wir in Europa ähnlich zwischen 1800 und 1950 beobachtet haben: Mit den medizinischen Fortschritten sank die Sterblichkeit, zumal die der Kinder vor der Geschlechtsreife, stieg die Lebenserwartung und damit die Zahl der Menschen. Zudem blieb das Geburtsverhalten zunächst unverändert – ein zusätzlicher Bevölkerungswachstumsschub –, bis sich die Familien nach und nach – im Zuge zahlreicher wirtschaftlicher, sozialer und kultureller Veränderungen – mit ihren durchschnittlichen Kinderzahlen den neuen Überlebenserwartungen anpaßten. Was diesen demographischen Übergang in Europa angeht, halten Miegel und Wahl fest, daß in Deutschland kein Geburtsjahrgang nach 1892 mehr die Zahl von Kindern gezeugt und geboren hat, die seiner eigenen Zahl entspricht. Gleichwohl nahm die Bevölkerung noch jahrzehntelang zu, weil die Sterblichkeit weiter abnahm, die alten Menschen älter wurden, mehr geborene Kinder ins heiratsfähige Alter kamen und ihrerseits Kinder zur Welt brachten.[II]

In den 60er Jahren erreichte die Bundesrepublik eine Geburtenrate, die gerade der Bevölkerungserhaltung entspricht. Die dann einsetzende Verbreitung der Antikonzeptiva („Pillenknick") hatte bald ein Absinken der Geburten auf bis zu 1,3 je Frau im Gefolge. In den 70er Jahren waren erstmals die Särge zahlreicher als die Wiegen. Seitdem nimmt die deutsche Bevölkerung in der Bundesrepublik ab. Bei Fortdauer des heutigen Generationsverhaltens wird die deutsche Bevölkerung dramatisch altern und sich in 70 Jahren etwa halbieren. Es sei denn, der Bevölkerungsschwund wird durch Zuwanderung ausgeglichen. In den letzten Jahren wurde er mehr als ausgeglichen, was den demographischen Wandel verdeckt hat. Allerdings würde sich in den kommenden Jahrzehnten, die derzeitige Fruchtbarkeit der Deutschen bleibend vorausgesetzt, der Bevölkerungsrückgang beschleunigen und die zum Ersatz erforderliche Zuwanderung kontinuierlich erhöhen.

Es mag an drei Gründen liegen, warum demographische Entwicklungen bei uns politisch auffallend wenig thematisiert werden, wenn man absieht von gelegentlichen Diskussionen um die Zukunft der sozialen Sicherungssysteme („sichere Renten"), in denen dann zwangsläufig auch die Rede auf Veränderungen der Alterspyramide und die Haltbarkeit des Generationenvertrages kommt. Die unausweichlichen Folgen des demographischen Wandels auf Wirtschaft und Kultur (Binnenmärkte, Bildungssystem, soziale Sicherungssysteme, Zuwanderung usw.) in ihrer ganzen Breite aber fallen in eine regelrechte Schweigezone. Ein Grund dafür ist gewiß, daß es sich um langsame und langfristige Entwicklungen handelt, unsere politischen Entscheidungszeiträume (in die allerdings denkbare Weichenstellungen fallen könnten) aber kurz sind. Ein zweiter Grund dürfte sein, daß mit realistischen Szenarien der Überalterung der Gesellschaft ebensowenig politische Popularitätsgewinne zu erzielen sind wie mit politischen Bemühungen um Änderung des gegenwärtigen Geburtendefizits. Eine nicht geringere politische Ratlosigkeit – das wäre der dritte Grund – dürfte gegenüber den einzigen Alternativen herrschen, nämlich entweder einer bewußten Entscheidung für eine progressive Entvölkerung oder für kontinuierlich steigende Einwanderung. Die Stichwörter soziale und kulturelle Integration oder Multikulturalismus sind politisch sensibel.

Weltbevölkerungspolitik

Prägten neo-malthusianische Tendenzen in den 70er Jahren noch lebhaft die Diskussionen um das Bevölkerungswachstum im Weltmaßstab, dienten sie bald zunehmend nur noch zur Erklärung des Bevölkerungswachstums in Entwicklungsländern. Während dies in der Populärliteratur unverändert so ist, wich in interessierteren Kreisen spätestens um die Mitte der 80er Jahre die Theorie, das Bevölkerungswachstum in den Entwicklungsländern sei die Ursache der verbreiteten Massenarmut, der Einsicht, daß umgekehrt Massenarmut besonderen Kinderreichtum zur Folge habe. An der Einschätzung des Bevölkerungswachstums als globale Bedrohung änderte das wenig oder nichts. Das Bevölkerungswachstum in den Entwicklungsländern bei gleichzeitigem Bevölkerungsrückgang in den Industrieländern führte vielmehr zu neuen beunruhigenden Hochrechnungen über den Anteil der westlichen Industrieländer an der Weltbevölkerung. Jean Bourgeois-Pichat gibt ihn im Jahr 1939 noch mit 33,1 Prozent, 1988 mit rund 23 Prozent an und errechnet ihn für das Jahr 2100 mit 11.8 Prozent.[12]

Bei der Formulierung von Strategien, mit denen der demographischen Bedrohung zu begegnen wäre, hat sich inzwischen weithin die Erkenntnis durchgesetzt, daß Entwicklung den demographischen Übergang nicht nur ausgelöst hat, sondern auch beschleunigt. Bildung (besonders auch der Frauen), Modernisierung, Wohlstand tragen sichtbar zur Stabilisierung der Bevölkerungen bei.

Unterstellt man, daß der demographische Übergang der heutigen Entwicklungsländer sich letztlich wie derjenige in Europa vollziehen wird, weil sie sich – mit unterschiedlicher Zeitversetzung – auch ähnlich entwickeln, dann kommt es auch spontan zu einer Fruchtbarkeit auf Ersatzniveau, das heißt von 2,1 Kindern je Frau. „Spontan" meint hier, daß die Eltern Zahl und Abstand der Geburten von sich aus so einrichten. Dies bedeutet, daß der Begriff Entwicklung den einer Familienplanung in elterlicher Autonomie bereits mitmeint und enthält.

Den einschlägigen entwicklungspolitischen und bevölkerungsplanenden Agenturen verläuft dieser Prozeß aber zu langsam, nicht zuletzt aufgrund der Sorge, daß mit fortschreitender Entwicklung auch die Entwicklungsländer die Umwelt immer mehr belasten. Als Devise zur Eindämmung des Weltbevölkerungswachstums, sprich: des Bevölkerungswachstums in den Entwicklungsländern, gilt: Entwicklung plus Familienplanung. Nennt man beides gesondert, meint Familienplanung nicht mehr jene mit der Entwicklung ohnehin einhergehenden Veränderungen im Zeugungs- und Gebärverhalten, die den demographischen Übergang in Europa von 1800 bis 1960 wesentlich bestimmt haben, sondern ein zusätzliches (welt)politisches Aktionsprogramm, das von der im engeren Sinne internationalen Entwicklungspolitik unterschieden werden muß, auch wenn es eng mit dieser verflochten ins Werk gesetzt und diese zukunftsfähig machen soll, das heißt umweltverträglich und nachhaltig („sustainable development").

Mit Familienplanungsstrategien sind eine Fülle von Maßnahmen gemeint, die insbesondere auf Frauen, aber auch auf Männer einwirken, die Zahl ihrer Kinder begrenzen zu wollen, möglichst auf zwei je Frau, und die ihnen zu einer solch beschränkten Zahl von 10 Geburten verhelfen. Aus immer wieder erklärtem Respekt vor dem Elternrecht, Zahl und Abstand der Geburten selbst zu bestimmen, soll möglichst auf gesetzlichen Zwang und behördlichen Druck verzichtet werden. Nicht damit gemeint ist die in manchen Industrieländern, vor allem den USA, verbreitete Gewohnheit, Entwicklungshilfe an die Bedingung aktiver Familienplanungsprogramme zu binden. Möglichst vermieden werden soll aber die Diskriminierung großer Familien etwa durch Steuern, Abgaben, erschwerte soziale Hilfe, Nachteile beim Bildungs- und Berufszugang. Desgleichen nur Kleinfamilien vorbehaltene Anreize (z. B. Kreditzugang). Weltweit sollen vielmehr flächendeckend Verhütungswissen und Verhütungstechniken aller Art sowie entsprechende Beratungsangebote gewährleistet und durch „Aufklärung" und Propaganda unter Einsatz aller Medien und der Schulen wie unter Nutzung aller Gelegenheiten menschlicher Zusammenkünfte an den Mann/die Frau gebracht werden.[13] Ob unter „Verhütungstechniken" auch Abtreibung und Sterilisation gerechnet werden, ist zwar Gegenstand gelegentlicher Anfragen und Diskussionen, bleibt aber neuerdings auffallend unklar oder wird schlicht verschwiegen.

Von jenem unaufhaltsamen „exponentiellen" Bevölkerungswachstum, vor dem in den 70er Jahren als bedrohliche Bevölkerungsexplosion oder Bevölkerungsbombe gewarnt wurde, ist nicht mehr ernsthaft die Rede. Damals war die Spitze der Bevölkerungsdynamik erreicht und die Weltbevölkerung nahm jährlich um 2,1 Prozent zu, was hochgerechnet zu über 30 Milliarden Menschen um 2070 führen würde. Inzwischen ist die Weltwachstumsrate auf 1,7 Prozent gesunken, und was langfristig wichtiger ist, hat die durchschnittliche Fruchtbarkeit in Entwicklungsländern um rund 30 Prozent abgenommen. Hierfür waren bevölkerungspolitische Steuerungsmechanismen nicht sehr maßgeblich. Mindestens 80 Prozent des Rückgangs sind Wirkungen des spontanen demographischen Übergangs bei fortschreitender Entwicklung.[14] Diese von der John Hopkins University 1985 angegebene Zahl[15] wird allerdings im Weltbevölkerungsbericht der UNFPA (United Nations Fund for Population Activities) 1994 bestritten. Dort ist von 50 Prozent die Rede.

Alle Veränderungen des Reproduktionsverhaltens und der Sterblichkeit (durchschnittliche Lebenserwartung) wirken auf die tatsächliche Bevölkerungsentwicklung mit einem erheblichen Trägheitsmoment. Einerseits würde, selbst wenn die Fruchtbarkeit in Entwicklungsländern heute schon auf das Erhaltungsniveau von 2,1 Kinder je Frau gesunken wäre, die Bevölkerung wegen ihres hohen Anteils an jungen Menschen noch Jahrzehnte wachsen und bis zu 50 Prozent zunehmen. Andererseits bedeutet der Rückgang der jährlichen Weltbevölkerungswachstumsrate in den letzten 20 Jahren von 2,1 auf 1,7 Prozent, daß die durchschnittliche Zahl der Geburten je Frau schon erheblich stärker abgenommen hat und daß auch in den Entwicklungsländern spontan das Bevölkerungswachstum kontinuierlich zurückgeht – unbeschadet einer von Herwig Birg jüngst errechneten vermutlichen Verzögerung des Rückgangs auf Ersatzniveau gegenüber den Annahmen in UN-Bevölkerungsprojektionen.[16]

Was leisten Zukunftsprojektionen?

Die Vereinten Nationen (UN-Populadon Division) und die Weltbank haben wiederholt Weltbevölkerungsprojektionen vorgelegt, die je nach zugrundegelegten Annahmen zu einer oberen, unteren und – in ihren Augen wahrscheinlicheren – mittleren Variante kommen. Laut UN-Weltbevölkerungsbericht 1994 wächst die Weltbevölkerung nach der mittleren Variante bis 2050 auf 10 Milliarden und stabilisiert sich um 2100 bei etwa 11,5 Milliarden. Die obere Variante weist für 2100 etwa 18,5 Milliarden aus, nach der unteren steigt sie bis 2050 auf 7,8 Milliarden, um dann bis 2100 wieder auf unter 5 Milliarden abzunehmen.

Über den Wert und die Aussagekraft langfristiger demographischer Projektionen hat sich das Institut National des Etudes Demographiques (INED) in Paris Gedanken gemacht. In seiner schon erwähnten Studie von 1988 entwirft Jean Bourgeois-Pichat zwei Szenarien der zunehmenden Vergreisung der Gesellschaften in den heutigen Industrieländern und der Entwicklung im christlich-europäischen Kulturkreis im Vergleich zu der in den islamischen, chinesischen, sonst asiatischen, afrikanischen und lateinamerikanischen Kulturkreis. Die Gesamtzahlen folgen mehr oder minder den „klassischen" UN-Projektionen des demographischen Übergangs. In einem dritten, zeitlich weiterreichenden Szenario führt er dann eine neue Annahme ein. Er unterstellt, daß die heutigen Entwicklungsländer nicht nur zeitversetzt – um 150 Jahre – den demographischen Übergang der Industrieländer, konkret Deutschlands bis zur Ersatzniveaufruchtbarkeit in den 60er Jahren, nachvollziehen, sondern auch das starke Absinken der Geburtenzahlen seitdem, das bisher nur in Deutschland schon zu einer tatsächlichen Bevölkerungsabnahme geführt hat, obwohl uns inzwischen andere Länder, so Italien und neuerdings Spanien, in der Fruchtbarkeit mit 1,2 Kindern je Frau noch unterbieten. Unter der Bedingung, daß die ganze Welt das derzeitige Reproduktionsverhalten Deutschlands übernähme und dabei bliebe, errechnet Bourgeois-Pichat das Aussterben der Bevölkerungen in den heutigen Industrieländern um das Jahr 2250 und der Bevölkerungen der heutigen Entwicklungsländer um das Jahr 2400.[17]

Bourgeois-Pichats drittes Szenario ist weniger eine alternative Voraussage als die Anmeldung eines Zweifels an langfristigen Prognosen überhaupt. Das ergibt sich auch aus seiner Frage, wieso die UN-Projektionen auch für 2100 von einer unveränderten mittleren

Lebenserwartung von etwa 75 Jahren ausgehen, obwohl es ja keineswegs ausgeschlossen sei, daß sie bis dahin auf 140 Jahre bei gutem Gesundheitszustand steigen könnte, womöglich gar mit bis zum 100. Lebensjahr erhaltener Empfängnis- und Geburtsfähigkeit der Frauen. Allein damit wären alle Ergebnisse bisheriger Projektionen hinfällig.

Paul Ehrlich verwies 1968 die Vorstellung ins Reich der Phantasie, Indien, das für ihn damals überbevölkerte Land par exellence, könne sich in absehbarer Zukunft, wenn überhaupt jemals, selbst ernähren. Mit der Steigerung der Getreideproduktion von damals 95 Millionen Tonnen auf über 150 Millionen Tonnen ist diese Phantasie Wirklichkeit geworden. Indien exportiert Nahrungsmittel. Die 1970 vom Club of Rome für heute vorausgesagten Erschöpfungen und Verknappungen von Ressourcen sind nicht eingetreten. Aber nicht die Exaktheit der wissenschaftlich-mathematischen Methoden der Zukunftsprojektionen verdienen Zweifel. Nur müssen die Rahmenbedingungen für die Zukunft, mit denen man die Computer füttert, heute festgelegt werden, ohne daß die kommende Menschheitsgeschichte sich daran halten muß. Würde aus den Verhältnissen von 1694 unter den Annahmen von damals mit den exakten Methoden von heute die Bevölkerung auf das Jahr 1994 hochgerechnet, erzielte das Ergebnis vermutlich einen Heiterkeitserfolg. Josef Pieper schrieb schon 1950, daß frühere statistische Prognosen über die Zahl der tödlichen Verkehrsunfälle, die sich im Juli 1945 in Danzig ereignen würden, selbstverständlich unter der angenommenen Bedingung gemacht waren, daß es dort im Juli 1945 überhaupt Verkehr geben würde, den es dann tatsächlich aber nicht gab, um den Unterschied von Prognose und Prophetie zu erklären: Die Prognose meint gar nicht das Eintreten des konkreten geschichtlichen Ereignisses, welches die Prophetie gerade voraussagt.[18]

Die Bevölkerung von Nigeria wurde noch 1990 von Nigerianern auf 120–135 Millionen geschätzt. In Weltbankberichten der 80er Jahre erscheint sie deutlich darunter, aber mit einer jährlichen Zuwachsrate von etwa 3 Prozent steigend. Der Weltbankbericht 1992 gibt sie für 1990 mit 115,5 Millionen an. Eine Volkszählung ergab inzwischen um die 90 Millionen. Der Weltbankbericht 1993 nennt für 1991 98,5 Millionen. Die Abweichungen von zwischen 17 und 30 Prozent sind erheblich.

Ebensowenig soll die Wahrnehmung heutiger Weltprobleme als unzutreffend kritisiert werden. Das Wohlstands/Armuts-Gefälle zwischen Nord und Süd und die Gefährdung des ökologischen Gleichgewichts des Planeten stehen gewiß hoch auf der Liste. Allerdings sind wir uns der Dringlichkeit etwa des letzteren Problems eigentlich erst vor 25 Jahren recht bewußt geworden. Und „wir" heißt hier: Wir in den Industrieländern, die wir das Problem hauptsächlich verursacht haben. Statt auf unsere Innovationskraft zur Lösung der erst einmal erkannten Probleme zu vertrauen und technologisch wie politisch die Prioritäten entsprechend zu setzen, stehen wir im Begriff, zur Behebung oder Linderung des Problems gerade diejenigen in die Pflicht zu nehmen, nämlich die Ärmsten in der Dritten Welt, die pro Kopf weniger als 10 Prozent der von einem Deutschen und weniger als 5 Prozent der von einem Amerikaner verbrauchten Ressourcen, Energie und Umwelt in Anspruch nehmen. Mittlerweile ist es unbestritten, daß ein afrikanisches Ehepaar auf dem Land, als Hilfe bei der Arbeit und um im Alter zu überleben, tatsächlich sechs Kinder braucht. Dann ist es zynisch, wenn wir sie bereden, sich mit zweien zu begnügen.

In ihren zahlreichen im Sommer 1994 in der deutschen Presse abgedruckten Interviews legt Frau Nafis Sadik, Exekutivdirektorin des Bevölkerungsfonds der Vereinten Nationen UNFPA Wert auf die Feststellung, die Zeiten seien vorbei, in denen man Familienplanungsprogramme mit repressiven Mitteln habe durchsetzen wollen. Das habe sich auch nicht bewährt. Es gehe nur *mit* den Betroffenen. Das Recht der Eltern, besonders der Frauen, Zahl und Abstand der Geburten selbst zu bestimmen, stehe außer Frage. Aber es gebe gerade da einen „ungedeckten Verhütungsbedarf", dem entsprochen werden müsse. Der Entwurf des Kairo-Abschlußdokumentes und der Weltbevölkerungsbericht spricht 1994 von derzeit 120 Millionen Frauen mit „ungedecktem Verhütungsbedarf".

In der Population und Development Review vom März 1994 hält Lant Pritchett, ein Ökonom der Weltbank, diese Zahl für weit überhöht. Man habe darin alle verheirateten Frauen erfaßt, die keine Verhütungsmittel benutzen und gesagt haben, daß sie nicht gleich (wieder) ein Kind wollen, eingeschlossen Frauen, die womöglich unfruchtbar sind, ziemlich enthaltsam leben oder aus religiösen oder sonstigen Gründen keine Antikonzeptiva verwenden würden, auch wenn sie da wären. In Uganda wurden 27 Prozent der verheirateten Frauen erfaßt. Tatsächlich verwendeten, so Pritchett, 5 Prozent der fruchtbaren Frauen keine Verhütungsmittel, obwohl sie weniger Kinder wünschten.

Im Weltbevölkerungsbericht 1994 (August) taucht die Zahl von 120 Millionen „Frauen, die nicht verhüten, obwohl sie wollen", wieder auf. Voraus geht die Feststellung, daß gegenwärtig „in den Entwicklungsländern rund 350 Millionen keine modernen Methoden der Familienplanung an(wenden)".

In einer gleichzeitig von Nafis Sadik (besonders für die Presse) herausgegebenen „Kurzinformation" über den ausführlichen Bericht ist die Formulierung dahingehend modifiziert, daß „mindestens 350 Millionen Paare keinen Zugang haben zu sicheren und wirksamen Methoden der Fruchtbarkeitsregulierung oder zu Informationen, wo sie diese erhalten könnten und wie sie anzuwenden sind." Kulturelle Traditionen werden in diesem Zusammenhang als kulturelle Barrieren qualifiziert. Im Weltbevölkerungsbericht 1994 wird schließlich der zu erwartende ungedeckte Verhütungsbedarf für das Jahr 2000 mit 500–600 Millionen Paaren in Aussicht gestellt.

„Bis zu einem gewissen Grad", heißt es im Weltbankbericht „Population Change and Economic Development" (Bevölkerungswandel und wirtschaftliche Entwicklung) von 1985, „tun die Familienplanungsprogramme mehr als bloß einen ungedeckten Bedarf befriedigen; tatsächlich schaffen sie einen solchen Bedarf und befriedigen ihn dann." Und Jacqueline Kasun spitzt in ihrem engagierten, 1988 erschienenen Buch „The War on Population" (Der Krieg gegen die Bevölkerung) diesen Sachverhalt kritisch zu: „Der ungedeckte Verhütungsbedarf, von dem die Familienplaner sprechen, ist nicht ein Bedarf der Armen, die ihre Geburten kontrollieren wollen, vielmehr ein Bedarf der Planer, die menschliches Leben besser in den Griff bekommen wollen."[19]

1976, in der Zeit der unabsehbar geglaubten Bevölkerungsspirale, erklärte die indische Bundesregierung: „Wenn der Gesetzgeber eines Bundesstaates (…) die Zeit für reif und ein Gesetz zur Zwangssterilisierung für notwendig hält, soll er entsprechend verfahren." Im darauffolgenden Halbjahr wurden sechs Millionen Inder sterilisiert, viele Tausende zwangsweise. Dieser Vorgang, heißt es in einem Aufsatz aus dem Population Research Institute (PRI) in Washington[20], habe in der indischen Bevölkerung einen so entschiedenen Widerstand ausgelöst, daß er für die Regierung Indira Gandhi zu einer ernsten Gefahr wurde. Kurz nach dieser Freigabe der Sterilisation unternahm der damalige Weltbankpräsident Robert McNamara einen persönlichen Besuch beim indischen Minister für Familienplanung, „um ihm zu gratulieren zum politischen Willen und der Entschiedenheit der indischen Regierung, die Familienplanung populär zu machen."[21] Angesichts der Feststellung des Nationalen Sicherheitsrates der Vereinigten Staaten in einer Studie von 1974 für den Präsidenten, daß das Wachstum der Bevölkerung in der Dritten Welt „politische oder gar nationale Sicherheitsprobleme für die U.S.A." darstellen könnten[22], war der Wechsel des schon bei der Wiederbelebung von Ford nach dem Krieg als „Whiz Kid" (schlauer Junge) aufgefallenen Verteidigungsministers Robert McNamara an die Spitze der Weltbank im Februar 1968 vielleicht doch mehr als ein symbolträchtiger Zufall. Bemühungen der USA, das Bevölkerungswachstum zu kontrollieren, so jene Studie, könnten allerdings als Imperialismus ausgelegt werden. Es sei empfehlenswert, alle in diese Richtung gehenden Anstrengungen in eine Terminologie zu kleiden, die „das Recht des Individuums, frei und verantwortlich Zahl und Abstand der Kinder zu bestimmen, (...) und die grundlegende soziale und wirtschaftliche Entwicklung armer Länder" in den Vordergrund rückt. Jean Claude Chesnais vom INED (Institut National des Etudes Demographiques) in Paris entwickelte 1987 Gründe dafür, daß der Bevölkerungsschub den Entwicklungsländern in den nächsten Jahrzehnten eher förderlich sein dürfte.[23] Herve le Bras, Direktor des INED, antwortete in einem Kurzinterview mit Focus kürzlich auf die Frage, warum er von einem „Mythos der Überbevölkerung" spreche: „Insofern Mythos, weil ihn die Industrieländer nur als Kontroll- und Unterdrückungsinstrument schufen..."[24]

Nichtsdestoweniger gibt es Handlungsbedarf. Dieser richtet sich, was auch nur von wenigen bestritten wird, auf verstärkte Entwicklungsbemühungen in der Dritten Welt, aber auch auf die

Hausaufgaben der Industrieländer zu Hause. Jahrzehntelang hat die Entwicklungspolitik die Unabhängigkeit nationaler Regierungen hofiert und die (wirtschaftliche Un-)Freiheit der Menschen unter diesen Regierungen nicht beachtet. Manch staatskapitalistisches Fiasko, manche Mißwirtschaft, Korruption und Kapitalflucht wurden geradezu begünstigt. Lord Peter T. Bauer sieht das Haupthindernis für die Entwicklung in den Entwicklungsländern darin, daß man die Menschen dort an der Entfaltung ihrer Kreativität und Leistung (innen- oder welt-)politisch hindert.[25] Die neuere Einsicht, Entwicklungsbemühungen „näher am Menschen" anzusiedeln, Eigeninitiative zu mobilisieren und in diesem Rahmen der Bildung und Förderung der Frauen eine besondere Priorität einzuräumen, ist daher nur zu begrüßen. Auch die europäische Moderne hat die Schlüsselfunktion der Frau für die kulturelle Identität und Stabilität und – gerade von ihrer prägenden Rolle in der Familie als Keimzelle der Gesellschaft her – als Trägerin menschlicher Entwicklung grob unterschätzt und vernachlässigt. Jetzt wird uns in Gestalt oberflächlicher feministischer Ideologien die Rechnung dafür präsentiert. So wichtig es ist, den Fehler der Vernachlässigung der Frauen in der Dritten Welt nicht zu wiederholen, so falsch, weil kulturell entwurzelnd und letztlich entwicklungshemmend wäre es, nun unter dem hehren Grundsatz einer Vorfahrt für die Frauenförderung die Frau in Entwicklungsländern vor allem zur Projektionsfolie westlicher Ideen von sexueller Befreiung zu machen.

Die Hausaufgaben der Industrieländer zu Hause erschöpfen sich nicht in tatsächlicher oder rhetorischer Zerknirschung über den unverhältnismäßig hohen eigenen Energie-, Ressourcen- und Umweltverbrauch und in gelegentlichen Mahnungen, „man" müsse sich wirklich einschränken. Das auch, aber vor allem tut eine Annahme der politischen und technologischen Herausforderung not, die beherzt und mit aller Kraft – aber auch Geduld, denn von heute auf morgen geht es nicht – die Korrektur unserer Fehler, die vor der Wende zur ökologischen Einsicht noch verzeihlich waren, anzupacken, im eigenen Interesse und im Dienst an einer zukünftig gewachsenen und entwickelten Weltbevölkerung.

Hierzu besteht die ungünstigste Voraussetzung in Angst, Pessimismus und Selbstmitleid, weil alles immer schlimmer werde.

Vermutlich unterschätzen wir die Ängste unserer Vorfahren, als sie noch Jäger und Sammler waren, vor der Überjagung ihrer Jagdreviere, ehe sie im Ackerbau den Ausweg fanden. In Wirklichkeit sieht es mit den Hausaufgaben so hoffnungslos gar nicht aus. Als ich 1975 Gelegenheit hatte, mit Colin Clark von Köln ins Ruhrgebiet zu fahren, konnte er sich kindlich über den blauen Himmel und das Grün in dieser Zone freuen, die er zuletzt in den 20er Jahren – staub- und rauchgeschwärzt – gesehen hatte. Auch der Badebetrieb an der Ruhr entging ihm nicht. Als ich einwandte, man habe eben die Emscher zur Kloake vom Dienst gemacht, meinte er trocken, man müsse es nur richtig wollen, dann könne man auch wieder in der Emscher baden. Am 10.8.1994 berichtete die F.A.Z. in großer Aufmachung, daß man das nun wirklich will.[26]

Gleichwohl ist es selbstverständlich richtig, es bei kindlicher Freude über einen solchen Eindruck nicht zu belassen. Inzwischen wissen wir, daß die Probleme groß und viele gar nicht sichtbar sind. Die Identifizierung immer neuer Schadstoffe ist einerseits ein Zeichen der Problemerfassung, die Voraussetzung der Problemlösung ist. Diese wird ihrerseits, sobald gefunden, unentwegt verfeinert: genauere Messungen, herabgesetzte Grenzwerte. An sich gibt dieser Mechanismus Grund zur Hoffnung. Zugleich erzeugt er Angst, sei es vor noch Unbekanntem, sei es davor, daß eine Lösung nicht gefunden wird und das Problem sich zu verschärfen droht. Dann wird es hochgerechnet bis zum Termin der Katastrophe, woran zunächst die Medien verdienen. Tatsächlich ist, solange man nicht weiß, wie man eines Problems Herr werden könnte, mit Argumenten gegen diese Angst nichts auszurichten. Der real existierende Sozialismus hat es deshalb vorgezogen, an sich bekannte Probleme zu verschweigen und auf sich beruhen zu lassen. Sie haben sich extrem verschärft, jedoch die Menschen lebten unbesorgter. Im Grunde ist es also unsere Wachsamkeit, die uns die Sorgen beschert. Und diese wiederum machen uns wachsam, aber auch bewußt, daß Machbarkeit Grenzen hat.

Das verkennt auch der Bevölkerungsökonom Julian L. Simon von der Maryland Universität nicht, den viele einen unverbesserlichen Optimisten mit womöglich großem Gottvertrauen nennen. Aber meist ist es sein unverstellter Blick in die Geschichte, der unsere

Umwelt in einem verblüffend neuen Licht erscheinen läßt, demjenigen jedenfalls, der bereit ist, auch das Positive wahrzunehmen. Als Asthmatiker, erzählt Simon, verbringt er eine Nacht in einem Haus mit einem Hund und entdeckt, wie entsetzlich er in einer Umwelt leiden würde, in der es Asthmaspray nicht gibt. Er freut sich, daß er in einer Umwelt lebt, in der es Brillen gibt, weil andernfalls er und viele kreative Menschen, die Probleme lösen können, mit 40 oder 50 Jahren aufgeschmissen und vom Geschehen abgekoppelt wären. So kommt er zu dem Schluß, daß seit dem Mittelalter eine gewaltige Umweltverbesserung eingetreten sei, die es ermöglicht, daß heute die meisten Menschen einem frühen Tod entgehen. Denn die mittlere Lebenserwartung eines Neugeborenen sei von vielleicht 20 auf 75 Jahre angestiegen. Nun vollziehe sich diese Entwicklung auch in der Dritten Welt. Und gegen die Propheten einer Verknappung etwa von Kupfer wendet er ein, daß seit Hammurabis Zeiten in Babylonien bis heute die Kupferpreise im Grunde unentwegt gefallen und nur gelegentlich gestiegen sind. Meist dann, wenn Propheten der Kupferverknappung die Börse verunsichert hätten.[27]

Dementsprechend lautet die demographisch-entwicklungsökonomische These des Querdenkers Julian L. Simon: Immer, auch in der Zukunft, steigen mit der Zahl der Menschen die Innovationspotentiale und – vorausgesetzt, man läßt sie zur Entfaltung kommen – wachsen langfristig mit diesen der Entwicklungsfortschritt, der Wohlstand und die Qualität der Umwelt.

Simon fügt dann gern hinzu, er lade jedermann ein, seine These zu widerlegen, sei aber nicht bereit, sie deshalb für falsch zu halten, weil viele eine andere Vorstellung verbreiten.

Anmerkungen

1. Abbey Video Production, März 1989, im Auftrag v. Family and Youth Concern, 322 Woodstock Road, Oxford OX2 7BS; Autor Robert Whelan, Comittee for Population and Economy, RichmondlSurrey.
2. Diese und die folgenden Einwohnerzahlen je km² nach Britannica Atlas, 1989.
3. Vgl. Julian L. SIMON, *Population Matters*, New Brunswick, New Jersey 1990, (Transaction, Publishers), 175.
4. Colin CLARK, *Natur, Bevölkerung und Wirtschaftswachstum*. In Lindenthal-Institut (Hrsg.): Globale Gesellschaft und Zivilisation, Köln 1975 (Adamas-Verlag), 65–112; 95; vgl. auch: Ders., Der Mythos von der Überbevölkerung, Köln 1975 (Adamas-Verlag) [Orig. engl. 1973].
5. Ebd. 95.
6. Ebd. aaO., 98.
7. Pierre CHAUNU, *Die verhütete Zukunft*, Stuttgart 1981 (Seewald-Verlag), 51–54, 57. [Orig. frz. 1979: Un futur sans avenir].
8. Anm.4,98-
9. Meinhard MIEGEL/Stephanie WAHL, *Das Ende des Individualismus. Die Kultur des Westens zerstört sich selbst*. München/Landsberg 1993 (Verlag Bonn Aktuell im verlag moderne industrie).
10. Heinz Georg KUTTNER, Geht die westliche Kultur schon bald an sich selbst zugrunde? In: Deutsche Tagespost, Würzburg, 16.7.94. Anm. 9, 84–86.
12. Jean BOURGEOIS-PICHAT, *Du XXe au XXIe siècle: L'Europe et sa population apres l'an 2000*, in: Population, 43' anne, No. 1, janvier-fevria 1988, 9–43; 18.
13. Vgl. Weltbevölkerungskonferenz („Internationale Konferenz für Bevölkerung und Entwicklung") Kairo 1994, Entwurf des Schlußdokuments.
14. Vgl. Herwig BIRG, *Perspektiven des globalen Bevölkerungswachstums – Ursachen, Folgen, Handlungskonsequenzen*. In: Deutsche Gesellschaft für die Vereinten Nationen u. Deutsche Stiftung für Weltbevölkerung (Hrsg): Weltbevölkerung und Entwicklung. Eine Textsammlung, Bonn – Hannover 1993/1994, 7–19.
15. The Johns Hopkins University (Hrsg.): The Impact of Family Planning Programs on Fertility. In: Population Reports, Serie J, No. 29, Jan/Febr. 1985.
16. Herwig BIRG, *Auswirkungen möglicher Verzögerungen des Fertilitätsrückgangs auf das Weltbevölkerungswachstum – Alternative Berechnungen zu den UN-Bevölkerungsprojektionen*. Autoren MS, Bielefeld 1994.
17. Vgl. Anm. 12, 27.
18. Josef PIEPER, Über das Ende der Zeit, München 1950 (Kösel), 34 f.
19. Zit. nach *Population Information Pack*, Committee on Population and the Economy, Rich mond/Surrey 1994.

20 Karl ZINSMEISTER, *Supply-side Demlography*, in: Population Research Institute Review, July August 1993, 8–12; 9.
21 Ebd.19
22 National Security Council of the U.S., *The Implications of Worldwide Population Growth for U.S. Security and Oversea Interests,* 1974. Zit. nach Population Information Pack (Anm. 19).
23 Jean Claude CHESNAIS, La Revanche du Tiers-Monde, Paris 1987 (Laffont).
24 Focus 2.5.1994. 247.
25 Prof. em. der Entwicklungsökonomie der London School of Economics and Political Sciences, (Weltbank-Liste d. Pioneers of Development), beim internationalen Colloquium „Bevölkerung, Entwicklung, Umwelt" des Lindenthal-Instituts Köln am 17. Sept. 1994. [Publikation des Lindenthal-Instituts in Vorbereitung].
26 Albert SCHÄFFER. „Es stinkt wieder" – Sanierung der Emscher / Die Cloaca Maxima des Ruhrgebiets soll wieder ein lebendiger Fluß werden, F.A.Z. 10.8.1994
27 Beispiele nach dem MS eines Beitrags zum internationalen Colloquium „Bevölkerung, Entwicklung, Umwelt" des Lindenthal-Instituts Köln am 24. September 1994 [Publikation des Lindenthal-Instituts in Vorbereitung]. Zur Ergänzung sei verwiesen auf die Bücher v. Julien L. Simon: *'The Ultimate Resource"*, Princeton Univ. Press, Princeton New Jersey, 51989. (Neu bearbeitet, aktualisiert und erweitert 1994 in Vorbereitung) und *„Population Matters: People, Resources, Environment and Immigration,* New Brunswick (USA)/ London (U.K.), 1990 [Transaction Publishers].

Fünftes Kapitel

Klartext

Was die Kirche sagt:

I. Der Kampf um die Reinheit

2520 Die Taufe verleiht dem Täufling die Gnade der Reinigung von allen Sünden. Der Getaufte muß aber weiterhin gegen die Begierde des Fleisches und die ungeordnete Begehrlichkeit ankämpfen. Mit der Gnade Gottes gelingt ihm das
– durch die *Tugend und Gabe der Keuschheit*, denn die Keuschheit ermöglicht, mit aufrichtigem und ungeteiltem Herzen zu lieben;
– durch die *lautere Absicht,* die das wahre Ziel des Menschen ins Auge faßt, denn der Getaufte sucht mit arglosem Auge in allem den Willen Gottes zu erkennen und zu erfüllen[1];
– durch die äußerlich und innerlich *lautere Sichtweise*, durch die Beherrschung der Gefühle und Phantasie, durch die Zurückweisung jedes Wohlgefallens an unreinen Gedanken, die zur Abkehr vom Weg der göttlichen Gebote verleiten: Der „Anblick erregt die Sehnsucht der Toren (Weish 15, 5);
– durch das *Gebet:*

„Ich glaubte, die Enthaltsamkeit sei Sache der eigenen Kraft ... denn in meiner Torheit wußte ich nicht, was geschrieben steht: daß ‚keiner enthaltsam sein kann, außer wenn Gott es gibt.' Du hättest es mir gegeben, wenn ich mit innerlichem Seufzen dein Ohr bestürmt, und in gefestigtem Glauben meine Sorgen auf dich geworfen hätte" (Augustinus, conf. 6, 11, 20).

2521 Reinheit verlangt *Schamhaftigkeit*. Diese ist ein wesentlicher Bestandteil der Mäßigung. Die Schamhaftigkeit wahrt den Intim-

---

1 Vgl. Röm 12,2; Kol 1,10.

bereich des Menschen. Sie weigert sich, zu enthüllen, was verborgen bleiben soll. Sie ist auf die Keuschheit hingeordnet, deren Feingefühl sie bezeugt. Sie lenkt Blicke und Gesten entsprechend der Würde der Menschen und ihrer Verbundenheit.

2522 Die Schamhaftigkeit schützt das Geheimnis der Personen und ihrer Liebe. Sie lädt zu Geduld und Mäßigung in der Liebesbeziehung ein; sie verlangt, daß die Bedingungen der endgültigen Bindung und wechselseitigen Hingabe von Mann und Frau erfüllt seien. Zur Schamhaftigkeit gehört auch Bescheidenheit. Sie beeinflußt die Wahl der Kleidung. Wo sie die Gefahr einer ungesunden Neugier vermutet, gebietet sie Schweigen und Zurückhaltung. Sie wahrt Diskretion.

2523 Es gibt eine Schamhaftigkeit der Gefühle wie des Körpers. Sie erhebt z. B. Einspruch gegen die „voyeuristische" Ausbeutung des menschlichen Körpers in gewissen Reklamen oder gegen die Bestrebungen mancher Medien, bei der Enthüllung intimer Dinge zu weit gehen. Die Schamhaftigkeit regt zu einer Lebensweise an, die den Zwängen der Mode und dem Druck vorherrschender Ideologien widersteht.

2524 Die Ausdrucksformen der Schamhaftigkeit sind von Kultur zu Kultur verschieden. Überall wohnt ihnen jedoch die Ahnung einer dem Menschen eigenen geistigen Würde inne. Sie entsteht durch das Erwachen des personalen Bewußtseins. Kinder und Jugendliche zur Schamhaftigkeit erziehen heißt, Achtung vor der menschlichen Person zu wecken.

2525 Die christliche Reinheit erfordert eine *Reinigung des gesellschaftlichen Umfeldes*. Sie verlangt von den Massenmedien jene Ausdrucksweise, die auf Rücksichtnahme und Zurückhaltung bedacht ist. Herzensreinheit befreit von diffuser Erotik und meidet Schauspiele, die Voyeurismus und Sinnestäuschung begünstigen.

2526 Die sogenannte *Permissivität der Sitten* beruht auf einer irrigen Auffassung von der menschlichen Freiheit. Die Entwicklung der Freiheit bedarf der Erziehung durch das sittliche Gesetz. Von den Erziehern ist zu verlangen, daß sie der Jugend eine Unterweisung vermitteln, welche die Wahrheit, die Eigenschaften des Herzens und die sittliche und geistige Würde des Menschen achtet. (...)

(Quelle: Katechismus der katholischen Kirche, R. Oldenbourg Verlag, München/Wien, Benno Verlag, Leipzig, Paulusverlag, Freiburg/Schweiz, Veritas, Linz, 1992)

II. Die Ehe und die Liebe

Eigenart der ehelichen Liebe – An erster Stelle müssen wir sie als *vollmenschliche* Liebe sehen; das heißt als sinnenhaft und geistig zugleich. Sie entspringt darum nicht nur Trieb und Leidenschaft, sondern auch und vor allem einem Entscheid des freien Willens, der darauf hindrängt, in Freud und Leid des Alltags durchzuhalten, ja dadurch stärker zu werden: so werden dann die Gatten ein Herz und eine Seele und kommen gemeinsam zu ihrer menschlichen Vollendung.

Weiterhin ist es Liebe, *die aufs Ganze geht;* jene besondere Form personaler Freundschaft, in der die Gatten alles großherzig miteinander teilen, weder unberechtigte Vorbehalte machen noch ihren eigenen Vorteil suchen. Wer seinen Gatten wirklich liebt, liebt ihn um seiner selbst willen, nicht nur wegen dessen, was er von ihm empfängt. Und es ist seine Freude, daß er durch seine Ganzhingabe bereichern darf.

Die Liebe der Gatten ist zudem *treu und ausschließlich* bis zum Ende des Lebens; sowie sie Braut und Bräutigam an jenem Tag verstanden, da sie sich frei und klar bewußt durch das gegenseitige eheliche Jawort aneinander gebunden haben. Niemand kann behaupten, daß die Treue der Gatten – mag sie auch bisweilen schwer werden –

unmöglich sei. Im Gegenteil. Zu allen Zeiten hatte sie ihren Adel und reiche Verdienste. Beispiele sehr vieler Ehepaare im Lauf der Jahrhunderte sind der Beweis dafür: Treue entspricht nicht nur dem Wesen der Ehe, sie ist darüber hinaus eine Quelle innigen, dauernden Glücks.

Diese Liebe ist schließlich *fruchtbar*, da sie nicht ganz in der ehelichen Vereinigung aufgeht, sondern darüber hinaus fortzudauern strebt und neues Leben wecken will. „Ehe und eheliche Liebe sind ihrem Wesen nach auf die Zeugung und Erziehung von Nachkommenschaft ausgerichtet. Kinder sind gewiß die vorzüglichste Gabe für die Ehe und tragen zum Wohl der Eltern selbst sehr bei.[1,2]

Jene Akte, die eine *intime und keusche Vereinigung* der Gatten darstellen und die das menschliche Leben weitertragen, sind, wie das letzte Konzil betont hat, „zu achten und zu ehren"[3]; sie bleiben auch sittlich erlaubt bei vorauszusehender Unfruchtbarkeit, wenn deren Ursache keineswegs im Willen der Gatten liegt; denn die Bestimmung dieser Akte, die Verbundenheit der Gatten zum Ausdruck zu bringen und zu bestärken, bleibt bestehen. Wie die Erfahrung lehrt, geht tatsächlich nicht aus jedem ehelichen Verkehr neues Leben hervor. Gott hat ja die natürlichen Gesetze und Zeiten der Fruchtbarkeit in seiner Weisheit so gefügt, daß diese schon von selbst Abstände in der Aufeinanderfolge der Geburten schaffen. Indem die Kirche die Menschen zur Beobachtung des von ihr in beständiger Lehre ausgelegten natürlichen Sittengesetzes anhält, lehrt sie nun, daß „jeder eheliche Akt" von sich aus auf die Erzeugung menschlichen Lebens hingeordnet bleiben muß.[4]

---

1 II. Vatikanische Konzil, Pastorale Konstitution über die Kirche von heute Gaudium et Spes" (vom 7.12.1965), 50.
2 Enzyklika, „Humanae Vitae" (vom 25.7.1968), 9.
3 II. Vatikanische Konzil, Pastorale Konstitution über die Kirche von heute Gaudium et Spes" (vom 7.12.1965), 49.
4 Enzyklika „Humanae Vitae" (vom 25.7.1968), 11.

Die Geschlechtlichkeit ist eine Quelle der Freude und Lust[1]:

„Der Schöpfer selbst ... hat es so eingerichtet, daß die Gatten bei dieser (Zeugungs)funktion *Lust und Befriedigung* des Leibes und des Geistes erleben. Somit begehen die Gatten nichts Böses, wenn sie die Lust anstreben und sie genießen. Sie nehmen das an, was der Schöpfer ihnen zugedacht hat. Doch sollen die Gatten sich innerhalb der Grenzen einer angebrachten Mäßigung zu halten wissen."[2]

Seiner innersten Struktur nach befähigt *der eheliche Akt,* indem er den Gatten und die Gattin aufs engste miteinander vereint, zugleich zur Zeugung neuen Lebens, entsprechend den Gesetzen, die in die Natur des Mannes und der Frau eingeschrieben sind. Wenn die beiden wesentlichen Gesichtspunkte der liebenden Vereinigung und der Fortpflanzung beachtet werden, behält der Verkehr in der Ehe voll und ganz den Sinngehalt gegenseitiger und wahrer Liebe, und seine Hinordnung auf die erhabene Aufgabe der Elternschaft, zu der der Mensch berufen ist. Unserer Meinung nach sind die Menschen unserer Zeit durchaus imstande, die Vernunftgemäßheit dieser Lehre zu erfassen.[3]

Man weist ja mit Recht darauf hin, daß ein dem Partner *aufgenötigter Akt,* der weder auf sein Befinden noch auf seine berechtigten Wünsche Rücksicht nimmt, kein wahrer Akt der Liebe ist, daß solche Handlungsweise vielmehr dem widerspricht, was mit Recht die sittliche Ordnung für das Verhältnis der beiden Gatten zueinander verlangt. Ebenso muß man dann auch, wenn man darüber nachdenkt, zugeben: Ein Akt gegenseitiger Liebe widerspricht dem göttlichen Plan, nach dem die Ehe entworfen ist, und dem Willen des ersten Urhebers menschlichen Lebens, wenn er der vom Schöpfergott in ihn nach besonderen Gesetzen hineingelegten Eignung, zur Weckung neuen Lebens beizutragen, abträglich ist.[4]

---

1 Katechismus der Katholischen Kirche (vom 11.11.1992), 2362.
2 Pius XII., Ansprache vom 29.10.1951.
3 Enzyklika „Humanae Vitae" (vom 25.7.1968), 12.
4 Enzyklika „Humanae Vitae" (vom 25.7.1968), 13.

III. Die Empfängnisverhütung

Eheliche Fruchtbarkeit

2366 Die Fruchtbarkeit ist eine Gabe, ein Zweck der Ehe, denn die eheliche Liebe neigt von Natur aus dazu, fruchtbar zu sein. Das Kind kommt nicht von außen zu der gegenseitigen Liebe der Gatten hinzu; es entspringt im Herzen dieser gegenseitigen Hingabe, deren Frucht und Erfüllung es ist. Darum lehrt die Kirche, die „auf der Seite des Lebens" steht (Familiaris consortio 30), „daß jeder eheliche Akt von sich aus auf die Erzeugung menschlichen Lebens ausgerichtet bleiben muß" (Humanae Vitae 11). „Diese vom kirchlichen Lehramt oft dargelegte Lehre gründet in einer von Gott bestimmten unlösbaren Verknüpfung der beiden Bedeutungen – liebende Vereinigung und Fortpflanzung –, die beide dem ehelichen Akt innewohnen" (Humanae Vitae 12)[1].

2367 Dazu berufen, Leben zu schenken, haben die Gatten an der Schöpferkraft und Vaterschaft Gottes teil[2]. „In ihrer Aufgabe, menschliches Leben weiterzugeben und zu erziehen, die als die nur ihnen zukommende Sendung zu betrachten ist, wissen sich die Eheleute als mitwirkend mit der Liebe Gottes des Schöpfers und gleichsam als Interpreten dieser Liebe. Daher müssen sie in menschlicher und christlicher Verantwortlichkeit ihre Aufgabe erfüllen" (Gaudium et spes 50,2).

2368 Ein besonderer Aspekt dieser Verantwortung betrifft die *Empfängnisregelung*. Aus berechtigten Gründen dürfen die Eheleute für Abstände zwischen den Geburten ihrer Kinder sorgen wollen. Es ist an ihnen, zu prüfen, ob ihr Wunsch nicht auf Egoismus beruht, sondern der angebrachten Großmut einer verantwortlichen Elternschaft entspricht. Außerdem werden sie ihr Verhalten nach den objektiven Maßstäben der Sittlichkeit regeln:

---

1 Vgl. Pius XI., Enz. „Casti connubii".
2 Vgl. Eph 3,14; Mt 23,9.

Wo es sich um den Ausgleich ehelicher Liebe und verantwortlicher Weitergabe des Lebens handelt, hängt die sittliche Qualität der Handlungsweise nicht allein von der guten Absicht und Bewertung der Motive ab, sondern auch von objektiven Kriterien, die sich aus dem Wesen der menschlichen Person und ihrer Akte ergeben und die sowohl den vollen Sinn gegenseitiger Hingabe als auch den einer wirklich humanen Zeugung in wirklicher Liebe wahren. Das ist nicht möglich ohne aufrichtigen Willen zur Übung der Tugend ehelicher Keuschheit" (Gaudium et spes 51,3).

2369 „Wenn die beiden wesentlichen Gesichtspunkte der liebenden Vereinigung und der Fortpflanzung beachtet werden, behält der Verkehr in der Ehe voll und ganz die Bedeutung gegenseitiger und wahrer Liebe und seine Hinordnung auf die erhabene Aufgabe der Elternschaft, zu der der Mensch berufen ist" (Humanae vitae 12).

2370 Die zeitweilige Enthaltsamkeit sowie die auf Selbstbeobachtung und der Wahl von unfruchtbaren Perioden der Frau beruhenden Methoden der Empfängnisregelung[1] entsprechen den objektiven Kriterien der Moral. Diese Methoden achten den Leib der Eheleute, ermutigen diese zur Zärtlichkeit und begünstigen die Erziehung zu echter Freiheit. Hingegen „ist jede Handlung verwerflich, die entweder in Voraussicht oder während des Vollzuges des ehelichen Aktes oder im Anschluß an ihn beim Ablauf seiner natürlichen Auswirkungen darauf abstellt, die Fortpflanzung zu verhindern, sei es als Ziel, sei es als Mittel zum Ziel" (Humanae vitae 14)

„Während die geschlechtliche Vereinigung ihrer ganzen Natur nach ein vorbehaltloses gegenseitiges Sich-Schenken der Gatten zum Ausdruck bringt, wird sie durch die Empfängnisverhütung zu einer objektiv widersprüchlichen Gebärde, zu einem Sich-nicht-ganz-Schenken. So kommt zur aktiven Zurückweisung der Offenheit für das Leben auch eine Verfälschung der inneren Wahrheit ehelicher Liebe, die ja zur Hingabe in personaler Ganzheit berufen ist." Dieser anthropologische und moralische Unterschied zwischen der Empfängnisverhütung und der Zuflucht zu den natürlichen Fruchtbarkeitszyklen ist „mit zwei sich ausschließenden Vorstellungen von Person und menschlicher Sexualität verknüpft" (Familiaris consortio 32)

---

1 Vgl. HV 16.

2371 „Mögen alle daran denken: Das menschliche Leben und die Aufgabe weiterzuvermitteln, haben nicht nur eine Bedeutung für diese Zeit und können deshalb auch nicht von daher allein bemessen und verstanden werden, sondern haben immer eine Beziehung zu der ewigen Bestimmung des Menschen" (Gaudium et spes 51,4).

2372 Der Staat ist für das Wohl der Bürger verantwortlich. Aus diesem Grund ist er berechtigt, auf das Bevölkerungswachstum einzuwirken. Er darf das mittels einer taktvollen objektiven Information tun, nicht aber auf autoritäre Weise und durch Ausübung von Zwang. Er darf sich nicht über den freien Entschluß der Gatten hinwegsetzen, welche die erste Verantwortung für die Zeugung und Erziehung ihrer Kinder tragen[1]. Er ist nicht berechtigt, der Moral widersprechende Mittel zur Regelung des Bevölkerungswachstums zu begünstigen. (...)

(Quelle: Katechismus der katholischen Kirche, R. Oldenbourg Verlag, München/Wien, Benno Verlag, Leipzig, Paulusverlag, Freiburg/Schweiz, Veritas, Linz, 1992)

IV. Der Außereheliche Verkehr

Der Ehebruch

2380 *Ehebruch,* das heißt eheliche Untreue. Wenn zwei Partner, von denen wenigstens einer verheiratet ist, miteinander eine, wenn auch nur vorübergehend geschlechtliche Beziehung eingehen, begehen sie Ehebruch. Christus verurteilt schon den Ehebruch im Geiste[2]. Das sechste Gebot und das Neue Testament verbieten den Ehebruch absolut[3]. Die Propheten prangern ihn als schweres Vergehen an. Sie betrachten den Ehebruch als Abbild des sündigen Götzendienstes[4].

2381 Ehebruch ist ein Unrecht. Wer die Ehe bricht, wird seinen Verpflichtungen untreu. Er verletzt das Band der Ehe, das Zeichen

---

1 Vgl. HV 23; PP 37.
2 Vgl. Mt 5,27–28.
3 Vgl. Mt 5,32; 19,6; Mk 10,11; 1 Kor 6,9–10.
4 Vgl. Hos 2,7; Jer 5,7; 13,27.

des Bundes ist; er verletzt auch das Recht seines Ehepartners und schädigt die Institution der Ehe, indem er den Vertrag nicht einhält, der ihr zugrunde liegt. Er setzt das Gut der menschlichen Zeugung aufs Spiel sowie das Wohl der Kinder, die eine dauerhafte Verbundenheit der Eltern benötigen. (...)

Das Verhältnis

2390 Ein *Verhältnis* liegt dann vor, wenn ein Mann und eine Frau sich weigern, ihrer auch die sexuelle Intimität einbegreifenden Beziehung eine öffentliche Rechtsform zu geben.

Der Ausdruck „freie Liebe" ist trügerisch: Was kann ein Liebesverhältnis bedeuten, bei dem die beiden Partner keine gegenseitigen Verpflichtungen eingehen und damit bezeugen, daß sie weder auf den Partner noch auf sich selbst noch auf die Zukunft genügend vertrauen?

Der Ausdruck „Verhältnis" bezeichnet unterschiedliche Situationen: Konbinat, Ablehnung der Ehe als solcher und Unfähigkeit, sich durch langfristige Verpflichtungen zu binden[1]. Alle diese Situationen verletzen die Würde der Ehe; sie zerstören den Grundgedanken der Familie; sie schwächen den Sinn für Treue. Sie verstoßen gegen das moralische Gesetz: Der Geschlechtsakt darf ausschließlich in der Ehe stattfinden; außerhalb der Ehe ist er stets eine schwere Sünde und schließt vom Empfang der Heiligen Kommunion aus.

2391 Manche, die zu heiraten beabsichtigen, beanspruchen heute eine Art *Versuchsrecht*. Wenn auch der Wille zur Heirat fest ist, besteht doch die Tatsache, daß verfrühte geschlechtliche Beziehungen „keineswegs die Aufrichtigkeit und die Treue der zwischenmenschlichen Beziehungen von Mann und Frau zu gewährleisten noch sie vor allem gegen Laune und Begierlichkeit zu schützen vermögen"

---

1 Vgl. FC 81.

(Kongregation für die Glaubenslehre; Erkl. „Personae humana" 7). Die leibliche Vereinigung ist nur dann moralisch zu rechtfertigen, wenn zwischen dem Mann und der Frau eine endgültige Lebensgemeinschaft gegründet worden ist. Die menschliche Liebe läßt den bloßen „Versuch" nicht zu. Sie verlangt eine endgültige und ganze gegenseitige Hingabe der beiden Partner[1]. (...)

(Quelle: Katechismus der katholischen Kirche, R. Oldenbourg Verlag, München/Wien, Benno Verlag, Leipzig, Paulusverlag, Freiburg/Schweiz, Veritas, Linz, 1992)

V. Keuschheit und Homosexualität

2357 Homosexuell sind Beziehungen von Männern oder Frauen, die sich in geschlechtlicher Hinsicht ausschließlich oder vorwiegend zu Menschen gleichen Geschlechtes hingezogen fühlen. Homosexualität tritt in verschiedenen Zeiten und Kulturen in sehr wechselhaften Formen auf. Ihre psychische Entstehung ist noch weitgehend ungeklärt. Gestützt auf die Heilige Schrift, die sie als schlimme Abirrung bezeichnet[2], hat die kirchliche Überlieferung stets erklärt, „daß die homosexuellen Handlungen in sich nicht in Ordnung sind" (Kongregation für die Glaubenslehre, Erkl. „Persona humana" 8). Sie verstoßen gegen das natürliche Gesetz, denn die Weitergabe des Lebens bleibt beim Geschlechtsakt ausgeschlossen. Sie entspringen nicht einer wahren affektiven und geschlechtlichen Ergänzungsbedürftigkeit. Sie sind in keinem Fall zu billigen.

2358 Eine nicht geringe Anzahl von Männern und Frauen sind homosexuell veranlagt. Sie haben diese Veranlagung nicht selbst gewählt; für die meisten von ihnen stellt sie eine Prüfung dar. Ihnen ist mit Achtung, Mitleid und Takt zu begegnen. Man hüte sich, sie in irgend einer Weise ungerecht zurückzusetzen. Auch diese Men-

---

1 Vgl. FC 80.
2 Vgl. Gen 19,1 – 29; Röm 1,24 – 27; 1 Kor 6,10; 1 Tim 1,10.

schen sind berufen, in ihrem Leben den Willen Gottes zu erfüllen und, wenn sie Christen sind, die Schwierigkeiten, die ihnen aus ihrer Veranlagung erwachsen können, mit dem Kreuzesopfer des Herrn zu vereinen.

2359 Homosexuelle Menschen sind zur Keuschheit gerufen. Durch die Tugenden der Selbstbeherrschung, die zur inneren Freiheit erziehen, können und sollen sie sich – vielleicht auch mit Hilfe einer selbstlosen Freundschaft –, durch das Gebet und die sakramentale Gnade Schritt um Schritt, aber entschieden der christlichen Vollkommenheit annähern. (...)

(Quelle: Katechismus der katholischen Kirche, R. Oldenbourg Verlag, München/Wien, Benno Verlag, Leipzig, Paulusverlag, Freiburg/Schweiz, Veritas, Linz, 1992)

VI. Die Verstöße gegen die Keuschheit

2351 *Unkeuschheit* ist ein ungeregelter Genuß der geschlechtlichen Lust oder ein ungeordnetes Verlangen nach ihr. Die Geschlechtslust ist dann ungeordnet, wenn sie um ihrer selbst willen angestrebt und dabei von ihrer inneren Hinordnung auf Weitergabe des Lebens und auf liebende Vereinigung losgelöst wird.

1. *Selbstbefriedigung*

2352 *Masturbation* ist die absichtliche Erregung der Geschlechtsorgane, mit dem Ziel, geschlechtliche Lust hervorzurufen. „Tatsache ist, daß sowohl das kirchliche Lehramt in seiner langen und stets gleichbleibenden Überlieferung als auch das sittliche Empfinden der Gläubigen niemals gezögert haben, die Masturbation als eine in sich schwere ordnungswidrige Handlung zu brandmarken", weil „der frei gewollte Gebrauch der Geschlechtskraft, aus welchem Motiv er auch immer geschieht, außerhalb der normalen ehelichen

Beziehungen seiner Zielsetzung wesentlich widerspricht. Der um ihrer selbst willen gesuchten geschlechtlichen Lust fehlt „die von der sittlichen Ordnung geforderte geschlechtliche Beziehung, jene nämlich, die den vollen Sinn gegenseitiger Hingabe als auch den einer wirklich humanen Zeugung in wirklicher Liebe realisiert" (Kongregation für die Glaubenslehre, Erkl. „Persona humana" 9). Um ein ausgewogenes Urteil über die sittliche Verantwortung jener, die sich hierin verfehlen, zu bilden und um die Seelsorge danach auszurichten, soll an affektive Unreife, die Macht eingefleischter Gewohnheiten, Angstzustände und weitere psychische oder gesellschaftliche Faktoren berücksichtlgen, welche die moralische Schuld vermindern oder sogar aufheben.

2. *Unzucht*

2353 *Unzucht* ist die körperliche Vereinigung zwischen einem Mann und einer Frau, die nicht miteinander verheiratet sind. Sie ist ein schwerer Verstoß gegen die Würde dieser Menschen und der menschlichen Geschlechtlichkeit selbst, die von Natur aus auf das Wohl der Ehegatten sowie auf die Zeugung und Erziehung von Kindern hingeordnet ist. Zudem ist sie ein schweres Ärgernis, wenn dadurch junge Menschen sittlich verdorben werden.

3. *Pornographie*

2354 *Pornographie* besteht darin, tatsächliche oder vorgetäuschte geschlechtliche Akte vorsätzlich aus der Intimität der Partner herauszunehmen, um sie Dritten vorzuzeigen. Sie verletzt die Keuschheit, weil sie den ehelichen Akt, die intime Hingabe eines Gatten an den anderen, entstellt. Sie verletzt die Würde aller Beteiligten (Schauspieler, Händler, Publikum) schwer; diese werden nämlich zum Gegenstand eines primitiven Vergnügens und zur Quelle eines unerlaubten Profits. Pornographie versetzt alle Beteiligten in eine Scheinwelt. Sie ist eine schwere Verfehlung. Die Staatsgewalt hat die Herstellung und Verbreitung pornographischer Materialien zu verhindern.

4. Prostitution

2355 *Prostitution* verletzt die Würde der Person, die sich prostituiert und sich dadurch zum bloßen Lustobjekt anderer herabwürdigt. Wer sie in Anspruch nimmt, sündigt schwer gegen sich selbst: er bricht mit der Keuschheit, zu der ihn seine Taufe verpflichtet hat, und befleckt seinen Leib, den Tempel des Heiligen Geistes [1]. Prostitution ist eine Geißel der Gesellschaft. Sie betrifft für gewöhnlich Frauen, aber auch Männer, Kinder oder Jugendliche (in den beiden letzteren Fällen kommt zur Sünde noch ein Ärgernis hinzu). Es ist immer schwer sündhaft, sich der Prostitution hinzugeben; Notlagen, Erpressung und durch die Gesellschaft ausgeübter Druck können die Anrechenbarkeit der Verfehlung mindern.

5. Vergewaltigung

2356 *Vergewaltigung* ist ein gewaltsamer Einbruch in die geschlechtliche Intimität eines Menschen. Sie ist ein Verstoß gegen die Gerechtigkeit und die Liebe. Vergewaltigung ist eine tiefe Verletzung des jedem Menschen zustehenden Rechtes auf Achtung, Freiheit, physische und seelische Unversehrtheit. Sie fügt schweren Schaden zu, der das Opfer lebenslang zeichnen kann. Sie ist stets eine in sich zutiefst verwerfliche Tat. Noch schlimmer ist es, wenn Eltern oder Erzieher ihnen anvertraute Kinder vergewaltigen. (...)

(Quelle: Katechismus der katholischen Kirche, R. Oldenbourg Verlag, München/Wien, Benno Verlag, Leipzig, Paulusverlag, Freiburg/Schweiz, Veritas, Linz, 1992)

---

1 Vgl. 1 Kor 6,15–20

VII. Die Abtreibung

2270 Das menschliche Leben ist vom Augenblick der Empfängnis an absolut zu achten und zu schützen. Schon im ersten Augenblick seines Daseins sind dem menschlichen Wesen die Rechte der Person zuzuerkennen, darunter das unverletzliche Recht jedes unschuldigen Wesens auf das Leben[1].

„Noch ehe ich dich im Mutterleib formte, habe ich dich ausersehen, noch ehe du aus dem Mutterschoß hervorkamst, habe ich dich geheiligt" (Jer 1,5)[2].
„Als ich geformt wurde im Dunkeln, kunstvoll gewirkt in den Tiefen der Erde, waren meine Glieder dir nicht verborgen" (Psalmen 139,15).

2271 Seit dem ersten Jahrhundert hat die Kirche es für moralisch verwerflich erklärt, eine Abtreibung herbeizuführen. Diese Lehre hat sich nicht geändert und ist unveränderlich. Eine direkte, das heißt eine als Ziel oder Mittel gewollte, Abtreibung stellt ein schweres Vergehen gegen das sittliche Gesetz dar:

„Du sollst ... nicht abtreiben noch ein Neugeborenes töten" (Didaché 2,2)[3]
„Gott, der Herr des Lebens, hat nämlich den Menschen die hohe Aufgabe der Erhaltung des Lebens übertragen, die auf eine menschenwürdige Weise erfüllt werden muß. Das Leben ist daher von der Empfängnis an mit höchster Sorgfalt zu schützen. Abtreibung und Tötung des Kindes sind verabscheuenswürdige Verbrechen" (Gaudium et spes 51,3).

2272 Die formelle Mitwirkung an einer Abtreibung ist ein schweres Vergehen. Die Kirche ahndet dieses Vergehen gegen das menschliche Leben mit der Kirchenstrafe der Exkommunikation. „Wer eine Abtreibung vornimmt, zieht sich mit erfolgter Ausführung die Tatstrafe der Exkommunikation zu" (Codes Iuris Canonici, can. 1398), „so daß sie von selbst durch Begehen der Straftat eintritt" (CC, can. 1314) unter den im Recht vorgesehenen Bedingungen[4].

---

1 Vgl. DnV 1,1
2 Vgl. Ijob 10,8 – 12; Ps 22,10 – 11.
3 Vgl. Barnabasbrief 19,5; Diognet 5,5; Tertullian, apol. 9.
4 Vgl. CIC, cann. 1323 – 1324.

Die Kirche will dadurch die Barmherzigkeit nichteinengen; sie zeigt aber mit Nachdruck die Schwere des begangenen Verbrechens und den nicht wieder gutzumachenden Schaden auf, der dem unschuldig getöteten Kind, seinen Eltern und der ganzen Gesellschaft angetan wird.

2273 Das unveräußerliche Recht jedes unschuldigen Menschen auf das Leben bildet ein *grundlegendes Element der bürgerlichen Gesellschaft und ihrer Gesetzgebung:*

„Die unveräußerlichen Rechte der Person müssen von der bürgerlichen Gesellschaft und von der staatlichen Macht anerkannt und geachtet werden: Diese Rechte des Menschen hängen weder von den einzelnen Individuen noch von den Eltern ab und stellen auch nicht ein Zugeständnis der Gesellschaft und des Staates dar. Sie gehören zur menschlichen Natur und wurzeln in der Person kraft des Schöpfungsaktes, aus dem sie ihren Ursprung genommen hat. Unter diese fundamentalen Rechte muß man in diesem Zusammenhang zählen: das Recht auf Leben und auf leibliche Unversehrtheit jedes menschlichen Wesens vom Augenblick der Empfängnis an bis zum Tod" (Donum vitae 3).

„In dem Augenblick, in dem ein positives Gesetz eine Kategorie von Menschen des Schutzes beraubt, den die bürgerliche Gesetzgebung ihnen gewähren muß, leugnet der Staat die Gleichheit aller vor dem Gesetz. Wenn die Staatsmacht sich nicht in den Dienst der Rechte jedes Bürgers stellt, und in besonderer Weise dessen, der am schwächsten ist, dann werden die Grundmauern des Rechtsstaates untergraben ... Als Folge der Achtung und des Schutzes, die man dem Ungeborenen vom Augenblick seiner Empfängnis an zusichern muß, muß das Gesetz die geeigneten Strafmaßnahmen für jede gewollte Verletzung seiner Rechte vorsehen" (Donum vitae 3).

2274 Da der Embryo schon von der Empfängnis an wie eine Person behandelt werden muß, ist er wie jedes andere menschliche Wesen im Rahmen des Möglichen unversehrt zu erhalten, zu pflegen und zu heilen.

Die *vorgeburtliche Diagnostik* ist sittlich erlaubt, wenn sie „das Leben und die Unversehrtheit des Embryos und des menschlichen Fötus achtet und auf den Schutz und die Sorge für den einzelnen Embryo ausgerichtet ist ... Aber sie steht in schwerwiegender Weise im Gegensatz zum Moralgesetz, falls sie – je nachdem, wie die Ergebnisse ausfallen – die Möglichkeit in Erwägung zieht, eine Abtreibung durchzuführen. So darf eine Diagnose... nicht gleichbedeutend mit einem Todesurteil sein" (DnV 1,2). (...)

(Quelle: Katechismus der katholischen Kirche, R. Oldenbourg Verlag, München/Wien, Benno Verlag, Leipzig, Paulusverlag, Freiburg/Schweiz, Veritas, Linz, 1992)

Die Autoren

Josef Arquer, Dr. phil., geb. 1930 in Badalona/Spanien. Studium der Archäologie, Geschichte, Philosophie und Theologie in Barcelona, Saragossa und Rom. 1955 Priesterweihe; Studentenseelsorger in Bonn, Köln und Aachen; seit 1989 lebt und arbeitet er in Trier als Übersetzer spiritueller religiöser Literatur; publizistische Tätigkeit für Zeitungen, Zeitschriften und Rundfunk.

Klaus M. Becker, Msgr. Dr. phil., geb. 1933 in Bonn. Studium der Kunstgeschichte, Philosophie und Theologie (Rom). Wissenschaftlicher Assistent und Lehrbeauftragter an der Universität Navarra; 1963 Priesterweihe. 1975 – 1979 Spiritual am Priesterseminar Essen, Defensor am Erzbischöflichen Offizialat Köln. Tätig in der Studentenseelsorge, der Erwachsenen- und Priesterfortbildung.

Beate Beckmann, geb. 1966 in Hildesheim (Niedersachsen); dort Abitur an der Marienschule der Ursulinen. Studium der Anglistik und katholischen Theologie in München, später Mathematik, Pädagogik und Ethik/Philosophie in Freiburg und Weingarten (Bodensee). Nach dem Staatsexamen Mitarbeit in der katholischen Laiengemeinschaft „Immanuel Ravensberg e.V.", deren Ziele die Evangelisation sowie die Einheit unter den Christen und Erneuerung von Kirche und Gesellschaft sind; seit 1993 wissenschaftliche Mitarbeiterin von Prof. Hanna-Barbara Gerl-Falkovitz (Lehrstuhl für Religionsphilosophie des Instituts für Philosophie) an der Technischen Universität Dresden.

Die Autoren

Michaela Freifrau Heereman, geb. 1949 in Guttenberg/Ofr.; nach dem Abitur ab 1968 Studium der Geschichte, Politik, Philosophie und Theologie; sie legte 1974 an der Universität Bonn das Examen in Theologie ab. Tätigkeit als freie Publizistin mit dem Schwerpunkt Familien-, Frauen- und Schulpolitik und religiöse Kindererziehung; Vorstandsmitglied im Elternverein NRW und Präsidiumsmitglied der Katholischen Elternschaft Deutschlands (KED); verheiratet, Mutter von sechs Kindern.

Guido Horst, geb. 1955, sammelte erste Berufserfahrungen als Pressesprecher der Katholischen Universität Eichstätt; 1986 Wechsel nach Würzburg und Eintritt in die Redaktion der „Deutschen Tagespost". 1988 ging er als deren Korrespondent nach Rom. Seit 1991 Betreuung der deutschen Ausgabe des internationalen katholischen Magazins „30 Giorni/30 Tage in Kirche und Welt"; seit 1994 ist er wieder Pressesprecher der Universität Eichstätt; verheiratet, Vater von zwei Kindern.

Rüdiger Kinsky, geb. 1957 in Bonn-Beuel; nach dem Abitur Studium der Philosophie, Mittelalterlichen/Neueren und Alten Geschichte, der Vergleichenden Religionswissenschaft, Klassischen Philologie und Erziehungswissenschaft an der Universität Bonn. Während einer Unterbrechung des Studiums Pädagogischer Mitarbeiter am Gymnasium Schloß Hagerhof, Bad Honnef; danach Aufnahme des Studiums der Katholischen Theologie. 1985 Wiederaufnahme der Alten Studiengänge. Während des Studiums studentische Hilfskraft am Historischen Seminar und später am Seminar für Alte Geschichte der Universität Bonn. Abschluß des Studiums 1989 mit dem Magisterexamen, anschließend wissenschaftlicher Hilfsassistent am Seminar für Alte Geschichte; währenddessen dreimonatiger Forschungsaufenthalt in Florenz und Rom, 1992 Examen rigorosum.

DIE AUTOREN

Andreas Laun, P. Dr., geb. 1942 in Wien; 1962 Eintritt in das Noviziat der Oblaten des hl. Franz von Sales; Studium der Theologie in Salzburg, Eichstätt und Fribourg. 1984 Habilitation an der Universität Wien für Moraltheologie; er unterrichtet seither an der Ordenshochschule Heiligenkreuz bei Wien; außerdem Tätigkeiten in der Pfarrseelsorge, Sozialarbeit (Kinderpflegewesen) und als Publizist. Zur Zeit ist er Pfarrer in Kahlenbergerdorf/Wien; als Moraltheologe Auseinandersetzung mit aktuellen, ethischen und gesellschaftlich wichtigen Fragen, mehrfache Einladungen zu Fernsehdiskussionen als Vertreter der Katholischen Kirche.
Wichtigste Publikationen: „Die naturrechtliche Begründung der Ethik in der neueren katholischen Moraltheologie"; „Das Gewissen – oberste Norm sittlichen Handelns. Eine kritische Analyse." ; „Liebe und Partnerschaft aus der Sicht der katholischen Kirche." ; „Aktuelle Probleme der Moraltheologie." ; „Fragen der Moraltheologie heute."; „Der salesianische Liebesbegriff. Nächstenliebe – Heilige Freundschaft – Eheliche Liebe."

Clive Staples Lewis, Prof. Dr. Dr. h.c. theol., geb. 1898 in Belfast, gest. 1963 in Oxford; Studium von Latein, Griechisch, Englisch und Philosophie an der Oxford University; 1925–54 Dozent und Tutor am Magdalen College in Oxford; 1947 Ehrendoktor der Universität von St. Andrews; seit 1954 Professor für englische Literatur des Mittelalters und der Renaissance in Cambridge; weltbekannter Schriftsteller; zu seinen zahlreichen in die verschiedensten Sprachen übersetzten Bestsellern gehören u.a.: „Dienstanweisung an einen Unterteufel" und „Was man Liebe nennt".

Martine Liminski, geb. 1951 in Nantes, Frankreich; pädagogisches Studium und Ausbildung zur „Institutrice d'Ecole Maternelle" (Grundschullehrerin); erste Berufsjahre in Pamplona; von 1974–1977 „Directrice d'Ecole Maternelle" in Straßbourg; seit 1971 verheiratet und heute Mutter von zehn Kindern im Alter von 22 bis drei Jahren; zudem in der Erwachsenenbildung im Rahmen des Instituts für Elternbildung (IEB) e.V. tätig; mehrere Veröffentlichungen zum Themenkreis Person, Ehe und Familie.

Die Autoren

Manfred Lütz, Dr. med. Dipl.-theol., geb. 1954 in Bonn, 1972 Aufnahme des Studiums der Humanmedizin. 1975 Studium der Philosophie und katholischen Theologie. 1979 Approbation als Arzt. 1980–1982 Studium in Rom. 1981 Promotion in Medizin; 1982 Dipl.-Theologe; seit 1982 Tätigkeit in der Psychiatrie. 1989 Arzt für Psychiatrie und Nervenheilkunde, Oberarzt der Psychiatrischen Abteilung am Marien-Hospital in Euskirchen und Leitender Arzt der Psycho-sozialen Klinik St. Martin in Stotzheim für alkohol- und medikamentabhängige Männer. Vortragstätigkeit an verschiedenen Instituten und Akademien.

Christa Meves, geb. 1925 in Neumünster. Studium der Germanistik, Geographie und Philosophie an den Universitäten Breslau und Kiel. 1949 legte sie das Staatsexamen für das Lehramt in Hamburg ab; anschließend Studium der Psychologie an der Universität Hamburg; Ausbildung zur Psychotherapeutin an den Psychotherapeutischen Instituten in Hannover und Göttingen. Sie arbeitet als freipraktizierende Kinder- und Jugendpsychotherapeutin in Uelzen; verheiratet, Mutter von zwei Töchtern. Auszeichnungen: 1974 Wilhelm-Bösch-Medaille, 1976 Prix AMADE, 1978 Niedersächsischer Verdienstorden, 1979 Konrad-Adenauer-Preis, 1985 Bundesverdienstkreuz Erster Klasse.

Michael Müller, geb. 1958 in Aachen; Studium der Rechtswissenschaften, Geschichte und Romanistik an den Universitäten Köln, Bonn und Montpellier; 1987 Gründung der „Agentur für Publizistik und Reportagen"; 1990 Erweiterung zur „Agentur für Werbung und Konzeption" und zum „mm verlag"; verheiratet, Vater von drei Kindern.

Die Autoren

Rudolf Müller, Dr. med., geb. 1961 in Aachen, nach dem Abitur 1980 Studium der Geschichte und Romanistik an der Friedrich-Wilhelms-Universität Bonn; 1987 Approbation als Arzt; 1987-1988 Stabsarzt der Deutschen Bundeswehr; seit 1988 Assistenzarzt für Chirurgie, Marienhospital Aachen; 1991 Promotion

Martin Rothweiler, geb. 1959 in Düsseldorf, verheiratet, vier Kinder; Studium der Philosophie und kath. Theologie in Bonn und Rom, 1985 Lizenziat in Philosophie; 1986–1991 wissenschaftlicher Mitarbeiter des Lindenthal-Instituts, Köln, 1991 Verlagslektor, seit 1992 Leiter „Fundraising" der Deutschen Stiftung Denkmalschutz, Bonn.

Wolfgang Schmidbauer, Dr. geb. 1941 in München. Studium der Psychologie, Pädagogik, Kulturanthropologie und Psychopathologie in München und Florenz. Promotion 1968 über „Mythos und Psychologie". Tätigkeit als Medizinjournalist und freier Schriftsteller in Deutschland und Italien. Ausbildung zum Psychoanalytiker; Gründung eines Instituts für analytische Gruppendynamik. 1976–1982 Lehrbeauftragter für klinische Psychologie (mit dem Schwerpunkt Selbsterfahrung in helfenden Berufen) an der Ludwig-Maximilians-Universität München. 1986 Gastprofessor für Psychoanalyse an der Gesamthochschule Kassel. Gegenwärtig tätig als Schriftsteller und Psychotherapeut sowie Lehranalytiker und Supervisor in München. Zahlreiche Publikationen in Fachzeitschriften. Etwa zwanzig Buchveröffentlichungen, darunter zwei Bestseller. Übersetzungen in neun Sprachen.

Die Autoren

Axel Schmidt, Dr. theol., Kaplan, geb. 1961 in Oelde. Nach dem Abitur 1980 Studium der Theologie an der Westfälischen Wilhelms-Universität in Münster; Studium des 5. und 6. Semesters an der Universität von Navarra in Pamplona (Spanien); 1986 Diplom in katholischer Theologie; anschließend Promotionsstudium an der Albert-Ludwigs-Universität in Freiburg. Dissertation über „Die Christologie in Martin Luthers späten Disputationen". 1990 Promotion zum Doktor der Theologie, Diakon- und Priesterweihe.

Hans Thomas, Dr. med., geb. 1937 in Aachen; Studium der Medizin und Philosophie in Bonn, Düsseldorf, Wien. 1966 Promotion in Neuropathologie an der Universität Bonn; von 1967 an zunehmend in Beratung und Förderung privater Bildungs- und Wissenschaftseinrichtungen im In- und Ausland tätig, 1973 Gründung des privaten Lindenthal-Instituts in Köln; seitdem Direktor des Instituts. Mitglied des Opus Dei und zur Zeit Berater des Regionalvikariats des Opus Dei. Herausgeber und Verfasser zahlreicher Publikationen zum interdisziplinären Dialog.

Johannes B. Torelló, Dr. theol., Prälat, Facharzt für Psychiatrie, geb. 1920 in Barcelona. 1948 Priesterweihe (Prälatur Opus Dei). Pastorale Tätigkeit in Italien: in Palermo Spiritual des Priesterseminars und Dozent für Psychologie in der Hochschule für Sozialwissenschaften und für Pastoralpsychopathologie im „Convitto ecclesiastico", später in Zürich, wo er bei Prof. Boss (Gründer der Daseinsanalyse) arbeitete, und in Mailand bis 1964, als er nach Wien übersiedelte, wo er Rektor der Peterskirche wird. Zahlreiche Vorträge über Themen des Grenzgebiets Psychologie – Pastoral – Spiritualität. Mehrmals übersetzt wurden zwei Bücher: „Psychoanalyse und Beichte" und „Psychologie des Alltags".